©

G494
c.17.

9348

# GÉOGRAPHIE
## DE
## *BUSCHING.*

### TOME III.

# GÉOGRAPHIE
## DE
## *BUSCHING*

Abrégée dans les objets les moins intéreffans, &
augmentée dans ceux qui ont paru l'être;

RETOUCHÉE PAR-TOUT, ET ORNÉE D'UN

PRÉCIS DE L'HISTOIRE DE CHAQUE ÉTAT.

## Par Mr. BERENGER.

### TOME TROISIEME,

*Qui comprend le Cercle de Baviere, de Franconie,
de haute & de Baffe Saxe.*

*A LAUSANNE,*
Chez LA SOCIÉTÉ TYPOGRAPHIQUE.

M. DCC. LXXIX.

# GÉOGRAPHIE DE BUSCHING.

## CERCLE DE BAVIERE.

IL touche au nord à la Franconie & à la Bohême; à l'orient & au midi au Cercle d'Autriche, au couchant à la Souabe. Son étendue est d'environ 2830 lieues quarrées : le duché de Baviére en fait la plus grande partie & lui donna son nom. Il renferme 20 Etats divisés en 2 bancs; l'un ecclésiastique l'autre séculier : le duc de Baviere & l'Archevêque de Salzbourg le convoquent, & ils le dirigent alternativement : ses assemblées se tiennent ordinairement à Ratisbonne ou à Wasserbourg. Voici l'ordre dans lequel ses états y votent.

    L'Archevêque de Salzbourg.
    Le duc de Baviére.
    L'Évêque de Fresingue.
    Le duc de Neubourg & Soulzbach.
    L'Évêque de Ratisbonne.
    Le Landgrave de Leuchtenberg.
    L'Évêque de Passau.
    Le comte Sternstein.

Le Prévôt de Berchtholdsgadem.
Le comte de Haag.
L'Abbé de St. Eméran.
Le comte d'Ortenbourg.
L'Abbé de Nieder-Münster.
Le Seigneur d'Ehrerfels.
L'Abbé d'Ober-Munster.
Le seigneur de Soulzbourg & Pyrbaum.
Le seigneur de Hohenwaldeck.
Le seigneur de Breteneck.
La ville de Ratisbonne.

On sait que lorsqu'on vote, on passe d'un banc à l'autre. Ce cercle est un des antérieurs & ne s'est point joint à eux. Ses directeurs présentent un assesseur à la chambre impériale, & devraient en fournir deux, ou même quatre. La religion y est mixte : il fournit 800 cavaliers, & 1494 fantassins à l'armée de l'Empire quand elle est supposée de 40 000 hommes.

## ARCHEVÊCHÉ DE SALZBOURG.

Il touche à l'orient, à l'Autriche & à la Stirie ; au midi, à la Carinthie & au Tirol, partout ailleurs à la Baviere : sa longueur est d'environ 43 lieues, sa largeur de 28 : des monts escarpés, des gorges difficiles l'entourent & le défendent vers le Tirol : ces monts nourrissent des bouquetins. On n'y sème pas des blés ; la Bavière les lui fournit, & l'Autriche lui envoye ses vins : sa richesse est surtout dans ses pâturages : les chevaux qu'ils nourrissent sont vigoureux, beaux & vifs : ils gravissent les monts avec facilité. D'autres biens se trouvent dans son sein, mais il faut les en arracher : ses salines sont abondantes. Des rocs de sel de différentes couleurs forment la haute montagne de Dürnberg : on y creuse ce roc, & on remplit ces vastes reservoirs d'eaux douces qui dissolvent le sel & s'en chargent: tous les deux mois, on fait écouler ces eaux & la cuisson en fait retirer un sel assez beau que le pays consomme & dont on envoye le superflu en Bavière qui donne ses blés en échange. On y trouve encore de riches mines d'or, d'argent, de cuivre, de plomb, de fer, & de calamine : l'abondance de l'acier & du cuivre jaune fait que les arsenaux sont bien fournis. Il renferme de belles carrieres de marbre, des bains froids, des eaux thermales, dix petits lacs & différens ruisseaux. La *Salzach*, la *Saal*, la *Gastein*, l'*Ens*, la *Muer* l'arrosent & toutes prennent leur source dans la vallée de Krümbel près du Tirol : les lacs, les rivieres, les ruisseaux y abondent en poissons. On y compte 6 villes & 29 Bourgades. Les paysans y sont armés & exercés : ils ne sont pas soumis aux corvées ; mais ils payent pour ce qui en est l'objet. Les archévêques y ont détruit une nombreuse noblesse, dont les biens ont enrichi l'église : on en pouvait peut-être faire un meilleur usage. Les états n'y sont composés que de deux ordres, l'un formé par quelques prélats, & l'autre par les députés des 6 villes & de 22 bourgades.

St. Rupert évêque en 616, fonda l'église de Salzbourg : *Lorch* était alors ville archiescopale ; & Salzbourg ne le devint que lorsque la premiere ville eût été détruite par les Huns, c'est en 793 qu'Arnoul, sixieme évêque de Salzbourg, en devint le premier archevêque. Son évêché s'étendait sur une grande partie de l'Allemagne, de la Rhetie & de la Pannonie : Gebhard en abandonnant l'empereur Henri IV, obtint du pape le titre de son légat en Allemagne ; il en devint le primat, & ce titre qu'ont aussi ses successeurs, ne lui fut plus disputé après l'extinction de l'archevêché de Magdebourg. Cet archevêque porte l'habit des cardinaux, a 7 évêques pour suffragans dont il nomme, sacre & confirme 4, il reçoit de l'empereur le titre de *Votre dilection* ; il juge & on ne peut appeler de ses arrêts qu'au St. Siége qui lui renouvelle tous les 5 ans la permission de conférer les canonicats dans les mois reservés au pape par les concordats : il est admis à la table de l'empereur en présence de l'imperatrice, ce qui est une faveur particulière, & ses envoyés ont le pas sur les princes présens à la Diette. Son mois romain est de 1818 florins : sa taxe de 608 rix, & 69 kreutzers.

Son chapitre est composé de 24 chanoines, qui tous prouvent huit quatiers, & font faire leurs fonctions par des chapelains. L'Archevêché a ses offices héréditaires. L'ordre de St. Rupert, fondé en 1701 par l'archevêque comte de Thun, Jean Ernest, est composé de 12 chevaliers qui font les vœux de ceux de St. Jean, prouvent leur noblesse, reçoivent des pensions, & qui après dix ans de services, ont des retraites honorables. L'Archevêque a un conseil intime, un consistoire, une cour de justice, une chambre des domaines & un conseil de guerre.

Ce pays a été plus peuplé qu'il ne l'est aujourd'hui : l'intolérance y poursuivit les protestans & il en sortit encore 30 000 en 1732 : Ses émigrations continuent encore ; mais l'exemple de l'empereur arrêtera peut-être enfin ce zèle barbare, qui puise dans la religion un moyen de tourmenter les hommes qu'elle devrait rendre heureux. On y fabrique le lin & les métaux ; on y fait une toile grossiere ; on en exporte des bestiaux, & tels sont les objets de son commerce. Ses revenus montent à 3 ou 4 milions de florins d'empire ; & ses salines en sont les principales sources. Un regiment de 1000 fantassins en forme l'état militaire : fa fituation le défend mieux que fes foldats ne pourraient le faire, & fes payfans affemblés au premier fignal, valent chez eux de vieux foldats. On en compte 25 000, qui en tirant, ne manquent pas un blanc large comme la main.

*Salzbourg*, *Juvavia*, a devant elle une vafte plaine, & derriere, trois montagnes. Sa circonférence eft de 5000 pas géométriques : la Salza la traverfe : des murs & 11 baftions la défendent, un vieux château élévé, fortifié, renferme un bel arfenal, une garnifon qui ne change point, & d'abondans magazins de vivres. Les rues de la ville font étroites, le pavé eft antique, les maifons élevées & affez bien bâties : l'hôtel de l'archevêque eft magnifique & renferme 170 appartemens : une belle fontaine le décore ; mais il n'a point de jardins : c'eft au palais d'été qu'il en faut chercher d'agréables : on le nomme *Mirabella*. Cette ville eft ornée encore de divers palais. On y voit un amphithéâtre taillé dans le roc, long de 220 pieds, & un chemin coupé au travers les rochers du mont des moines, long de 422 pas, haut de 24, large de 22, orné d'un portail taillé dans le roc que furmonte la ftatue de St. Sigifmond, haute de 15 pieds, & en marbre blanc. L'Eglife de St. Rupert, bâtie en pierres quarrées & en marbre, eft vafte, dans le goût moderne, & fur le modéle de St. Pierre de Rome : elle a 5 orgues, dont le plus grand occupe tout le fond de la grande nef. Elle a de riches ornemens & un tréfor. L'Eglife de St. Pierre eft la plus ancienne : près d'elle eft un couvent de bénédictins qui a une nombreufe bibliothéque. On y compte encore 28 églifes : 5 Hôpitaux dont l'un eft très vafte, deux collèges dont l'un eft pour les gentilshommes. L'Archevêque Paris de Lodron, y fonda l'univerfité en 1623 : les Jéfuites refuferent de la diriger parce que l'archevèque en voulait être l'inspecteur : les bénédictins y consentirent. Son bâtiment est superbe : les professeurs sont tirés de trente abbayes engagées à les fournir : des professeurs séculiers y enseignent le droit public & le droit civil.

La situation de Salzbourg y favorise le commerce : elle essaya de devenir ville impériale dans le 16e siécle ; mais les archevèques la soumirent. Pres d'elle est un couvent de femmes : à quelque distance sont les palais de *Klessheim* & de *Hellbrunn* ou Claire-fontaine. Parcourons les principaux lieux de cet archevêché.

*Lauffen*, est un bailliage, & une petite ville qu'arrose la Salza.

*Tietmanning*, sur la Salza, est un bailliage & une ville.

*Müldorf* est sur l'Inn : cette ville qui touche à la Baviere, est le siége d'un bailliage.

*Mattsée*, château, chapitre, bailliage sur un lac qui porte ce nom, terre noble qui est un fief de l'évêque de Passau. *Teisendorf*, *Waging*, *Strasswald*, *Neumark*, sont des bourgs : le second est sur le bord du lac de *Tachens*.

*Séékirchen* bourg sur le lac de *Waller*, où est un chapitre & une église construite par St. Rupert qui y siégea. Près de-là est *Plain*, où l'on visite une image miraculeuse de la vierge. *Aign* est un village près de Salzbourg où est un bain médicinal.

*Hallein*, ville fameuse par les Salines de la montagne de *Dürnberg* dont elle est voisine : elle est sur la Salza : trois ou quatre chaudieres y font continuellement le sel, & il s'en cuit tous les ans 750,000 quintaux.

*Werfen* : forteresse & bourg sur la Salza.

*Gólling* bourg sur la Salza, voisin d'un chemin

# CERCLE DE BAVIERE. 7

étroit qu'on nomme le pas de *Lueg*, tracé dans une montagne escarpée. *Zell* dans la vallée de ce nom, est un bourg voisin d'une mine d'or. *Tefferegg* est une vallée, où les luthériens ont beaucoup souffert de l'intolérance : un village lui donne son nom : on y voit le bourg de *Windisch-Matray*. *Mittenssil* est un bourg & fut un comté. *Gastein* est célèbre par ses bains chauds, & ses mines de plomb, de fer & d'or : celles-ci ont cessé d'être riches. *St. Michel en Lungau*, bourg à la source de la Muer.

*Radstätt*, petite ville près des sources de l'Ens. Les autres lieux sont peu importans, & nous les passons sous silence.

L'Archevêque possède encore comme nous l'avons vu dans le cercle d'Autriche, les villes de *Freisach* & de *St. André*, les bourgs d'*Altenhofen*, de *Hüttenberg*, de *Guttœring*, de *Sachsenbourg*, d'*Arnstorf* le bailliage de *Stall* & d'autres lieux : il est encore Seigneur de *Trasmaur*

## PRÉVÔTÉ DE BERCHTESGADEN.

Elle touche à l'archevêché de Salzbourg & à la Bavière, est montagneuse, & renferme six lacs abondans en poissons : le *Konigssée* est le plus grand, & l'*Achen* ou l'*Alben* en fort. Les autres sont le lac de *Fundten*, le haut & bas lac, le lac des Pigeons ; (*Taubersée*) le lac verd (*Grünsée*) Elle a une riche mine de sel : on le recueille comme à *Hallen* dans le Salzbourg, & on le conduit par eau en Bavière : ce travail, l'exportation du bois, la culture des terres, différens ouvrages en bois & en os, font les ressources & le commerce des sujets. Il en est encore de Protestans : il en sortit 900 en 1732 pour s'établir dans les états du roi de Prusse.

Cette prévôté fut fondée en l'honneur de Jean

Batiste, par une comtesse de Harbourg & ses deux fils. L'un d'eux, le comte de Bérenger, en obtint la confirmation du Pape, & y plaça des chanoines réguliers de St. Augustin. Elle ne dépendit que du pape en 1455. Son prévot avait deja obtenu l'exercice des droits épiscopaux en 1261. Les Archiducs d'Autriche en sont les patrons héréditaires depuis 1202. Le prévôt est prince du St. Empire Romain, il siége dans leur collége, paye un mois romain de 104 fl. & une taxe de 121 rixd. 66 kr. Son chapitre est composé de Comtes & de Barons : de la régence du Prévôt, on appelle pour le spirituel au pape, & pour le temporel aux tribunaux de l'Empire.

Son territoire comprend le bourg de *Berchtesgaden*, sur l'Achen, voisin du couvent ; on y voit encore le château de *Fürtenstein* ; le bourg de *Schellenberg* où l'on cuit le sel dissout à Gollenbach ; *Rambsau*, paroisse, & huit préfectures. Le prévôt évêque, possede plusieurs seigneuries & terres en Autriche, en Baviere, & dans le Salzbourg.

## Duché de Baviere joint au haut Palatinat.

Il fait la plus grande partie de ce cercle, & presque les mêmes bornes. On lui donne soixante lieues de long & quarante de large. Les terres qui appartiennent au duc de Baviere dans les deux cercles de Baviere & de Souabe s'évaluent à deux mille vingt-cinq lieues quarrées. Au midi sont des monts, des forêts, des lacs & des marais, des pâturages & fort peu de champs : vers le nord on trouve de grandes & fertiles plaines, où l'on recueille beaucoup de blés. On y trouve beaucoup des salines, des bains médécinaux, des mines de cuivre, d'argent, de plomb, de belles carrieres de marbres, beaucoup de gibier, de poissons & de bétail : on y engraisse des porcs qui y sont un grand objet de commerce. Le haut Palatinat est montueux, couvert de bois, de prairies & de champs. On trouve des cerfs sur un grand nombre de ses montagnes. Ces pays sont arrosés par le *Danube*, le *Lech*, l'*Inn*, l'*Atmühl*, la *Nab* & l'*Iser;* le premier, le troisieme, le dernier charient de l'or. On y compte seize grands lacs & cent soixante petits, deux cent soixante & quinze rivieres grandes ou petites, trois cent soixante forets, sept-cent vingt montagnes : un grand nombre d'étangs y fourmille en poissons. Ils renferment quarante-huit villes, cent vingt-trois bourgs, douze-cent villages, mille châteaux ou terres nobles, mille deux-cent douze chapitres, quatre-vingt-six couvens, mille cinq-cent paroisses, vingt-huit mille sept-cent neuf églises & environ quatre millions d'ames. Les revenus de l'électeur montent à cinq ou six millions d'écus d'empire : ses forces militaires sont de douze mille hommes durant la paix, & de plus du double dans la guerre.

Les états de Baviere composés des prélats, des nobles, des villes & bourgs, s'assemblent par députés à Munich; mais très-rarement : celles du haut Palatinat ne s'assemblent plus. Les Bavarois sont catholiques & les plus zélés de l'europe : il y a quelques protestans encore dans le haut Palatinat. On commence à y faire des progrès dans les sciences utiles : les bénédictins y travaillent avec zèle, & l'université d'Ingolstad, l'académie de Munich n'y sont pas inutiles : cette derniere a créé une chaire de grammaire & une de belles lettres allemandes en 1765. Les manufactures font les mêmes progrès. On y fabrique du gros drap, des étoffes de laine, de cotton & de soie, des bas, du velours, de la tapisserie, de l'horlogerie, &c. L'exportation des blés, du bétail, des bois, du sel, du fer, aide à nourrir les sujets, & à enrichir le prince.

Les Boyens, peuple Celtique, chassés de Bohême où ils étaient venus de la Gaule, se retirerent dans la Norique, qui prit le nom de *Bojaria*, & par corruption, *Bavaria*. Gouvernée par des ducs qui reconnaissaient le pouvoir des rois d'Austrasie, elle était alors plus étendue, & comprenait une partie de la Franconie, de la Rhétie & de l'Autriche. Charlemagne la fit gouverner par des comtes. Elle eut des rois en 876, & des ducs en 920. Arrachée à la maison de Wittelsbach peu de tems après, elle lui revint vers l'an 1200. Elle fut la souche des comtes palatins du Rhin & des ducs de Baviere. Celui qui règne aujourd'hui est fils de l'infortuné Empereur Charles VII. On sait que ces ducs joignent à la dignité électorale, celui d'Archi-Sénéchal de l'Empire. Ils exercent le vicariat de l'Empire durant l'interrègne, & ont des offices héréditaires tels qu'un *gouverneur des pays héréditaires* un *maréchal*, un *sénéchal*, un *échanson* & un *grand-veneur*.

L'électeur occupe la cinquieme place dans le collège électoral, & la seconde parmi les électeurs séculiers. Il siége & va le premier aux opinions dans le collège des princes. Son mois romain est de 1823 fl. sa taxe de 811 rixd. 58. kreutz.

L'ordre de *St. George* a été renouvellé en 1729, par l'électeur Charles Albert. Ses chevaliers, nobles de seize quartiers, sont défenseurs de l'immaculée conception de la vierge; & c'est pour avoir attaqué cette immaculation que les dominicains n'ont plus qu'un couvent dans toute la Baviere. L'électeur est grand maître de cet ordre qui possede douze préfectures. Une croix d'azur émaillée, ayant l'image du chevalier de St. George: & au revers est le chiffre de son restaurateur, la couronne électorale, avec les lettres initiales de ce paſſage, *Juſtus ut palma filorebit*, pour legende.

Le gouvernement eſt diviſé entre pluſieurs conſeils: tels ſont ceux de conférence, de reviſion, de cour, de guerre, de finances, de commerce, des monnaies, des mines: un conſiſtoire veille ſur les affaires écléſiaſtiques: tout le duché eſt partagé entre quatre régences, deux dans la haute Baviere, deux dans la baſſe, diviſées en élections & gouvernées par des comtes ou des barons. Le haut Palatinat forme auſſi une régence.

## HAUTE BAVIERE.

### I. RÉGENCE DE MUNICH.

*Munich*, *Monachium*: eſt ſituée ſur le bord de l'Iſer. Cette ville eſt une des plus belles de l'Allemagne; elle a des murs épais, des foſſés profonds, des remparts qui ne la rendent pas forte : ſes maiſons ſont hautes, ſes rues droites & larges, ſes habitans ſont au nombre de 40,000. Elle a de beaux bâtimens tels que la maiſon de ville, l'hôtel des états, divers palais, dix-neuf couvens, pluſieurs égliſes, quatre hôpitaux. Le collège qui appartient aux jéſuites a huit-cent fenêtres, leur bibliotheque était très-riche. Mais le palais de l'électeur éfface tous les autres. Simple & majeſtueux à l'extérieur, chaque partie en eſt bien ordonnée & le tout eſt irrégulier. Il eſt de la plus belle architecture ; le marbre y eſt prodigué, des buſtes, & des réliefs en ornent tous les recoins. Il ſerait long de le peindre ici: nous ne parlerons que des objets les plus curieux qu'il renferme. Tel eſt le ſalon des antiques où l'on compte 354 bustes de jaspe, de porphyre, de bronze, de marbre de toutes couleurs. Parmi eux, est un Alexandre, statue vivante & qui peint son ame mieux que son histoire : on y remarque plusieurs idoles & vaisseaux qui servaient aux sacrifices des anciens. La chapelle de l'appartement de l'électrice est remarquable par l'or, l'argent, les pierreries dont elle est ornée, & par les réliques qu'on y conserve : les orgues y sont d'argent en rélief, les armoiries de cristal de roche cizelé. La grande salle de l'empereur a 118 pieds de long sur la moitié de large : elle est d'une magnificence qui étonne : ses peintures sacrées & profanes y sont également estimées. Un cabinet de cédre y sert de couverture à un autre qui est d'yvoire, rélévé de figures travaillées avec le plus grand art : on y compte 1400 médailles : la suite de celles des empereurs est la plus précieuse : ces médailles & les tableaux ont été pillées en partie après la bataille de Hochstet, & dans la guerre de la succession d'Autriche. Ce palais a quatre cours : la plus belle est celle des fontaines : elle a divers jets d'eau à figures de bronze autour d'un bassin, au milieu duquel s'éléve une statue de bronze d'où sort un jet d'eau admirable. Le duc Maximilien fit bâtir ce Palais & il regrettait de n'être point sûr de vivre dix ans encore pour en élever un plus superbe sur ses ruines : on peut former des regrets plus justes & plus humains ; mais il était prince.

La cathédrale de Munich est assez belle : on y compte vingt-quatre grandes colonnes, vingt-cinq chapelles & trente autels : on y remarque le tombeau en marbre noir de l'empereur Louis de Baviere : celui des électeurs est dans l'église des théatins. Des galéries traversant les maisons & les rues par des arcades, communiquent du palais aux principales églises & couvens, afin que la cour puisse y aller en secret.

C'est près de-là que fut bâtie l'ancienne ville de *Campodunum*. Au delà de l'Iser sur l'Au, est une fabrique électorale: plus haut est un couvent. Munich fut bâtie en 1175 par le duc Henri le Lion: elle a une académie des sciences & des arts fondée en 1759, & des manufactures de velours, de soieries, de laine & de tapisserie.

*Bailliage de Dachau.*

*Dachau*, grand bourg bien bâti sur une hauteur au bord de l'Ammer ou Amper; sur une haute montagne voisine est un château de l'électeur orné de beaux jardins: on y respire un air très-pur. Le bourg a un canal qui conduit à *Schleisheim* magnifique maison de plaisance, ornée de jardins & de tableaux des plus grands maîtres, elle communique à la maison de chasse de *Lustheim*. *Bruck*, est aussi un bourg, & sur la même riviere. *Nympferbourg* est un château de l'électeur, au milieu d'un bois, dans une contrée riante: ses fontaines, ses cascades, ses jardins, ses allées, son canal qui conduit à Munich, en font un beau séjour. *Fürstenfeld*, couvent de citeaux sur l'Ammer: *Inderstorf*, *Daxa* sont deux couvens d'augustins. Nous ne parlons pas des châteaux & des terres nobles.

*Bailliage de Crantzberg.*

Il n'a bourgs, ni villes, & doit son nom à un vieux château; on y remarque *Neustirt* abbaye de Citeaux, & *St. Etienne*, abbaye de bénédictins sur la Mosach.

*Bailliage de Pfaffenhofen.*

*Pfaffenhafen*, petite, & jolie ville sur l'Inn, ses maisons sont de pierre. *Hohenwart*, *Geisenfeld* sont deux bourgs qui chacun ont une abbaye de bénédictins: celle de *Scheurn* eſt auſſi du même ordre.

*Bailliages de Mainbourg & de Neuſtadt.*

Mainbourg eſt un bourg ſur l'Ambs. *Neuſtadt*, une petite ville au bord du Danube.

*Bailliage d'Abenſperg.*

*Abenſperg*, *Abuſina*, petite ville, château ſur l'Amb : elle a un couvent de carmes & fut un comté. *Altmanſtein*, *Eſſing*, *Ror*, ſont trois bougs : les deux derniers ont un chapitre. *Pæring*, abbaye de bénédictins.

*Bailliages de Riedenbourg & de Kæſching.*

Riedenbourg eſt un bourg ſur l'Altmühl. *Altmühlmünſter* eſt une commanderie qui fut aux Templiers, qui eſt à l'ordre de malthe. *Schamhaupten*, chapitre de chanoines auguſtins.

*Kaſching*, *Ceſarea*, bourg qui fut colonie romaine.

*Bailliage de Kohbourg.*

*Kohbourg*, bourg ſur le Danube qui eut des comtes particuliers. *Gaimerſheim*, *Pfœring*, *Siegenbourg* ſont trois bourgs : le dernier eſt ſur l'Ambs ; le ſecond eſt muré, le & Danube l'arroſe : on l'appellait autrefois, *Epona*.

*Ingolſtadt*, jadis *Aureatum*, ville dans une belle plaine, ſur le Danube. Elle eſt une des plus fortes places de l'Allemagne : les marais qui l'environnent aident aux travaux de l'art pour la defendre. Elle a un beau château ; ſes rues ſont grandes, larges, bordées de maiſons de pierre ; mais elle eſt pauvre & mal peuplée. Son Univerſité lui donne un air vivant ; elle fut fondée en 1472, reformée en 1743, & ornée d'un ſallon d'antiquités & d'une bibliotheque. Son arſenal eſt beau : elle renferme trois couvens, & trois bailliages en font partie.

### Bailliages de Schrobenhausen & de Rain.

*Schrobenhausen*, est une petite ville : elle a trois Eglises, la Paar l'arrose.

*Rain*, est petite, fortifiée & sur l'Acha, près du Lech & du Danube. *Pattmes* est un bourg. *Nieder-Schanfelz*, *Thierhaupten*, sont deux abbayes, l'une de femmes de Citeaux, l'autre de Bénédictins.

### Bailliage de Donauwerth.

*Donauwerth*, autrefois *Schwæbisch-werth*, ou *Werth de Souabe*, ville sur la Wernitz, qui s'y jette dans le Danube. Elle a été Impériale & du cercle de Souabe : mise au ban de l'Empire en 1607, pour avoir troublé de nouvelles processions instituées par les moines de Ste Croix, le duc de Baviere s'en empara, & a su la garder. On l'appelle encore dans les assemblées du cercle, & cet appel n'est plus qu'une vaine cérémonie. Le couvent de Bénédictins de Ste Croix y est seigneur d'un village, & l'ordre Teutonique y a une maison. Elle est fortifiée & a un pont sur le Danube. Son bailliage renferme quatre villages. Près d'elle est le *Schellenberg*, montagne fameuse par un combat.

### Bailliage de Wembdingen, & d'Aicha.

*Wembdingen*, est une petite ville : elle a un château, & des bains d'eaux minérales sont dans son voisinage.

*Aicha*, petite & jolie ville sur la Paar : elle est fortifiée, a un château, deux églises, une comanderie de St Jean. *Rinling*, *Inchenhofen*, *Altmünster*, *Küpach* sont des bourgs : les deux derniers ont des couvens. *Blumenthal*, est une commanderie de l'ordre Teutonique.

### Bailliage de Friedberg, de Mœringen, & de Landsberg.

*Friedberg*, ville & château sur une montagne : elle a deux églises, & est connue par son horlogerie ;

## CERCLE DE BAVIERE.

l'Aicha a sa source près d'elle. *Mœringerzell* est une terre noble.

*Landsberg*, est sur le Lech : elle eut des comtes, a un vieux château sur un mont, deux églises & un gymnase : on dit qu'elle est jolie & que ses habitans vivent dans l'aisance. *Diepen* est un bourg, & un couvent de chanoines Augustins sur le lac d'*Ammer*. *Rottenbuch*, prevoté considérable de chanoines Augustins, fondée en 1185. Elle posséde *Osterzell*, fief de l'empire dans la Suabe.

Bailliages de *Schongau*, & d'*Hautschwangau*.

*Schongau*, petite ville sur un mont, près du Lech : elle a un vieux château ; *Peisenberg*, est un couvent.

*Hautschwangau*, est un château, une seigneurie, près du lac d'Alb, arrosée par le Lech.

Bailliage de *Wilheim*, & de *Staremberg*.

*Wilheim*, ville sur l'Ammer : elle a de profonds fossés, un petit château & un couvent. *Etal*, abbaye de Bénédictins où fut une école pour la noblesse : elle posséde le bourg de *Murnau*, & l'*Ammergau*, petit pays qui en est voisin. *Benedict-Beyrn*, ou *Buren*, riche couvent de Bénédictins fondé en 733, près du lac de Cochl : on trouve du beau marbre dans ses environs. Son abbé a été prince de l'empire : mais en devenant sujette de la Baviere, il a perdu ce titre. *Andechs*, ou la *Montagne sainte*, est une abbaye du même ordre près du lac d'Ammer. Sur les bords du lac *Würm*, on voit la prévoté de *Bernried*, le château de Lurzing : celui de Wœrth est dans une isle qui s'éléve de son sein.

*Starenberg*, est un château de l'Electeur, avec des beaux jardins, on s'y promene sur le lac de *Würm* avec des gondoles : on y chasse aux cerfs.

*Bail-*

*Bailliage de Wolferzhausen, & de Tœlz.*

*Wolferzhausen*, est un bourg, autrefois comté. Son château est élevé près de l'Iser sur la Loysa. *Holzkirhen*, est est encore un bourg. *Tegernsée*, abbaye de Bénédictins, sur le lac de ce nom, près duquel on trouve de l'huile de pétrole. On y compte encore quatre autres couvens, ou d'Augustins, ou de Prémontrés.

*Tœlz*, bourg sur l'Iser. Un château est sur la hauteur, un couvent de Recolets est dans son enceinte.

*Bailliages de Aurbourg, & d'Aibling.*

*Aurbourg*, n'est qu'un château fort, sur un mont, près de l'Ihn.

*Aibling*, est un bourg sur la Manguald : ses habitans sont aisés. *Falkenstein*, bourg & seigneurie. *Beyharting*, *S. Petersberg*, *Weiern* sont trois prévotés : *Schliers* est une préfecture.

*Bailliage de Schwaben & de Wasserbourg.*

*Schwaben*, est un bourg sur la Sempta. *Græfing*, est encore un bourg : il est antique.

*Wasserbourg*, ville bien bâtie : l'Ihn l'arrose, des montagnes l'entourent ; elle a quatre églises, & fut autrefois un comté. Son commerce est le sel. *Attl*, *Rott* sont deux abbayes de Bénédictins sur l'Ihn. La derniere est considérable, & a voulu devenir état de l'Empire.

*Bailliages de Rosenheim, & de Marquartstein.*

*Rosenheim*, bourg sur l'Ihn : on y travaille le cuivre, & commerce en grains : il y a des bains minéraux, un château, un couvent. *Neupeurn*, est encore un bourg.

*Marquartstein*, petite ville près de l'Aha : elle a un vieux château sur un mont élevé.

*Bailliages de Traunstein, & de Reichenhall.*

*Traunstein*, petite ville sur le Traun : elle a un

Tome III.                                         B

couvent, un château, des falines, on y faune le fel qui vient de Reichenhall, parce qu'elle a des bois & des facilités pour le commerce : fon bailliage eft femé de lacs, les plus confidérables font ceux de *Weit* & de *Forchen*.

*Aedlholzen*, village connu par fes bains minéraux.

*Reichenhall*, ville fur la rive droite de la Sala. Ses falines font riches : on en cuit ici une partie de l'eau, l'autre eft portée à Trauftein, par la montagne, dans des canaux de plomb : un aqueduc, conftruit depuis des fiècles en cailloux quarrés, enduits de bitume, transporte à demi lieue l'eau falée fuperflue & l'eau douce qui met en mouvement les roues & les pompes. Cet aqueduc eft vouté, large de cinq pieds, profond de douze toifes, paffe fous la ville, les jardins & les champs, l'on s'y embarque muni d'un flambeau. C'eft une petite riviere dont les abondantes eaux falées ne fe mêlent à l'eau douce qu'à cinquante pas du lieu où elles commencent à couler enfemble. *St Zenon*, eft une prévoté de chanoines Auguftins.

## II. REGENCE DE BURKHAUSEN.

*Burkhaufen*, ville bien bâtie fur la Salza, près de l'Ihn. Son château fort eft fur un mont : il eft antique : elle a quatre églifes, & un beau collége où enfeignaient les jéfuites.

*Bailliages de Neu-Oetting*, & *de Mermofen*.

*Neu-Oetting*, jadis *Pons Oeni* : les debris de celle-ci ont fervi à élever celle-là. Elle eft fur une hauteur, près de l'Ihn, dans une contrée fertile en grains. *Alt-Oetting*, ville & chapitre antique, où l'on voit les tombeaux de divers princes : un image de la Vierge y fait accourir les pélerins. Dans les champs voifins, on trouve encore des armes des Romains, qui y furent battus en 520. *Mœrkhl*, *Tüſsling*, ſont deux bourgs ſur l'Ihn. *Raitenhaſslach*, abbaye de citeaux, ſur la Salza. La ſeigneurie de *Wald* eſt arroſée par l'Aza.

*Mermoſen*, eſt un château.

*Bailliages de Craibourg, & de Cling.*

*Craibourg*, eſt un bourg dans une campagne fertile arroſée par l'Ihn. Il a un château.

*Cling*, château ſur une hauteur. *Herrn-Chiemſée*, autrefois *Pfaffenwerth*, prévôté de chanoines Auguſtins, dans un iſle du lac de Chiemſée, qu'on appelle auſſi *Mer de Baviere*. Le lac a encore une iſle chargée d'un couvent de religieuſes Bénédictines, connu ſous le nom de *Fraun-Chiemſée*. Un évêque de Salzbourg fonda un évêché dans le premier couvent en 1215, & laiſſa à la prévôté ſes droits, & ſes biens. L'évêque de Chiemſée eſt nomé, confirmé, ſacré par l'archevêque de Salzbourg, qui reçoit ſon ſerment de fidelité & n'a pas beſoin pour le faire de l'approbation du pape. *Séon*, *Altenhohenau*, ſont deux couvens, l'un de Bénédictins, ſitué ſur un petit lac; l'autre de Dominicaines.

*Bailliages de Trosbourg, & Seigneurie de Hohenaſchau.*

*Trosbourg*, eſt un bourg ſur l'Alza. Son château eſt ſur un mont; ſur la même riviere eſt encore le bourg d'*Altenmartkt*. *Pœmbourg*, eſt une prévôté d'Auguſtins.

*Hohenaſchau*, eſt un château: près de lui ſont des mines & des martinets de fer.

*Bailliages de Wildshut, de Braunau & d'Uttendorf.*

*Wildshut*, n'eſt qu'un château.

*Braunau*, eſt une ville fortifiée: l'Ihn y paſſe; un palatin de Baviere y ſiegeait autrefois.

*Uttendorf*, eſt un bourg ſur la Mattig.

B 2

*Bailliages de Julbach, & de Maurkirchen.*

*Julbach*, est un château, & un village

*Maurkirchen*, *Altheim*, sont deux bourgs. *Ranshofen*, une prévôté de Chanoines Augustins.

*Bailliages de Fribourg, & de Mattigkofen.*

Tous les deux ont un bourg dont ils prennent leur nom.

*Bailliages de Ried, & de Scherding.*

*Ried*, est un bourg, c'est dit-on, le plus beau de la Baviere, il a un château, & un couvent. *Aurolzmünster*, bourg habité par des tisserans, château dont on admire les fontaines & les cascades.

*Scherding*, est une ville sur l'Ihn. Elle eut autrefois des comtes : le château qu'ils habiterent est vaste, fortifié, placé sur un hauteur. *Reichersberg*, *Suben*, sont deux prévôtés d'Augustins.

## BASSE BAVIERE.

### I. RÉGENCE DE LANDSHUT.

*Landshut*, ville sans murs, bien bâtie, arrosée par l'Iser. Sur une hauteur est le château du Duc, au milieu de la ville est son palais. Son église collegiale de St. Martin a un clocher le plus haut, dit-on, de l'Allemagne, & d'où l'on découvre presque toute la Baviere. Elle renferme six couvens : ses rues sont larges, elle a de belles maisons ; son nom annonce qu'on la regardoit comme le *chapeau*, la *sauvegarde* du pays. On l'appelle encore la *prunelle de la Basse-Baviere*. Près d'elle est *Seligenthal*, abbaye de Citeaux.

*Bailliages de Aerding, & de Dorfen.*

*Aerding*, petite ville sur le ruisseau de Sempt : ses environs produisent le meilleur bled de la Baviere.

# CERCLE DE BAVIERE.

*Wartenberg*, est un bourg & un château sur la Strong. *Vieux-Fraunhofen*, bourg & château sur la petite Vils.

*Dorfen*, bourg sur l'Isen: on y fait des pélérinages. *Bailliages de Neumarkt, & de Vils-Bibourg.*

*Neumarkt*, bourg sur le Roth. *St. Weit*, est une abbaye de Bénédictins. *Au*, *Gars*, sont deux prévôtés d'Augustins.

*Vils-Bibourg*, *Velden*, *Eberspeunt*, sont trois bourgs: les deux premiers sont sur la Vils.

*Bailliages de Geisenhausen, & de Teisbach.*

*Geisenhausen*, est un bourg.

*Teisbach*, bourg sur l'Iser. *Frontenhausen*, *Gerzen*, *Pilsting*, *Erblsbach*, sont aussi des bourgs, les deux premiers sont sur la Vils, les deux autres près du Danube.

*Bailliages de Dingelfing, & de Reisbach.*

*Dingelfing*, est une petite ville dans une situation agréable: elle a un couvent, & l'Iser l'arrose.

*Reisbach*, bourg sur la Vils. *Seemannshausen*, couvent d'hermites Augustins.

*Bailliages de Gœnkofen, & d'Enggenfeld.*

*Gœnkofen*, bourg sur la Bina, où est une commanderie de l'ordre Teutonique. *Mœssing*, bourg sur le Roth.

*Eggenfelden*, *Gern*, bourgs où passe le Roth. *Wurmannsquick*, est un autre bourg.

*Bailliages de Landau, & de Pharrkirchen.*

*Landau*, est une ville sur une colline, dont l'Iser baigne le pié: on la croit l'ancienne *Apona*. *Euchendorf*, *Sinbach*, sont deux bourgs.

*Pharrkirchen*, *Trüftlorn*, *Armstorf*, sont trois bourgs. Le premier est sur le Roth, le dernier sur le Kolbach, & a deux châteaux.

*Bailliages de Griesbach, & de Vilshofen.*

*Griesbach*, *Chœstlarn*, *Minster*, font des bourgs. *Aschbach*, *St. Sauveur*, *Fürstenzell*, *Varnbach*, font des abbayes.

*Vilshofen*, ville au confluent de la Vils & du Danube. Elle est petite & agréable. *Pleinting*, *Tütling*, font deux bourgs. *Allersbach*, une abbaye de citeaux.

*Bailliages d'Osterhofen, & de Naternberg.*

*Osterhofen*, ville près du Danube, connue autrefois sous le nom de *Petrensia*. Près d'elle est un couvent de Prémontrés.

*Naternberg*, château près du Danube. *Plœdling*, bourg, sur l'Iser.

*Bailliages de Kirchberg, & de Rottenbourg.*

*Kirchberg*, est un château. *Pfaffenberg*, *Geisselbœring*, deux bourgs. *Malerstorf*, une abbaye de Bénédictins.

*Rottenbourg*, était un comté : c'est un bourg ainsi que *Pfaffenhausen*.

*Bailliage de Mosbourg.*

*Mosbourg*, ville sur l'Iser, qui près de là reçoit l'Ammer. Elle a eu des comtes. *Au*, *Nandelstatt*, *Wolnzach*, font trois bourgs.

*Hals*, fut un comté immédiat de l'émpire, & fut vendu aux ducs de Baviere en 1517, l'Ilz l'arrose : on y voit le bourg de son nom.

*Eckmüll*, est une seigneurie arrosée par la Grand-Laber. Elle a un bourg & un baillif.

## II. RÉGENCE DE STRAUBING.

*Bailliage de Straubing, & de Miterfels.*

*Straubing*, ville assez grande, & bien bâtie. Sa situation sur le Danube la rend commerçante : elle a de belles églises, & de beaux couvents. Les jésuites y avaient un superbe college.

*Miterfels*, est un château. *Falkenstein*, *Pogen*, sont deux bourgs ; celui-ci est au confluent du Pogen & du Danube, & eut le titre de comté ; sur un mont voisin on vénére un image de la Vierge. On compte dans son bailliage quatre abbayes de Prémontrés.

*Bailliage de Gossestorf, & de Cham.*

*Gossestorf*, est un village.

*Cham*, ville sur le Regen qui y reçoit le Cham. Elle fut un comté, & a un couvent.

*Bailliages de Furt, & de Kœtzting.*

*Furt*, est une petite ville sur le Cham. Elle a un château.

*Kœtzting*, est un bourg près des frontieres de la Bohême.

*Bailliages de Neukirchen, & de Viechtach.*

*Neukirchen*, & *Eschlkam*, sont deux bourgs.

*Viechtach*, est un bourg fut la Scwarzregen, son bailliage renferme des mines de cuivre & d'argent, le bourg de *Ruemannsfelden*, & *Gotteszell*, abbaye de Citeaux.

*Bailliages de Kelheim, & de Dietfurt.*

*Kelheim*, ville dans un isle que forment l'Altmühl, & le Danube. On y trouve de la bonne bierre blanche : elle a un couvent. *Lankwatt*, & *Schierling*, bourgs sur le Grand-Laber. *Weltenbourg*, & *Prisling*, sont deux abbayes de Bénédictins près du Danube.

*Dietfurt*, petite ville près d'une vallée qu'arrose l'Altmühl. Elle a un couvent.

*Bailliages d'Abach, & de Haidau.*

*Abach*, est un bourg & un château, où l'on dit que naquit Henri II empereur. Ses bains chauds, salutaires pour diverses maladies, ont le goût & l'odeur de l'œuf gâté.

*Haidau*, est un château. *Pfeter*, un bourg où la Pfeter se jette dans le Danube, *Pruel*, une Chartreuse.

*Bailliage de Stadt-am-Hof.*

*Stadt-am-Hof*, petite ville sur le Danube, vis-à-vis de Ratisbonne qu'elle joint par un pont. Elle a deux couvens & une chapelle pour les luthériens. Son hôpital de Ste. Catherine a 80000 florins de revenus, & ceux qui les administrent comme ceux qu'ils nourrissent doivent être moitié catoliques & moitié protestans. *St. Mang*, est une prévôté de chanoines Augustins.

*Bailliages de Léonsberg, & de Schwarzach.*

*Léonsberg*, château de l'électeur sur une haute montagne : il y a beaucoup de gibier, & l'on y chasse aux hérons.

*Schwarzach*, est un château sur la riviere de ce nom.

*Bailliages de Linden, de Zwisel, & de Weissenstein.*

*Linden*, n'est qu'un château, *Zwisel*, un bourg sur le Regen : *Weissenstein*, un château.

*Bailliages de Regen, & de Deckendorf.*

*Regen*, bourg sur la riviere de ce nom. *Rinchnach*, est un couvent.

*Deckendorf*, petite ville près du Danube, sur lequel elle a un pont.

*Bailliages de Hengersberg, & Winzer.*

*Hengersberg*, *Hofkirchen*, bourgs sur le Danube, ainsi que l'abbaye de *Bas-Altaich*, & le bourg de *Winzer*.

*Bailliages de Diesenstein, & de Bernstein.*

*Diesenstein*, *Bernstein*, sont des châteaux. Le dernier bailliage renferme des verreries, la petite ville de *Gravenau*, le bourg de *Schœnberg*, & la prévôté de *St. Oswald*.

# CERCLE DE BAVIERE.
## HAUT PALATINAT.

Possedé d'abord par les ducs de Souabe, acheté par la maison Palatine, divisé par Charles IV, qui incorpora à la Bohême la partie qui en dependait, il éprouva encore divers changemens de maîtres. Il appartient à la Baviere; mais les Electeurs Palatins en possédent une partie, dont nous parlerons bien-tôt, & par le traité de *Westphalie*, toute la partie qui est fief de l'empire doit leur révenir après l'extinction de la branche de la Baviere. Ce pays ne donne ni voix, ni séance aux Diettes.

*Bailliage d'Amberg.*

*Amberg*, est la capitale du pays. La Vils la traverse; elle a des fossés, des remparts, & des bastions. Le château de l'Electeur, la cathédrale de St. Martin, le collège sont beaux: elle a trois couvens: on va implorer le secours de la Vierge sur une montagne voisine: on exploite sur une autre montagne, près de la ville, une mine de fer. *Hambach*, *Schnaitbach*, sont deux bourgs entourés de murs. *Ammerthal*, grand village eut le titre de comté, & a encore deux châteaux.

*Bailliages de Pfaffenhofen, & d'Hainbourg.*

*Pfaffenhofen*, *Lauterhofen*, sont deux bourgs. *Castel*, est un couvent de Bénédictins où l'on voit les tombeaux des comtes de ce nom qui changerent leur château en monastère.

*Hainbourg*, est un château.

*Bailliages de Neumarkt, & de Reiden.*

*Neumarkt*, est une ville fortifiée sur la Schwartza. *Seligpforten*, une abbaye de réligieuses de Citeaux, située sur un lac.

*Rieden*, est un bourg, & un château. *Ensdorf*, une abbaye de Bénédictins sur la Vils.

*Bailliages de Freudenberg, & de Hirschau.*

Le premier a un château, le second a une petite ville.

*Bailliages de Nabbourg, & de Neubourg.*

*Nabbourg*, petite ville sur une hauteur. La Nab la sépare de son fauxbourg, qu'on nomme *Venise*. Sur la même riviere est le bourg de *Schwarzenfeld*. *Trausnitz*, château dans une vallée qu'arrose la *Pfraimat*.

*Neubourg*, petite ville sur la Schwarza : une forêt qu'elle a devant elle la fait distinguer de Neubourg sur le Danube. *Schwarzhofen*, *Neukirchen*, sont deux bourgs.

*Bailliages de Weterfeld, & de Bruck.*

*Weterfeld*, bourg qu'arrose le Regen, ainsi que ceux de *Roting*, & *Nittenau*, & les abbayes de Bénédictins de *Walderbach*, & de *Reichenbach*.

*Bruck* ou *Pruck*, bourg ou petite ville : ses environs nourrissent beaucoup de coqs de Limoges.

*Bailliage de Retz, & de Waldmünchen.*

*Retz*, petite ville : elle a un hospice d'Augustins, la Schwarza y passe. *Schœntal* est un couvent d'hermites Augustins.

*Waldmünchen*, petite ville : la Schwarza prend sa source près d'elle.

*Bailliages de Murach, & de Tenesberg.*

*Murach*, est un vieux château. *Viechtach*, un bourg.

*Tenesberg*, château ruiné sur un mont. *Mosbach*, *Esslarn*, *Waidhausen* sont trois bourgs.

*Bailliages de Bernau, de Waldsassen, & de Tirschenreit.*

*Bernau*, est une petite ville au bord de la Nab, qui prend sa source sur les frontieres de Bohême.

*Waldsassen*, riche abbaye de citeaux fondée en 1133. Elle a été un état de l'empire. Près d'elle est le bourg de *Conersfreit*.

*Tirchenreil*, petite ville qu'arrose la Nab. *Falkenberg*, *Petitl*, *Neuhaus*, *Windisch-Eschenbach*, sont des couvens sur la même riviere.

*Bailliages de Kemnat, de Waldeck, & de Pressat.*
Ils renferment la petite ville de *Kemnat*, & les bourgs de *Waldeck*, de *Pressat*, & de *Culmain*.

*Bailliages d'Eschenbach, & de Gravenwerth.*
Le premier doit son nom à une petite ville : le second à une autre sur la Creussen. Près de là est *Speinshart* abbaye de Prémontrés.

*Bailliages de Turndorf, de Hornberg, & de Tumbach.*

*Turndorf, Tumbach*, sont deux bourgs. *Hornberg*, un château antique.

*Bailliages d'Aurbach, & de Hartenstein.*

*Aurbach*, est une petite ville. *Michelfeld*, & *Weissenohe* deux abbayes de Bénédictins. *Hartenstein*, un château qui tombe en ruines.

La seigneurie de *Rothenberg*, touche au territoire de Nuremberg, & à celui de Brandebourg-Culmbach. Elle a eu ses maîtres particuliers, a éprouvé diverses mutations, a été demembrée, & il ne lui reste que la forteresse de *Rothenberg*, repaire de brigands dans son origine, & le grand bourg de *Schnaitach*.

LANDGRAVIAT DE LEUCHTENBERG.

Il est entre la principauté de Soulzbach, & le Haut-Palatinat. Il eut des landgraves dont la race s'éteignit, & les ducs de Baviere en hériterent en 1646. Ils en prennent le titre, siégent par lui au collége des princes & au cercle de Baviere, payent pour lui un mois romain de 128 fl., & une taxe de 135 rixd. 26 kr. Un magistrat nommé par eux le régit, & la justice s'y exerce par quatre tribunaux différens : il fait partie du diocèse de l'évêque de Ratisbonne. On n'y remarque que *Leuchtenberg*, bourg & château, *Pfreimbdt*, petite ville & château sur la Nab, & la Pfreimbdt qui s'y réunissent. *Wernberg*, bourg dont le château est sur un mont ; *Luc*, bourg sur la Nab. *Misbrunn*, chateau.

## COMTÉ DE HAAG.

Il touche à la haute & à la basse Baviere, a six ou sept lieues de long, trois de large, est arrosé par l'Inn. Après la mort de son dernier comte en 1567, la maison de Baviere lui succèda, en vertu d'une survivance accordée par les empereurs : elle n'en prend point le titre, mais elle siége par lui aux assemblées du cercle. Son mois romain est de 88 florins : sa taxe de 81 rixd. 14 kr. Un administrateur nommé par le prince le régit. On n'y remarque que le bourg & le château de *Haag*, & le couvent d'Augustins déchaussés qu'on nomme *Ramsau*.

## SEIGNEURIES DE SOULZBÜRG, ET DE PYRBAUM.

Elles sont situées dans le haut Palatinat. Elles appartinrent à des seigneurs puissans, qui devinrent comtes de l'empire en 1673 : c'étaient les seigneurs de Wolfstein : après la mort du dernier, la maison de Baviere qui avait eu des droits à son héritage & s'en était fait accorder la survivance par des empereurs, s'en empara en 1740, & après un accommodement avec les héritiers allodiaux, elle en obtint la possession. Ses comtès étaient luthériens, & ce culte y était le seul exercé ; mais l'électeur y a établi le culte romain. Ces seigneuries ne lui donnent voix & séance que dans les assemblées du cercle. Leur mois romain est de 40 flor., leur taxe de 25 rixd. 32. kr. On y remarque le bourg & le château d'*Ober-Soulsbürg*, situés sur une montagne, le château & le bourg de *Pyrbaum*, & une vingtaine de villages.

### SEIGNEURIE DE HAUT-WALDECK.

Elle est dans la haute Baviere & touche au Tirol. Elle eut différens maîtres : ses derniers furent les nobles de Mœxelrain ; un traité a fait passer cette seigneurie dans la maison de Baviere à titre d'hérédité. Elle lui donne séance dans les assemblées du cercle. Son mois romain est de 20 flor., sa taxe de 18 rixd. 73 kr. C'est un pays montagneux qui renferme les deux petits lacs de Schliers & de Stumpf, le bourg de *Mispach*, le village de *Haut-Waldeck*, dont le château n'est qu'un amas de ruines, & le couvent & le chapitre de *Schliers* sur le lac de ce nom.

### SEIGNEURIE DE BREITENECK.

Ses terres sont situées dans le haut Palatinat : elle était un fief de la Baviere que possédèrent les comtes de Tilly ; après la mort du dernier elle retourna à l'électeur, qui par elle siège aux assemblées du cercle. Son mois romain est de 20 flor., & sa taxe de 35 rixd. On y remarque la petite ville de *Freyndstadt* sur la Schwarzach, & les bourgs de *Holenstein*, & de *Hohenfels*. Breiteneck, appartient à des comtes de Monfort comme un allodial : c'est un bourg.

## Principauté de Neubourg, et de Soulzbac.

Ce pays est tout ce que retira Robert comte Palatin, de l'héritage de George, duc de Baviere. Une guerre malheureuse le força en 1507 de se contenter de cette partie des états qui lui étaient échus. Il fut le partage de deux fils de Philippe, électeur Palatin; qui devinrent l'un prince de Neubourg, l'autre de Soulzbach; ces deux familles se sont succédées dans l'électorat, & l'électeur actuel de la ligne de *Soulzbach*, a réuni ces principautés. *Neubourg* donne voix dans le collége des princes à la diette. Son mois romain pour la seigneurie de Heydeck est de 88 flor., & sa taxe pour la chambre impériale est de 340 rixd. 70 kr. Soulzbach paye 48 rixd. 50 kr. Ces pays sont comme enclavés dans le haut Palatinat.

### I. Principauté de Neubourg.

Une régence, une chambre de domaines, les états provinciaux l'administrent: on y trouve encore quelques protestans. Parlons des villes & bourgs qu'elle renferme.

*Neubourg*, est le siège de ses tribunaux: elle est bien bâtie, peuplée, & fortifiée sur une hauteur près du Danube, sur lequel elle a un pont. Elle a un palais; les jésuites y avaient un collége: son péage, & la superstition qui fait accourir le peuple à une chapelle de la Vierge, fait sa principale richesse. Elle a un bailliage.

*Monnheim*, petite ville où est une grande fabrique d'aiguilles.

*Hœchstœtt*, petite ville sur le Danube, connue par deux batailles. Elle a une sénéchaussée.

*Lauingen*, petite ville, colonie des Romains : elle est sur le Danube, eut un fameux gymnase, & vit naître le moine Albert le grand ; épithete souvent assez mal appliquée, & qui l'est mal ici.

*Gundelfingen*, est une petite ville sur la Brenz, qui s'y jette dans le Danube. Elle est jolie, & ornée d'un château : elle a un bailliage, & se trouve enclavée dans la Souabe.

*Heydeck*, petite ville, & seigneurie qui fut un état immédiat de l'empire.

*Hilpoltstein*, petite ville & bailliage : c'était autrefois une seigneurie.

*Hemmau*, est une ville qui n'est pas si grande qu'un village ordinaire.

*Burg-Lengenfeld*, petite ville bien bâtie, assez fortifiée, arrosée par la Nab.

*Burkheim*, bourg & bailliage. *Welchain*, *Allersberg*, *Painten*, *Beretzhausen*, *Laber*, *Parsberg*, *Luppourg*, sont des bourgs : celui de *Regenstauf* a près de lui des ruines, & le Regen l'arrose. *Kalmünz*, est au confluent de la Vils & de la Nab ; *Schmidmühl*, à celui de la Nab & de la Lautrach : ce sont deux bourgs.

La sénéchaussée de Neubourg renferme les bailliages de *Reichertshofen*, de *Rennerzhofen*, de *Velbourg*, & de *Schwandord* : deux bourgs donnent leur nom aux deux premiers : deux petites villes aux deux autres.

La seigneurie de *Plestain* ou *Bleistein*, devrait encore appartenir à l'électeur Palatin : mais l'empereur en ayant donné la survivance au comte de Sinzendorf, elle lui a été remise, & des troupes autrichiennes y sont en garnison. C'est un fief du royaume de Bohême. On y voit la petite ville de ce nom.

## II. Principauté de Soulzbach.

Une régence, & une chambre de finances l'administrent. Les sujets y sont des deux cultes, & les mêmes églises leur servent. Les protestans y forment trois diocéses, leurs affaires ecclesiastiques sont décidées par la régence, dont deux membres doivent être de leur religion.

*Soulzbach*, ville de 3000 maisons, & divisée en deux parties, dont l'une s'étend sur une montagne : un mur la sépare de l'autre située sur le Rosenbach : celle-ci a une fontaine abondante qui fournit des eaux aux deux parties de la ville, & au palais. A l'occident est un fauxbourg. Les deux cultes s'y exercent. Près d'elle est une mine de fer. Autour d'elle sont sept paroisses luthériennes, & le bourg de *Königstein*, qui a un vieux château.

Le bailliage de *Parkstein*, renferme le bourg de ce nom, sur une montagne qu'un château fort domine, & les bourgs d'*Eberndorf*, *Mantel*, *Kaltenbrunn*, *Kohlberg*, & *Freyhung*. Près du dernier est une mine de plomb.

Les bailliages de *Weyden*, & de *Floss*, renferment *Weyden*, petite ville dans une plaine fertile, qu'arrose la Wald-Nab, & qui a été fortifiée : & *Floss* grand bourg sur la riviere de ce nom. Celui de *Vohenstrauss*, renferme le bourg qui lui donne son nom, & qui est considérable, & le bourg d'*Altenstadt*.

## III. Seigneurie d'Ehrenfels.

Elle est située dans la principauté de Neubourg. Elle eut long-tems ses seigneurs particuliers, dont le dernier la céda au comte Palatin de Neubourg en 1567. C'est en cette qualité que l'électeur Palatin la possede possède, & il siége par elle aux assemblées du cercle. Son mois romain est de 36 flor., sa taxe paraît être comprise dans celle de Neubourg. La Laber l'arrose: *Ehrenfels*, est un fort.

## COMTÉ DE STERNSTEIN.

Ses terres sont dispersées dans le haut Palatinat. Le baron de Heydeck, mis au ban de l'empire, le perdit; & Ladislas Popel de Lobkowitz en reçut l'investiture de l'empereur. Il lui donne le rang de prince: il eut voix & séance au cercle de Baviere en 1742. Son mois romain est de 38 flor., sa taxe de 122 rixd. 45 kr. Son territoire renferme la petite ville de *Neustadt*, sur la Nab; celle de *Schamsée*, & le bourg de *Waldturn*.

## COMTÉ D'ORTENBOURG.

Petit pays dans la basse Baviere: ses comtes descendent des ducs de Carinthie. Ils sont luthériens comme leurs sujets, & siégent à la diette comme aux assemblées du cercle de Baviere. Le mois romain est de 24 flor., la taxe de 16 rixd. 23 kr. Les revenus du comté sont d'environ 13000 flor. Il renferme le bourg de *Vieux-Ortenbourg*, deux villages & deux châteaux.

## ÉVÊCHÉ DE FREYSINGEN.

C'est un petit pays, arrosé par l'Iser, & fertile en grains. St. Corbinian le fonda, & en fut le premier évêque, vers l'an 710. Il vecut en anachorette, & ne possédait pas pour entretenir un valet: ses successeurs sont plus riches, ils sont princes de l'empire & suffragans de Salzbourg. Ils siégent à la diette entre les évêques de Paderborn, & de Ratisbonne. Les premiers chanoines ont été des moines; ils sont au nombre de vingt-trois; le prévôt n'a point de rapport avec eux, & peut n'être point chanoine. Le mois romain est d'environ 400 flor., & la taxe de 152 rixd. 19 kr.

*Freysing*, jadis *Fruxinium*, est le siege de l'évêque. Cette ville est sur le Mosach, proche de l'Iser : une partie est au pié d'une montagne, l'autre est sur son sommet d'où l'on jouit d'une perspective très-étendue. Le palais, l'église cathédrale sont de beaux édifices, & sont dans la partie élevée de la ville. Une statue de la Vierge orne la place du marché. Elle a un gymnase où enseignent les Bénédictins, trois collégiales, un hôpital, une maison d'orphélins, un couvent au dedans des murs, & deux au dehors. La ville paraît avoir été la capitale de la haute Baviere quand l'évêché y fut fondé. Ses environs sont fertiles & rians, semés de petits monts.

*Comté d'Ismaning.*

Il fut vendu à l'évêché par le duc de Baviere dans le 13 me siecle. On y compte cinq villages : celui d'*Ismaning* est orné d'un beau château de plaisance : l'Iser l'arrose.

*Seigneurie de Burghrain.*

Elle est située entre la haute & la basse Baviere. L'évêché la possédait dans le 13 me siècle. On y remarque le bourg d'*Isen*, *Isana* : il a une église collégiale. *Burgkrain*, est un château.

*Comté de Werdenfels.*

Il est montagneux arrosé par l'Iser, & le Loysach : c'est une acquisition des évêques dans le 13 me siècle. On y voit quatre bourgs, *Wang*, *Germisch*, *Partenkirch*, *Mittenwald* : les premiers sont sur la Loysach;

le dernier est sur l'Iser. *Werdenfels*, est un château.

L'évêque posséde encore cinq villages dans la Baviere, trois en Autriche, un bourg en Stirie, une seigneurie en Carniole, un bourg dans le Tirol : (c'est celui d'*Innching*,) voyez les articles de ces pays.

## ÉVÉCHÉ DE PASSAU.

Il est situé entre la Baviere, la Bohême & l'Autriche : le Danube l'arrose : il est fertile & peuplé. Vivilon, archevêque de Laureacum, aujourd'hui Lorch, le fonda en 707, après la destruction de sa ville par les Huns : ses évêques ont eu pris souvent encore le nom d'archevêques de Lorch : ils etaient suffragans de Salzbourg, mais l'un d'eux, comte de Lamberg, trouva le moyen de ne rélever que du St. siége, & ses successeurs jouissent du fruit de ses soins. Ils siégent entre les évêques de Ratisbonne, & de Trente : son chapître est composé de vingt-quatre chanoines ; mais l'une de ces places demeure toujours vacante, pour que ses revenus puissent s'employer à l'entretien d'un pont sur le Danube. L'évêque a ses offices héréditaires : son diocèse s'étend sur l'Autriche, & la Baviere ; sa jurisdiction dans cette derniere, comprend deux collégiales, treize abbayes, 328 églises. Ses revenus montent, dit-on à 80000 écus d'or. Lenglet réduit cette somme à la moitié & à moins encore. Son mois romain est de 528 flor. sa taxe de 94 rixd. 62 kr.

*Passau*, jadis *Batava*, est sur la rive méridionale du Danube, qui y reçoit l'Inn & l'Ilz. Ces rivieres la divisent en trois parties, l'une, entre le Danube & l'Inn, est Passau, proprement dit ; la seconde au delà de l'Inn, est élevée sur les ruines de *Boiodunum*, c'est l'*Innstadt* ; la troisieme est entre l'Ilz & la rive septentrionale du Danube, sur lequel est un pont : c'est l'*Ilzolstadt*. Cette ville est belle, & commerçante, mais presque toute bâtie en bois : vers la plaine elle a des fossés, & des remparts ; ailleurs, les rivieres, & quelques montagnes font ses défenses. Elle se gouverne par ses propres loix, mais elle n'est pas impériale, comme on le dit dans le dictionnaire de Vosgien. On y compte quatre couvens : l'église cathédrale & le palais placé sur une éminence dans une espèce de fauxbourg, sont de beaux édifices : la premiere est dit-on, la plus belle église de l'Allemagne : Pepin d'Heristal & sa fille Plectrude la fonderent. La montagne de St. Géorge est dans un angle que forme l'Ilz, qui la sépare de l'Ilzostadt, & le Danube ; elle défend Passau, parce qu'elle est escarpée, & qu'elle a deux châteaux fortifiés, l'un sur sa pente s'appelle *Niederhauss*, l'autre à son sommet nommé *Oberhauss*; a une justice provinciale que s'étend sur les bourgs de *Windorf* & de *Hauzemberg*, & cinq petits bailliages. (*)

Les seigneuries de *Viechtenstein*, & de *Hafnerzell* sont peu considérables, la derniere renferme deux bourgs, *Hafnerzell* & *Grieisbach*, qui sont aussi deux bailliages. Celle de *Fursteneck* renferme le bourg de *Berlasreut*.

La seigneurie de *Leoprechting*, est riche & peuplée : on y compte trois bourgs, *Huetern*, *Rœrnbach*, & *Kaltenstein*. *Valdkirchen*, est un bourg, une justice, un bailliage. *Wolfstein*, est une seigneurie qui renferme deux bailliages, & le bourg de *Freyung*. *Vegschaid*, est une seigneurie dans le Mihelviertel au dessus

---

(*) On pêche des perles dans l'Ilz ; mais elles sont communes.

de l'Ens : un bourg lui donne son nom. Près d'elle est *Riedenbourg*, bourg & seigneurie sur l'Inn, qui arrose encore celle d'*Obernberg*, où l'évêque a un château, un péage, & quelques maisons; c'est ce que Lenglet appelle une ville.

L'évêque possède encore en Autriche au dessus de l'Ens, le comté de Neubourg, les châteaux de *Stahrenberg*, celui de *Pihrenstein*, & le bourg d'*Ebersberg* sur la Trawn. Au dessous de l'Ens, la ville de *Motern*, divers villages, le bourg de *Schwadorf*, & l'église de *Marbach* lui appartiennent.

### ÉVÊCHÉ DE RATISBONNE.

On croit qu'il a été fondé par St. Boniface en 736, que Gaubauld en fut le premier évêque ; que la chapelle de St. Etienne fut d'abord sa cathédrale. D'autres ont cru qu'il fut fondé en 697, par Robert évêque de Worms, que son premier siége fut l'abbaye de St. Emeran, que l'évêque était choisi parmi ses moines & en était abbé, qu'il le fut jusqu'en 980, qu'il s'en séparat en partageant les biens de l'abbaye. Son diocèse est peu étendu : il comprend quelques possessions de la Baviere, Souzbach & Sternstein : on y compte deux collégiales, vingt-huit abbayes, & 1383 églises ou chapelles. Il a ses offices héréditaires, & son chapitre est composé de vingt-quatre chanoines.

Ses biens temporels sont peu de chose; aussi l'évêque est-il toujours un noble riche par lui-même : il a son consistoire, son conseil aulique, ses baillis ; il siége à Ratisbonne sans y avoir de jurisdiction : son mois romain est de 216 flor. sa taxe de 74 rixd. 33 kr.

*Donaustauf*, ou *Domstauf*, est une seigneurie immédiate de l'empire : elle renferme le bourg de ce nom fur le Danube, deux châteaux, & dix villages.

*Wörth*, feigneurie libre de l'empire, qui renferme le bourg & le château de ce nom, & a une lieue de long fur la moitié de large.

*Hohenbourg*, feigneurie immédiate, arrofée par la Lautrach. Le margraviat de ce nom était plus étendu. L'évêque poffède encore un château dans la Baviere, & il y a trois baillis dans trois différens villages ; dans l'Autriche au deffous de l'Ens, il eft feigneur de *Pachlarn*, ville antique & petite.

## Abbaye de St. Emeran.

St. Emeran, évêque ambulant, mis à mort par le duc de Baviere, parce qu'il était accufé d'avoir déshonoré fa fille, fut enfuite juftifié par un miracle, & le duc fit bâtir à fon honneur l'abbaye de Bénédictins, qui porte fon nom : c'était en 696. Cette origine n'eft pas la feule qu'on lui donne, & elle a caufé quelques débats qu'on peut ignorer fans honte. L'empereur Albert donna au chef de l'abbaye le titre de prince de l'empire : les ducs de Baviere font les patrons & les protecteurs de cette abbaye pour des biens affez confidérables qu'elle poffède en Baviere. Son mois romain eft de 32 flor., fa taxe de 87 rixd. 83 kr. Son églife renferme une bible en lettres d'or, fur un parchemin, ornée du portrait de Charles le Chauve ; le tombeau de l'empereur Arnolphe & de Louis fon fils ; celui de l'hiftorien Aventin, & le corps de St. Denys l'Areopagite, enlevé à l'abbaye de St. Denys en France, qui prétend l'avoir encore. Pour concilier toutes les opinions fuperftitieufes qu'on a fur ce faint, il faut fuppofer qu'il avait deux corps, quatre têtes, & cinq mains ; car on montre fa tête à Bamberg, & à Prague, comme une de ses mains à Munich. L'abbaye de St. Emeran est dans Ratisbonne

### Abbaye de Nieder-Munster.

C'est une abbaye de dames fondée vers l'an 900 par Judith, fille d'un duc de Baviere, & épouse d'un autre. Les réligieuses qu'il renferme peuvent se marier; elle ne vivent pas comme des nones, & le duc de Baviere en est le protecteur. Son mois romain est de 10 flor., sa taxe de 50 rixd. 67 kr.

### Abbaye de Ober-Munster.

Hemma femme de Louis le Germanique, la fonda en 896. Comme la précedente, ce sont des dames qui l'habitent, leur regle n'est pas plus severe, & elles ont le même protecteur, payent le même mois romain, la même taxe: toutes les deux sont dans la ville de Ratisbonne: trois prévôtés & trois terres nobles forment presque tout le domaine de celle-ci.

### Villes Imperiales.

*Ratisbonne*, est la seule qui ait ce nom dans ce cercle. On l'a appellée *Imbripolis*, *Hiropolis*; on l'appelle encore *Reginoburgum* en latin, & *Regenspurg* en allemand: la Regen qui se jette près d'elle dans le Danube lui donna ce nom. L'empereur Tibere la fonda, Arnoul ou Arnolphe l'étendit: elle a eu été la capitale de la Baviere, & le siège de ses ducs. Fréderic I en fit une ville impériale. Les électeurs de Baviere ont souvent tenté de la soumettre: mais ils n'y ont conservé d'autre jurisdiction que celui de donner au préteur ou bourguemaître de la ville le droit de haute juftice : ils partagent encore les produits du péage. Cette ville eft grande, fort peuplée, affez fortifiée. Elle renferme quatre états libres de l'empire, & ce font les derniers dont nous venons de parler. Depuis 1662, elle eft le fiége de la diette de l'empire ; la maifon de ville & la grande falle où elle s'affemble, font magnifiques. Les catholiques y ont vingt-une églifes ; les luthériens en ont moins ; mais ils y font en plus grand nombre, & feuls ils peuvent y parvenir à la magiftrature, & y être bourgeois. Ils y ont un gymnafe divifé en huit claffes : les jéfuites y avaient un collège : on y compte plufieurs couvens : celui des chartreux eft très-beau. Le pont de Ratisbonne eft ancien, très fort, conftruit en pierres de taille, & le plus beau qu'il y ait fur le Danube. La ville eft très-commerçante ; elle tranfporte à Vienne beaucoup de bled, de bois, de denrées, & a le droit d'entrepôt fur le fel. La diette y répand de l'argent ; mais cet avantage eft plus apparent que réel. Son mois romain eft de 150 flor., fa taxe de 148 rixd. 67 kr. Sa longitude eft de 29 degré 46 min., fa latitude de 48 deg. 36 min.

# CERCLE DE FRANCONIE.

LA FRANCONIE moderne qui donna son nom à ce cercle, fit partie de la Thuringe, de l'Allemanie, du pays des Slaves & des Vénédes. Il parait qu'elle ne fut jointe à la France orientale que sous Charle-magne : on lui donna ce nom, puis elle semble l'avoir perdu dans le 10$^{me}$ siècle. Ses ducs devinrent héréditaires, & l'un d'eux fut l'empereur Conrad I, ses fils furent aussi les chefs de l'empire : cette famille s'éteignit dans Henri V, qui donna la Franconie à Conrad III son neveu, duc de Souabe. Ces deux duchés réunis cessèrent d'exister avec la maison de Hohenstaufen.

Une partie de la France orientale appartient aujourd'hui à d'autres cercles. La Franconie actuelle est possédée en partie par la noblesse immédiate qui y forme environ 1500 familles : c'est de la partie qui ne lui est pas soumise que nous allons parler.

Ce cercle est au centre de l'Allemagne ; il confine à ceux de Baviere, de Souabe, de bas & de haut Rhin, de haute Saxe, & à la Bohème : c'est un des petits cercles de l'empire : Lenglet lui donna 40 lieues d'étendue en tout sens ; Hubner lui en donne 60, Busching ne lui donne que 1344 lieues quarrées de surface.

# Cercle de Franconie

Ses Etats font :

*Princes eccléfiaftiques.*

Les évêques de { Bamberg.
Würzbourg.
Eichftadt.

Et l'ordre Teutonique.

*Princes féculiers.*

Brandebourg-Bayreuth,
Brandebourg-Anfpach,
Henneberg-Schleufingen,
Henneberg-Römhild,
Henneberg-Schmalkalden,
Schwarzenberg,
Lœwenftein-Wertheim.
Hohenlohe-Waldenbourg.

*Comtes & feigneurs.*

Hohenlohe-Neuenftein,
Caftell,
Wertheim,
Rieneck,
Erbach,
Limbourg-Geildorf,
Limbourg-Speckfeld,
Seinsheim,
Reigelsberg,
Wiegentheid,
Welzheim,
Haufen,

# Cercle de Franconie.

*Villes impériales.*

Nüremberg,
Rothenbourg,
Windsheim,
Schweinfurt,
Weissenbourg.

L'évêque de Bamberg, & les Margraves de Brandebourg-Bayreuth, & de Brandebourg-Anspach convoquent ce cercle : ces derniers alternent tous les trois ans pour cet emploi, & contestent à l'évêque de Bamberg le soin de le diriger, qu'il prétend lui appartenir seul : il recueille les suffrages & donne le sien le dernier. Les états s'assemblent à Nüremberg, & leurs archives sont dans la ville de Bamberg.

Ce cercle est un des antérieurs, & il est entré dans leur confédération. Quand l'état militaire de l'empire est fixé à 40000 hommes, son contingent est de 980 chevaux & de 1902 fantassins. Le colonel du cercle est le marggrave de Brandebourg-Anspach, celui de Bayreuth l'a été depuis 1603 jusqu'en 1764. Ce cercle est mixte quant à la religion : il présente deux assesseurs pour la chambre impériale & l'un d'eux est protestant. On y compte quatre villes qui ont droit de battre monnoie : c'est *Schwabach*, *Würzbourg*, *Nuremberg*, & *Wertheim*.

## ÉVÊCHÉ D'AICHSTETT.

Il touche au haut Palatinat, à la Baviere, au duché de Neubourg, à la principauté d'Anspach : il est très-fertile, & l'Altmühl, l'Anlauter, la Schwarzach, la Retzat l'arrosent. On y compte dix villes, & deux bourgs : il n'a point d'états provinciaux ; ses habitans sont catholiques. L'évêché fut fondé par St. Boniface archevêque de Mayence, ou plutôt par son neveu Willibald, anglais d'origine. Un comte de Hirschberg leur donna un terrain inculte, où était une chapelle environnée d'un bois de chênes : Willibald y bâtit un couvent qu'habiterent les Bénédictins : des maisons s'éléverent autour de lui, & on vit naître la ville d'*Aichstett*. ( *Aichs* en allemand est une chêne ) Boniface fit un évêque de son neveu en 741, qui mourut & fut honoré en saint : des dons considérables & des achats firent bientôt de cet évèché un Etat. Il a ses offices héréditaires ; ses tribunaux sont, un conseil ecclésiastique, une régence, & une chambre de finances. Le chapitre est composé de vingt-huit chanoines qui prouvent seize quartiers. L'évêque est chancelier perpétuel de l'université d'Ingolstad : son révenu est de 40000 L. ; il entretient trois compagnies d'infanterie, une de cuirassiers, une de dragons & une garde. Son mois romain est de 246 flor., sa taxe de 284 rixd. 14 kr. Il est suffragant de Mayence.

Le tribunal provincial & impérial d'Hirschberg, appartient à l'électeur de Baviere, dont le comté de ce nom rélevait : ce tribunal a été détruit, rétabli, & son existence est encore aujourd'hui l'objet d'un procès entre l'évêque & le duc.

*Aischtet* ou *Eischtett*, ville médiocre dans une vallée qu'arrose l'Altmülh : on dit que l'ancienne *Aureatum* était voisine du lieu où Aischtett est bâtie, mais il y a plus d'apparence qu'elle existait près du bourg de Nassenfels. Le palais épiscopal est moderne, la cathédrale est antique. On y remarque l'ostensoir ou soleil dont Jean Conrad de Gemmingen évêque, fit présent à son église : il est très-beau, est du poids de quarante marcs d'or, & enrichi de 350 diamans, de 1400 perles, de 250 rubis, &c. On y voit un maître autel élevé à l'honneur de St. Willibald, dont on croit avoir découvert les offemens. La ville renferme une collégiale, une abbaye, cinq couvens. Près de celui des Bénédictins est l'église de Ste. Walburge, située sur un mont roccailleux : on y voit le tombeau de la sainte placé au dessus d'un autel taillé dans le roc & aussi large que l'église : il en suinte une vapeur qui ne brule point, & se confond avec l'eau : les prêtres lui ont donné le nom d'huile, ils disent qu'elle découle des offemens de Ste. Walburge, qu'elle a produit des guerisons miraculeuses ; ils la reçoivent dans un bassin d'or, & en font de précieux dons. Près de la ville sont les couvens de *Marienstein*, & de *Rebdorf*, l'un de chanoinesses, & l'autre de chanoines de l'ordre de St. Augustin.

*Bailliage de la prévôté provinciale.*

Il renferme plusieurs villages : celui d'*Ober-Aichstett* a un martinet de fer, où l'on fait divers ouvrages de ce métal. Le château de *St. Willibadsbourg* est sur la montagne de ce nom ; les évêques l'habiterent long-tems, & l'on y voit leurs archives & leur bibliotheque : il est muni de quatre bastions & d'un arsenal. *Pfürz* est un château de plaisance.

*Bailliage d'Hirschberg, & de Küpfenberg.*

*Hirschberg*, est un château. *Beilngries*, petite ville près du confluent de l'Altmühl & de la Soulz ; elle a un pont sur le premiere. *Berching*, sur la Soulz. *Greding*, sur la Schwarzach, sont encore deux petites villes. *Blankstetten*, est un couvent de Bénédictines.

*Küpfenberg*, est une petite ville, & un château sur l'Altmühl. Ces deux bailliages renferment encore plusieurs villages.

*Bailliages de Titting-Raitenbourg, & d'Ober Meſ-ſing.*

*Titting*, eſt un château. *Raitenbuch* un grand village acheté en 1469 pour 13000 flor. du couvent de Rebdorf : pres de là ſont cinq villages royaux dont quatre appartiennent à l'évêché.

*Ober-Meſſing*, village & château ſur une montagne, acheté de l'ordre téutonique pour 11700 flor. on trouve encore trois châteaux dans ce bailliage.

*Bailliages de Napenfels, & de Sandſée.*

Trois villages & le bourg de ce nom compoſent le premier ; deux villages, le château de *Sandſée*, le bourg de *Pleinfeld* ſur la Retzat forment le ſecond.

*Bailliages de Wernfels-Spalt, & Abenberg.*

Il eſt dans le pays d'Anſpach. *Wernfels*, eſt un château ſur la Retzat : *Spalt* eſt ſur la même riviere : c'eſt une petite ville dont les environs produiſent de l'excellent houblon qu'on y cultive avec ſoin. *Abenberg* a été un comté, c'eſt une petite ville qui a près d'elle une fabrique de verres & de glaces. *Marienbourg* eſt un couvent d'Auguſtines.

*Bailliages d'Ahrberg-Ohrnbau, & de Wahrberg-Herrieden.*

*Ahrberg*, eſt un château. *Ohrnbau*, une petite ville près de l'Altmühl : autour d'elle ſont deux grands villages & un château.

*Wahrberg*, eſt auſſi un château. *Herrieden*, jadis *Haſenried*, petite ville ſur l'Altmühl. Un couvent de Bénédictins fondé par Charle-magne donna l'exiſtence à cette ville : le couvent eſt devenu un chapitre. L'évêque poſſéde en Baviere la ſeigneurie de *Flügelsdorf*, & la cenſe de *Hofmark*.

## Principautés des Margraves de Brandebourg en Franconie.

Dans le onzieme siècle se forma le Bourggraviat de Nuremberg : il prit son nom de *Castrum Noricum*, antique château : les principautés de Bayreuth, & d'Anspach le composent aujourd'hui. Il fut donné aux ancêtres de la maison de Brandebourg dans le 12$^{me}$ siècle : Conrad I fut le premier qui le posseda, il était gendre du dernier bourggrave de la maison de Vohbourg. L'un de ses descendans ( Fréderic V ou VI ) acheta de l'empereur Sigismond, la vieille & nouvelle Marche avec la dignité électorale, & son fils Albert, par son testament, ordonna que l'électeur aurait désormais la vieille & nouvelle Marche, & que le Bourggraviat n'aurait que deux princes régnans, dont l'un aurait la partie delà, l'autre celle en deçà des monts : ces deux principautés se sont souvent réunies, & ont passé successivement à diverses branches, sans sortir jamais de la même maison. Ces deux Margraves administrent au nom de l'empereur le tribunal impérial du Bourggraviat de Nuremberg, qui s'étendait autrefois sur divers pays ; la Baviere, la Souabe, une partie de la Suisse, les Pays-bas étaient soumis à sa jurisdiction ; elle est aujourd'hui bien restrainte, & des états mêmes qui sont ses voisins, Bamberg, Nuremberg, refusent de la reconnoître. Le Bourggraves jugeaient en personne ; aujourd'hui un juge provincial siège à leur place : ce tribunal siège à Anspach, mais quand la somme est de 800 flor. ou au delà, on peut appeler de ses jugemens aux tribunaux suprêmes de l'empire. Les deux Margraves gouvernaient autrefois par une regence commune : ils ont ce titre par leur naissance, ou leur origine ; mais c'est improprement qu'on nomme leurs états *Marggraviat*, ou *Marquisat* ; ils n'eurent jamais ce titre.

### Principauté de Culmbach, ou de Bayreith.

Elle touche à la Bohême, au haut-Palatinat, à l'évêché de Bamberg. Elle renferme des montagnes & des plaines ; là, le sol est noir & gras ; ici, il est sablonneux & pierreux ; mais presque partout il est fertile, parce qu'il est bien cultivé. Le vin seul y manque. Il y a eu de l'or & de l'argent ; il y a encore divers métaux, des fontaines minérales, des antres souterains. Parmi ses montagnes on remarque le *Fichtelberg*, ( mont des pins ) qui est une des plus hautes montagnes de l'Allemagne : elle s'étend du couchant au levant des environs de Bayreith, dans ceux d'Egra en Bohême dans une étendue de près de dix lieues, & du sud au nord, des sources de la Saale jusqu'à la ville de Kemnat dans le haut-Palatinat ; c'est une étendue d'environ sept lieues. Les pins qui la couvrent lui donnent son nom : on y trouve aussi du hêtre, de l'aune, du chêne, de l'orme, du tilleul ; ces bois aident à vivre aux habitans, surtout par le charbon qu'ils en font & qu'ils transportent. Elle a des déserts, des précipices, des rocs élevés, des marais, un lac qui porte son nom ( *Fichtelsée* ) : il est au milieu d'un desert, & a 150 pas de circuit : autrefois très profond, les roseaux, & la mousse l'ont rempli. Diverses pointes se font remarquer : celles de *Luchsbourg* offre des rocs nus, des précipices, & des antres profonds : la *Fahrnleuten* présente la vue la plus étendue ; l'*Ochsenkopf*, est celle qui s'élève le plus. De cette montagne sortent plusieurs rivieres ; le *Mein blanc*, & le *Mein rouge*,

qui

qui réunies forment le Mein ; la *Nabe*, qui fort de Naffenheyde, (bruyeres mouillées) l'*Eger*, la *Rœslau*, la *Saale*, la *Pregnitz*, l'*Aifon*, rivieres qui abondent en poiffons. Dans fes environs & dans fon fein on trouve de la terre glaife & de la figillée, de l'ardoife, du marbre différemment coloré, des criftaux, du vitriol, de l'alun, du foufre, de l'antimoine, du cuivre, du fer, & du plomb.

La religion qu'on profeffe dans cette principauté eft la luthérienne : les reformés peuvent y exercer leur culte à Bayreuth, à Erlang, à Nayla, à Wilhelmfdorf : les catholiques à Bayreuth, & à Culmbach. On y a fait divers établiffemens pour enfeigner les fciences, & diverfes manufactures y font en vigueur. Elle a fes offices héréditaires, & deux ordres, l'un appellé l'ordre du *braffelet de la concorde*, & celui de l'*aigle rouge* : tous les deux font confacrés à la finccerité, à la conftance : on parle en effet beaucoup de ces vertus dans les cours.

La principauté de *Culmbach*, renferme dix-huit villes, & trente-fix bourgs. Son mois romain eft de 329 flor., fa taxe de 338 rixd. 14 kr. Ses revenus adminiftrés avec économie pourraient aller à un million de florins. Le prince entretient deux régimens d'infanterie, une garde à cheval, & un petit corps de huffards. Sa milice monte à 55 compagnies. Il y a un confeil privé, un collége, & une chancellerie de regence, un tribunal de la cour, une chambre & une cour féodale, une chambre de finances, un confiftoire, une chambre matrimoniale. La principauté eft divifée en capitaineries & en bailliages.

*Capitainerie de Bayreuth.*

*Bayreuth*, ou *Bareuths*, ville où réfident les Marggraves, la premiere des villes de cette principauté, la feule où l'on y batte monnaie, & le fiège de fes

D

tribunaux : elle est entourée du Mein, du Mistelbach & du Sendelbach. Elle renferme un beau palais, deux églises lutheriennes, une reformée, un oratoire catholique, un collège qui a le nom d'illustre, & ne fut jamais florissant, peut-être parce qu'il était trop voisin de la cour ; un séminaire, une maison d'orphelins & une académie fondée en 1742, par le Marggrave Fréderic : dans le 13.<sup>me</sup> siècle cette ville n'était encore qu'un village.

*St. George*, ville sur l'étang de Brandebourg, fondée au commencement de ce siècle par le Marggrave George-Guillaume : l'église de Ste. Sophie y est le lieu d'assemblée des chevaliers de l'ordre de la sincerité. Le palais du prince est beau, orné de jardins magnifiques : l'abbaye & maison de Gravenreuth a une manufacture de porcelaine blanche & brune : on y polit le marbre qu'on employe à différens ouvrages. L'étang de Brandebourg a un circuit de 500 arpens ; il est poissonneux, semé d'isles, sur lesquelles sont de jolies maisons de campagne : les Marggraves y ont fait creuser un port. Non loin de St. George est une épaisse forêt dont les allées aboutissent à un hermitage charmant orné de jardins. Ce lieu est admiré par les gens de goût.

*Weidemberg*, est un bourg qui a deux châteaux. *Wunsées*, est encore un bourg qui a droit de cité : il est situé dans une vallée où l'on voit plus haut le château de *Zwernitz*, ou *Sans pareil*. *Streitberg*, est un grand village, dont les environs ont du beau marbre, des antres remarquables, des fontaines, des cristaux, & de grands ossemens. Ce district renferme encore quinze villages.

*Capitainerie de Culmbach.*

*Culmbach*, est la seconde des villes de la principauté : elle est dans une agréable vallée qu'arrose le Mein blanc : les Marggraves y résiderent ; elle a une école latine, & de faibles fortifications. Au dessus est le fort de *Plassembourg*, dont les ouvrages sont deja antiques : c'est là que sont les archives du pays.

*Himmelkron*, était un couvent de religieuses de Citeaux, sécularisé en 1569, l'édifice fut reparé, changé en palais, & orné de jardins : son église où est un caveau pour ensevelir les Marggraves, existe encore, & un curé luthérien y prêche : près de là est le grand village de ce nom dans une belle vallée, arrosée du Mein blanc, couverte de prairies, de jardins, de champs, & de forêts.

*Wisberg*, est un bourg où l'on prépare du vitriol verd. *Stambach*, *Seubelsdorf*, *Casendorf*, *Drossenfeld*, sont aussi des bourgs.

*Bailliage de Schauenstein.*

Deux bourgs le forment, *Schauenstein*, & *Helmbrecht* : dans chacun reside un prévôt.

*Capitainerie de Hof.*

*Hof*, ou *Die-Stadt zum Hof*, *Curia regnitiana*, est une ville sur la Saale, entre la haute & la basse Regnitz, divisée en vieille & nouvelle ville. Elle a trois fauxbourgs, quatre églises, un gymnase & une manufacture de laine. Elle a fait partie de la province de VarisCie : la vieille ville fut fondée en 1080 près d'un chateau : la ville neuve le fut au 13$^{me}$ siècle par les ducs de Méran. Elle a été une ville impériale. Dans ses environs on trouve du marbre rouge, noir, & gris : ce dernier est quelquefois sémé de taches rouges, semblables à des gouttes de sang.

*Neyleau*, bourg où siège un bailliage de mines : de cuivre, & du fer, du marbre vert, diverses terres utiles, donnent de l'aisance à ceux qui l'habitent. Il y a une communauté de reformés allemans. *Rehau* ou *Refau* est un bourg : le ruisseau qui coule près de lui, charie des moules de perles.

*Schwarzenbach sur la Saale*, bourg dont les environs offrent du marbre gris tacheté de jaune, *Ober-Kotzau*, bourg qui donne son nom à une famille des Marggraves.

*Capitainerie de Wunsiedel.*

*Wunsiedel*, ville sur le Fichtelberg, près de la Rœsflau : ses mines d'étain lui donnerent l'existence : elle était ville en 1326. Elle a une école latine, & un hôpital. Près d'elle sont des mines de cuivre, de fer, & du marbre. Ses habitans commercent en fer blanc, & en étoffes de laine & de fil. Sa capitainerie est divisée en neuf petits bailliages.

*Thiersteim*, & *Thiersheim*, sont deux bourgs ; l'un est sur le Titersbach, & l'on y fait de bonne vaisselle de terre, l'autre est le plus considérable.

*Arzberg*, est un bourg où sont des martinets, & un siège de justice : ceux de *Selb*, *Kirchlamitz*, en ont un aussi. *Hohenberg*, est voisin d'Egra : le château de ce bourg est entouré de fossés & de remparts & a une garnison. *Markleuthen*, est près des bords de l'Eger, sur lequel il y a un pont de pierre de six arches.

*Weissenstadt*, petite ville sur l'Eger ; assise sur une éminence, dans une contrée pierreuse & sauvage, où étaient autrefois des mines de plomb & de cuivre. Elle est ancienne & déchue. L'étang, ou lac, qui porte son nom, contient 300 arpens de terre : l'Eger le traverse : on y pêche des perches & des carpes.

On trouve des sources d'eaux aigres dans les villages de *Sichersreuth*, de *Biebersbach*, de *Marggrafisch-Fischern*, & de *Schœnvald*.

*Bailliage de Lichtenberg.*

*Lichtenberg*, petite ville sur la Selbnitz. Elle a un

château, & dans ses environs diverses sortes de marbre, & des mines de cuivre & de fer qu'on nomma *Friedensgrube*.

*Lauenstein*, jadis *Lœwenstein*, bourg & siege de justice : il y a une mine de cuivre. *Ludwigsstat*, est encore un bourg.

Dans le village de *Geroldsgrün*, est une fontaine d'eau aigre : il y en a encore ainsi que des bains entre les villages d'*Ober-Staben*, & *Unter-Staben*.

*Bailliage de Münchberg.*

*Münchberg*, petite ville où est une école latine. *Sparneck*, *Zell*, sont deux bourgs : le dernier est à la source de la Saale. Dans l'enceinte de ce bailliage sont les sept villages réunis achetés en 1384. On y compte encore trois villages paroissiaux.

*Bailliage de Gefrées.*

*Gefrées*, est un bourg. *Berneck*, une petite ville siège d'une prévôté municipale. *Goldcronach*, petite ville traversée par le Cronach : elle a un siège des mines, & dût son origine à celle d'or, qu'on trouva dans les environs ; elle est tarie ; mais on y en trouve encore quelquefois, & toujours du marbre de différente espece. *Bischofgrün*, village voisin d'une verrerie : le Mein blanc y sert a transporter du bois jusqu'à Culmbach.

*Bailliage de Creusen.*

*Creusen*, petite ville sur le bord du Mein rouge : on y fait de la bonne vaisselle de terre : on y a battu monnaie. *Alt-Creustn*, est un village qui a le droit de devenir ville.

*Bailliage de Pregnitz.*

*Pregnitz*, petite ville sur la riviere de ce nom : elle appartint à l'évêché de Bamberg, puis au comté Palatin du Rhin, puis à l'empereur Charles VI : les Bourggraves l'acheterent ensuite.

*Bailliage d'Osternohe.*

*Osternohe*, est un village & un château : *Hohenstadt* est arrosé par la Pregnitz : c'est encore un village, mais il est étendu.

*Bailliage de Neustadt.*

*Neustadt am Culmen*, (près du Culmen) petite ville entre deux montagnes. Le château de Culmen est sur l'une d'elles : quatre villages sont autour.

*Capitainerie d'Erlang.*

*Erlang*, est composée de deux petites villes, *Alt-Erlang*, & *Neu*, ou *Christian-Erland*. La premiere est ancienne; Charle-magne y établit des Slaves pour lesquels il fit élever une église : elle a son magistrat particulier, est assez reguliere, n'a que 400 pas de long sur une largeur moindre encore. *Christian-Erlang*, fut bâtie en 1686 par le Marggrave Christian-Erneste, & touche à l'ancienne : elle fut tracée au cordeau, & ses rues sont droites & larges ; les maisons y sont de deux étages & celles qui forment le coin des rues en ont trois. Sa place du marché est un quarré de cent-dix pas de long : à l'orient est le palais du prince, orné de jardins, d'allées, de chataigniers, & de tilleuls : l'église luthérienne est la plus belle : deux autres sont pour les reformés allemans & français. Il y a une université, qui a son église particuliere. Cette nouvelle ville est un quarré dont le côté a 800 pas : bâtie pour les reformés français, ils y ont établi des fabriques qui la font prosperer, on distingue sur-tout celles de bas & des chapeaux. Elle est dans une heureuse situation, près de la Rednitz, qui reçoit à peu de distance la Schwabach. Erlang a un college de justice & un de commerce.

*Eschenau*, est un bourg enclavé dans le territoire de Nuremberg. *Frauenaurach*, est un village : il fut

# CERCLE DE FRANCONIE.

un couvent noble de religieuses, sécularisé dans le 16me siècle.

*Capitainerie de Neustadt sur l'Aisch.*

*Neustadt sur l'Aisch*, petite ville, la cinquieme de de la province : les Marggraves y ont un château. Elle a deux églises, un hôpital, une école latine.

*Langenzenn*, petite ville, qui a été partie de la principauté d'Anspach. *Dachsbach, Uhlfeld, Emskirchen*, sont des bourgs : le dernier est considérable, & il y a une colonie française, qui a son église particuliere. *Steppach*, est un grand village près de *Wommersfelden*. *Frauenthal, Münchaurach, Münchsteinach, Birkenfeld*, furent des couvens : des hommes utiles & industrieux ont pris leur place, & les trois premiers ont des colonies françaises. Ce pays est appellé *Aischgrund*, de la riviere qui l'arrose : il est fertile, surtout en épeautre & en vin, il a de belles prairies, beaucoup de gibier & de poisson.

*Bailliage de Bayersdorf.*

*Bayersdorf*, fut érigée en ville par l'empereur Charles IV : elle est assez bien bâtie, la Rednitz l'arrose ; son bailliage est fort étendu, & fut une des premieres possessions des Bourggraves. Elle a un siège de justice, & une grande synagogue. Près de là sont les ruines de la ville de *Scharfenech*, & une forêt remarquable par ses grands chênes & ses longues allées. *Bruck*, est un bourg, la Rednitz y passe, & Charle-magne y établit des Slaves.

*Bailliage de Hoheneck.*

*Hoheneck*, est un château, d'où l'on a une vue admirable : il a des fossés, un pont levis, & une fontaine très-profonde. *Ipsheim*, est un bourg qui en est voisin. *Mark-Lenkersheim*, est un bourg, que l'empereur Philippe appella *Ville* : il a deux églises & deux foires. *Mark-Bürgel*, est encore un bourg au tique au pié d'une montagne. *Mark-Bourgbernheim*, eut des priviléges qu'il dût à son voisinage des eaux minérales de *Wildbad* : il est antique & remarquable encore. *Randersacker*, est un grand village sur le Mein.

*Bailliage de Neuhof.*

*Neuhof*, ville entourée de murs. *Dietenhofen*, est un château, & un grand village.

## Pricipauté d'Onolzbach, ou d'Anspach.

Celle de Bayreuth, l'évêché de Bamberg, & celui de Wurtzbourg sont les principaux états qui le terminent. Son sol est sablonneux, mais plus fertile encore que celui de Bayreuth ; on y recueille du froment, de l'épeautre, de l'orge, de l'avoine, des pois, des lentilles, du sarrasin, de la manne, des legumes, des fruits, du tabac, & du vin sur les bords du Mein. Elle a de belles prairies, beaucoup de gibier, des poissons, des fontaines d'eaux minérales, de l'albâtre, du marbre jaunâtre : les mines de fer sont les seules qu'on y exploite. La *Retzat*, y est divisée en diverses branches, qui réunies, prennent le nom de *Rednitz*, l'Altmühl, la Yaxt, la Wernitz, la Tauber l'arrosent, & le Mein la touche. Elle doit être un des pays les plus élevés de l'Allemagne, si l'on en juge par les rivieres qui y prennent leur source. Elle renferme quinze villes, & dix-sept bourgs. La religion luthérienne est la dominante : il y a quelques réformés. On y fait des tapisseries, des bas, des étoffes, des galons d'or & d'argent, du fil d'archal, des aiguilles, de la porcelaine ; on y prépare le cuir, on y coule des glaces. Cette pricipauté n'a que deux charges héreditaires : celle de

# CERCLE DE FRANCONIE.

Bayreuth en a quatre. Ses tribunaux sont : un conseil privé, un college de la cour de régence & de justice, une chambre de finances, ou conseil provincial, une cour féodale, & un consistoire. Les revenus montent à un million de florins : le prince entretient une garde à cheval, & sept compagnies d'infanterie : son mois romain est de 329 flor., sa taxe de 338 rixd. 14 kreutzers. On la divise en grands bailliages.

*Bailliage d'Onolzbach.*

*Onolzbach*, plus communément *Anspach*, *Onoldinum*, est un siége des tribunaux, & la résidence des Marggraves. Une abbaye fondée par Gombert, souche des comptes de Rothenbourg, sécularisée en 1663, & devenue le lieu où s'assemblent la chancellerie & la régence, donna l'existence à la ville que avait deja ce nom en 1259. Elle est sur la basse Retzat, & renferme de beaux édifices : tels sont le palais du prince, la maison impériale, l'hôtel de ville, l'église de St. Jean où l'on inhume les princes, le gymnase, & la synagogue. La cour y a un beau jardin avec une orangerie. On y compte quatre fauxbourgs : celui de *Schlossvorstadt*, renferme une grande brasserie, une maison de plaisance & le jardin des princes. Dans celui de *Herried* on voit une église, un hôpital, une maison d'orphelins, & celle des veuves. Autour de la ville on a planté des allées d'arbres : près d'elle sont une fabrique de porcelaine, & des casernes.

*Flachslanden*, est un bourg, & une prévôté. *Bruckberg*, château des Marggraves, est sur une éminence, dans une contrée riante, dominé par un mont, d'où l'on jouit d'une belle prospective. Près de lui est un hameau.

*Triesdorf*, château, menagerie, dans une situation

agréable, & où l'on respire un air pur & sain. On compte encore cinq villages paroissiaux dans ce bailliage.

*Bailliage de Schwabach.*

*Schwabach*, doit son nom à la rivière qui l'arrose & la divise en deux parties : son enceinte n'est pas grande ; mais elle est très-peuplée, & ses environs sont fertiles. Elle renferme trois églises, dont l'une est pour les reformés français qui s'y retirerent en 1686, & qui l'ont fait prosperer par leur industrie. Elle a un hôpital, une école latine, une maison de correction, une synagogue, un hôtel des monnaies, un beau fauxbourg. Il y a eu une fonderie de caractère d'imprimerie ; on y compte trois-cens metiers de bas, & une fabrique de haute lice. On exporte une grande quantité de la belle farine qu'on y moût. Elle appartint à l'abbaye d'Eberach, eut ensuite différens maîtres, & fut achetée enfin du Bourggrave Frederic V, en 1364. Elle n'était alors qu'un bourg.

*Wendelstein*, a été un village impérial ; il est aujourd'hui un joli bourg. *Schwandt*, *Kornbourg* sont aussi deux bourgs : le premier est antique, le second est considérable.

*Bailliage de Cadolzbourg.*

*Cadolzbourg*, fut souvent la résidence des Bourggraves : c'est un bourg ceint de murs, defendu par un château fortifié, & bâti sur une montagne rocailleuse.

*Langenzenn*, autrefois *Cinna*, est une ville au bord de la Zenn ; elle est murée, & l'on y prépare du bon cuir. Elle n'était autrefois qu'un couvent d'Augustins.

*Fürth*, est un bourg grand & bien peuplé, irrégulierement bâti, mais orné de belles maisons : il est sur le Rednitz, & près de la Pregnitz. Les Bourggraves y tenaient leur tribunal provincial : les habitans appartiennent ou à Nuremberg, qui y decide des affaires ecclefiastiques, ou à Anspach, & à Bamberg; cependant ils vivent dans l'aisance: les mètiers n'y sont point environnés de réglemens & d'impôts, & un grand nombre d'artistes s'y fixe. Il y a une communauté juive, qui a sa justice particuliere, une grande synagogue, & une imprimerie.

*Bailliages de Bourgthann, & de Roth.*

Trois villages paroissiaux composent le premier. Roth, est une ville sur la riviere de ce nom, qui s'y jette dans la Rednitz. Elle a un grand château, une école latine, & trois fauxbourgs. Ses fabriques de bas, de galons & de draps la rendent commerçante. C'est un asyle pour les assassins involontaires.

*Bailliages de Stauff, & de Geyern.*

*Stauff*, est un château bâti sur une éminence. *Thalmessingen*, un bourg sur la Schwarzach : il a trois églises.

*Guyern*, est un château sur une montagne : un tiers en appartient aux barons de Schenk, ils possèdent aussi le tiers du pays. On y voit le bourg de *Neuslingen*.

*Wilzbourg*, fort élevé sur une haute montagne près de Weissenbourg : un fossé profond, cinq bastions, & quelques autres ouvrages le defendent: c'était autrefois un abbaye, qui avait un hôpital dans la ville voisine.

*Bailliage de Gunzenhausen.*

*Gunzenhausen*, petite ville sur l'Altmühl. Elle a deux églises, un hôpital, & on a projetté d'y établir une université : la ville est agréable, l'air y est sain.

*Bailliage de Hohentrüdengen.*

*Hohentrüdengen*, fort & château sur une haute montagne. C'était une seigneurie dont les parcelles grossirent le territoire des couvens voisins. *Heidenheim*, était un couvent des Bénédictins : c'est aujourd'hui un bourg. *Berolheim*, est un bourg sur l'Altmühl, & il a deux églises. *Treuchtlingen*, a un château, & deux églises, dont l'une est catholique : il est sur l'Altmühl. *Solenhofen*, *Cella Solonis*, est aussi sur l'Altmühl : l'hermite Sola y fonda un couvent de Bénédictins. Près de ce bourg est une manufacture de glaces, & une grande carriere de marbre.

*Bailliages de Wassertrüdingen, & de Windsbach.*

*Wassertrüdingen*, ville petite & peu riche sur le Riefs, près de la Wernitz. Près d'elle sont de grands villages, une belle carriere & le château de *Schwaningen*; il est beau, & orné de jardins; le village de ce nom est considérable.

*Windsbach*, ville sur la Rednitz; elle est petite, & fut achetée en 1292.° *Heilsbrun*, bourg sur la Schwabach : une fontaine minérale, environnée d'un mur lui a donné son nom. Il y avait un couvent de Citeaux, qui fut changé en gymnase en 1581, & abandonné en 1736. *Merkendorf*, est une petite ville.

*Bailliages de Feuchtwang, & de Creilsheim.*

*Feuchtwang*, ville sur la Spulz, qui a été impériale & qui cessa de l'être sous l'empereur Charle IV. Il y avait un chapitre de chanoines : il y a encore une école latine. *Bechhofen*, est un bourg. Près du village de *Soulz* on fouille du charbon de pierre, du vitriol, & de l'alun.

*Creilsheim*, ville dans le Virngrund, arrosée par la Yaxt. Elle a un péage, un hôpital, une église où l'on inhume les princes, une école latine, une fabrique de fayence qui imite la porcelaine. De l'autre côté de la Yaxt sont les eaux de *Wildbad*. On trouve dans les environs de la ville du charbon de pierre, du vitriol, de l'alun, & une belle forêt. *Bamberg*,

*Gerhardsbron*, sont deux bourgs : ce dernier est considérable. Plusieurs villages forment encore ce bailliage.

*Bailliages de Colmberg, & de Creglingen.*

*Colmberg* ou *Kolbenberg*, est un bourg & un château. *Lautershausen*, est une petite ville sur l'Altmühl.

*Creglingen*, est une ville sur le Tauber : elle a un château, & non loin de là est celui de *Brauneck*, dont elle dependait. *Stefft*, est un bourg peuplé : des franchises y ont appellé diverses manufactures : près de là croit d'assez bon vin. *Segnitz*, est encore un bourg sur le Mein. On compte vingt villages dans ce bailliage, parmi lesquels on remarque les six villages du Mein, dont le Marggrave est protecteur & dont il reçoit de l'avoine & de l'argent. On en remarque quatre autres encore qui ont fait partie du comté de Geyer, dont les Marggraves ont hérité d'une portion : il renfermait vingt-un villages.

*Bailliage d'Uffenheim.*

*Uffenheim*, est une jolie ville qu'arrose la Gollach. Elle est florissante, & a une école latine, un hôpital & un château. Elle appartient à l'abbaye de Fulde, & fut achetée en 1378.

*Maynbernheim*, petite ville sur le Mein. Elle a une école latine, & quelque commerce : près d'elle est un bois. Elle paye les dixmes à Wurtzbourg, qui a relevé ses murs.

*Brixenstadt*, petite ville, où est un asyle imperial pour les homicides involontaires. *Stephansberg*, est un bourg près du Mein : il a un château. *Klein-Lankheim*, est un grand bourg voisin du précédent.

Le prince d'Anspach a une part du village de *Randersacker* dans le Würtsbourg, & le comté de *Sain-Alterkirchen* dans le cercle de Westphalie.

## SEIGNEURIE DE LIMBOURG.

Elle est presque environnée par la Souabe, & touche à la principauté que nous venons de decrire : elle est arrosée par le *Kocher*, & la *Bühler*, & quelques ruisseaux. La seigneurie de *Speckfeld* en depend. Ses anciens possesseurs avaient le titre d'*Echansons héréditaires*, & *toujours libres* : ce dernier titre est singulier, mais ce n'etait qu'un titre. La maison de Brandebourg avait obtenu l'expectative de cette seigneurie, & après la mort du dernier comte, le roi de Prusse la posseda, & la transfera comme une arriere fief au Marggrave d'Anspach. Ses droits regaliens qui étaient attachés à cette seigneurie sont passés aussi comme arrieres-fiefs feminins aux héritiers naturels des anciens comtes : les deux suffrages dont ils avaient joui aux assemblées du cercle, & à la dictte, sont partagés : tout le comté paye un mois romain de 64 flor., dont Anspach fournit sept, sa taxe est de 43 rixd., & Anspach ne paye rien.

Les héritiers allodiaux possédent la petite ville de *Gaildorf* sur le Kocher, le bourg d'*Ober-Sontheim* sur la Bühler, où est une chancellerie, treize villages, & quelques hameaux. Ils ont encore la seigneurie de *Speckfeld*, qui a trois lieues de long sur la moitié dans sa largeur. On y voit le bourg de *Markt-Einersheim*, & celui de *Sommerhausen* : ce dernier est ceint de murs, & des fossés, est arrosé par le Mein.

Les Marggraves ont plusieurs villages ; mais aucun ne vaut la peine d'être nommé.

## SEIGNEURIE DE HAUSEN.

Elle est enclavée dans celle de Limbourg, & eut le même maître ; elle relevait de la Baviere qui l'a donnée en arriere-fief à la maison d'Anspach. Son mois romain est d'un florin : son possesseur n'a ni voix ni séance aux assemblées. *Hausen*, est un village.

## Seigneurie de Welzheim.

Elle est dans la Souabe, & appartient aux comtes de Limbourg : les ducs de Würtemberg en donnaient l'investiture, & elle leur est revenue après la mort du dernier comte. Son mois romain est de cinq florins. *Welzheim*, est un bourg.

## Comté de Schwarzenberg.

Il touche à la seigneurie de Speckfeld, aux principautés de Bayreuth, & d'Anspach, & à l'évêché de Würtzbaurg. Il y a six à sept lieues de long, sur une de large ; mais il a des parties isolées : ses anciens possesseurs portaient le nom de *Seinsheim*, qu'ils parurent oublier pour prendre celui de *Schwarzenberg*, seigneurie acquise en 1420. L'un d'eux fut créé comte par l'empereur pour avoir enlevé Raab aux Turcs. Jean Adolphe fut créé prince en 1671, & ce titre passa ensuite à sa postérité. Elle fut admise au collège des princes en 1674. Son mois romain pour Schwarzenberg, & Seinsheim est de 49 flor., sa taxe est de 51 rixd. 30 kr. Le prince est catholique ; il y un consistoire pour les protestans, & les catholiques relevent de l'évêché de Würtzbourg. La régence siége au château de Schwarzenberg. Il y a encore une chancellerie dont le directeur est grand bailli de tout le pays, qui est divisé en six bailliages.

*Mark-Schainfeld*, petite ville où est une paroisse catholique : c'est un bailliage. Anspach donne l'investiture de la jurisdiction criminelle sur cette ville & sa banlieure.

*Geiselwind*, bourg, & paroisse catholique.

*Seehaus*, château dans une isle. Ce bailliage renferme quatre villages, dont un est catholique.

*Erlach*, village, & château. Il y a une paroisse de chaque religion.

*Mark-Brait*, ou *Unter-Brait*, petite ville sur le Mein. Elle a deux prêtres catholiques, & une église luthérienne.

*Michelbach*, village, & château sur la Luck. Il a une église luthérienne.

## SEIGNEURIE DE SEINSHEIM.

Cette seigneurie est entre celle de Speckfeld & la principauté d'Anspach. Elle est divisée en trois bailliages.

*Wæsserndorf*, est un bourg, & un château. *Markt-Seinsheim*, est un bourg où est une paroisse catholique.

*Huttenkeim*, village où sont deux curés, dont l'un est protestant,

*Græzheim*, village luthérien.

## PRINCES DE LŒWESTEIN-WERTHEIM.

Ils descendent de Frederic le victorieux comte Palatin du Rhin. Il avait promis de ne point se marier, & son neveu fut assuré de l'électorat: cependant il se maria avec la fille d'un simple gentilhomme, & eut deux fils à qui il assigna quelques seigneuries; elles leur furent enlevées après sa mort, à l'exception d'une qui fut échangée contre le comté de Lœvenstein, fief du Würtenberg. Telle est l'origine

gine des princes de Lœvenstein. Dans le dernier siécle elle se divisa en deux branches, l'une catholique, l'autre protestante. Nous parlerons ici de la premiere : élevée à la dignité de prince en 1711; elle n'a point encore de voix au collége des princes, & paye un mois romain de 16 flor., en attendant qu'elle ait acquis une terre immédiate sur laquelle on puisse asseoir les charges ordinaires, les princes possédent une partie du comté de *Wertheim*, le comté de *Lævenstein*, les seigneuries de *Chassepierre*, de *Cugnon*, d'*Hezbemont*, de *Feuillies*, d'*Orgeo*, de *Havresse*, de *Hatton*, un tiers de *Neufchâteau* dans le Luxembourg, le comté de *Virnenberg* dans la Westphalie, & quelques seigneuries en Bohème.

## COMTÉ DE WERTHEIM.

Il est traversé par le Mein, qui y reçoit les eaux de la Tauber. Il confine à Wurzbourg, & au comté d'Erbach, est fertile en fruits, & produit du vin. Les deux branches formées par ses anciens comtes s'étant éteintes en 1556, il fut partagé entre divers princes. Les princes de Lœwenstein en eurent une partie : ils en prirent le nom & la charge de chambellans héréditaires de l'évèché de Würzbourg; mais on négliga les deux suffrages qu'il leur donne parmi les comtes de Franconie. Ils sont divisés en deux branches, Vinnebourg & Rochefort, & chacune d'elle paye un mois romain de 26 fl. 30 kr. & une taxe de 43 rixd. 25 kr. L'Evêque de Wurzbourg & le comte de Castell possedent une grande portion du comté, dont plusieurs endroits sont fiefs de l'Empire, ou de Bohème, ou de Wurzbourg, ou de Fulde.

*Tome III.* E

*Wertheim* ville traversée par le Mein, qui reçoit au dessous de la ville les eaux de la Tauber. Les magistrats sont luthériens; le chœur de l'église est commun aux deux cultes. Il y a une école latine. Les princes des deux branches y résident.

*Bailliage de Remlingen.*

*Remlingen* est un bourg : il est partagé en trois fiefs d'Empire & a trois possesseurs différens, comme le bailliage *Hollzkirchen*, bourg avec un couvent, fief de Fulde. *Heinenfeld*, *Lengfurt* sont encore des bourgs, quinze villages sont dispersés autour d'eux. Celui d'*Erleubach* a été libre, mais il était trop faible pour l'être longtems, & il s'est donné différens protecteurs : ceux d'aujourd'hui sont les princes de Lœvenstein.

*Bailliage de Frudenberg.*

*Frudenberg* est une ville : elle a un château, & est sur le Mein : près d'elle sont deux villages paroissiaux. Ce bailliage dépend de Würzbourg.

*Bailliage de Schwanberg.*

Il renferme les deux bourgs de *Schwanberg* & de *Hartheim*, & huit villages.

Celui de *Kœnigheim* renferme le bourg de ce nom, il est un fief de Bohême & appartient à Mayence.

*Bailliage de Lautenbach.*

*Lautenbach* est un village paroissial, sur les bords du Mein : il a un château : quatre villages & un couvent forment son district.

La Seigneurie de *Breuberg* est un fief de Fulde & appartient aux princes de Lœvenstein & aux comtes d'Erbach. Ses anciens maîtres étaient puissans : mais leurs possessions se sont divisées. *Breuberg* est un château sur le Mümling; l'eau y venait par un conduit ingénieux détruit par Turenne en

CERCLE DE FRANCONIE. 67

1675. Il a encore une fontaine très-profonde. *Neuftatt in der Rosenau* a le nom de ville & dépend de la paroisse de *SandBach*, village : les Seigneurs étaient inhumés dans son église. *Hœchst*, est un bourg peuplé sur le Mumling où était autrefois un couvent de bénédictines. *Mumling-Grumbach*, village qui a eu ses seigneurs particuliers : autour de ceux-là on en trouve quatre autres.

Bailliage de *Klein-Heubach*.

*Heibach* est un bourg sur le Mein, bien bâti, fort peuplé, ayant un château ; & un marché de bétail deux fois par semaine. Il est partagé entre les comtes d'Erbach & de Lœwenstein.

## COMTÉ D'ERBACH.

Situé au couchant du précédent, il en est limité, ainsi que par l'archévêché de Mayence & l'électorat du Rhin : il est long de huit lieues & demi, large de sept & demi : le terrein y est montueux, & cultivé avec assez de soin : les mauvaises terres y sont négligées pendant cinq ans, puis on en coupe l'herbe, on la brûle, on répand la cendre & on les laboure. Ses productions suffisent à ses habitans : on y cultive le seigle, l'épéautre, le froment, l'orge, l'avoine & le blé sarrasin, & beaucoup de pommes de terres. Il y a de belles prairies ; on y prépare chaque année trois cens quintaux de potasse ; il y croit du vin qui approche de celui du Rhin par sa bonté : les forêts y sont éclaircies, & on y en replante : il y a beaucoup de bétail, & des carrieres de marbre : il y avait des mines d'argent, de cuivre, de plomb & de vif-argent ; il lui reste que du fer, dont dans cinq mois, le fourneau de Fürstenau fond 3360 quintaux. La Memling l'arrose, d'autres

E 2

petites rivieres y paffent pour fe rendre dans le Mein, le Rhin, ou le Neckar : toutes font poiffonneufes : vingt-trois ou vingt-quatre mille ames l'habitent : on y profeffe le luthéranifme. Le commerce d'exportation y confifte en fine farine d'épeautre, en avoine, blé, farrafin, bois, charbon, potaffe, beftiaux, fer, noix, miel & cire. La laine qu'on y tond y eft travaillée, & l'on en fait des draps.

Ses comtes font Echanfons héréditaires de électeur Palatin, dont leurs poffeffions font un fief. Ils font divifés en trois branches, & ont deux fuffrages à la diette de l'empire. Leur mois romain eft de 40 fl. leur taxe de 27 rixd. Elles ont un confeil privé commun, une régence, & une furintendance commune.

*Bailliage d'Erbach.*

*Erbach*, eft une petite ville dans une vallée que refferrent de hautes montagnes. Elle a un vieux château, un village qui porte fon nom eft près d'elle, un ruiffeau le traverfe, lequel, près de la ville, dans une prairie, s'enfonce en terre, traverfe une montagne, & reparait pour fe perdre dans la Mümling. Dix autres villages forment ce diftrict.

*Bailliages de Michelftadt, & de Freienftein.*

*Michelftadt*, eft une petite ville fort ancienne : la régence & la furintendance y refident. Son églife eft la fepulture des comtes ; près d'elle eft une forge de fer : quatre villages antiques font autour d'elle.

*Freienftein*, eft un château fortifié par des murs, & des crenaux près de la montagne de *Weckberg*. *Gammelsbach*, eft un village qui a une forge de fer. Douze autres villages compofent ce diftrict.

*Bailliages de Fürftenau, & de Reichenberg.*

*Fürftenau*, vieux château dans le *Plumgau* : il a près de lui une fonderie de fer, & *Steinbach*, village où est une forge de fer, & où a été un couvent : on y compte encore neuf villages.

*Reichenberg* est encore un château : douze villages forment son district.

*Bailliages de Schœnberg, de Kœnig & de Wildenstein.*

*Schœnberg*, autrefois *Schonenbourg*, est un château, & un passage fréquenté : au-dessous est une vallée, dans laquelle est un village qui porte ce nom. *Elmshausen*, village. où est une mine de plomb : dix autres villages composent ce bailliage.

*Kœnig*, village, fief de Mayence : trois autres villages lui sont joints.

*Wildenstein* est un village & un château : deux villages forment avec lui ce bailliage.

On a vu dans l'article précédent, que les comtes d'Erbach possèdent la moitié de la seigneurie de Breuberg.

## COMTÉ DE RIENECK.

Il est au nord des deux précédens. *Mayence, Hanau, Wurzbourg* l'environnent : la race de ses comtes est éteinte, & les fiefs dont elle jouissait sont retournés à leurs maîtres. La maison Palatine céda sa portion aux comtes d'Erbach : l'Archevêque de Mayence vendit une partie de la sienne aux comtes de Nostitz, avec le droit de séance aux diettes : l'Evêque de Wurzbourg garda la sienne. Le mois Romain est de 28 florins.

*Rienek*, petite ville sur la Sinn : elle a un château. *Schaibach*, village : c'est tout le partage de la maison de Nostitz, & un quart encore en appartient à Hanau.

*Lohr*, petite ville sur un ruisseau qui se jette dans le Mein : il y a une bonne fabrique de glaces & de

E 3

verres. Deux villages font avec elle, ce qui demeure à l'Archevêque de Mayence.

## ÉVÊCHÉ DE WURZBOURG.

Il touche au levant à celui de Bamberg & au couchant à l'Archevêché de Mayence. Sa longueur est de trente-cinq lieues, sa largeur de vingt-six. Il est fertile en blés, en pâturages, & en fruits. Ses vins sont les meilleurs de la Franconie. On y trouve des bains thermaux. Le *Mein*, la *Saale*, la *Tauber*, & la *Yart* l'arrosent. Il n'y a point d'états provinciaux. On y compte trente-trois villes & quatorze bourgs. La religion est la Catholique; il renferme cependant cent vingt-cinq paroisses Luthériennes. Son diocèse s'étend sur trois abbayes nobles & trois cent vingt-quatre paroisses; Saint Kilien écossais, y vint prêcher le Christianisme, & Saint Bourcard anglais, en fût le premier Evêque; vers l'an 741, il reçut, dit-on, de Pepin, le Duché de Franconie : ce fait est faux, car Pepin ne put donner ce qu'il n'avait pas; mais les évêques ne laissent pas d'en porter le nom, que l'évêque Godefroi prit le premier dans le quinzième siècle, & que les autres princes ne leur contestent point. Ils sont suffragans de Mayence, & portent le pallium & la croix archiépiscopale : ils font porter une épée nue devant eux, & leur chapitre consiste en cinquante-quatre chanoines. On dit que pour en éloigner les princes de l'Empire, le chanoine qu'on reçoit doit passer devant les autres, rangés en haie, armés d'une baguette dont ils lui donnent des coups sur le dos. L'évêché a ses offices héréditaires & ses tribunaux : il a une *régence ecclésiastique*, un *vicariat*, un *consistoire*, des *conseils privés* de régence & de cour, un *tribunal de cour* où sont portés les appels, un *tribunal provincial*, siége de justice que les évêques ont élevé en vertu de leur supériorité territoriale, une *chambre de finances*, un *conseil supérieur*, un *conseil de guerre* & le *conseil de la ville*. Les revenus de l'évêque peuvent monter (\*) à 500000 florins, il entretient cinq régimens d'infanterie ou de cavalerie. Son mois romain est de 850 florins, sa taxe de 826 rixd.

*Würzbourg*, autrefois *Herbipolis*, ville sur le Mein, fortifiée & défendue par le fort de *Marienberg* ou *Frauenberg*, placé sur une montagne rocailleuse & dans lequel on voit le château de l'évêque, un arsenal bien pourvu, & une église qu'on croit être la plus ancienne de la Franconie. On y remarque encore les caves de l'évêque. Ce fort, plus ancien que la ville, y communique par un pont orné de douze statue de saints, fort estimées. La ville est divisée en quatre quartiers & quatre fauxbourgs. On y remarque le nouveau palais épiscopal, l'église cathédrale de saint Kilien, deux églises collégiales, l'abbaye noble de saint Bourcard, celle des femmes nobles de saint Anne; celles de saint Etienne & de saint Jacques, toutes deux entre les mains des Bénédictins, six autres couvens, deux maisons & deux églises pour les deux ordres Teutonique & de saint Jean, une université assez riche, quatre hôpitaux, une maison de correction où l'on fabrique des draps & un observatoire élevé en 1768, sous la direction du jésuite *Huberti*. La ville a un chef nommé Vicedom, qui préside à son conseil & à ses finances; elle a un mont de piété, une fonderie de canons & de cloches. Elle avait un grand nombre de Luthériens

---

(\*) *Lenglet* dit à 100000 écus.

que les évêques ont chassés. Elle a eu des privileges qui restreignaient le pouvoir de l'évêque, mais rien ne le resserre aujourd'hui. Près d'elle est le mont de *Stein* où croissent de bons vins, & deux couvens.

*Heydingsfeld*, petite ville sur le Mein, dont les environs sont couverts de vignes, c'est un bailliage qui renferme encore six villages.

*Veits-Hœchheim*, village où l'on révère sainte Bilhild qui y naquit & où est un palais des évêques; sept villages composent avec lui ce bailliage.

*Karlstadt*, grand bourg sur le Mein : sur l'autre rive est *Karlbourg*, village & château qu'on croit bâti par Charles-le-Chauve. Neuf autres sont renfermés dans ce bailliage où il croit du bon vin & même du vin muscat.

*Homberg* bourg & château qui, avec huit villages, forme un bailliage.

*Rothenfels*, petite ville que le Mein arrose; les paysans détruisirent son château, quatorze villages forment son bailliage.

*Neustadt*, abbaye de bénédictins fondée par Charlemagne, elle étoit riche & doit être libre.

Les bailliages de *Schœnrain* & d'*Aura* faisaient partie du comté de Rieneck.

*Gemünden*, petite ville sur le Mein, qui reçoit près de-là la Saale; sept villages forment son bailliage.

*Trimberg*, château & village, qui, avec vingt-un autres, forment un bailliage.

*Kissengen*, petite ville sur la Saale; près d'elle sont des eaux minérales & des sources salées; au tour sont quatre villages. On trouve beaucoup de gibier dans ce district.

*Ebenhausen* est un bourg, un bailliage qui renferme encore treize villages.

*Münnerstadt*, petite ville sur la Laur. Il y a une

commanderie teutonique & un gymnase où enseignent des Hermites de l'ordre de saint Augustin; trois villages dépendent de son bailliage.

*Aschach*, bourg & bailliage qui renferme *Boklet*, village où est une fontaine minérale, & vingt-six autres villages.

*Neustadt sur la Saale*, petite ville; elle a un couvent de Carmes, deux châteaux, & renferme dans son bailliage dix-neuf villages & le château de *Salz*, où Charlemagne résidait quelquefois.

*Bischofsheim*, petite ville sur la Rhöm; quatorze villages forment avec elle un bailliage.

*Hilters*, bourg sur l'Ulster; son bailliage renferme quatre villages & un château.

*Fladungen*, petite ville, bailliage qui a encore onze villages.

*Melrichstadt* est aussi une petite ville, & un bailliage où l'on compte huit villages.

*Kœnigshofen dans le Grabfeld*, petite ville bien fortifiée, la Saale l'arrose; onze autres villages composent son bailliage.

Celui de *Sulzfeld* renferme six villages. Celui de *Lauringen* en a sept, avec la petite ville de ce nom sur la Laur.

*Rothenstein*, château ruiné, bailliage où l'on voit le bourg de *Hofheim* & seize villages, dont deux ont des églises Luthériennes.

*Sasslach*, petite ville qui, avec onze villages, forme un bailliage. La petite ville d'*Ebern* sur la Baunach, avec vingt-trois villages en forment un autre.

Celui d'*Eltmann* renferme la ville de ce nom, sur le Mein, avec quinze villages; & celui de *Hassfurt*, en renferme vingt avec la petite ville qui lui donne son nom & qui est sur le Mein.

*Maynberg*, château, village qui comprend dans

son diſtrict le bourg de *Markt-Steinack* & onze villages. Il y croît du vin, & l'acciſe qu'on en retire eſt d'un grand produit.

*Sulzheim* eſt un bourg & un bailliage. *Gerolzhofen* en eſt un auſſi ; c'eſt une petite ville fort ancienne, près d'elle ſont ſept villages. *Ober-Schwarzach* n'eſt qu'un bourg ; ſon bailliage renferme ſept villages. *Schlüſſelfeld*, petite ville où l'on fixa des Slaves en 823, ſon diſtrict renferme neuf villages.

*Markt-Bibart* eſt un bourg ; autour de lui ſont ſept villages. *Iphofen*, petite ville dont les habitans exportent beaucoup de vins ; le tribunal de la Province s'y aſſemble. Près d'elle eſt un couvent d'Auguſtins. *Volkach* petite ville ſur le Mein, qui la ſépare de la chartreuſe d'*Aſtheim* ; ſes environs ſont riches en vins.

Dix-ſept villages forment le bailliage de *Werneck* ; celui de ce nom a un beau château, eſt ſur la Weren, ainſi que la petite ville d'*Arnſtein* : elle a un hôpital, & avec vingt-trois villages, elle forme un bailliage.

Huit villages forment le bailliage de *Klingenberg*, fertile en vins. Onze autres font celui de *Proſelzheim* qui eſt un bourg. *Dettelbach* eſt une petite ville ſur le Mein ; près d'elle eſt un couvent de Franciſcains & une égliſe où l'on révère une image de la vierge. Son bailliage renferme encore la petite ville de *Schwarzach* ſur la même riviere, ayant une abbaye de Bénédictins & quatre villages.

*Kitzingen* eſt auſſi ſur le Mein, qu'on y paſſe ſur un pont de pierre. C'eſt une ville jolie, aſſez grande, qui doit ſon origine à un couvent noble de Bénédictins, fondé en 745, par le Duc Pepin. Cette abbaye ſubſiſte toujours, mais des Urſulines l'habitent ; elle a encore un couvent de Capucins & un fauxbourg ; ſes habitans ſont preſque tous Luthériens. Son terroir est fertile en vins. Son bailliage renferme la petite ville de *Sulzfeld* & six villages.

*Butthard* est un bourg, un bailliage qui comprend six villages. *Aub* est une petite ville qu'arrose la Gollach, & l'on y fait de la bonne bierre; huit villages forment son district. *Rœttingen* est sur la Tauber; elle est petite, a un bailliage qui s'étend sur quatorze villages & sur la Seigneurie de *Reigelsberg*.

*Taxtberg*, petite ville & château sur la Yaxt, elle a eu ses seigneurs particuliers & appartenait à la maison de Hohenlohe. Son bailliage renferme le bourg de *Mulfingen* & sept villages.

*Lauda*, bourg, château, bailliage, sur la Tauber; on y compte six villages & on y recueille du bon vin.

*Grünsfeld* petite ville, château détruit par les Paysans en 1525, son bailliage renferme treize villages.

Le bourg de *Hartheim* avec neuf villages forment le bailliage de ce nom. Nous avons parlé de *Freudenberg* dans l'article de *Wertheim*.

*Hombourg* ou *Hochenbourg*, *sur le Mein*, est un bourg, un château, situé sur une éminence, & dans laquelle saint Bourcart, premier évêque finit ses jours. *Heidenfeld* bourg où est une prévoté de chanoines; neuf villages font avec ces deux bourgs un bailliage. Celui de *Ripperg* renferme le bourg de ce nom & sept villages.

*Ochsenfurt*, *Oxovium*, petite ville sur le Mein: son pont de pierre, ses vins, les meilleurs de la Franconie, sont les objets qu'on y remarque. *Eubelstadt* bourg sur la même riviere près d'un pélerinage de sainte Croix. *Randersacker* grand village dans un terroir fertile en vins. *Eusenheim*, bourg & plusieurs villages appartiennent au chapitre.

Cet évêché renferme encore 1°. *Eberach* abbaye de citeaux, très-riche & dont l'abbé a l'inspection sur huit couvens du même ordre situés dans son voisinage : fondée en 1126, les Paysans la brulerent en 1525, mais elle s'est rétablie. 2°. *Combourg*, abbaye noble de Bénédictins, fondée en 1088, sécularisée en 1488; elle possède plusieurs villages. On compte encore sept autres couvens, ceux de *Bronnbach* & de *Bildhausen*, sont de l'ordre de Citeaux; ceux d'*Ober-zell* & d'*Unter-zell* sont aux Prémontrés; ceux de *Theres* & de *Neustadt*, sont aux Bénédictins; celui de *Trieffenstein* est pourvu de chanoines de l'ordre de saint Augustin.

## Comté de Henneberg.

Il est au nord de l'évêché que nous venons de décrire. On y trouve de beaux champs de blés & de tabac, entrecoupés de forêts & de monts; des minieres de cuivre & d'argent, mais il est plus riche par celles de fer & d'acier. Il y a des fontaines d'eaux minérales & on y cuit du sel. La *Werra*, la *Schleuss*, la *Schwartza*, la *Felde* l'arrosent. On y compte dix villes & trois bourgs, on n'y professe que la religion Luthérienne. On y fabrique du basin & des armes. Ses anciens Princes étaient puissans : à ce comté qui a plus de vingt lieues de long sur onze de large, ils réunissaient les principautés de Cobourg & de Hildbourghausen. Leur postérité masculine s'éteignit en 1583, & leur héritage passa en différentes branches de la maison de Saxe; chacune d'elle exerce le suffrage qu'il donne pendant quatre ans. Son mois Rom. est de 190 florins, dont chaque possesseur paye une portion. Sa taxe est de 190 rixd. 36 kr.

## PORTION DE L'ÉLECTEUR DE SAXE.

*Schleufingen*, ville sur la riviere de Schleuss, près de la forêt de Thuringe qui lui laisse peu de champs à cultiver. Il y a un gymnase, & on y fabrique de bonnes armes. Elle a un château où résidaient les anciens Comtes. Son bailliage renferme plusieurs villages; dans celui de *Hirschbach* sur l'Erla, sont plusieurs usines de fer; au midi de la ville est la fontaine de Guillaume, *Wilhelmsbrunn*, dans un lieu couvert de bois; ses eaux sont salutaires.

*Suhla*, ville sur la Hasel; elle est sans murs, mais peuplée. On y fait des armes, divers ouvrages d'acier, du basin & du treillis. Elle a cependant déchu, elle avait des salines & n'en a plus. Son bailliage renferme trois villages, & le bourg de *Henrichs* où il y a des forges de fer & d'acier.

*Benshausen* est un bourg, un bailliage qui ne renferme que deux villages.

*Kündorf*, grand village, château, bailliage qui comprend trois villages. Celui de Schwarza a un château & une papeterie. Près de Kündorf est la montagne de *Dolmar*, au sommet de laquelle est une maison de plaisance & une belle place.

A ces quatre bailliages il faut joindre les biens domaniaux de *Vesra* & de *Rohr*. Ils furent autrefois des couvens: dans le premier on inhumait les anciens comtes, & on y voit un Harras.

## PORTION DE SAXE-WEIMAR.

*Ilmenau* petite ville, près de la forêt de Thuringe, sur les bords de l'Elbe. Elle fut achetée en 1343, pour deux milles marcs d'argent. Son bailliage renferme deux villages paroissiaux & des mines d'argent & de cuivre, qui furent plus riches autrefois.

*Ofheim vor der Rhane*, petite ville peuplée d'habitans aifés. La montagne de Rhœne lui donna fon nom.

*Helmershaufen*, bourg fur la Herpf. *Lichtenberg* eft un château; ce bailliage renferme plufieurs villages.

*Kalten-Nordheim*, bourg fur la Felde; il a un vieux château. *Kaltenfundheim* eft encore un bourg. On compte huit villages dans ce diftrict, & quelques-uns font grands.

### Portion de Saxe-Meinungen.

C'eft la plus grande, elle eft au centre du Pays. *Meinungen* eft placée entre de hautes montagnes au bord de la Werra. Elle a une école latine, une maifon d'Orphelins & une de correction & de filerie. On y fabrique du bafin, on y cultive le tabac. Le château où réfident les Princes a une belle bibliothéque & un cabinet de médailles. Là, font les archives du Henneberg, commune à tous ceux qui l'ont partagé. Son bailliage joint à celui de *Mafsfeld*, eft fort étendu; on y compte une trentaine de villages. Le château de celui d'Unter-Mafsfed a eu été bien fortifié. Henneberg eft voifin d'une montagne où était la maifon qui donna fon nom à la principauté. *Hermansfeld* eft voifin d'un lac où l'on voit une ifle, qu'une chapelle dédiée à Saint Wolfgang, rendait célèbre aux dévôtes. Près de *Herpf* eft la montagne *Gebe*, la plus haute du Pays. Un petit lac, très-profond, fe voit près du petit village de *Seba*.

*Wafungen*, ville ancienne fur Werra, elle a une école latine, une abbaye de demoifelles nobles, & un château. On y cultive le tabac; fon bailliage renferme fept villages.

*Frauenbreitungen* est un bourg sur la Werra ; il a un château ; son bailliage renferme deux villages & plusieurs terres & censes nobles, ainsi que celui de *Sand*.

*Salzungen* est sur la Werra, c'est une petite ville qui reçut son nom de deux salines ; celle qui est dans la ville est la plus pesante, à quelque distance est une fontaine d'eau aigre. Son bailliage contient six villages. Celui d'*Allendorf* en renferme treize ; *Allendorf* fut un couvent de Bénédictins. *Alteinstein* est un château, un bailliage qui s'étend sur huit villages & sur le bourg de *Schweira* où est un château & une maison d'Orphelins. La seigneurie de Rœmhild, après la mort du dernier duc de cette branche de la maison de Saxe, fut partagée entre Saxe-Meiniingen & Saxe-Cobourg-Saalfeld ; les deux tiers échurent au premier. On y voit *Rœmhild* qui est une petite ville ; elle a une école latine & deux châteaux, l'un fort ancien, l'autre moderne ; celui-ci est au dehors de la ville, le bailliage de *Rœmhild* renferme 12 villages.

## PORTION DE SAXE-GOTHA ET DE COBOURG-SAALFELD.

Elle ne contient qu'un bailliage, dont le second possede les deux tiers. On y voit la petite ville de *Themar*, au bord de la Werra : elle a une école latine, & on y commerce en laine. Autour d'elle sont neuf villages.

## PORTION DE SAXE-HILDBOURG-HAUSEN.

On n'y voit ni ville, ni bourg. On y compte cinq villages : celui de *Behringen* donna son nom au bailliage.

## PORTION DU LANDGRAVE DE HESSE-CASSEL.

Un pacte de famille la fit passer sous le pouvoir de ce Prince. Elle est divisée dans les cinq petits bailliages de *Schmalkalden*, *Herrenbreitungen*, *Barchfeld*, *Broterod* & *Hallenberg*. On y remarque la ville de *Schmalkalden* sur la riviere de ce nom & sur la Stille, au pied de la forêt de Thuringe. Elle est célebre dans l'histoire, assez grande, & peuplée; ses habitans sont aisés; le château *Wilhemsbourg* est à peu de distance de ses murs; l'église est commune aux Réformés & aux Luthériens; elle a une école latine & autour d'elle sont des mines de fer & d'acier qui occupent environ cinq-cents forges dans ses environs. *Herrenbreitungen* est au bord de la Werra, il fut autrefois un couvent de Bénédictins. *Broterod* est aussi un bourg.

## ÉVÊCHÉ DE BAMBERG.

Il est à l'orient de l'évêché de Wurzbourg, au nord d'Anspach, au sud de Cobourg, au couchant de Culmbach. Il a vingt-cinq lieues de long & seize de large. Il est fertile en blés, en légumes, en fruits, sur tout en prunes & en vins. On y recueille du safran & beaucoup de réglisse. On y voit des prairies riantes & de belles forêts; ce pays est appellé l'Italie de l'Allemagne. Il a des forges de fèr; il est arrosé par le *Mein*, la *Rotach*, l'*Itz*, la *Rednitz*, l'*Aisch*, la *Reich*, l'*Urach* & la *Rauhe-Eberach*. On y compte dix-huit villes & treize bourgs. Il n'y a point d'états provinciaux & point de religion que la Romaine. Les Comtes de *Babenberg* ou *Bamberg* étaient puissans; des guerres malheureuses éteignirent leur puissance & leur race. L'empereur Henri de Baviere érigea ce
pays

pays en évêché, & lui donna encore des richesses considérables. Son premier évêque fut Everard, chancelier de Henri : les quatre grands officiers héréditaires de l'empire devinrent aussi ses officiers héréditaires, mais ils font exercer leur office par des familles de Franconie. L'évêque est revêtu du pallium qui lui coute 100000 livres de France ; il a la jurisdiction archiépiscopale & ne dépend que du Pape ; ses revenus sont de 1800 livres. Son chapitre est composé de trente-quatre chanoines, il le consulte & demande son consentement dans les affaires importantes : il a un *vicaire-général* & un *consistoire* pour les affaires ecclésiastiques ; une *régence* qui préside au siége provincial, à celui de la Police, à la justice tutélaire, à la justice criminelle, &c. Une *chambre de finances* & une *recette* administrent ses revenus qui montent à 60000 rixdales. L'évêché est divisé en quarante-quatre petits districts : nous ne parlerons que des lieux les plus considérables.

*Bamberg*, est une ville sur les bords de la Rednitz, elle s'étend sur des colines, sur leur pente & à leur pié. La ville proprement dite, a des murs & des fossés dans une partie de son enceinte réparée : son fauxbourg est plus grand qu'elle, & s'étend au loin, ce qui lui donne l'air d'un village, & fait dire que c'est le plus grand de l'Allemagne ; bien bâtie, peuplée, assez riche, le séjour en est agréable : elle est divisée en trois parties par la riviere, l'une d'elle est sur un monticule & l'on y voit le palais de l'évêque, l'église cathédrale où sont inhumés Henri II & sa femme fondateurs de l'évêché, & où l'on voit un riche trésor & des reliques, les églises de saint Etienne & de saint Jacques, un couvent de femmes & la riche abbaye de *Monchsberg*. Un pont de pierre, fort haut, conduit de celle-ci à la partie du milieu,

*Tome III.* F

où l'on voit l'ancien palais, trois églises, six couvens, un hôpital & de belles maisons. Un long & large pont conduit de-là au fauxbourg où est l'ancienne abbaye de Gangolphe. On dit que cette ville est au centre de l'Allemagne, ses environs sont charmans; on y voit des lauriers, des figuiers, des citroniers, des orangers, de beaux champs, beaucoup d'oignons & de réglisse. Sur un mont on remarque les ruines de son ancien château, & près du village de *Sechof* le palais d'été de l'évêque.

*Hallstatt*, bourg à l'endroit où la Leutenbach & l'Eller se réunissent au Mein. Ce bourg a été plus grand autrefois & Charlemagne y établit des Slaves.

*Forchheim*, petite ville fo.tifiée sur la Wisent qui s'y joint à la Rednitz. Elle a une abbaye & un couvent; deux vers latins indiquent ce lieu comme ayant vu naître Ponce-Pilate, mais il est un autre *Forchheim* dans le Speyergau, & de gros savans disputent entr'eux laquelle des deux villes eut cet honneur ou cette honte; ce n'est peut-être ni l'une ni l'autre.

*Neankirchen*, bourg où fut un couvent d'Augustins.

*Ebermanstadt*, petite ville qu'arrose la Wisent: près d'elle est le château de *Neudeck*.

*Gœsweinstein* est un château situé entre des rochers & des monts élevés. On y voit un couvent & un pélerinage.

*Bottenstein*, petite ville placée entre des rocs; elle est frontiere du Bayreuth; la Putlach l'arrose, elle a un château.

*Weishenfeld*, *Hollfeld*, sont deux petites villes sur les bords de la Wisent. *Schefslitz*, petite ville assez jolie, a un château. *Weismayn*, *Burghunstadt*, sont encore des villes, mais elles n'ont rien qui les distinguent, la derniere est sur le Mein blanc.

## CERCLE DE FRANCONIE.

*Kupfenberg*, ville où est une commanderie de l'ordre teutonique. *Stadt-Steinach*, a un château ainsi que *Teuschnitz* : *Cronach* autrefois *Crana*, est entourée de fortifications, est arrosée par le Cranach qui s'y jette dans la *Rotach*; près d'elle est le fort de Rosenberg. On y tient tous les ans l'accise. *Waldenfels* est un bourg.

*Lichtenfels* est sur le Mein, qui y facilite le commerce du bois avec Francfort. *Barz* est une abbaye de Bénédictins dépendante de Würzbourg comme couvent, & de Bamberg par le lieu où elle est placée. *Langheim* est une abbaye de l'ordre de cîteaux.

*Staffelstein*, petite ville sur la Lauter, qui, près de-là, se joint au Meîn. *Baunach* n'est qu'un bourg. *Zeil* est une petite ville où passe le Mein. *Bourg-Ebrach* est sur le Mittel-Eberach. *Schlüsselau* est un couvent de religieuses de cîteaux.

*Höchstatt*, petite ville sur l'Aisch. *Herzogenaurach* est sur l'Aurach : on ne parle pas de différens bourgs : l'évêque possédait seize bailliages dans la Carinthie, mais il les a vendu à la maison d'Autriche en 1759.

## PRINCIPAUTÉ DE HOHENLOHE.

Elle touche à celle d'Anspach, à l'évêché de Würzbourg & au duché de Wurtemberg, elle a treize lieues de long & dix de large; elle s'étendait autrefois sur un tiers de la Franconie, & le château de *Hohenloch* lui donna son nom. On y compte dix villes, treize bourgs, douze châteaux, répandus sur les montagnes, les vallées, les plaines qu'il renferme. Un côté des monts est couvert de vignobles, l'autre de champs fertiles; ça & là sont des forêts de chênes, de sapins, de pins, de hêtres, de bouleaux, toutes peuplées de gibier. Les vallées ont de belles prairies, & on y nourrit beaucoup de bétail. Des falines, des eaux minérales, y font encore des richesses de la nature ; le *Kocher*, la *Yaxt*, la *Tauber*, la *Wernitz* l'arrosent ; ces rivieres font poissonneuses. La religion est la Luthérienne, mais il y a des Catholiques. Ses Princes descendent de Conrad le Sage, duc de Franconie & de Lorraine; ils font divisés en deux branches, divisées elles-mêmes en plusieurs rameaux. Trois églises font communes à toutes les branches, & sur cinquante-neuf paroisses qui font dans le pays, trente-sept appartiennent à la branche de *Neueinstein* & vingt-deux à celle de *Waldenboug*. Quelques-uns de ces Princes font Catholiques : ils ont six suffrages à la diette de l'Empire, & deux aux assemblées du cercle. Leur mois romain est de 144 florins, dont Neueinstein paie 88 ; leur taxe est de 156 rixd. 37 kr., dont Neueinstein paie 89 & 29 kr.

PORTION COMMUNE À TOUTE LA MAISON.

Elle renferme *Ohringen*, jadis *Oringawe*, ville sur l'Ohrn qui la sépare en vieille & nouvelle ville. Deux chateaux pour les deux branches, deux églises communes entr'elles, deux consistoires, un gymnase, divers tribunaux font dans son enceinte ; elle a un hôpital. Ici était l'ancienne ville Romaine *Aræ Flaviæ* ; on y déterre encore diverses antiquités, & on y découvrit en 1741, un monument érigé à l'honneur de l'Empereur Maximin. Autour d'elle font quelques villages; les uns font riches par leurs vignes, les autres par leurs champs.

## CERCLE DE FRANCONIE.

### PORTION DE LA BRANCHE DE WALDENBOURG.

*Bartenstein* château sur une éminence, & environné de maisons : il a donné son nom à une tige qui possede six bailliages. On n'y remarque que la petite ville de *Sinderingen*, sur le Kocher, & qui a un château ; on peut nommer encore le bourg de *Pfedelbach* qui a un château, est grand, & doit son nom à la riviere qui l'arrose.

*Waldenbourg*, petite ville, est placée sur une élévation couverte de forêts ; elle a une régence. On y est obligé de descendre quelques centaines de marches pour avoir de la bonne eau. Elle appartient à la ligne de Schillingfürz, qui possede encore un grand nombre de villages. On n'y remarque que le bourg de *Frankenau*, près de la source de la Wernitz ; il est grand, & on lui a donné des priviléges encourageans pour les gens de métiers & les fabriquans. L'église est Luthérienne, mais il y a beaucoup de Catholiques.

### PORTION DE LA BRANCHE DE NEUENSTEIN.

*Neuenstein*, petite ville qui a ce nom depuis 1351. Près d'elle est le village d'*Unter-Erpach* où est une fontaine d'eaux aigres : elle appartient à la ligne d'Oehringen, qui possede plusieurs villages & quelques petites villes & bourgs, dont nous dirons un mot. *Forchtenberg* est sur le penchant d'une montagne que baigne le Kocher. *Niedernhall* est sur la même riviere. *Weickersheim* est sur la Tauber ; elle a un château : à quelque distance d'elle, on voit *Karlsberg*, château sur une élévation, entouré d'un bois percé d'allées. *Neufels* fut autrefois une ville, ce n'est plus qu'un bourg. *Beutingen* est un bourg étendu, & assez riche. *Ernspach*, bourg près du Kocher, il a des usines de fer; on y fabrique des poeles & du papier. *Kunzelsau* est encore un bourg sur le Kocher, entre de hautes montagnes; il y a beaucoup d'ouvriers; son château s'appellait autrefois le fort de *Bartenau*. *Hollenbach* est un ancien bourg. *Elpersheim*, un village qu'enrichissent des vignes.

*Langenbourg*, ville sur une montagne élevée: son château est fortifié; au dessous d'elle est une vallée où coule la Yaxt Elle a eu ses Seigneurs particuliers, & entre dans le partage d'une ligne qui porte son nom, qui possède quelques villages voisins & le château de *Lindenbronn*, où est une ménagerie.

*Ingelfingen*, petite ville sur le Kocher, qui fait partie des possessions de la ligne de son nom. Ses possessions s'étendent encore sur trois villages & sur le bourg de *Schrotzberg* qui a un château & dont la jurisdiction criminelle relève de l'Empire.

*Kirchberg*, petite ville sur la Yaxt, où résident les Princes de ce nom. Dans le pays qu'ils possèdent on ne voit de remarquable que le bourg de *Lendsiedel*, & le château de *Dettingen* sur le Kocher: il y a une église & un hôpital.

La ligne de Schillingfurst possède la seigneurie de *Willermsdorf*. Celle de Neuenstein, le comté de *Gleichen* dans la Thuringe. Et celle de Bartenstein, a part, au bailliage d'*Oberbronn* en basse Alsace.

## BAILLIAGES DE L'ORDRE TEUTONIQUE.

Nous avons vu à l'article de Prusse, l'origine, la puissance, la dispersion de cet ordre. Son chef se nomme *Administrateur de la grande maîtrise en Prusse, maître de l'ordre Teutonique en Allemagne & en Italie, seigneur de Freudenthal & d'Eulenberg*. Il est prince de l'empire & siége à la diette après les archevêques. Son mois romain est de 124 florins, sa taxe de 213 écus, 6 kr. Une croix d'argent, droite, pattée de sable, qui a au mlieu une petite croix d'or, sur le tout l'aigle de l'Empire & dans chacun des coins une fleur-de-lis d'or, sont les marques & les armes de l'ordre. Ses possessions rassemblées formeraient une principauté considérable; elles forment la grande maîtrise de Mergentheim & douze grands bailliages, divisés en Prussiens & en Allemands. Des Commandeurs, choisis par les conseillers de l'ordre, confirmés par le grand maître, les administrent; ces commandeurs joints aux conseillers, forment le grand chapitre qui élit le grand maître. Ces bailliages sont divisés en commanderies, & celles-ci en bailliages.

Les chevaliers doivent être d'ancienne noblesse allemande; les Protestans y peuvent être admis, mais tous doivent vivre dans le célibat. L'ordre a ses prêtres qui sont de l'ordre de saint Augustin; les chevaliers s'habillent comme les séculiers, mais évitent les couleurs trop vives, & dans les solemnités, ils portent un manteau blanc avec une croix noire bordée d'argent. Le grand maître a la supériorité territoriale dans les terres qu'il possède, & l'exerce sur le grand bailliage de Franconie. Les commandeurs de Coblence & d'Alsace, sont états immédiats de l'Empire; ils ont voix & séance à la diette; tous les autres sont sujets des princes où ils ont leurs domiciles. Le grand maître jouit de 100000 écus de rente. Nous rassemblerons ici sous un point de vue très resserré les diverses possessions de cet ordre.

La grande maîtrise de *Mergentheim* renferme la ville de ce nom, *Vallis Mariæ Virginis* ou *Marienthal*; elle est sur la Tauber & a un gymnase

& un séminaire; elle fut donnée à l'ordre en 1220, par un prince de Hohenlohe: près d'elle est une montagne sur laquelle est le château de *Neuhaus*, c'est-là que réside le grand maître: vingt-un districts forment le territoire de la grande maîtrise. On y remarque la petite ville de *Neckarsulm* près de laquelle la Sulm se jette dans le Neckar, & le bourg de *Gundelsheim*.

Le grand maître est encore seigneur de *Freudenthal* en Silésie, d'*Eulenberg* & de *Baussau* en Moravie.

*Bailliage de Franconie.*

Il est divisé en quinze commanderies. Son grand commandeur réside à *Ellingen*, bourg ceint de murs, où est un château. Ces commanderies sont celles d'*Ellingen*, de *Wiernsberg*, de *Nuremberg*, de *Würzbourg*, de *Münnerstadt*, de *Heilbronn*, d'*Oettingen*, de *Kapfenbourg*, d'*Ulm*, de *Donauwerth*, de *Blumenthal*, de *Gænkofen*, de *Ratisbonne*, de *Frizlar* & de *Kloppenheim*. On voit qu'une partie d'entr'elles seulement, est située en Franconie; dans cette partie on remarque la ville d'*Eschenbach*, où l'on compte deux cent maisons, & le bourg de *Weiboldshausen*, ceux d'*Hettingen* & d'*Absberg*, tous de la religion Protestante.

*Bailliage d'Alsace.*

Il renferme treize commanderies; ce sont celles d'*Alschhausen*, de *Rohr*, de *Meinau*, de *Beuggen*, de *Fribourg*, de *Hitzkirch*, de *Bâle*, de *Mühlhausen*, de *Rixheim*, de *Rouffac*, de *Kaysersberg*, d'*Andlau* & de *Strasbourg*. Le grand commandeur réside à *Alschhausen*, château: il est membre du cercle de Souabe.

*Bailliage d'Autriche.*

Il a huit commanderies; en voici les noms:

## CERCLE DE FRANCONIE. 89

*Vienne*, *Neuſtadt*, *Grætz*, *Meretintza*, *Laybach*, *Mættling*, *Saint-George* & *Linz*. Son grand commandeur réſide dans la premiere.

*Bailliage ſur l'Adige.*

Il comprend les cinq commanderies de *Wegenſtein*, de *Trente*, de *Lengmos*, de *Sterzing* & de *Schlanders*.

*Bailliage de Coblence.*

Il renferme ſept commanderies ; ce ſont celles de *Coblence*, de *Linz*, de *Cologne*, de *Waldbreitbach*, de *Trarr*, de *Muſſendorf* & de *Malines*.

*Bailliage de vieux-Bieſen.*

Il a douze commanderies qui ſont *vieux* & *jeune Bieſen*, *Maeſtricht*, *Sierſtorf*, *Bernsheim*, *Gemmert*, *Béekeværen*, *Grüterode*, *Oedingen*, *Ramersdorf*, *Saint-Peters Væven* & *Saint-Gilles*.

*Bailliage de Weſtphalie.*

Les ſept commanderies qui le compoſent, ſont *Münſter*, *Oſnabrück*, *Duisbourg*, *Brakel*, *Welmen*, *Mahlenbourg* & *Mælheim*.

*Bailliage de Lorraine.*

Il eſt formé de quatre commanderies, qui ſont *Tréves*, *Beckingen*, *Meinſiedel* & *Saarbrück*.

*Bailliage de Heſſe.*

Il n'a auſſi que quatre commanderies ; ce ſont celles de *Marbourg*, de *Schiffenberg*, d'*Oberflærsheim* & de *Griffſtædt*.

*Bailliage de Saxe.*

On y compte ſix commanderies ; ce ſont celles de *Lucklum*, de *Langeln*, de *Dommitſch*, de *Bürow*, de *Weddingen* & de *Gættingen*.

*Bailliage de Thuringe.*

Quatre commanderies le compoſent ; *Lehſten*, *Liebſtædt*, *Zwezen* & *Negelſtett*.

*Bailliage d'Utrecht.*

Il eſt ſéparé de l'obéiſſance du grand maitre. Le

grand commandeur réside à Utrecht, il est élu par les commandeurs & confirmé par les états de la province; les biens sont les mêmes qu'autrefois, mais ils sont soumis aux charges. Il a dix commanderies : celle de *Dieren* dans la *Veluve*, de *Tiel*, de *Maasland*, de *Rheenen*, de *Leyde*, de *Schoten*, de *Drsbourg*, de *Schelluinen*, de *Middelbourg* & de *Schoonhoven*. Ceux qui n'aiment pas lire simplement des noms, peuvent passer cet article qui n'est pas long; nous avons cru qu'il pouvait être quelquefois utile.

## Comté de Castell.

Il est terminé par l'évêché de Würzbourg, la principauté d'Anhalt, la seigneurie de Limbourg & le comté de Schwarzenberg. Les guerres, la dissipation, la mauvaise œconomie & les fondations l'ont resserré dans des bornes bien plus étroites qu'il ne le fut autrefois. L'origine de ses comtes est obscure; on les croit descendus des anciens ducs de la Franconie orientale : il paraît qu'ils ont habité sur la Moselle, près de *Bern-Castell* qui, peut-être, leur appartînt. Cette maison se divisa en diverses branches, dont il n'existe plus que deux, divisées elles-mêmes en divers rameaux. L'aîné est seul administrateur du comté, seul échanson héréditaire de l'évêché de Würzbourg, dont le comté relève en grande partie. Le mois romain est de 18 florins, sa taxe est de 18 rixd. 84 kr.

La branche aînée de Castell-Remlingen, possède le bailliage de Castell, qui doit son nom à un ancien château détruit par les paysans en 1525; & dans lequel, près du village de Castell, est un nouveau château habité par une branche cadette. Dans celui de *Rehweiler* siege aussi une branche qui en prend son nom. On y trouve encore *Bürklein*, couvent près duquel la petite riviere d'Ehe prend sa source; elle possede encore le bailliage de *Remlingen*, qui appartint aux comtes de Wertheim, & qui renferme une partie du bourg de ce nom & trois villages.

La branche de Castell-Rüdenhausen, possede les deux bourgs de *Rüdenhausen* & d'*Ober-Eysisheim*, & trois villages paroissiaux : le premier bourg a un château, une chancellerie, un consistoire, un bailliage : le second est plus grand, & le Mein l'arrose.

## SEIGNEURIE DE REIGELSPERG.

Elle est enclavée dans l'évêché de Würzbourg; les évêques en jouissent, mais ils en ont donné le titre & le droit de suffrage aux comtes de Schœnborn. Elle fait partie du bailliage de *Rœttingen* dans le Würzbourg. *Reichelsberg* est un château, autour de lui sont cinq à six villages.

## SEIGNEURIE DE WIESENTHEID.

Elle touche à l'évêché de Würzbourg & au Comté de Castell, appartient à une branche de la maison de Schœnborn, qui pour elle paye un mois romain de 4 florins, & par elle siege à la diette. On y compte neuf villages; celui de *Wiesentheid* a un château.

## VILLES IMPÉRIALES.

Nuremberg, *Norimberga*, ville bien bâtie, dont l'enceinte est d'une lieue & demi : on y compte huit mille maisons, cinq cents rues, cinq grandes fontaines publiques & cent douze puits. Un fossé large & profond, un double mur flanqué de deux cents quatre-vingt trois tours l'environnent. La Pregnitz la traverse, & sur elle sont treize ponts, dont six sont de pierres. Le terrein qui l'environne est sablonneux, mais l'industrie l'a rendu fertile; le paysage est riant, semé de plaines & de côteaux enrichis d'une belle verdure, de jolies maisons de campagnes, & de grands & beaux villages. Elle est très propre, mais n'est pas peuplée, des maisons renferment deux à trois familles & plusieurs sont inhabitées. Elle se divise en huit quartiers; dans celui du *Marché au vin*, est l'église de saint Sebald où est le tombeau de ce saint en cuivre jaune, & sur lequel le Peintre Albert Dürer représenta la création du monde : on voit encore dans ce qartier l'église des Augustins, dont la voûte est artistement travaillée : celui du *Marché au lait* renferme le château antique où réside le premier magistrat ou prévôt; l'observatoire a un puits très profond & trois chapelles : près du château était celui du Bourggrave, changé aujourd'hui en une prison, une tour & un marché au blé; dans le couvent des Dominicains est une riche bibliothéque. Le qartier du *Gilgenhof* renferme l'église de saint Gilles, la plus belle de la villle. Dans celui du *Marché au sel* est la maison de ville, une des plus belles de l'Empire; les chambres en sont ornées de peintures très estimées. On y voit encore l'église du saint-Esprit où sont déposés les principaux joyaux de l'Empire, ce sont la couronne, le septre, le glaive & la pomme impériale. Le peuple n'est pas digne de jetter les yeux sur ces précieuses antiquailles : pour avoir l'honneur de les voir, il faut être prince régnant, ou être ambassadeur de l'empereur. A la voûte de l'église, dans une châsse de vermeil, est suspendue la lance qui perça le côté de Jesus, une épine de sa couronne, un morceau de la crèche qui le vît naître; on y voit aussi un morceau de la nappe sur laquelle il célébra la cêne, le morceau de la croix où sa main fut attachée, un bras de sa grand mere, une dent & un lambeau de la robe de saint Jean-Baptiste, &c. tout cela est bien précieux, comme on n'en doute pas aujourd'hui. Près de cette église est un hôpital qui présente un spectacle plus interessant; il nourrit quatre cents personnes. Le quartier du *Marché aux grains* renferme l'arsenal, vaste bâtiment qui contient, dit-on, assez d'armes pour dix-huit mille hommes. Les autres quartiers sont ceux des *Carmes déchaussés*, des *Chartreux* & de *sainte Elisabeth*. On compte cinq collèges dans la ville, & quinze à seize églises pour les Luthériens: les Catholiques exercent leur culte dans celle de sainte Elisabeth: les Réformés vont dans un village de la pricipauté d'Anspach, ou dans un jardin voisin des murs de la ville. Le Luthéranisme des Nurembergeois est mêlé de cérémonies & d'usages Romains; il vivent avec la plus grande propreté. Les Juifs n'y peuvent que passer, & en payant. Le gouvernement est aristocratique: trente-quatre sénateurs joints à huit autres choisis dans les corps de métiers forment le Conseil: vingt-six Conseillers nobles sont nommés *Bourguemaîtres*, les huit autres *Anciens*. Les vingt-six se divisent en treize *vieux* & treize *jeunes*; toutes les quatre semaines un *vieux* & un *jeune* régissent ensemble l'état; les sept premiers *vieux* décident les affaires les plus importantes & les plus secrettes; les six autres *vieux* sont les juges d'appel: les *jeunes* exercent différens emplois & les *vieux* sont à la tête de différens tribunaux. En des tems fixés, les sénateurs choisis dans les corps des orfevres, des brasseurs, des tanneurs, des tailleurs, des bouchers, des drapiers, des boulangers & des pelletiers s'assemblent; ils forment le petit conseil. Le grand est formé de deux cents personnes qui sont l'élite de la bourgeoisie (\*). Les familles nobles qui composent le patriciat, tiennent cette prérogative de l'empereur Henri IV, en 1198; des auteurs le font plus ancien encore. Il n'y a point de consistoire à Nuremberg, le conseil en fait les fonctions. La ville entretient huit compagnies d'infanterie de cent hommes, pendant la paix; de cent quatre-vingt-cinq pendant la guerre: deux compagnies de soldats vétérans de cent treize hommes chacune: deux compagnies de cuirassiers de quatre-vingt-cinq hommes: un corps de deux cents canoniers: deux compagnies de cavalerie simple: deux de dragons. La milice bourgeoise est rangée sous vingt-cinq drapeaux de trois ou quatre cents hommes chacun. Son mois romain est de 796 florins, sa taxe est de 828 rixd.

Ses habitans descendent des *Norici*, qui, laissant leur pays, bâtirent le *Castrum Noricum* dans le vieux Nordgau. On y compte des peintres & des graveurs célèbres; elle a un grand nombre d'artistes & d'artisans en ivoire, bois & métaux, dont les ouvrages se répandent par toute l'Europe: on y fabrique un grand nombre d'étoffes, de montres, de quincailleries. L'empereur y a établi une *Société Cosmographi-*

---

(\*) On ne nous apprend pas la dépendance où sont les divers conseils qui forment le gouvernement, & par-là on n'en donne point une idée juste: nous ne pouvons suppléer à cela.

# CERCLE DE FRANCONIE. 95

*que* en 1751, pour perfectionner l'aſtronomie & la géographie; on connaît les excellentes cartes qu'on y a gravées. On y voit un théatre anatomique & une académie de peinture, deux obſervatoires, l'un conſtruit en 1678, par le ſénat & l'autre en 1692, par Phlippe de Wurzelbaur, pour ſon uſage particulier. Sa longitude eſt de 28 dégrés, 44 minutes, ſa latitude de 49 dégrés, 27 minutes.

Le territoire de la ville eſt aſſez étendu, diviſé en pluſieurs bailliages, qu'il ſerait trop long d'énumérer ici, nous nous bornerons à y jetter un coup d'œil général.

Trois rivieres y forment deux diſtricts, l'un eſt la forêt de ſaint Sebald, entre la Schwabach & la Pregnitz : on remarque près d'elle les bourgs de *Gründlach* & d'*Heroldsberg* & trois villages. L'autre eſt la forêt de ſaint Laurent, terminée par la Pregnitz & la Schwarzach; pluſieurs villages y ſont renfermés, ainſi que le bourg de *Feucht*, chef-lieu des Nurembergeois auxquels il eſt permis de nourrir des abeilles & d'amaſſer du miel. Un tribunal particulier eſt élevé pour terminer les différens.

Près de la ville on voit encore le bourg de *Wœhrd*; ſur la Pregnitz celui de *Goſtenhof* : le long des rives de la Pregnitz, ſont des caſernes occupées par les ſoldats, & l'hôpital de ſaint Jean deſtiné pour les femmes. Cette partie du territoire de la ville eſt environné de deux lignes flanquées de deux redoutes.

Au de-là des lignes, on trouve douze bailliages & trois hôpitaux de femmes qui ont leurs juriſdictions, leurs terres, leurs ſujets. Nous allons parler des principaux lieux renfermés dans ces bailliages.

*Altorf*, ville de 208 feux, traverſée par pluſieurs chemins bourbeux : le gymnaſe qui y fut établi en 1575, fut converti en univerſité en 1623. Son bâtiment est beau, il renferme deux bibliothéques, un cabinet de curiosités naturelles & artificielles, un théatre d'anatomie, un laboratoire de chymie; il est surmonté d'un observatoire, & près des murs de la ville est un jardin botanique. Altorf est ancienne, elle appartint aux comtes de Nassau, puis aux Bourggraves; elle passa d'eux aux ducs de Poméranie, qui la vendirent à Robert, Comte Palatin. Nuremberg la possède par droit de conquête & par convention: autour d'elle sont quatre villages.

*Lauf* a 237 feux. Elle était un village en 1307 quand Nuremberg l'acquit; elle a un château & un bailliage.

*Herrsbruck*, petite ville de deux cents vingt-cinq feux. La Pregnitz l'arrose, un château y est la résidence d'un baillif; elle eut en 1060, le droit de marché, & de battre monnaie. Elle fut à Nuremberg par les mêmes droits & dans le même tems qu'Altorf. Son bailliage est fort étendu; il renferme neuf villages dont *Reichenschwand* est un des plus grands; il a un château dans une isle que forme la Pregnitz.

*Engelthal*, bourg qui avait une couvent d'Augustines dont les revenus sont assignés à l'Université d'Altorf.

*Velden* est une ville: un château & soixante-huit feux la forment, la Pregnitz l'arrose; elle appartenait à Robert, comte Palatin, & Nuremberg l'assiégea & la prît en 1504.

*Petzenstein*, petite ville de soixante-dix-huit feux; elle a un château, & un bailliage dans lequel on trouve des mines de fer, & du stil de grain.

*Hilpoltstein*, bourg & château situés sur un mont, donnés en engagement à Nuremberg en 1509.

*Græfenberg*, ville de cent quarante feux; elle a un château & forme un bailliage.

*Lichtenau*, bourg ou ville. Il fut vendu à Nuremberg

berg en 1406, qui y a fait bâtir un château fortifié entre deux bras de la Rezal. Elle y entretient une garnison.

*Rothenbourg au dessus de la Tauber* ; ville bien bâtie, peu étendue, située sur une montagne, entourée de fossés & de murs flanqués de tours. Des pompes foulantes y font monter l'eau de la Tauber le long de la montagne, jusqu'à une tour, d'où elle se précipite & se partage pour former trois fontaines. On y professe la religion Protestante ; l'ordre de saint Jean y a une maison, & on y compte cinq églises : elle a un collège où enseignent sept régens. Le conseil y est formé de deux autres, l'un est l'extérieur, l'autre l'intérieur ; celui-ci est formé du premier. La ville est ancienne, on la dit fondée en 514 ; elle eut des Comtes, dont le dernier mort, en 1110, la donna à l'empire. L'air y est pur & sain, le séjour en est agréable ; on recherche le blé que produit son territoire, ainsi que la farine & le pain qu'on en fait. Son mois romain est de 148 florins, sa taxe de 162 rixd. 32 kr.

Son territoire, environné de haies vives, de fossés, de hautes tours, de lacs, de forêts & de montagnes, a près de quatre lieues de long ; quatorze à quinze villages y sont répandus. On remarque ceux de *Gebsattel* & d'*Unter-Gailnau*, le premier est sur la Tauber, le second a obtenu de Charles IV le droit de devenir une ville ; mais il est encore un village.

*Windsheim*, ville qui, dit-on, fut fondée par un conseiller de Pharamond ; ce qu'il y a de vrai c'est qu'elle existait en 822. Elle renferme deux églises, un hôpital, un arsenal, & un collège : un rempart, un double fossé, d'épaisses murailles flanquées de vingt tours, l'environnent. Elle est arrosée par

*Tome III.*  G

l'Aisch ; un juge supérieur & vingt-quatre sénateurs la gouvernent ; parmi des derniers sont élus quatre bourguemaîtres, & chacun d'eux préside les autres pendant trois mois ; les habitans sont Luthériens. Son mois Romain est de 29 florins, sa taxe de 36 rid. 8 k.

Son petit territoire renferme trois paroisses, il est fertile en froment, en fruits, sur & tout en vins. L'Aisch & quelques ruisseaux y rendent le poisson abondant. Elle & Rothenbourg sont dans la principauté d'Anspach.

*Schweinfurt* ou *Suisford*, ville sur le Mein, sur laquelle est un beau pont de pierre: elle est fortifiée. On la nomme en latin *Suevofurtum* ou *Trajectus Suevorum*, parceque les Sueves y ont passé le Mein à gué. Elle a deux églises, un hôpital, un collège fondé par le Roi de Suede, Gustave Adolphe. Les habitans sont Luthériens. On y remarque encore quelques restes de l'ancienne justice impériale & provinciale, les magistrats en élisent le chef; il y siegeait aussi une cour supérieure de Franconie. Vingt-quatre magistrats la gouvernent ; elle trafique en draps, en toiles, & en plumes d'oies ; il y a eu des bourggraves, & des marggraves. Son mois romain est de 34 florins, sa taxe de 67 rixd. 60 kr.

Son territoire est peu étendu, & on y compte trois villages ; il est fertile en grains, & nourrit du bétail, mais sa richesse est le vin. L'évêché de Würzbourg l'environne.

*Weissenbourg* près le Nordgau, dans l'évêché d'Eichstætt, sur les frontieres de la principauté d'Anspach. Elle a deux églises & une école latine. On y trouve un bain minéral ; ses habitans sont Luthériens : ce sont des artisans laborieux bons cultivateurs. Un conseil de trente-quatre sénateurs la gouverne, il est divisé en intérieur & en extérieur; le premier n'est composé que de treize magistrats. Son mois romain est de 34 florins, sa taxe de 33 rixdales, 73 kr.

Son territoire renferme une utile forêt de chênes, des champs, & le seul village de *Wengen*.

# CERCLE

## *DE HAUTE-SAXE.*

Il confine à ceux de Franconie, du Haut-Rhin & de Basse-Saxe, à la mer Baltique, à la Prusse, à la Pologne, à la Silésie, à la Lusace, à la Bohême. Sa figure est fort irréguliere & sa surface peut être de cinq milles quatre cents dix-sept lieues quarrées. Son étendue est plus considérable, comme l'on voit, que celles des cercles de Bourgogne, de Westphalie, de Souabe, & cependant il ne fournit, comme eux, que le même nombre de troupes & la même somme d'argent, Vingt-deux états le composent, & les voici dans le rang qu'ils ont à la diette.

L'électeur de Saxe,
L'électeur de Brandebourg,

{ Saxe-Weimar,
Saxe-Eisenach,
Saxe-Cobourg,
Saxe-Gotha,
Saxe-Altenbourg,

Comme les princes de ce nom ont la même origine & different peu par leur puissance, ils alternent pour le rang aux diettes; ce rang, objet important, pour les Allemands, a fait naître divers arrangemens que nous nous dispensons de rapporter ici.

# CERCLE DE HAUTE-SAXE.

Saxe-Querfurt,
Pomeranie antérieure,
Pomeranie ultérieure & Camin,
Anhalt,
Quedlimbourg,
Gernrode,
Walkenried,
Schwarzbourg-Sonderhausen,
Schwarzbourg-Rudolstadt,
Mansfeld,
Stollberg,
Barby,
Comtes de Reuss,
Comtes de Schœnbourg,

L'électeur de Saxe en avait toujours été le directeur, mais comme tout le cercle est Luthérien, l'électeur en cessant de l'être, parut ne devoir plus le diriger seul; il s'est fait sur ce point un réglement en 1718, entre l'électeur de Saxe, celui de Brandebourg & le prince d'Ahalt. Le cercle nomme huit assesseurs à la chambre impériale; l'électeur de Saxe en nomme deux, celui de Brandebourg deux, les autres états nomment les autres; ce cercle réuni à celui de Basse-Saxe, en nomme encore un. Il renferme quatre villes monetaires, qui sont *Leipsic*, *Berlin*, *Stettin* & *Saalfeld*.

## MARCHE DE BRANDEBOURG.

Vers le Nord, elle confine au Mecklenbourg & à la Pomeranie; au levant, à la Silésie & à la Pologne; au moins elle y confinait avant le partage de la Pologne: au midi à la Silésie, à la Lusace, à l'électorat de Saxe, à la principauté d'Anhalt, & au duché de Magdebourg auquel il confine auſſi au couchant, côme au duché de Lunebourg. Du levant au couchant elle a quatre-vingts lieues, du midi au nord de quarante à cinquante lieues. C'eſt un pays uni & plat: il a des cantons ſablonneux, à qui la culture fait produire beaucoup de ſeigle, d'orge & d'avoine; on y fait proſpérer la vigne & le jardinage; les bois réſineux, tels que le pin, s'y plantent & y réuſſiſſent. Près de l'Oder il y a des lieux marécageux très fertiles en froment, en épeautre, en orge. Sous les derniers princes les marécages ont diſparu, les lieux ſtériles ont ceſſé de l'être, de grands villages s'y ſont élevés & ſont environnés de campagnes riantes. Les forêts ménagées avec ſoin fourniſſent aux beſoins des habitans & ſont un grand objet de commerce d'exportation, ſans cependant ſe dégrader. On y entretient beaucoup de bétail, ſur tout des moutons, & la belle laine qu'ils produiſent, améliorées par le mélange des béliers d'Eſpagne & d'Angleterre, avec les brebis du pays, ſert de baſe aux manufactures floriſſantes qu'on y a établies; le ver à ſoie y proſpere. On y trouve de l'argile, une terre fine qui ſert à faire la porcelaine, différentes terres qui peuvent ſe changer en couleur, de l'alun, du ſalpêtre, de l'ambre, des eaux minérales. L'*Elbe* traverſe le pays, il y reçoit la *Tanger*, la *Havel* qui ſort du Mecklenbourg, porte bientôt des nacelles, & devient navigable, après avoir reçu la *Doſſe* & la *Sprée*, navigable elle-même, & qui forme différens lacs & différentes iſles. L'Elbe y reçoit encore la *Stepnitz*, l'*Aland* & l'*Elbe*; l'*Oder* eſt navigable, vient de la Siléſie, & reçoit en traverſant la Marche, l'*Ober*, la *Bober*, la *Warte*, groſſie des eaux de la *Netze* & de la *Drague*, la *vieille Oder*, la *Finow* & la *Welſe*. Différens canaux y facilitent le commerce; celui de *Plaven*, fini en 1745, fut fait en deux ans; il a trente-deux pieds de largeur moienne, est chargé de neuf ponts, a trois écluses qui aident la navigation de l'Elbe, jusqu'à la Havel, & abrége de la moitié, le chemin de Berlin à Magdebourg. Il y en a un qui va de la Sprée à l'Oder, fini en 1668, il a près de six lieues de long, passe par dix écluses, & n'a qu'une pente de soixante-deux pieds; la ville de Mülrose est placée au milieu de sa longueur. Celui de *Finow* joint la Havel, à l'Oder, il a douze milles verges du Rhin de longueur, sur cent trente pieds de pente, & fut fini en 1745. Le nouveau canal du l'Oder, fut achevé en 1753. Il y a encore plusieurs lacs, dont quelques uns se communiquent par des canaux & des écluses. L'Elbe & l'Oder sont moins poissonneux que la Sprée & la Havel.

Les Semnons sont ses premiers habitans connus, les Vénedes leur succéderent; les Saxons subjuguerent les derniers; & le pays se repeupla de Saxons, de Hollandois, de Flamands. La guerre de trente ans, la peste, & la famine le dépeuplerent encore; les réfugiés Français, des Lorrains, des Vallons, des Suisses, des Bohèmiens & Allemands l'ont repeuplée de nouveau. La vieille Marche ou Marche électorale renferme aujourd'hui soixante-quatorze villes, vingt-six bourgs, deux milles six cents trois villages. La nouvelle Marche renferme trente-neuf villes, & l'on y compte près de trois cents paroisses. Les états de la Marche de Brandebourg, sont composés du corps de la noblesse, dont les villes qui dépendent des nobles ou des bailliages font partie, & en villes immédiates, c'est-à-dire, qui dépendent immédiatement du prince; ces dernieres payent cinquante-neuf par cent de toutes les impositions en général;

la noblesse paye le reste. Les impositions que paye cette province sont destinées à l'extinction des dettes nationales, & les états en dirigent la caisse : pour cet objet ils sont divisés en deux corps, dont les assemblées se tiennent, pour l'un, en mai, pour l'autre, en novembre ; la province a encore divers officiers pour percevoir les droits établis. Les villes ont aussi des caisses municipales.

La plus grande partie des habitans sont Luthériens & ils forment mille quarante-six paroisses, sur lesquelles sont établis soixante-neuf inspecteurs ; qui chacun, établi dans une ville, veille sur un certain nombre de paroisses voisines. Les Réformés y ont quarante-quatre prédicateurs Allemands, sans compter ceux de Berlin ; ils se servent de quelques églises, en commun avec les Luthériens. Il y a des catholiques Romains ; tous y jouissent d'une entiere liberté de conscience. Sa prospérité vient de la tolérance de son Prince & de l'intolérance de ses voisins; c'est par-là que les Français Protestans y ont amené & fait fleurir diverses manufactures qui égalent, si elles ne surpassent pas, celles de la France. Les rivieres, les canaux y facilitent le transport des marchandises, diverses banques, qui toutes ressortissent de la banque royale de Berlin, y font éclore & soutiennent diverses entreprises de commerce. Les sciences y sont cultivées avec succès.

Charlemagne avait conquis ces pays, mais ses conquêtes n'assurerent point la puissance de ses successeurs, & les peuples qui les habitaient redevinrent libres jusques sous le règne d'Otton le grand, qui les fit tributaires & chrétiens : il y établit les évêchés de Brandebourg & de Havelberg ; mais ils se soulevèrent encore, & redevinrent Payens. Des comtes les avaient gouvernés & les gouvernerent encore :

une partie du pays devint un marggraviat, qui parvint en 1135 à *Albert l'Ours*, fils d'Otton d'Ascanie, & d'une fille de Magnus, duc de Saxe. Albert étendit ses états qui devinrent sous lui une partie de l'empire; il y bâtit des villes, y fit naître les arts, & y affermit la religion chrétienne. Otton I devint électeur & archi-chambellan de l'empire; sa famille s'éteignit en 1320, & l'empereur Louis de Baviere donna leur électorat à ses fils, qui ne le conserverent pas. Charles IV & Winceslas le possederent; il passa d'eux au Marggrave de Moravie, & de celui-ci au bourggrave de Nuremberg, c'était en 1415. Les principautés de Culmbach & d'Onolzbach y furent souvent réunies, souvent elles en furent séparées: Joachim-Frederic rendit stable dans sa maison le droit d'ainesse & attacha pour jamais la Marche à l'électorat. Son fils en 1608, hérita d'une partie des duchés de Juliers & de Cleves, devint duc de Prusse, & embrassa la religion Réformée: son petit fils, le grand électeur, augmenta ses états, rendit la Prusse indépendante; & elle devint un royaume sous son fils. Voyez l'article du royaume de Prusse pour ses successeurs, & la table pour l'énumération des diverses possessions du prince actuel. Sa puissance a étonné l'Europe; il l'a doit plus à ses talens qu'à l'étendue de ses états, qui tous réunis même à ses conquêtes en Pologne, ont à peine onze mille lieues quarrées de surface: on y compte environ cinq millions cinq cents mille personnes. L'électeur George-Guillaume, en 1638, n'entretenait que huit mille hommes d'infanterie & deux mille neuf cents de cavalerie. Aujourd'hui le Roi de Prusse a une armée de deux cents mille hommes. Son revenu n'est que de soixante dix-huit millions sept cent cinquante mille livres, mais il est bien administré. Une partie de ses soldats, sont achetés dans les états voisins : chacun de ses régimens ont des cercles ou cantons, qui leur sont assignés, pour y vivre & pour s'y recruter. Les soldats y reçoivent des congés de neuf à dix mois, pour exercer leur métier dans le lieu de leur demeure. Les régimens de cuirassiers & de dragons, ont cinq escadrons de cent soixante-six hommes chacun ; les régimens de Hussards ont dix escadrons de cent quatorze hommes ; le régiment des gardes du corps, & celui d'Anhalt-Dessau, ont trois bataillons ; les autres régimens d'infanterie n'en ont que deux : chaque bataillon, formé de six compagnies, dont une est de grenadiers, a en temps de guerre huit cent soixante quatre hommes ; quand il est en garnison, il n'est composé que de sept cent vingt hommes.

Le roi signe toutes les dépêches, & ce qu'il fait ordonner à ses ministres, s'appelle ordres de cabinet. Son *conseil-privé* est le collège suprême de l'état ; c'est à lui que se rapportent toutes les affaires importantes. Le *ministere du cabinet* en fait partie, & veille sur les archives, sur la chancellerie, sur les affaires étrangeres. Le *département ecclésiastique*, soumis à l'inspection du conseil privé, connaît de tout ce qui intéresse les églises, les universités, les écoles ; tous les consistoires particuliers dépendent du *grand consistoire de la religion Luthérienne*, & du *directoire ecclésiastique des Réformés*.

Le *chancelier* est chef de la justice dans tous les pays de la domination du roi. Le *tribunal supérieur* est la cour souveraine ; on n'appelle point de ses décisions, mais il n'a le droit que de faire la révision des procès en troisieme & derniere instance. Toutes les régences des états du roi, lui sont subordonnées, excepté la *chambre de justice de la Marche électorale*, dont les causes n'y sont portées, que lorsqu'elle-même le requiert : quelques autres tribunaux jouiſſent auſſi de quelque exception à cette règle générale.

*Cette chambre de juſtice* eſt compoſée de trois ſénats. le premier à ſa chancellerie particuliere ; il eſt formé de l'ancien *tribunal de la cour* & de la *chambre de tournelles* réunis. Il décide ſur les objets qui n'excèdent pas la valeur de cinquante rixdales ; les Juifs ſont de ſon reſſort, il inſtruit les procès criminels, il juge, mais lorſque la peine eſt grave, il doit donner ſes motifs ; on appelle de ſes jugemens devant le ſecond ſénat.

Les deux autres ſénats ſont formés auſſi de deux tribunaux réunis en 1748. Tout ce qui intéreſſe le fiſc du roi & celui des princes ; les cauſes des princes, des comtes, des gentilshommes, des domeſtiques du roi, des magiſtrats, des communautés, des étrangers qui ſéjournent à Berlin eſt de ſon reſſort. Le ſecond ſénat juge en particulier des procès inſtruits par écrit, reviſe les jugemens rendus par les premiers juges de la Marche, ceux de la régence de Minden, entant qu'ils intéreſſent le comté de Ravensberg, & en troiſieme inſtance toutes les affaires dont ont connu les juſtices ſupérieures de la Marche. Le troiſieme ſénat reçoit les appels des jugemens du ſecond ; on peut en appeller de ſes déciſions au tribunal ſupérieur ; mais par de nouveaux mémoires, car cette chambre n'a de ſupérieur que le conſeil privé. Chaque ſénat a ſon préſident, celui du dernier eſt miniſtre d'état & préſide ſur les trois aſſemblés & réunis.

Le *collège des pupilles de la Marche électorale* eſt compoſé d'un préſident & de huit conſeillers, qui ſont membres de la chambre de juſtice. Il veille ſur les pupilles & les mineurs, les fous, les imbéciles, les prodigues & les abſens ; il veille à ce qu'ils ſoyent pourvus de tuteurs ou curateurs capables, prudens & fideles. Il a l'inspection sur les sièges de justice inrieure établis pour les mêmes objets.

Le *directoire général de la guerre, des finances & des domaines*, pourvoit à ce qui intéresse les finances & les domaines dans tout le royaume & l'électorat. Sous son inspection sont tous les trésors de la guerre & les chambres du domaine : le roi en est le président ; six départemens en dépendent ; leurs chefs sont conseillers privés d'état & de guerre ; leur administration s'étend sur tous les états du roi, excepté la Silésie & Glatz. La guerre, les invalides, les troupes, les convois, les magasins de salpètre, les manufactures en or & argent, la grande maison des orphelins de Potzdam, les postes, le sel, les banques, les mines, les fontes & fonderies, les eaux & forêts, les péages, le commerce, les manufactures, &c. sont de son ressort. Il a sa chancellerie, & la *chambre supérieure des comptes, de la guerre & des domaines* en fait partie. Un conseiller intime des finances en est le président.

La *direction des accises & des péages* ou *la régie*, la banque royale, le bureau des postes & celui des munitions, ont pour chefs des ministres des finances. Il y a un département pour les bâtimens, examiner les devis, & la capacité des arpenteurs, maçons, &c. Il y a encore une *chambre des domaines & de la guerre* de la Marche électorale, elle afferme les offices, les biens de campagne, les moulins qui appartiennent au roi ; elle veille sur les bâtimens, sur la conservation des forêts, &c.

Il y a un *directoire des revenus des églises de la Marche électorale*, qui veille sur les revenus des paroisses royales. Le *consistoire de la guerre* a inspection sur les revenus des troupes, sur les officiers, sur les soldats & les recrues, qui n'ont point encore de passeports, sur les femmes des uns & des autres. Le *college supérieur de médecine*, a pour chef un ministre d'état & de la guerre, des médecins habiles, des chirurgiens expérimentés en sont les membres ; il veille sur les colleges de médecine établis dans les états du roi & juge de la capacité de ceux qui aspirent à ce corps.

Les réfugiés Français ont aussi leur justice particuliere, & un conseil divisé en directoire & en consistoire.

Dix Conseillers de la *chambre des contributions*, sont les inspecteurs de la Police des villes, des conseillers provinciaux font le même office dans les villages.

Les fiefs sont obligés à fournir des chevaux pour la cavalerie : l'habitant des villes paye les accises & point de contributions ; le paysan paye les contributions & point d'accises. Il y a aussi des taxes extraordinaires, tels sont les *frais des convois militaire*, le *droit de ménage*, &c. ce dernier est un impôt sur les brasseries & boulangeries, au profit des magasins du prince. Comme le pays est divisé en cercles, chacun a des receveurs qui rendent compte avec fidélité. nous n'entrons pas dans le détail des différentes impositions. Pour en avoir une idée nette, il faudroit s'étendre plus que Büsching, & il peut paroître déjà trop long, à qui ne cherche que de la géographie dans son livre.

Le mois Romain de l'électeur est de 1828 florins, sa taxe est de 811 rixd. 58 kr. Il a cinq voix dans le college des Princes.

La Marche de Brandebourg se divise en *Marche électorale*, & en nouvelle Marche. La premiere se divise encore en *vielle Marche*, en *moyenne Marche*, en Marche *Uckerane* & la *Prignitz*.

## MARCHE ÉLECTORALE.

### I. VIEILLE MARCHE.

ELLE a quinze lieues du levant au couchant, & dix-huit du midi au nord. Elle fit partie de la Saxe, & fut connue ensuite sous le nom de *pays au delà de l'Elbe*, puis sous le nom de vieille Marche. Otton, duc de Brunswic, lui donna ce nom dans le quatorzieme siecle, pour la distinguer de celle qui appartenait à la Baviere. Une partie du sol y est sablonneux & pierreux : beaucoup de marais y ont été desséchés & changés en prairies. On y cultive beaucoup la pomme de terre, les navets ; l'*After atticus* y est commun & sert à la teinture ; on y remarque des vestiges de mines, mais on n'en exploite aucune. Diverses rivieres y prennent leur source, ou la traversent. L'*Aland* s'y joint à la *Biese*, qui reçoit ensuite l'*Ucht*, le petit *Aland*, la *Balsamfluss*, & se joint à l'Elbe. La *Bien* est navigable depuis Séehausen. Les deux *Béeke*, la *Beverlacke*, la *Dühme*, la *Jetze*, l'*Ohre*, la *Tanger*, la *Zehre*, se joignent presque toutes à l'Elbe. La *Jetze* ou *Fretza*, porte de grands bateaux depuis Salzwedel.

La vieille Marche renferme sept villes immédiates, six bourgs, dont quatre ont droit de villes, six bailliages, cent vingt-six vieux villages, sept nouveaux, trois cents quatre-vingt-sept villages nobles, ou faisant partie de différens fiefs. On y seme 280021 boisseaux de blés, ou autres grains. Voyons ce que chacun de ses cercles renferme de plus important.

*Cercle de Stendal.*

*Stendal*, ville immédiate, capitale de la nouvelle Marche, & le siege de ses premiers tribunaux. L'Ucht l'arrose, elle est dans une petite plaine entourée de montagnes. Elle est plus grande & plus peuplée aujourd'hui qu'elle ne l'a jamais été; elle renferme quatre paroisses: sa cathedrale fût fondée en 1188, & avait alors un chapitre qui ne relevait que du S. Siège; il fut anéanti en 1551, & ses revenus assignés à l'Université de Francfort sur l'Oder. Le couvent des Récolets devint une école publique, & deux couvent de filles changerent de nom, de regle, & de religion. On y a compté jusqu'à huit cents drapiers; la guerre, la peste, la famine avaient détruit cette florissante manufacture, mais les réfugiés Français y en ont établis de toute espece. C'est en 1131, qu'elle devint ville; elle a un petit territoire.

*Osterbourg*, petite ville immédiate sur l'Ucht qui s'y jette dans la Biese. D'un côté est un sol sec & sablonneux; de l'autre sont de belles prairies: les habitans s'exercent à fertiliser le premier, & nourrissent beaucoup de bestiaux, avec les autres. Il y eût autrefois des comtes d'Osterbourg, dont le domaine était assez considérable; un des villages qui le composait est demeuré à la ville.

Le bailliage de *Borgstall* renferme huit villages; celui qui lui donna son nom est parroissial, a un château, & est ancien; parmi ces huit, il en est deux nouveaux. Ce cercle renferme encore soixante-quatre villages nobles.

*Cercle de Salzwedel.*

*Salzwedel*, *Solisquella*, *Héliopolis*, ville immédiate sur la Jetze, dans un fond marécageux. Sa situation, une saline qu'on prétend, sans preuve, y avoir été, le Soleil qu'on y adora, ont donné trois différentes étimologies de son nom. Elle est partagée en deux villes, la vieille & la nouvelle, qui chacune ont leur enceinte; leurs portes, leurs églises: mais un même magistrat les gouverne. La Jetze les sépare.

Elle eût deux couvens, dont les églises subsistent encore. On y brasse la bierre; on y fabrique des draps, des serges, des ratines, des bas, beaucoup de toiles & d'étoffes de différens goûts & couleurs. Elle a un college & un fauxbourg : des marggraves y demeurerent. Elle eut le droit de battre monnoie : à quelque distance, sur les frontieres du duché de Lunebourg, est une fontaine dont l'eau est imprégnée de nitre & de salpètre; c'est probablement ce qui a fait croire qu'il y avait une saline.

*Gardelegen*, ville immédiate sur l'Aland, qui y porte encore le nom de Milde. On y compte quatre églises & quatre hôpitaux; elle a une école latine & une manufacture de draps. On y brasse de la bierre estimée; on cultive le houblon dans ses campagnes : la forêt qui porte son nom est considérable & peuplée de bêtes fauves.

Le bailliage de *Salzwedel* renferme dix-sept villages. L'un deux est celui de *Perwer* qui semble être un fauxbourg de Salzvedel; près de lui est l'ancien couvent du S. Esprit, & l'hôpital de S. George, où douze pauvres femmes sont nourries.

Le bailliage de *Diesdorf* comprend quarante-un villages. Celui de ce nom le doit à un ancien couvent d'Augustines qui subsiste encore, & qui est habité par douze femmes Protestantes, dont six sont nobles. Le village a trois foires : celui de *Dœhre* avait une Prévôté dont le possesseur était membre des états.

Ce cercle renferme encore cent vingt-un villages nobles, & le bourg de *Betzendorg*; il a un château, quarante familles & quelques maisons franches. Près de lui, dans un marais, sont les ruines du château de *Schoufenbourg*, famille illustre, divisée en trois branches. Les Prévôtés de *Steimbke* & *Rohrberg* font partie de ces villages nobles : la premiere est située

dans

## CERCLE DE HAUTE-SAXE.

dans la forêt marécageuse de *Drœmling*, cette forêt a quatorze lieues de long; elle est profonde, épaisse, environnée de prairies. Dans la jurisdiction d'*Erxleben* étaient deux étangs qui sont devenus, ou des prairies, ou des champs fertiles. *Dambeck* prend son nom d'un couvent de benedictines; c'est le chef lieu d'un bailliage qui rapporte annuellement 600 rixdales, & renferme huit villages.

*Cercle d'Arendsée & de Séehausen.*

*Seehausen*, ville immediate sur l'Aland, qui l'environne, & en fait comme une isle, au milieu d'un lac. La culture des champs, le soin du bétail partagent les jours de ses habitans. Son cercle a cinquante-cinq villages nobles.

*Arendsée*, bourg qui a droit de ville, divisé en vieux & en neuf, ce dernier a son magistrat particulier. Il y avait un couvent de benedictines qu'occupent aujourd'hui six demoiselles Lutheriennes, nobles ainsi que leur abbesse. Arendsée fait quelque commerce avec Lunebourg & Hambourg. Il est situé sur un lac d'une lieue & demi de tour, de vingt à trente toises de profondeur, qu'on dit avoir été formé par un enfoncement de terre: l'on ne voit ni ruisseaux, ni rivieres en sortir, ou y entrer. Il se gèle difficilement & on y pêche des brochets. Le bailliage d'Arendsée s'étend sur dix-neuf villages, & son cercle renferme trois bourgs seigneuriaux: les environs sont fertiles, & soixante-deux villages nobles y sont renfermés.

*Kalbé*, un de ces bourgs, est sur la Milde qui l'entoure & en fait une espece d'isle marécageuse: on lui donne aussi le titre de ville; il n'a que quatre-vingt huit familles ou feux; il eut un Couvent, un château, & sa seigneurie renferme vingt-trois à vingt-quatre villages.

Tome III.                                H

*Bismarh*, bourg qui a droit de ville & n'a que soixante & dix-neuf feux, son château est détruit.

*Apenbourg*, bourg qui existait dans le 12ᵐᵉ siecle: il a quatre vingt feux, une maison seigneuriale, un château antique, & une maison de justice.

*Cercle de Tangermünde & d'Arenbourg.*

*Tangermünde*, ville immédiate sur la Tanger, qui près de là se jette dans l'Elbe. Elle a deux fauxbourgs & un château entouré d'un fossé profond. Tous les bateaux y payent le droit de passage. Charles IV. qui aimait cette ville qui y résidait souvent, voulait en faire une ville commerçante; elle aurait facilité le transport des marchandises de Bohême dans la basse Saxe & de là dans la mer du Nord : s'il eut exécuté son projet, Tangermünde serait aujourd'hui une ville riche : ses habitans ne sont que cultivateurs & brasseurs de bierre : peut-être n'en est elle pas moins heureuse. Cet Empereur changea la chapelle du château en Eglise collégiale, dont les revenus sont maintenant appliqués à la cathédrale de Berlin.

*Werben*, est une petite ville immédiate près du lieu où l'Elbe reçoit la Havel. Elle est ancienne & a une commanderie de l'ordre de St. Jean : l'agriculture & le bétail font la principale richesse de ses habitans. L'Elbe sépare une partie de son territoire de la vieille Marche.

Le bailliage de Tangermünde renferme vingt-six villages. Parmi eux est *Buch* sur l'Elbe, qui fut autrefois une ville.

Le Bailliage de *Neuendorf* renferme dix-huit anciens villages & quatre nouveaux. Celui de *Neuendorf* eut un couvent de filles de Cîteaux, qui aujourd'hui encore est habité par six demoiselles nobles & luthériennes, gouvernées par une abbesse. Celui de *Lezlingen* n'était autre-fois qu'une maison de chasse il est beau & grand & a dans son voisinage une grande forêt.

Ce cercle renferme encore dix-huit villages nobles, ou seigneuriaux, & le bourg d'*Arnebourg*. Il a droit de ville, est situé sur l'Elbe, est fort ancien. Son château servait de rempart contre les attaques des Vénèdes, sa situation agréable y fixa plusieurs Empereurs Saxons, & plusieurs Marggraves. Il avait un couvent de bénédictins en 1006. La navigation, l'agriculture, le commerce des blés fait l'occupation des habitans & les fait jouir d'une sorte d'aisance.

## II. Marche de Pregnitz.

Elle confine à l'Elbe & à la Havel, au duché de Mecklenbourg, & à la moyenne Marche. Les Lions & les Vilses l'habitèrent: elle le fut ensuite par les Rhédaires, les Hevelles & les Brizanes: c'est des derniers qu'on tire l'étimologie de son nom. Quand le débordement de l'Elbe arrive au printems, il la fertilise; plus tard il la dévaste. On y cultive beaucoup de navets, & on y voit trois grandes forêts. Elle est arrosée par la *Dosse* qui reçoit la *Glinze*, la *Flœth*, l'*Eau noire* & le *Rhin*; & va se jetter dans la Havel: elle est navigable à Dossow, mais les détours qu'elle forme le long de la forêt de Wittstok, la font cesser de l'être; on desire qu'on en rende le lit plus profond pour lever cet obstacle. La *Lucknitz* nait dans le Mecklenbourg; prend dans la Pregnitz le nom de *Farth*, & va s'unir à l'*Elde* qui vient du même pays; sort du lac de Plauer; forme le canal de la *nouvelle Elde*, & se jette dans l'Elbe: on s'en sert pour flotter le bois. La *Stepenitz* se jette aussi dans l'Elbe; elle est navigable dans une partie de son cours. Elle reçoit la *Damnitz*, la *Hummeritz* & plusieurs ruisseaux. Cette Marche renferme quelques lacs, six villes immediates, cinq mediates, deux bourgs, cinquante anciens villages, dix-neuf nouveaux, deux-cent seize nobles ou dépendans de fiefs. Quand toute la noblesse de la Marche est obligée d'acquitter 2000 écus, celle de la vieille Marche paye 439 écus, neuf gros, trois deniers, & la Prignitz 188 écus, 7 gros 5 d. Elle se divise en sept cercles.

*Cercle de Perleberg.*

*Perlberg*, est une ville immédiate de 369 maisons. Les Tribunaux de la Province y siègent : la Stepenitz l'arrose & s'y divise en trois bras dont deux traversent la ville. Elle a été soumise au Mecklenbourg ; l'agriculture, quelque metiers, une fabrique de draps occupent ses habitans. Elle est assez bien bâtie.

Le bailliage d'*Eldenbourg* renferme trois nouveaux villages & dix-huit anciens.

*Wittenberge*, est une ville médiate qui peut renfermer cent familles, elle est située sur la vieille Elbe qui près de-là reçoit la *Stepenitz* : on y fait un bon commerce en bois.

Le cercle renferme encore cinquante-neuf villages.

*Cercle de Pritzwalk.*

*Pritzwalk*, est une ville immédiate sur la Damnitz qui prend sa source à une lieue de-là. L'agriculture & quelques métiers nourrissent ses habitans.

*Heligen Grab*, est un couvent où habitent une abbesse & trente filles nobles. Il le fut d'abord par douze religieuses de l'ordre de Citeaux ; Frederic II le changea en abbaye, & permit aux dames de porter une croix d'ordre : elle possede dix-neuf villages, & on dit que sa fondation fut l'effet d'un miracle.

*Marienflies* ou *Stepenitz* est un village & un couvent de six dames nobles.

*Freyenstein*, est un bourg de cent-quinze feux : il il est arrosé par la Stepenitz ; son territoire est fertile en navets.

*Meyenbourg*, est une petite ville médiate près de la source de la Dosse & de la Stepenitz. On y compte cent bourgeois.

*Putlitz*, est une petite ville médiate sur la Stepenitz : on croit que près de là était *Lonchini* où Henri l'Oiseleur battit les Vandales, ce cercle renferme encore trente-sept villages.

Cercle de Kyritz.

*Kyritz*, est une ville immédiate sur la Jagelitz : ses habitans s'occupent à cultiver leurs fertiles champs, à veiller sur leurs troupeaux de bétail, à brasser de la bierre. Son magistrat possède quatre petits lacs qui sont dans ses environs & qui tous se communiquent. On compte vingt-quatre villages dans ce cercle : il y a encore un lac près de celui de *Borke*.

Cercle de Havelberg.

*Havelberg*, est une ville immédiate sur la Havel qui l'entoure : on y aborde par trois ponts levis. Le plus grand conduit à la cathédrale & à des collines qui sont au de là de la ville, & sur lesquelles sont répandues trois cent maisons qui en sont comme un faux-bourg. Son évêché fondé en 946 par Otton I, n'est plus : le dernier évêque fut Joachim Frederic qui devint électeur ! Son chapitre existe encore : il possède cinq métairies & neuf villages. Les chanoines portent une croix d'or émaillée de pourpre, terminée en huit pointes, qui porte d'un côté l'aigle Prussien avec les lettres initiales F. R. & de l'autre la vierge, patrone du chapitre, tenant l'enfant Jesus dans ses bras. Dans Havelberg, on diftille l'eau de vie, on tricote des bas, on pêche ; ce font là les objets de fon commerce. On y conftruit des bateaux pour naviger fur l'Elbe, fa cathédrale eft un bel édifice. Non loin d'elle eft le *Havelort*, prairie vafte & feconde qui appartient à la ville de Wenden. Ce cercle renferme vingt villages.

*Cercle de Lenzen.*

*Lenzen*, eft une ville immédiate, fituée près de deux lacs & de l'Elbe, féparée en vieille & neuve ville par un foffé plein d'eau, mais réunies par le même mur. Près d'elle eft un bac pour paffer l'Elbe, on y paye un péage : fon cercle renferme trente-huit villages. La *Lenzwifche* eft un canton très fertile qui y eft renfermé, le long de l'Elbe & de l'Elde, & où l'on élève beaucoup de bétail, mais il eft fujet aux inondations. Les maifons y font bâties dans une efpéce d'alignement, & chacune d'elles à derriere un champ, terminé par un pré bordé par l'Elbe. Cette file de maifons eft divifée en quatre villages.

*Cercle de Wittftock.*

*Wittftock*, eft une ville immédiate, dans un marécage qui traverfé la Doffe qui paffe près de la ville. Elle appartenait à l'Evêque de Havelberg dont le château n'eft plus qu'un amas de ruines : fes campagnes font fertiles, fes habitans aifés. Il y a quelques fabriques.

Ce cercle renferme quarante & neuf villages, & les trois bailliages de *Wittftock*, de *Golobeck*, & de *Zechlin*. Dans l'enceinte du fecond font plufieurs lacs navigables. On voit dans celle du troifieme le lac de *Daudau*, & le bourg de *Zechlin*, qui a près de lui une verrerie, & une manufacture de criftal.

*Cercle de Plattenbourg.*

*Wilfnack*, eft une petite ville médiate fur le ruiffeau de Carthan. C'était un village en 1383, lorsque le feu ayant confumé l'églife, épargna-dit-on, trois hofties fur lefquelles on voyait une goute de fang. On venait les vénérer en pélérinage des pays les plus éloignés : on y bâtit des maifons, & Wilfnack devint ville. Peut-être qu'aujourd'hui, les villes pour s'élever, devraient avoir d'autres moyens. Joachim Ellefeld luthérien détruifit ce culte, en prouvant que le feu ne refpectait plus ces bofties : elles furent brulées en 1552. Il y avait autrefois une grande foire pour les étrangers.

Ce cercle renferme dix villages, & doit fon nom au château de Plattenbourg.

### III. MOYENNE MARCHE.

Elle touche à la Prignitz & au duché de Magdebourg, à la Saxe, la Luface, & la nouvelle Marche : elle s'étend fur un efpace de quarante lieues de long. Différens peuples l'habiterent. Les Sueves Semnons font les premiers que l'on connaiffe : les Vendes & les Vilfes leur fuccéderent, qui furent fuivis des Lutices, des Rhedaires & des Hevelles. Dans le onzieme fiècle on y voit paraître les Stoderans, les Wilins & les Leubuzes. Elle prit le nom de *Marche de Brandebourg* fous Albert l'Ours ; eft fut connu après lui fous le nom de *nouvelle Marche*. Depuis le quinzieme fiècle elle eft defignée comme de nos jours: c'eft d'elle que derive le titre de Marggrave de Brandebourg.

Beaucoup de marais y font aujourd'hui convertis en champs, c'eft près des rives de l'Oder que le fol eft le plus fertile : on cultive la vigne dans cette province, & de petits navets recherchés, du farrafin, du millet de la garance : on y éleve le ver à foie. Divers cantons sont encore parsemés de bruyeres & de forêts. Il y a des terres dont on peut faire des couleurs : il en est dont en extrait l'alun & le vitriol : on y trouve du gyps, de la pierre de fer & des eaux minerales. La *Sprée* y reçoit la *Malx*, la *Lecknitz*, l'*Alt-Landsberg*, la *Gielsdorf*, la *Wegendorf*, la *Panko*, la *Dahme*, riviere navigable qui perd son nom après avoir traversé deux lacs: elle prend alors celui d'*Altend-Fliess*. La *Sprée* y reçoit encore divers courans d'eau : il en est de même de la *Havel* dans laquelle se jette la *Monte* ou *Menz* qui est navigable en partie, ainsi que la *Telte*, la *Nuthe*, la *Plane*, la *Temnitz*, la *Buchau*. La *Wieblitz* est un bras de la Havel qui s'y rejoint après avoir paru vouloir s'en séparer pour long-tems. Près de là est le lac de Glindow. L'*Oder* y reçoit la *Friedlandische Stom*, la *Stobberow* la *Finow*, la *vieille Fluth* & la *Welse* qui prend sa source dans le lac de Grimnitz. Il forme aussi deux bras qui s'éloignent de lui & s'y réunissent ensuite. Cette province a plusieurs lacs; il en est de navigables; presque tous se communiquent, ou par des rivieres, ou par des fossés. On y compte vingt-quatre villes immédiates, vingt-deux médiates, huit bourgs dont un a droit de ville, vingt-quatre nouveaux villages, vingt-neuf habités par des colons, trois cens trente-six qui existent depuis long-tems & dépendent de trente-sept bailliages royaux, quatre cens quarante anciens villages nobles, & sept nouveaux. La noblesse y est nombreuse. Lorsque toute la Marche paye 2000 écus, la moyenne Marche fournit 627 écus 16 gros, 7 den. Elle est divisée en sept cercles.

*Cercle de Havelland, de Glin & de Lœvenberg.*

*Brandebourg*, est une ville immédiate, qui donna son nom à toute la Marche & qui devrait être la première de ses villes. Elle est sur la Havel qui sépare la vieille ville de la neuve, & celle-ci du château. On a prétendu que Brennus la fonda & lui donna son nom. Les Venedes l'appellaient *Branibor*, (château forêtier,) c'est une étymologie plus raisonnable de son nom. Henri la prit sur les Venedes en 926. On ignore son origine. Ses anciens possesseurs y honoraient le Dieu *Triglaf* sur une montagne voisine où l'on encensa depuis la vierge qui lui donna son nom. Aujourd'hui on ne cultive que des vignes sur cette montagne de Marienberg. Otton fonda un évêché à Brandebourg, mais les Venedes la reprirent sous son fils, & leur roi en fit un don à Albert l'Ours. La vieille ville contient quatre cens maisons, la neuve huit cens ; on n'y compte que six mille habitans : les mêmes magistrats la gouvernent. On y voit six églises, sept hôpitaux, & deux collèges. Elle a des manufactures de toiles, de futaines & de canevas qu'y ont établies les français : la Havel y fait fleurir le commerce. Son territoire renferme six villages & lui donne un revenu annuel de 20000 rixd. Le château semble en être le faux bourg. Dans son enceinte est l'église cathédrale, diverses maisons, un manège. Le grand chapitre de l'évêché subsiste encore, une croix d'or émaillée de violet & à huit pointes, distingue les chanoines ; ils possedent quatorze villages. non loin de la ville est le lac de *Fercheſar*.

*Potzdam*, est une ville immédiate dans une isle de six lieues de tour, formée par la Havel & quelques lacs. Elle existait dans le huitième siècle : elle était chetive encore dans le quinzieme. L'Electeur Frederic Guillaume en fit la fortune en y bâtissant un château. Le second roi de Prusse en étendit l'enceinte, y desséha des marais, y fit un canal rempli des eaux de la Havel qui traverse la ville, & fit une isle de la partie qu'on nomme la vieille ville; car elle est divisée en trois, la vieille, la nouvelle, & *Frederichstatt*. Ce canal est bordé de pierres de taille surmontées de balustrades de fer; l'une & l'autre rive sont couvertes d'arbres. Sept ponts de pierres joignent les diverses parties de la ville: les quais sont ornés de maisons élégantes. Le palais royal est dans la vieille ville C'est au midi qu'il frape la vue: on y voit vingt-huit colonnes d'ordre corinthien, entremêlés de groupes qui vont de la Havel au palais. Le jardin est de ce côté : il n'est pas grand, mais il est beau, bien situé, embelli par des figures de plomb doré, représentant Neptune, Amphitrite & des Tritons, le long de la nappe d'eau qui coule près du grand pont. Entre le palais & les écuries est une colonnade de trente-deux colonnes, entremêlées de groupes & de statues. D'un autre côté est une belle place ornée d'un obelisque haut de soixante-quinze pieds, fait de marbre de Silésie de différentes couleurs: la statue de l'Electeur Frederic Guillaume & celles des trois rois ses successeurs en forment les quatre angles. Le piedestal & les figures en relief sont de marbre d'Italie; l'église de St. Nicolas est très belle: on en remarque surtout le portail. On prétend que l'incrustation seule de la tour a couté 80000 rixd. Dans la vaste église où se rend la cour & la garnison, on remarque la tour par son élévation, par sa beauté & celle de sa sonnerie: le roi Frederic Guillaume est inhumé sous la chaire. Les catholiques ont aussi une église, mais un établissement qui mérite les regards de l'homme sensible, c'est la maison des orphelins pour les enfans des soldats morts en combattant. On y voit jusqu'à mille garçons & six cent filles; tous y sont instruits dans les ars & la religion. De grands revenus sont assignés à cette maison : la ville d'ailleurs est belle : là sont des allées de tilleuls bordées par de belles maisons : ici deux rues aboutissent à un bassin entouré d'arbres, au milieu duquel s'élève une maison de plaisance à la hollandaise : là est l'église des français calvinistes bâtie sur le modèle du Pantheon de Rome : ici encore sont un grand nombre de maisons que le roi fit élever dans toutes les regles de l'art : on y voit fleurir diverses fabriques, des manufactures de toute espèce, en soie, en coton, en fil ; on y fabrique des armes, & y fait du beau verre. Les environs en sont charmans : les châteaux de plaisance du roi les embellissent encore. Les gardes du corps à pied & à cheval, quelques autres bataillons forment sa garnison.

*Sans-Souci*, est un château royal, bâti par Frederic II sur une montagne aride & déserte, peu éloignée de Potzdam : de cette montagne la vue s'étend au loin sur la ville, sur un pays cultivé, varié dans ses aspects, orné par la nature & par l'art : c'est ce dernier qui a creusé sur la montagne un reservoir entouré de murs auquel on a donné l'apparence d'antiques ruines : elle est coupée encore en six terrasses soutenues par des murs que couvrent des vignes recouvertes elles mêmes de chassis de verre pour en hâter la maturité. Au sommet est le château ; il n'a qu'un étage, il n'est pas vaste, mais bâti avec art, avec la plus grande elegance, il est orné par des chefs d'œuvres de sculpture & de peinture : au centre est un sallon ovale, incrusté de marbre, surmonté d'un dôme qui l'éclaire & l'embellit. Au dessous des appartemens est la bibliothèque, dont les lambris sont de bois de cèdre : vis-à-vis est un côteau planté de vignes ; au bas est un jardin qui dans le milieu a un beau baſſin entouré de douze figures & de neuf coupes de marbre. A droite eſt encore un côteau, couvert d'une forêt de melèſes ; au centre de laquelle eſt un pavillon. A gauche le même objet frape les regards ; mais au bas de ce coteau-ci eſt la galerie des tableaux ; elle eſt encore élevée. S'il eſt agréable au dehors, ſes ornemens ſont plus beaux au dedans. On y admire une collection de cent ſoixante huit tableaux des meilleurs maitres de diverſes nations. On ſort du jardin & l'on entre dans un parc d'où l'on découvre le nouveau château, bâti après la paix de Hubertsbourg ſur les deſſeins du roi. Avant d'y arriver, on voit une maiſon à la japonnaiſe, & une magnifique colonnade circulaire. On parvient au canal qui environne ce nouveau château ; on paſſe ſur un pont de pierres, & on voit à ſa droite & à ſa gauche un temple : dans l'un d'eux ſont des antiques & une collection de pierres fines gravées. On arrive au château, modèle de goût, admirable par ſa beauté & même par ſa ſomptuoſité : au dehors, on n'y voit point de portes, au dedans point d'eſcaliers : les unes ſe confondent avec les croiſées, les autres ſont cachées à la vue. Il a trois étages : au milieu il eſt ceintré en forme de belvedere & ſurmonté d'un dôme. Des pilaſtres cannelés & d'ordre corinthien en ornent la face : ils ſont peints en jaune & repoſent ſur des dès : les murs ſont de couleur rougeâtre ſemblable à celle de la brique. Au devant de chaque pilaſtre eſt une ſtatue, il en eſt qui couronnent le toit & ſont entremêlées de groupes. Vers le jardin, il a deux aîles ſurmontées d'un dôme & d'une lanterne. Il ſerait difficile de le peindre ici, & nous ne l'entreprendrons pas : diſons encore que les appartemens ſont magnifiques, ornés de riches

## CERCLE DE HAUTE-SAXE. 125

tapisseries, & d'excellens tableaux : que vis-à-vis de l'entrée sont deux bâtimens, qui au bas, renferment des cuisines ; & dans le haut des appartemens pour la Cour ; qu'ils ont à leur entrée un perron avec des colonnes d'ordre corinthien ; que des statues en font le fronton ; que dans l'espace qui les sépare du château est une magnifique colonnade circulaire au milieu de laquelle est un portail : que les ailes de ces bâtimens, touchent presque chacun à une maison occupée par les gardes & les jardiniers &c.

*Behmisch-Neuendorf*, est regardée comme une partie de Potzdam. Il en est séparé par la Havel ; est habité par une colonie de Bohêmiens, les uns calvinistes, & les autres luthériens.

*Spandow*, est une ville médiocre dans sa grandeur, fort peuplée, sur la Havel, & près de la Sprée. Elle a deux églises, un bel arsenal dans des souterrains voutés, une prison d'Etat, une maison de correction, une autre maison où les filles qui ont abusé de la vie deviennent tristement fileuses. On y fabrique des armes : la navigation, le commerce, une agriculture florissante y rendent la vie aisée : ses marais, ses fortifications en rendent la conquête difficile.

*Nauen*, devint une ville sous les Marggraves d'Anhalt. Elle s'appellait autrefois *Fettpoit* : une famille noble qui la possedait lui donna son nom ; ses environs sont fertiles ; la culture, le soin des troupeaux sont les richesses de ses habitans, & ils y excellent. Un fossé qui la cotaie sépare le cercle de Havelland de celui de Glin.

*Rathenow*, est une ville divisée en vieille & neuve, sur la Havel, qui par un canal, sépare l'une de l'autre. Elle peut avoir six-cens feux : la vieille ville ne consista dabord qu'en quelques habitations de pêcheurs & en un château dont on voit encore les vestiges : ses matériaux servirent à bâtir la ville en 1295. Quelques années après, elle eut un territoire rempli de belles forêts : la nouvelle fut batie en 1730 : ses maisons sont belles ; elle communique à l'autre par un pont de pierre & une écluse. L'agriculture, le bétail, la pêche, la culture de la vigne, la bierre qu'on y brasse, le bois qu'on y vend, sont la ressource de ceux qui l'habitent. Elle a une manufacture de canevas & de mancheftre : près de la ville est un village de cent familles qui ne s'occupent qu'à filer : a peu de distance est un étang & un lac.

Les *bailliages* de Potsdam & de Spandow ont chacun douze villages. Le dernier renferme un étang où *Kietz* au milieu duquel est l'isle *Walentins-Werder* habitée par des colons.

Le *bailliage* de Nauen n'a que quatre villages : celui de *Kœnigshorst*, n'était autrefois qu'un terrein inculte, qu'une forêt épaisse de huit lieues de long sur près de trois de large, Frederic-Guillaume l'a changée en champs & en belles prairies : en la défrichant, on y trouva de l'ambre & des chênes entiers à quatorze pieds de profondeur. Cet espace nourrit beaucoup de bétail la plupart tiré de Hollande & soigné par des hollandais : on y voit un harras de chevaux étrangers.

Le bailliage de *Fahrland* a deux villages, & un lac. Fahrland était autrefois un bourg.

*Fehrbellin* est une petite ville sur le Rhin, appellée autrefois *Werbellin* & qui doit l'être aujourd'hui *Bellin*, *Fehr* annonce seulement qu'il y eut un bac pour traverser la riviere. Elle renferme cent-dix feux & son bailliage huit villages.

*Pritzerbe*, est une petite ville immédiate sur la Havel. Près d'elle est un lac qui a environ une lieue de long & cinq cens pas de large. *Ketzin*, est un bourg sur la Havel, entre Brandebourg & Potsdam. *Rhinow*, est une petite ville médiate, qui l'était déja en 1333. Elle n'avait que trente-six familles bourgeoises; mais elle s'est accrue & s'accroit encore : près d'elle est le *Mühlenbourg*, qui fut un château fortifié. Un fossé y fait communiquer le Rhin à la Dosse. Le petit pays auquel cette ville donne son nom, est entouré par la Havel, le Rhin, la Dosse, par des lacs & des marais : deux chemins seuls y conduisent : il a trois lieues de long, & deux de large. Il renferme trois villages paroissiaux. Celui de *Hohen-Nauen* a près de lui un lac poissonneux, long d'une lieue & demi, formé par le Rhin, & sur lequel on transporte des bois de construction & autres, des pierres, de la chaux &c.

*Frisack* est une petite ville médiate sur le Rhin. Elle donne son nom à un petit pays qui renferme neuf villages & un lac. *Plauer* est un bourg qui a droit de ville, situé au bord d'un lac que la Havel traverse, & où commence le canal de ce nom. Il est ancien, a un château & près de lui une manufacture de porcelaine.

On trouve encore dans ce cercle plus de quarante bailliages seigneuriaux ; mais qui ne renferment que des villages, on y voit quelques lacs navigables quand les eaux y sont hautes.

Le cercle de *Glin* & de *Lœvenberg* renferment trois Bailliages royaux & douze seigneuriaux. Dans les premiers on remarque vingt-trois villages parmi lesquels sont, *Boelzow*, grand village paroissial, qui donne son nom à un bailliage qui s'étend encore sur sept villages. *Cremmen*, est une petite ville de trois-cent feux, ancienne, voisine d'un lac & de divers petits canaux. L'un de ces villages, *Annenwalde*, fut fondé en 1753, & n'est habité que par des Meklenbourgeois qui travaillent à la verrerie.

Dans les seconds, on ne trouve que des villages, & quatre lacs.

*Cercle de Ruppin.*

Ce cercle a la même étendue que l'ancien Comté de Ruppin : les Vilfes l'habiterent. Ses possesseurs étaient aussi comtes de Lindau : le dernier mourut dans la misere en 1524. Ce pays est peuplé & bien cultivé. *Nouveau Ruppin*, est une ville immédiate de sept-cent-cinquante maisons, qui est la plus grande, la plus peuplée du cercle : son origine remonte à 1494. Elle est au bord d'un lac assez grand qui communique à celui de Polzge. Elle a deux Eglises lutheriennes & une pour les Calvinistes. On y commerce en draps, en toiles qu'on y fabrique, & on y brasse la bierre : ces objets de commerce la font prospérer.

*Wusterhausen sur la Dosse*, la seconde ville du comté, est cependant d'une médiocre étendue. Les prairies qui nourrissent beaucoup de bétail, sont la richesse des habitans. Elle eut un château fortifié; près d'elle est un lac.

*Gransée* est une petite ville immédiate, ancienne, & dont les habitans vivent dans l'aisance : les vivres n'y sont pas chers.

*Vieux Ruppin*, est une petite ville sans murs, au bord d'un lac. Elle a un château. Son bailliage royal renferme la petite ville de Lindau, où les Luthériens & les Calvinistes ont chacun une Eglise, où est un couvent, jadis à des religieuses de l'ordre des prémontrés, occupé aujourd'hui par sept demoiselles. Il y a beaucoup de Suisses parmi ses habitans.

habitans. Il renferme encore vingt-quatre anciens villages, treize nouveaux, une verrerie, & le lac de Steinberg où l'on peut floter du bois, mais non naviger.

*Neustadt sur la Dosse*, est une petite ville qui a deux Églises, dont l'une est aux luthériens, l'autre aux Calvinistes. Il y eut d'abord une verrerie qui est devenue une manufacture de glaces, d'abord soufflées, aujourd'hui coulées, & l'on y a si bien réussi qu'on y en fabrique de plus de cent pouces de hauteur : ce qui augmente le prix de ces glaces, c'est que la fusion des cadres se fait en même tems, soit en couleur bleue, soit en couleur de rubis. Dans les environs de la ville, on trouve de la bonne mine de fer. Son bailliage comprend huit villages ; dans celui de *Hohe-Ofen* on fabrique des bombes & des boulets, & on sépare l'argent du cuivre.

*Rhinsberg* est une petite ville près de la source du Rhin : elle a un château: deux lacs sont près d'elle, traversés par le Rhin qui l'arrose : l'un d'eux porte son nom. Elle a un bailliage. Les refugiés français l'ont peuplée. Ce cercle renferme encore plusieurs villages seigneuriaux, & plusieurs lacs: celui de *Rohff* y donne naissance à la Mente.

Cercle de Haut-Barnim.

Il confine à l'Oder, à la Sprée, à la Marche Uckerane, au cercle de Lebus, à celui de Bas-Barnim.

*Brietzen* ou *Wrietzen*. Un Bouleau donna son nom à cette ville, car dans la langue des Slaves, cet arbre s'appelle *Briza*. Elle est près de l'Oder, sur un lac formé des écoulemens du fleuve, dont les eaux se filtrant au travers de ses bords, forment la petite riviere de *Schnell-Küthe* qui vient s'y précipiter. Cette ville est assez jolie, & a deux Eglises. Elle est immédiate.

*Straussberg*, est une ville immédiate sur le lac de *Strauss*, qui lui donna son nom, & près duquel sont deux autres lacs qui se degorgent dans la Sprée. Il y eut un couvent de Dominicains. Elle n'est gueres habitée que par des tisserans.

*Neustadts-Eberswalde*, est une ville immédiate, sur la riviere & le canal de Finow. C'est là qu'est sa principale écluse, toute construite en pierres de taille. La ville est divisée en deux parties, l'une située au pié d'une montagne, l'autre sur le bord de la riviere: elle a deux Eglises pour les deux cultes & deux hôpitaux. Près d'elle est l'isle *Kichn-Werder* habitée par cent familles occupées à faire des couteaux, des ciseaux, des mouchettes, &c. dont elles fournissent toute la province. Non loin d'elle encore, est une *ferblanterie*, un martinet pour le cuivre, un pour le fer & le fil d'archal, une grande usuine de cuivre jaune. Eberswalde devint ville en 1259.

*Oderberg*, est une petite ville sur l'Oder qui forme une isle & un gué vis-à-vis d'elle. Au dessus est le lac d'Oderberg: cette ville est immédiate & renferme deux Eglises.

*Freyenwalde*, est une petite ville sur le bord de l'Oder. Des sources d'eaux minerales devenues célèbres depuis 1684 sont dans un joli vallon voisin: on y a bâti, planté des arbres, pratiqué des allées: près de la ville encore, on prépare assez d'alun pour fournir à la consommation de tous les états du roi. C'est là qu'on trouve le fin sable blanc qui sert à la manufacture de glaces de Neustadts. Son bailliage renferme deux villages. Celui de *Brietzen* s'étend sur dix-huit villages placés le long de l'Oder & entre les bras qu'il forme : il y en a quatorze habités par des colons.

Le *Bailliage* de *Rüderdor* renferme dix villages. *Kagel* est un lieu environné de petits lacs.

*Biesenthal*, est une petite ville près de la Finow, & des deux lacs de *Wacker*, siège d'un bailliage qui comprend quatorze villages, & le bourg de *Werneuchen*, arrosé par un ruisseau.

On compte encore dans ce cercle cinquante-neuf villages nobles, la plupart voisins de lacs & de Canaux : quelques uns en sont environnés.

*Cercle de Bas-Barnim.*

Il touche ceux de haut-Barnim, de Teltow, du Havelland, & la marche Uckerane.

*Berlin*, *Berolinum*, est la ville capitale des états du roi de Prusse, située sur les rives de la Sprée qui s'y divise en trois bras. Au midi, elle est ceinte d'un mur de dix-huit-cent verges du Rhin de long, & percé par cinq portes. Au nord, elle n'est que palissadée. Elle a quinze portes dans toute son enceinte. Plus peuplée & plus grande que Vienne, plus belle que Paris par ses rues droites, larges, longues & le grand nombre de ses édifices, elle est composée de cinq villes, qui n'ont qu'un même Magistrat. On est frappé d'étonnement lorsqu'entrant par la porte de Halle on découvre une rue reguliere, longue de près de deux-mille pas, bordée de grandes & belles maisons. Cette ville s'est accrue avec rapidité. En 1645, elle n'avait (\*) que douze-cent-trente-six maisons : en 1747, elle en avait cinq-mille-cinq-cent-treize & aujourd'hui elle

___

(\*) Berlin en avait huit-cent-trente-cinq, Cologne quatre-cent-un. En 1757, Berlin en avait mille-cinq-cent-neuf & Cologne six-cent-quatre-vingt-quatre.

en en a six-mille quatre-cent-trente-sept ; le roi actuel a fait abbatre à ses frais toutes les maisons d'un étage dans la rue royale & dans celle des tilleuls, & les a fait construire plus hautes, plus belles, au profit des possesseurs. On y comptait en 1774, cent-quatre-mille huit-cent soixante & quatorze habitans : cinq-mille-trois-cent-quatre-vingt-un étaient français, onze-cent-soixante-deux Bohemiens, trois-mille neuf-cens cinquante-huit Juifs. La garnison & tout ce qu'elle amène avec elle, monte à vingt-neuf mille cinq cens quarante ames, qu'il faut ajouter encore à ses habitans. Le droit d'accise y rapporte plus de 500,000 rixd. On y compte vingt-cinq églises, deux maisons d'invalides, une académie des sciences, une de peinture, de sculpture & d'architecture, un collège de médecine & de chirurgie, un academie militaire & un corps de cadets, quatre collèges, quatre gymnases, plusieurs écoles, plusieurs bibliothèques publiques ou particulieres, & un grand nombre de savans & d'artistes, des cabinets d'antiques & de medailles, de curiosités naturelles ou artificielles, plusieurs manufactures & fabriques, une banque royale &c. Jettons un coup d'œil plus détaillé sur les cinq villes qui la composent.

*Berlin proprement dit*, fut bâtie dans le douzieme siècle par des colons des Pays Bas & du Rhin, qui s'y transporterent sous le regne d'Albert l'Ours. *Bär* & anciennement *Berlin* signifient une chaussée ou une digue : ces peuples en construisirent une pour retenir les eaux de la Sprée, & elle donna son nom à la ville. D'autres ont dit qu'elle avait pris son nom de son fondateur, car *Bär* signifie Ours. Elle devint la résidence des Marggraves qui lui donnerent des privilèges, & le droit de battre monnaie. Elle se gouvernait presque en république, mais les divisions qui y regnaient la soumirent à l'Electeur Frederic I. Elle a trente-neuf rues. C'est là qu'est l'académie militaire, le gymnase calviniste de Joachim qui a un seminaire Théologique, le gouvernement, la maison de ville, la maison où les Etats de la Marche s'assemblent. Elle est la demeure des Juifs : ils y ont leur synagogue. Elle renferme le *Marché neuf* : c'est le plus étendu, le plus régulier, non le plus beau des cinq villes réunies. On y voit encore l'édifice où demeure le corps royal des cadets, un corps de casernes, & un grand magasin de vivres : l'ancien château de l'Electeur nommé *Lagerhaus* est aujourd'hui un magazin de laines crues qui se distribuent aux pauvres manufacturiers, qui y rapportent les étoffes qu'ils en font : ils reçoivent le prix de leur travail, & les étoffes y sont teintes & vendues aux marchands. Le produit est un des revenus de la maison des orphelins de Potsdam. *Sigismond Streit*, riche négotiant de Berlin, fit des fondations considérables en faveur du collège de sa patrie, il lui donna sa bibliothèque & une collection de belles peintures qui représentent Venise dans ses diverses positions. Le grand & bel hôpital de *Frederichs* a une église & deux prédicateurs dont l'un est calviniste : il renferme huit cens enfans qu'on y instruit. Berlin a plusieurs églises : la principale des calvinistes a une tour où l'on compte trente-sept cloches.

Ses faux-bourgs sont divisés en trois quartiers. Le quartier royal, ou *Kœnigsstadt*, a dix-huit rues : on y voit l'église de St. George, un hôpital, une affinerie de sucre, une nouvelle maison de travail, un magasin à grains, deux casernes, une nouvelle monnaie, & le palais des comtes de Wedel. Le quartier de *Spandau*, ou *Sophienstadt*, est percé de vingt-quatre rues. On y voit deux églises, le jardin superbe des comtes de Reuss, & le beau jardin de *Monbijou*. Plus loin sont trois rangées de maisons avec des jardins qu'on nomme *Vogtland*.

Près de la porte d'Oranienbourg est la maison de charité pour les malades, & les infirmes, où est une école destinée aux sages-femmes, & qui a deux Prédicateurs, un pour chaque culte. Vis-à-vis, au bord de la Sprée, est un moulin à poudre, & hors de la même porte est le grand & bel hôpital des Invalides, fondé en 1748 & sur le fronton duquel on lit cette inscription : *Læso & invicto militi :* on y loge, chauffe, habille six-cent soldats & treize officiers: les premiers y reçoivent une paye modique & sept livres de pain. Joints à leurs femmes, à leurs enfans, on y compte mille ames. Deux églises sont à ses extrémités. A demi lieue de là est une Papeterie sur la Panco, & une source d'eaux minérales. Le quartier de *Stralau* a treize rues : On y remarque deux beaux jardins : l'un est celui du fleuriste & botaniste *Krausa*, l'autre est au comte de Hacke : au dehors est encore une affinerie de sucre. Quatre ponts joignent Berlin à Cologne : le plus beau est le *grand Pont* : bâti en pierre de taille, il repose sur cinq arches & a cent-soixante pieds de long : au milieu est la magnifique Statue du grand Electeur.

Cologne, *Cœln*, sur la Sprée, fut bâtie en même tems que Berlin, & par les mêmes peuples. Elle était ceinte de murs qu'on a abbatus. La Sprée l'embrasse & en fait une Isle. On y compte vingt-cinq rues. On y remarque le château royal, élevé de trois étages, irregulier, parce qu'il fut bâti en différens tems. Si Frederic I n'eut été arrêté par la mort, nul palais de l'Europe peut-être n'eut pu lui être comparé par la grandeur & la magnificence. Il renferme un cabinet enrichi de médailles, d'antiques, de curiosités de la nature & de l'art, une bibliothéque & une pharmacie. L'Eglise cathédrale des Calvinistes, consacrée en 1750, serait un vaisseau superbe s'il était plus élevé. Là, est le caveau où sont déposés les corps des Electeurs & des Rois : au bord de la Sprée est une promenade, plantée de maroniers; elle sert de place de parade. On y voit encore une longue suite d'arcades sous lesquelles sont pratiquées des boutiques, & où s'assemblent les marchands tous les après midi. Des maisons de belle apparence bordent la grande rue, & le marché de Cologne. Les écuries royales, l'Eglise de St. Pierre, sont de beaux bâtimens. Le *Mülhendamm* est le pont le plus fréquenté de ceux qui joignent Cologne à Berlin. Des arcades sous lesquelles sont des boutiques, bordent ce passage, & derrière elles sont des moulins. Le *nouveau Cologne* est séparé de l'ancien par un bras de la Sprée : il y a deux rues qui suivent le bord de la riviere. Là, est une affinerie de sucre, un magazin à sel, un hôpital de Ste. Gertrude. La rue de *Wallstrasse* est remarquable par ses bâtimens. Plus loin est un faux-bourg, dans une plaine riante & fertile : il a peu de rues, beaucoup de jardins, & de champs. Le faux-bourg de *Kœpenick* renferme deux Eglises, & trois corps de Casernes, dont l'un est bâti sur la rive de la Sprée.

*Frederics-Werder*, est une isle que forme la Sprée : l'un des bras qui l'entourent la sépare de Cologne l'autre de *Fredericstadt* : c'était un terrain marecageux sur lequel le grand Electeur fit bâtir des maisons. On y compte dix-neuf rues. Le premier bras de la Sprée a été changé en canal pour en faciliter la navigation : il y a une écluse de pierres de taille. L'Eglise qu'on y voit est partagée de manière, que la moitié sert aux français, l'autre aux allemands. Là, est le Gymnase & la maison de justice des français, un collège commun pour les deux cultes, le collège supérieur des médecins, l'entrepôt des glaces de Neustadt, la vieille monnaie, la cour royale de la vénerie, où sont des appartemens pour le département d'architecture, & la banque royale : la cour de justice royale joint cet édifice. Là encore sont des palais remarquables, un arsenal vaste magnifique, très bien ordonné : derrière est la fonderie : à côté le laboratoire.

*La ville de Dorothée, ou Dorothéestadt* fut bâtie aussi par les soins du grand Electeur, & son épouse lui donna son nom. Elle est peu étendue, mais la situation en est gaie : elle a six rues toutes régulieres & ornées de belles maisons. Sur le pont qui joint cette ville à celle que nous venons de décrire on jouit de la plus belle vue qu'aucune ville puisse présenter. C'est dans cette partie qu'est le palais du prince royal, superbe au déhors, pompeux au dedans. Vis-à-vis est l'opera, bâti en 1743, avec cette inscription. *Fredericus Rex Apollini Musis.* Derriere est l'Eglise Catholique de Ste Hedvige, bâtie sur le dessein de la rotonde de Rome : on y peut faire des processions dans l'intérieur. Sous *les tilleuls* est une promenade de douze-cent pas qui sépare la ville de Dorothée de celle de Fredericstadt : au milieu sont les gens de pied, sur les côtés sont les voitures : elle est bordée par de belles maisons dont le roi fit augmenter le nombre à ses dépens. A l'entrée est le palais du Marggrave de Schwed, & les écuries royales, bâtiment magnifique qu'on a eu pris pour l'hôtel d'un miniftre d'état, au deffus duquel, fut autrefois l'academie de peinture, & qui a été reconftruit pour l'academie des fciences. Les membres qui la compofent font divifés en quatre claffes. La claffe aftronomique fe fait un revenu de douze-mille rixd. par les almanachs qu'elle compofe. Sa bibliothéque & fon cabinet de médaille méritent l'attention : derriere eft l'obfervatoire & le théatre d'anatomie. On voit dans cette allée divers palais : au de là eft le *quarré*, derriere lequel eft une Caferne, & fi l'on s'avance au delà de la porte, on découvre le magnifique parc du roi.

*Frederichftadt* eft la plus grande des cinq villes ; elle eft percée de vingt-trois rues toutes larges, tirées au cordeau, ornées de maifons grandes & belles. L'Electeur Frederic III la bâtit. C'eft dans la rue *Wilhelmftraffe*, une des plus longues, que font les plus belles maifons, & le plus de palais. La manufacture d'or & d'argent appartenant à la maifon des orphelins de Potfdam y eft fituée. Dans la place qui lui fert de marché eft la ftatue élevée au feld maréchal *Schwerin* par fon roi Frederic III. vis-à-vis eft le palais de l'ordre de St. Jean. La maifon des orphelins mâles fondées par Schindler eft dans cette rue ; on en admire l'adminiftration. C'eft dans la rue des tilleuls que font les bâtimens où fiègent divers Tribunaux, & où font les archives. Derrière eft le bufte de marbre élevé par le roi actuel au grand chancelier du royaume ; le Baron de Cocceji. La plus longue des rues de la ville eft celle de Leipfic. Là eft la fabrique de porcelaine, qui ne le céde guere à nulle autre par fa fineffe & fon deffein, & qui a des propriétés qui lui font particulieres. On y voit trois églifes dont les Luthériens & les catholiques fe fervent en commun ;

l'une est celle de Jerusalem. Près de la place *Dœnhof*, est un obelisque de pierre qui sert à indiquer les milles. Dans la rue *Kochstrasve* est un collège divisé en trois, fondé par le conseiller *Jean Jules Hecker*. Les Bohemiens luthériens ont près de là l'Eglise de Bethléem : on y prêche en leur langue & en allemand. Ceux qui sont Calvinistes ont leur prédicateur particulier. Les français refugiés y ont aussi une Eglise : il en est une encore pour les catholiques ; mais ils n'osent y marier, ni batiser. Non loin de là est la *Houblonniere*, ou *Jardin botanique*: il appartient à l'academie des sciences. La revocation de l'édit de Nantes a fait la prospérité de Berlin. En 1690 on n'y comptait que quatorze mille ames : il y avait peu d'industrie, peu de commerce, peu de richesses. On y comptait en 1775 douze-cent quarante-six métiers où se fabriquent des étoffes de soie & demi soies, deux mille soixante & seize pour étoffes de laines, huit-cent-vingt-neuf pour étoffes de coton, cent-soixante & seize pour étoffes de fil, cinq-cent-quatre-vingt-deux pour ouvrages de passementiers, quatre-cent-six pour les bas de soie, deux-cent-vingt-six pour bas de laine. L'academie des arts & peinture fournit sans cesse un grand nombre d'artistes éclairés & le grand nombre d'ouvrages qui sort de leurs atteliers, des fabriques, des manufactures, entretiennent un commerce utile & étendu. Les villes voisines envoyent à Berlin 50,000 tonnes de bierre : toutes celles de la Marche & leurs villages y vendent leurs draps, leurs fils, leurs toiles, leurs étoffes, leur beurre, leur fromage, leurs grains, leur houblon, la laine, la volaille, la cire, le miel qu'ils recueillent, & toutes sortes de denrées. La marche Uckerane y fournit du bled chaque année pour la valeur de plusieurs tonnes d'or. La police y est exacte & bien entendue : les secours y sont promts pour les incendies, & les rues toujours bien éclairées depuis le premier Septembre jusqu'au premier Mai. Son territoire renferme sept villages : on y trouve d'agréables promenades : le parc surtout, traversé par le chemin superbe qui conduit à Charlottenbourg, est la plus riante. La forêt traversée par le chemin de *Kœpenich* est fort agréable. La latitude de Berlin est de 52 deg. 30 m. & 58 sec. sa longitude est 32 deg. 6 m.

*Bernau*, ville près de laquelle naît la Panko dont le cours se dirige vers Berlin. Elle est petite, eut des murs, des remparts, des fossés, & n'en a plus. Elle a trois Eglises, un hôpital, & dans son voisinage est le lac de *Lupenitz* : les habitans cultivent la terre & brassent la bierre : elle est recherchée & fait l'objet d'un bon commerce. On croit qu'elle s'est formée de la réunion de trois villages, qu'Albert l'Ours en fit une ville en 1744, & qu'elle en porte le nom.

*Oranienbourg*, ville qui s'appellait *Boetzow* : le château bâti par le grand Electeur, & auquel il donna le nom de son épouse de la maison d'Orange, fit changer celui de la ville. Cette princesse y fonda une maison d'orphelins. Une colonie de Vaudois s'y établit en 1699. Elle a deux Eglises, la Havel l'arrose : près d'elle est le lac de *Pinnow* : le roi Frederic étendit le château; sa chambre de porcelaine, les belles fontaines du jardin, ses allées couvertes, ses jets-d'eau en font un asyle charmant. Au devant de chaque porte de la ville sont des allées d'arbres. Son *bailliage* renferme dix villages : il est traversé par la Havel.

Le bailliage de *Mühlenhof* a dans sa dépendance sept villages. La Wuble y prend sa source près du village d'Eiche. Celui de *Schœnhaufen* renferme dix villages : l'un d'entreux, *Lankow*, fur la riviere de ce nom, a autour de lui de belles maifons de campagnes : une allée d'arbres y conduit à Berlin. *Nieder-Schœnhauven* lui eft joint encore par un ornement femblable. Il y a un beau château, & un grand & beau jardin. On a projetté d'y faire un canal pour naviger jufqu'à Berlin : le vent & le fable ont rendu le plan inutile. Près de *Malchow* eft un château & un lac.

Le bailliage de *Mühlenbeck* comprend neuf villages & le lac de Brandow. Il eft femé de maifons de campagnes, le village de *Buchholz* eft peuplé de français Calviniftes. Celui de *Fréléricthal* a deux villages ; quelques uns font peuplés de Calviniftes: on y voit le lac, jadis étang de *Mœlmen*.

*Liebenwalde*, eft une ville petite & ancienne fur la Havel, près du lac de *Wutz* qui a demi lieue de long : il communique à celui de *Kutsparz*, & celui-ci au lac de *Treptkau*. Le bailliage de *Liebenwalde* renferme huit villages. Celui de *Groff-Schœnebeck* eft au milieu d'une forêt, environné de petits lacs ou marais. Celui d'Uker eft le feul qui ait quelque étendue : il en eft plufieurs autres : on peut y flotter du bois. Le village de *Zerpenfchleufe* fur l'ancienne Fluth eft habité par une colonie de cinquante-quatre familles : celui de *Marienwerder* eft nouveau : il eft peuplé de fileurs.

Le bailliage de *Lœhne* renferme neuf villages & un lac qui porte fon nom.

*Vieux-Landsberg*, eft une petite ville qui exiftait en 1349 : elle a près d'elle un chateau affez beau & le lac de Kiepitz. Son bailliage s'étend fur onze villages : celui de *Hœhnow* a autour de lui dix petits lacs.

# CERCLE DE HAUTE-SAXE.

Ce cercle renferme encore quarante-deux villages nobles. Celui de *Weissensée* a dans ses environs vingt étangs, dont un seul mérite le nom de lac. *Rahmsdorf*, est un village auprès duquel la Sprée se jette dans le lac de Müggel, qui a près d'une lieue de long sur demi lieue de large : le vent y rend la navigation perilleuse. Des monts auquels il donne son nom, s'élevent près de ses rives, & de leur sommet on jouit d'une très belle vue : on y voit Berlin, Kœpnik, Charlottenbourg, Spandau & Potsdam.

*Cercle de Teltow.*

Il comprend encore les seigneuries de Wusterhausen & de Teupitz : il renferme 91320 arpens de terre, & paye 24409 écus de contribution annuelle.

*Charlottenbourg*, est une ville immédiate sur la Sprée entre Berlin & Spandau : il y a de beaux jardins, de belles maisons de campagne, mais le séjour n'en est agréable qu'en été. Elle est habitée par des luthériens & des calvinistes & doit son existence au château qu'y fit bâtir en 1696, Charlotte Sophie, premiere reine de Prusse : après sa mort, le roi donna son nom à la ville qui se formait, lui accorda des priviléges, l'entoura de murs. Le château est près de la ville, il a un jardin très agréable & une belle orangerie. Frederic II l'a embelli & l'a étendu ; mais il a souffert des ravages de la dernière guerre : on y gardait les antiques qui composaient le cabinet du Cardinal de Polignac, acheté par le roi pour 90,000 Livres ; les Russes mutilerent les statues & les bustes : une partie a été reparée, mais on en a transporté plusieurs dans le château de Sans-souci ; sa chappelle est décorée avec gout : la chambre pour la porcelaine en contient plusieurs piéces qui sont du Japon : son plafond est peint à fresque & tres bien.

La falle à manger eſt ornée de huit ſtatues antiques : c'eſt la famille de Lycomède. On admire les peintures & les tables de la chambre du concert. Le village de *Lützen* touche à la ville, & eſt bien plus ancien. Il eſt orné de belles maiſons de campagne. Le chemin qui conduit de Charlottenbourg à Berlin eſt une promenade ſuperbe.

*Kœpenick*, eſt une petite ville immédiate, dans une Iſle que forme la Sprée, à trois lieues de Berlin. Elle a une égliſe, & une chapelle dans le château élevé ſur une petite iſle voiſine : ſa ſituation eſt agréable. Le château fut le ſéjour de pluſieurs Electeurs.

*Mittenwalde*, eſt une ville ſur la Notte : elle a un Prieuré proteſtant, eſt petite & immédiate, Charles IV qui l'habita lui donna des privilèges.

*Trebbin*, eſt une petite ville ſur la Nuthe, à ſix lieues de Berlin. Elle eſt immédiate, & le ſiège du bailliage de ſon nom qui renferme quatre villages, & un lac, qui, dit Büſching, n'a ni flux, ni reflux. Nous ne ſavons ce qu'il a voulu dire, par cette expreſſion ; car les autres lacs ont cela de commun avec celui dont il parle, & s'il eſt des exceptions, elles ſont rares. Peut-être il a voulu dire qu'il n'y entre, ni n'en ſort point de courant d'eau.

Le *baillage* de Kœpenick eſt compoſé de onze villages : *Fredericsfelde*, autrefois *Roſenfeld*, en eſt un : il a un château de plaiſance grand & agréable. On y voit auſſi le lac de *Large*, traverſé par la Dahme : elle eſt navigable.

*Zoſſen*, eſt une petite ville ſur la Notte. Elle a un château, & c'eſt une ſeigneurie. Son bailliage contient vingt-ſept villages, pluſieurs lacs, & dix étangs conſtruits en 1767, pour détruire les marais. Le plus grand a deux-cens cinquante journaux & cent quatre verges quarrées. Près du village de *Sperenberg* est une carrière de plâtre, & le lac de *Heide* qui ne reçoit point de ruisseaux & en forme un.

*Teupitz*, est une petite ville avec un château : elle fait partie de la seigneurie de Wusterhausen & de Teupitz. Elle est sur le bord d'un lac navigable, assez étendu, qui, par un canal qui touche à plusieurs autres lacs, communique à la Sprée. Au dessus de la ville est une forêt qui renferme le lac de *Niclaus*: autour d'elle sont différens villages, celui d'*Egsdorf* est voisin de trois lacs : celui de *Grand-Kœris* en a dix dans son voisinage & l'un d'eux est appellé le *Lac d'or*: celui de *Peetz* est auprès d'un lac assez grand & qui porte son nom. Un grand nombre d'autres facilitent le transport du bois & du poisson jusqu'à Berlin.

*Teltow*, est une petite ville sur la Telte. On y compte cent-dix-neuf bourgeois. Autour d'elle on cultive d'excellens navets. Son lac pourrait être rendu navigable, & commuique à la Havel par la Wanse.

On compte dans ce cercle trente-trois villages Seigneuriaux, & plusieurs lacs.

*Cercle de Lebus.*

L'Oder le sépare de la nouvelle Marche : il touche à celui de haut-Barnim.

*Francfort sur l'Oder*, ville immédiate; sa situation sur la rive du fleuve, est commode & riante. Elle est grande & bien bâtie. Son université fondée en 1506, par l'Electeur Joachim & son frère Albert, est composée de Professeurs Calvinistes. Elle a une nombreuse bibliothèque, un jardin de Botanique, & possède des seigneuries. Il y eut une académie noble ; il y a encore une société pour les progrès des sciences & des arts, & deux collèges. Outre les

Magistrats de la ville, Francfort a une justice particuliere, & des Juges de commerce pour les trois grandes foires qui s'y tiennent chaque année. Les vivres n'y sont pas chers : elle est un depôt des marchandises qui se tirent des pays qui sont à l'Orient de cette ville pour les verser dans ceux qui sont à son couchant, & de là vient sa prospérité. Elle a deux fauxbourgs, plusieurs Eglises, une maison d'Orphelins, un grand pont, un fort. Elle a été une ville anséatique, était nommée dans le 14 siecle *Vranchinfurth* & avait obtenu en 1257 le privilége de posseder plusieurs terres & seigneuries.

*Münchenberg*, jadis *Monychenbergk*, ville immediate qui a deux Eglises pour les deux cultes & diverses manufactures apportées par les Français. Près d'elle sont plusieurs Lacs : l'ordre de St. Jean y possede les biens d'un Couvent qui appartint aux Templiers. Elle est entourée de murs antiques.

*Müllrose* appellée *Milraze* dans le treizieme siecle, est encore immédiate. Elle est sur la Schlube ou Schlaube qui s'y jette dans un Lac assez grand qu'on appelle *Catherinen see* : il communique à d'autres par un canal dont nous avons parlé. Dans les environs de Müllrose on découvre beaucoup d'urnes sépulcrales.

*Lebus* est une ville médiate ; elle est petite, a mille deux-cent pas de long, est sur le bord de l'Oder. Elle a été plus grande autrefois & renfermait quatorze-mille habitans. Elle était alors la Capitale d'un évêché immédiat, fondé d'abord dans la Russie rouge en 965, puis établi à Garitz 1800, & dont la cathédrale fut ensuite transférée à Fürstenwalde. l'Electeur Joachim Frederic sécularisa l'évêché en 1598, abolit le chapitre, & fit de leurs biens un bailliage qui renferme six villages, & quelques lacs.

la ville est entourée de colines élevées qui la déroient aux regards des voyageurs. Quatre incendies ont fait tomber en décadence.

Le bailliage de *Sachsendorf* est composé de deux villages & de la petite ville de *Séelow* : elle est placée sur une hauteur. Le bailliage de *Golzow* renferme cinq villages : le lac de ce nom est formé par la Manschenow qui sort de l'Oder. Celui de *Frédéricsaue* est formé de quatre villages : celui de *Wollup* n'a trois anciens, & six nouveaux. Enfin celui de *Kienitz* n'en a que trois.

*Furstenwalde*, est une petite ville sur la Sprée qui est traversée par une écluse. Elle est agréable, la cathédrale de Lebus en fait le plus grand ornement. Son bailliage renferme encore huit villages. Ce petit pays fut vendu aux Margraves par le Duc Rodolphe de Saxe en 1328.

Le bailliage de *Biegen* a quatre villages; il renferme le lac de Cathérinen & le bourg *d'Ober-Linow*, rempli de colonistes & situé au bord du petit canal de Frederic Guillaume.

Ce cercle renferme quarante villages seigneuriaux, répandus sur un espace semé de lacs, la plûpart joints par des courans. Celui de *Brieskow* tend son nom d'un village qui appartient à l'université de Francfort : l'Oder y communique, & facilite la navigation du canal Frederic-Guillaume. Parmi ces villages est le bourg de *Buckow*, environné d'une plaine fertile en houblons recherchés, & voisin de deux lacs dont l'un porte son nom, l'autre celui *d'Abendroth*.

*Gorgast* est une commanderie de St. Jean dont les revenus annuels sont de 5000 rixd. *Lietzen* est encore une commanderie du même ordre : &

Tome III.                               K

ses revenus sont de 7000 rixd. Elle est sur les bords d'un grand lac qui porte son nom. *Tepplin* est un village qui donne son nom à des montagnes & à deux lacs remplis des eaux qui en sortent.

*Cercle de Zauch.*

Il touche à la Saxe, au cercle de Teltow, à la Havel.

*Treuenbrietzen*, est une ville immédiate sur les frontières de Saxe, arrosée par la Seplitz qui nourrit beaucoup de truites recherchées. *Treuen* signifie *fidele*. Elle fut entourée de murs en 1296, a un hôpital, & deux Eglises; on y cultive la terre, on y blanchit la cire, on y tisse des toiles.

*Belitz*, est une ville immédiate, ancienne, mais petite, sur la Nieplitz qui y prend le nom de Belitz. Elle est entourée de vieux remparts & de fossés; on y fabrique des draps & de la toile.

*Lœhnin*, est un bourg, chef-lieu du bailliage de son nom, & qui doit son origine à un Couvent de Citeaux très-riche, fondé par Albert l'Ours, où plusieurs Marggraves sont inhumés, & changé en bailliage par l'Electeur Joachim II: il renferme vingt-un villages.

*Werder*, est une petite ville dans une Isle que forme la Havel, sur laquelle est un pont. L'isle est partagée en vignes & en vergers : on y recueille du vin estimé & de bons fruits : vis-à-vis, la Havel forme une espèce de Golphe où la navigation est périlleuse : l'autre bras est coupé par un fossé; quelques travaux semblent nécessaires pour éloigner le danger de ceux qui y navigent. Elle est dans le bailliage de Lahnin.

*Saarmund*, est une petite ville sur la Saare : ses environs sont rians & fertiles. Son bailliage s'étend sur vingt-neuf villages : celui de *Philippstal* n'est habité que par des fileurs : non loin de là sont encore plusieurs lacs.

*Ziesar* ou *Ziegesar*, appellée *Ezeri* en 949, est une petite ville & un château où residaient les Evêques de Brandebourg. Il y a deux églises pour les deux cultes. Son bailliage renferme dix-neuf villages : près de celui de *Rottstock* est une source d'eau minerale.

On compte environ vingt-six villages seigneuriaux dans cette paroisse. Celui de *Glindow* est sur un lac qui s'écoule dans la Havel : celui de *Plessow* porte ainsi que lui de grands bateaux. *Leitzkau* est un bourg : il fait, avec quelques villages, partie de ce cercle, quoi qu'ils ne soyent pas compris dans la nouvelle Marche. Ce bourg est situé dans le canton de *Flœming* : il eut autrefois un couvent que l'Electeur Joachim II sécularisa. C'est une seigneurie qui fut exemptée de toutes tailles & impôts en 1564.

Le petit pays de *Beerwalde* est situé dans l'Electorat de la Saxe : c'est un bien noble qui ne renferme qu'une paroisse & quelques villages.

## IV. MARCHE UCKERANE.

Elle est située au nord & au levant de la moyenne Marche, au midi & au couchant de la Pomeranie. Elle a vingt-une lieues de long & dix-neuf de large. Un lac long de trois lieues, & la riviere d'Ucker lui donne son nom : La riviere reçoit divers écoumens d'autres lacs, & se jette dans celui de *Blinow* : elle a été navigable. Le terroir y est sablonneux, mais fertile : il produit plus de blés que ses habitans n'en consomment, & il y est un grand objet de commerce d'exportation : ce pays est le grenier de Berlin. Il n'y a de prairies que sur le bord des rivieres : il a peu de vaches & de chevaux, beaucoup de brebis, de miel & de houblon. Il y a auſſi des fuits, & on y fait d'abondantes recoltes de tabac. On y trouve du chêne, du hêtre & du ſapin; quelques cantons en manquent. Les mines de fer y ſont nombreuſes. On y trouve cette terre argilleuſe qui ſe travaille pour en faire de la vaiſſelle & des tuiles.

La nobleſſe en poſſéde la plus grande partie: les payſans ne ſont pas attachés héréditairement aux ſeigneuries : ils y ſont, les uns ſerfs, les autres libres, ſi l'on peut appeller ainſi des hommes qui ne poſſédant rien, dépendent des autres pour les beſoins les plus indiſpenſables : ils ſe louent pour des tems fixés. La province a des Etats formés par la nobleſſe & qui s'aſſemblent à Prenzlow. Il y a quelques colonies françaiſe & allemande qui ſont calviniſtes, tout le reſte eſt luthérien. Les vénédes habitèrent dabord ce pays : ils y prirent le nom de *Vilſes* & d'*Ucres* : ceux-ci habitaient le couchant. Ils furent vaincus par les *Obotrites*, qui y régnerent près de deux ſiècles. Les ducs de Pomeranie ſuccederent à leur pouvoir : Albert l'Ours le leur diſputa & ſes ſucceſſeurs en jouirent enfin par une ceſſion volontaire que leur en firent ces ducs. On y compte cinq villes immédiates, quatre médiates, neuf bourgs ayant droit de ville, cinquante-quatre villages dont ſept ſont nouveaux, & cent cinquante-neuf villages nobles, ou appartenant à des Seigneurs. On appelle des ſentences de ces Seigneurs, & des Juges des villes à un tribunal ſupérieur qui ſiège à Prenzlow. Cette ville ſeule & quatre Seigneurs, ne reconnaiſſent de juges que la chambre Souveraine de Berlin : le tribunal eſt compoſé de cinq juges, trois ſont choiſis parmi les nobles, deux parmi les bourgeois. Cette

Marche paye la cinquieme partie des impositions dont on charge la Marche Electorale : elle est divisée en deux cercles.

*Cercle de la Marche Uckerane, ou Uckermark.*

*Prenzlow*, est une ville immédiate sur l'Ucker, au bord du lac d'où elle sort. Elle renfermait huit-cens quatre-vingt-cinq maisons en 1769, & cinq mille cinq-cents quatre-vingt huit habitans. Elle est divisée en villes neuve & vieille, & s'éleve au milieu d'une plaine vaste & fertile, est bien bâtie & a ses rues larges & tirées au cordeau. La riviere abonde en poissons : le bled, le bétail, le tabac croissent & se multiplient dans ses campagnes : on fait dans ses murs beaucoup de toiles. Elle renferme une nombreuse colonie de reformés. Ses revenus sont considérables : son territoire a dans son enceinte six villages, & de grandes forêts. Elle eut autrefois trois couvens. On y compte six églises, sept hôpitaux, une école latine, une bibliothèque publique qu'elle doit à la générosité d'*Arnim de Suchow*. Il parait qu'elle fut fondée en 1235 par Barnim I Duc de Pomeranie.

*Templin*, est une ville immédiate située sur le lac de Dolgen. Elle doit à un incendie presque général, la regularité & la largeur de ses rues, l'élégance de ses maisons, qui toutes ont la même élévation. Elle possède des lacs qui la rendent riche par la pêche qu'on y fait, & par le commerce du bois qu'ils facilitent. L'art a encore aidé à la nature en y creusant un canal. On dit qu'elle doit son nom aux Templiers qui la bâtirent.

*Liechen*, est une ville immédiate entourée de lacs poissonneux & où l'on pêche d'excellentes murènes : autour d'elle sont aussi diverses forêts ; elle ne possede que les moindres, comme elle n'a que les plus petits lacs. Ses campagnes sont peu fertiles. Un incendie l'a fait reconstruire avec régularité en 1732.

*Strasbourg*, est une ville immédiate sur un ruisseau qui sort du lac de Lauenhag. Ses champs produisent du blé & du tabac : trois villages réunis la formèrent. Les reformés français y ont excité l'industrie, & ils y ont une église particuliere.

*Zehdenick*, est une ville de cent maisons, sur la Havel, sur laquelle est une écluse. Il y a deux églises, & une abbaye noble habitée par sept demoiselles. Elle fut fondée dans le treizieme siecle. On y amene des environs de la mine de fer qu'on y convertit en bombes, boulets, grenades, mortiers &c. Son bailliage royal s'étend sur quatorze villages dont cinq sont nouveaux.

*Gramzow*, est un bourg jouissant de quelques droits de ville. Il fut l'asyle d'une colonie française & ses environs sont fertiles, & on y plante du tabac. Il paraît avoir été fondé dans le douzieme siecle. Il eut un couvent, converti ensuite en seminaire. Son bailliage comprend encore dix villages. L'un d'eux, *Potzlaw*, est sur le lac d'Ucker, & paraît avoir été plus considérable : il a le titre de bourg dans les registres, a une statue colossale, une église luthérienne, une une colonie française.

Les bailliages de *Seehausen* & de *Blankenbourg* appartiennent au collège de Joachimsthal de Berlin, ils sont peu considérables.

*Boytzembourg* n'est pas une ville & en a quelques droits. Il a un château bien bâti, placé sur une élévation, orné d'un beau jardin, d'un parc étendu, d'une faisanderie considérable. On élève dans ses environs beaucoup de vers à soie. Il a quatre-vingt feux. On compte vingt-un lacs dans l'étendue de sa seigneurie, & il n'en est qu'un qui ait des écluses.

*Fredenwalde*, *Fürstenwerder*, *Gerswalde*, trois bourgs qui ont des droits de villes : ce sont des seigneuries.

Ce cercle renferme encore environ vingt villages ou biens nobles.

*Cercle de Stolpe ou Stolpir.*

*Neu-Angermünde*, est une ville immédiate sur le lac Münde ; ses environs offrent de belles prairies & des champs feconds. Les luthériens y ont une église, les français refugiés une autre. Elle existait dans le treizième siècle. Un château détruit lui donna son nom : elle a eu quelque tems celui d'*hérétique*, parce que les disciples de *Hus* s'en étaient emparés.

Le bailliage de *Lœcknitz* renferme onze villages : il doit son nom à une antique forteresse dont il ne reste que des ruines, & qu'on croit avoir été la capitale des Redaires : dans son enceinte est un lac & deux colonies de français.

*Brüssow*, est un bourg qui a des droits de ville, & un bailliage qui renferme encore deux villages.

*Nieder-Finow*, est un bourg qui a le nom de ville ; il est situé dans le bailliage de *Chorin* composé de treize villages, qui doit son nom à un couvent de l'ordre de cîteaux fondé en 1231, dans une isle du lac de Parstein, qui eut le nom de *Civitas Dei*, & où divers Margraves ont été inhumés. Ce bailliage a des colons français & divers lacs.

Le bailliage de Grimnitz n'a que cinq villages. Un château des anciens marggraves lui donne son nom, & il l'a donné à un lac d'où sortent deux courans d'eau qui se rendent dans deux autres lacs. Près de là est une forêt royale qui renferme le lac de *Dewiez*. Dans les bruyeres qu'il renferme, on voit encore ceux de *Klein-Plumze* & *Werbellin* dont les bords sont cultivés par des colonies françaises. Ce dernier a près de trois lieues de long & de deux de large.

*Schwedt*, ou *Swet*, est une ville bien bâtie, sur l'Oder qui s'y partage en deux bras, & laissent entr'eux un large marais surmonté d'une digue. La ville a un château superbe, orné de beaux jardins, & c'est là que résidait une branche des marggraves qui va s'éteindre. Ses environs sont rians, & à quelque distance est l'agréable château de *Monplaisir*.

*Wierraden*, est une petite ville au milieu de campagnes fertiles qu'arrose la Welse qui s'y jette dans l'Oder. Elle doit son nom à un moulin à quatre roues élevé sur la Welse.

Ces deux villes forment deux bailliages, deux seigneuries, appanage d'un fils du grand Electeur: ils renferment encore quelques villages.

*Joachimsthal*, est une petite ville dans la forêt Grimnitz, près du lac Werbellin, bâtie par l'Electeur Joachim Frederic, & où il fonda un collège destiné à instruire cent-vingt jeunes gens, qui dévasté par les Saxons, fut rétabli à Berlin: il possède encore les deux petits bailliages qui lui avaient été assignés.

Ce cercle renferme divers villages seigneuriaux, ou biens nobles. Nous ne parlerons que de *Golze* qui a été une petite ville dans le quatorzieme siècle, de *Greiffenberg* qui est un bourg sur la Sarnitz & où l'on fait de la vaisselle de terre recherchée des étrangers; de *Stolpe*, bourg qui a des droits de ville & un château. Il est sur l'Oder & a donné son nom au cercle. Il existait dans le treizieme siècle.

## V. SEIGNEURIES DE BEESKOW ET DE STORKOW.

Situées entre la Sprée & la Dahme, elles étaient un fief des Margraves de Brandebourg. Il parvint à l'Evêque de Lebus, & quand celui-ci eut été sécularisé, il devint une partie de la Marche Electorale dont il paie la quatre-vingtieme partie des impositions. On y repartit les impôts selon le plus ou le moins de blés d'hyver que l'on sème, parce que le terrein y est si varié, le sol si médiocre, qu'on ne peut avoir égard à l'étendue, mais aux champs ensemencés; & l'on fait entrer dans ce calcul les prairies plus ou moins fertiles, la facilité de la pêche plus ou moins grande, les forêts & les paturages dont on profite. On y compte deux villes immédiates, deux bailliages royaux qui renferment trente-cinq villages, six autres bailliages appartenant à des Princes, un bourg & soixante villages seigneuriaux.

*Béeskow*, est une petite ville immédiate, voisine de l'étang de Kietz, que la Sprée arrose, & dont les ressources sont l'agriculture, la pêche, la navigation, la fabrique des toiles & des draps.

*Storkow*, est une petite ville qui a donné son nom à de grandes bruyères, voisines du lac de *Küchen*. Elle n'a pas la ressource de la pêche comme Béeskow; mais elle a de plus celle des brasseries de bierre. Dans son voisinage sont plusieurs lacs que des écluses rendent propres à flotter du bois, & qui, la plupart, se communiquent.

Le *bailliage* de Béeskow est composé de vingt-quatre villages, plusieurs lacs, de petits canaux, des métairies, c'est tout ce qu'il offre, & il n'y a rien de particulier. Celui de *Storkow* & de *Staudorf*, a trente & un villages: il a comme le premier des lacs, & des canaux navigables, sur lesquels on transporte du bois, du poisson, de la bierre, &c. quelques petites rivieres, quelques fossés de communication comblés; le village de *Neu-Zittau* habité par une colonie de fileurs. Les six bailliages du prince de Prusse, les villages seigeuriaux nous présentent les mêmes objets. Les noms des bailliages sont: *Buchholz*, *Cossenblat*, *Krausnitz*, *Münchehofe*, *Plœssin*, *Trebatsch*. *Buchhol* est un bourg qui a quelques uns des droits qui distinguent une ville & à qui on en donne quelquefois le nom : la Dahme l'arrose.

La Marche Electorale comprend encore le comt de *Wernigerode* en basse Saxe, pays abondant & riche; la seigneurie de *Derenburg*, dans la princi pauté de Halberstard, & le district de *Grosbourg* dan la principauté de Breslau.

## NOUVELLE MARCHE.

L'Oder la sépare de la moyenne Marche & de la Marche Uckerane : elle touche au nord à la Pom ranie, au levant à la Pomeranie & à la Pologne, a midi à la Silésie & à la Lusace. Elle a soixante-si lieues de long sur une largeur inégale & qui dan sa plus grande extension, n'a pas plus de quinze lieues Son terroir est sablonneux, & en quelques endroi il est bon & fertile : il y a de belles prairies su le bord des fleuves; mais l'herbe est celle des m rêcages. Beaucoup de bois, de jardinage, de fruit de poissons, de gibier, quelques vignes, ce so ses principales richesses. On y trouve aussi de l'alun de cette espèce d'argille qu'on nomme cimolée, la mine de fer en pierres. Beaucoup de marais for més par l'Oder, la Warte & la Netze, y ont été dess chés, beaucoup de terres rendues fertiles, & de no veaux villages fondés. De fortes chaussées & des digu ont reprimé l'impétuosité de l'Oder, & un canal l'a affaiblie : c'est par les mêmes moyens, par des fossés, par des écluses, qu'on a rendu la Netze utile, & qu'on a rendu plus de vingt-cinq mille arpens aux soins de l'homme : vingt-huit villages ont été élevés ; on y a plus de prairies, un air plus pur & moins de marais. Ceux de la Warte ont été aussi changés en prairies ou en champs, & chaque jour le pays se peuple davantage. Plus de treize cent familles étrangeres sont venues s'y établir! Un plus grand nombre peut s'y placer encore : car cette province n'avait au commencement de ce siècle que deux-cens mille habitans. On y compte trente-neuf villes, deux-cent soixante-trois paroisses luthériennes & neuf calvinistes : elle est divisée en onze cercles, dont quatre ont été ajoutés à la province. Elle a un directeur, onze conseillers dont un est pris dans chaque cercle, & les villes ont quatre directeurs. Elle paye environ la cinquieme partie des impositions mises sur toute la Marche. Chaque cercle a un tribunal, un médecin physicien & un receveur.

Elle n'était autrefois qu'une vaste forêt comprise entre la *Rega* & la *Warte*. Les Venedes la cultiverent. Elle a appartenu à Sigismond roi de Hongrie qui l'engagea au roi de Pologne. Les Grand-maitres de l'ordre teutonique y regnerent dans le quinzieme siècle : ils l'avaient achetée pour 160,000 fl. d'or, & l'engagerent à l'Electeur Frederic II, & depuis ce tems elle fut soumise au pouvoir de la maison de Brandebourg.

Ses tribunaux sont : une *Regence* à laquelle est soumise une *Justice criminelle*, & dont quelques membres font partie du *Consistoire* auquel est annexé un *Directoire* du revenu des églises. A Custrin siègent encore une chambre du tresor du domaine, & de la guerre, dont dépendent un tribunal qui veille su[r] les bois & forêts, un bureau du tréfor provincia[l] &c. & un *collège provincial de médecine*. Les fenten[-] ces des cercles, se portent à la regence de l'ordr[e] teutonique à Sonnenbourg, au bailliage de Croffen[,] à la capitainerie provinciale de Cotbus, & à la pré[-] vôté de Schievelbein ; en troisième inftance, il[s] parviennent à la régence de la Marche.

*Cuſtrin* ou *Kuſtrin*, autrefois *Koztrzyn*, nom d'u[n] lac voifin. Ses murs font baignés par l'Oder près de l'endroit où la Warte y vient mêler fes eau[x] qui ne s'y confondent que 3 quarts de lieues plu[s] bas; on peut facilement les diſtinguer, car elle[s] font jaunes, & celles de l'Oder font noires. Se[s] environs font marécageux: le chemin qui condui[t] du cercle de Lebus à cette ville, eſt fortifié d'un[e] digue, & dans un eſpace d'une lieue, on y compt[e] trente-ſix ponts : celui qui vient de la nouvell[e] Marche en a ſept. Elle forme un gouvernemen[t] particulier, eſt très forte par la nature & l'eſt encor[e] par l'art. Son enceinte ne renferme que deux-cent ma[i-] fons; mais elle a trois fauxbourgs étendus, & plu[s] beaux que la ville. On y compte quatre égliſes, troi[s] magazins, un grenier à ſel, deux hopitaux, un[e] maifon de fileurs & de fileuſes. Les Ruſſes en 173[?] réuſſirent à la bruler & non à la prendre. Cet in[-] cendie l'a rendue plus belle & plus régulière. O[n] la rabâtie à neuf.

*Cercle de Soldin.*

Le terroir en eſt fertile & femé de dix lacs.

*Soldin* a été la Capitale de la nouvelle Marche: elle e[ſt] fur le bord d'un lac de deux lieues & demi de long, [&] qui a vingt toifes de profondeur, où l'on voit deu[x] petites iſles; on y pêche d'excellentes murénes : [il] appartient à la ville & ſe décharge dans l'Oder pa[r] une petite riviere. La ville a quarante maisons, deux églises, une manufacture de draps : elle fut fondée en 1212. Il y a eu un chapitre de douze chanoines fondé en 1298.

*Lippehne*, est une petite ville près du lac de *Mandel*, peuplée d'agriculteurs.

*Berlinchen*, (petit Berlin) petite ville, & comme la derniere, n'ayant de richesses que ses campagnes.

Le balliage de *Carzig* à douze villages.

*Cercle de Kœnigsberg.*

*Kœnigsberg*, est une ville bien bâtie sur la Rœrike qui se jette dans l'Oder, & dont le cours est embarrassé de broussailles. Elle a deux églises.

*Schœnfliess* ou *Schowenfliet* est une petite ville près du lac de Sonnebourg : elle semble prospérer : la culture est sa ressource.

*Bœrwalde* est une ville de deux-cent & trente maisons. L'agriculture & la fabrique des draps occupent ses habitants. Un lac assez grand lui appartient : elle a été fortifiée.

*Zehdin* est une petite ville sur la Muglitz, formée par l'Oder. Sur une montagne voisine étoit un couvent de filles de cîteaux. Son bailliage renferme treize villages.

*Zellin*, est un bourg sur la rive orientale de l'Oder. Son balliage renferme encore deux villages.

*Furstenfelde* est une petite ville sans murs, & peuplée d'agriculteurs. Elle fait partie du bailliage de *Quartschen* qui renferme encore trois villages : celui de *Rutzdorf* a un martinet.

*Neuendamm*, est une petite ville toute ouverte, où l'on fabrique des draps. Son bailliage a encore un village.

*Mohrin*, est une petite ville sur la rive d'un petit lac où l'on pêche des murènes d'un goût exquis.

Elle fait partie du bailliage de *Bleyen*. Ceux de *Gerlsdorf*, de *Butterfelde*, de *Neuenhagen*, de *Grüneberg* n'offrent que des villages, des lacs, des canaux, des champs & des prairies. Tous dépendent immédiatement du roi, excepté le dernier. Ce cercle a encore quelques villages Seigneuriaux. Celui de *Roſtin* a une fabrique de pipes.

*Cercle de Landsberg.*

*Landsberg ſur la Warte*, est une ville très ancienne, bien bâtie, riche. Elle renferme trois églises, un magazin royal, des manufactures d'etoffes & de draps; elle entretient une digue avec de grandes dépenses; mais elle possède la ſeigneurie de quinze villages : il s'y fait un grand commerce de laine.

Le bailliage de *Himmelſtedt* renferme pluſieurs nouveaux villages. On y cultive le blé, le houblon; on y fond le fer, & fabrique le verre.

Ce cercle renferme encore quinze villages ou biens nobles. Celui de *Zantoch* a été une ville, & une célèbre abbaye : il eſt ſur la Netze : celui de *Stolzenberg* a un beau château, un jardin charmant, un parc étendu.

*Cercle de Friedeberg.*

*Friedeberg*, eſt une ville dans une contrée fertile, entre deux lacs. Elle eſt aſſez bien bâtie. Le deſſéchement des marais voiſins l'a peuplée & enrichie : elle a eu un couvent d'Auguſtins : ſon territoire renferme quelques villages.

*Drieſen* ou *Dreſno* eſt ſituée ſur l'ancien lit de la Netze, où l'eau fait encore mouvoir des moulins. Ses campagnes ſont agréables, ſes habitans cultivent la terre, ſoignent des troupeaux, fabriquent des draps. Ses anciennes fortifications ont été abattues, & une ville nouvelle élevée ſur leurs ruines en 1763. Elle fut bâtie dit on, en 1270 par Boleſlas, duc de

Pologne. Son bailliage s'étend sur quatre anciens villages & vingt-six nouveaux.

*Woldenberg*, est une petite ville sur un mont, rebâtie en 1712. & qui a dans ses environs une vingtaine de lacs.

Ce cercle renferme vingt villages paroissiaux.

*Cercle d'Arnswalde.*

*Arnswalde*, autrefois *Chosientzno*, ville peu riche, située à quelque distance de deux lacs. Il y a peu de commerce.

*Bernstein*, est une petite ville qui paye sa part des impositions de la Marche, & qui est soumise à la Jurisdiction de la Poméranie. Elle n'est pas loin d'un lac, & passa souvent à differens maitres.

*Reetz*, est une petite ville sur l'Ihne : on y cultive la terre & on y fabrique des draps. Son bailliage a été formé des biens d'un couvent de filles de Citeaux.

*Nœrenberg*, est une petite ville sur le lac d'Enzig, fondée par un Seigneur de Wedel, dont les successeurs la possédent, ainsi que *Neuwedel* petite ville sur la Drague, près de laquelle est un martinet, une usuine où l'on travaille l'acier, & sur un mont voisin les vestiges du vieux château de Wedel.

Le bailliage de *Marienwalde*, qui doit son nom à un couvent de citeaux, est formé de huit villages dont cinq sont nouveaux. Dans son enceinte on compte sept lacs, presque tous abondans en poissons.

Ce cercle renferme encore quarante-deux villages ou biens nobles.

*Cercle de Drambourg.*

*Drambourg*, ou *Draguebourg*, doit son nom à la riviere qui l'arrose, & qui la partage en villes ancienne & nouvelle. Son Inspecteur ecclésiastique veille fur vingt-fept paroiffes. Les Seigneurs de Wedel paraiffent l'avoir fondée.

*Calies*, eft une petite ville fur un lac, habitée par des fabricans de draps, arrofée par un ruiffeau qui fe jette dans la Drague. Une moitié de cette ville dépend du petit bailliage de *Balfter* qui n'a qu'un village. Celui de *Sabin* en a cinq, & trois font nouveaux.

*Falkenbourg*, eft une petite ville fur la Drague. Elle a un chateau. Nous ne parlons pas de plufieurs villages feigneuriaux.

*Cercle de Schievelbein.*

*Schievelbein*; eft une ville fur la Rega, il y a une commanderie de St. Jean à qui la moitié des villages du cercle appartiennent, & dont le poffeffeur eft juge en premiere inftance dans les deux cercles précédens & dans celui-ci. Dans fes murs fut une chartreufe, changée en une maifon de gentilhomme. On y fabrique des draps. Un village appartient à cette ville, un autre à fon hôpital, plufieurs à des feigneurs.

*Cercle de Sternberg.*

C'eft un des cercles incorporés : il faifait autrefois partie de la Marche Electorale. Il a douze lieues de long & fix de large.

*Droffen* eft fur la Lenzen : affez bien bâtie, le commerce de la Pologne lui offre des reffources : fes environs font fertiles, on y trouve de la terre à foulon, on y nourrit des moutons, & la laine en eft bonne, & l'on y fabrique des draps. Elle a deux églifes dont l'une eft calvinifte.

*Sternberg*, eft une petite ville qui n'eft point ceinte de murs. Le commerce du bétail eft fa principale richeffe.

*Reppen*, eft fur l'Eylang. Elle eft petite & peuplée

plée de fabricans de draps & de cordonniers. Elle a été fortifiée.

*Gœritz*, est une petite ville où l'Evêque de Lebus résida. Elle est dans le bailliage de *Frauendorf* sans en faire partie, & dépend du consistoire & de la chambre de justice de Berlin, ainsi que divers autres villages de ce cercle.

*Kœnigswalde*, est une petite ville, près de laquelle est une mine d'alun : on l'y prépare. Nous ne parlons pas des petits bailliages de *Neuendorf* & de *Bischoffée*, ni de plusieurs villages seigneuriaux : ils n'ont rien de particulier.

*La Maitrise seigneuriale de l'ordre de St. Jean de Sonnebourg.*

Elle dépend de la langue allemande & du Grand Prieur d'Allemagne : elle fournit la même contribution à Malthe qu'autrefois, & le roi de Prusse en est le protecteur. Le Maître seigneurial est élu par les commandeurs : le grand Prieur le confirme. Il est le chef de l'ordre dans la Marche & les pays voisins, ses commandeurs lui sont soumis, seul il convoque le chapitre, jouit des droits regaliens, a la jurisdiction civile & pénale dans toutes les terres qui dépendent de l'ordre, & pour l'exercer, il a une regence. Il prête serment à l'Electeur. Ses revenus montent à 30,000 rixd., & il prend le titre de *Reverendissime Maitre de l'ordre de St. Jean de la Marche, de la Saxe, de la Pomeranie, & de la Vendalie.*

Pour être chevalier, il faut être au moins, d'une famille noble ; ils peuvent être luthériens & se marier. Le grand Maitre en reçoit autant qu'il veut, & ceux qui lui plait. Ils deviennent commandeurs par rang d'ancienneté : leur héritage passe à leurs enfans ou à leurs héritiers, qui jouissent encore pendant un an des revenus de la commanderie. Une croix à huit pointes émaillées de blanc, suspendue à un ruban noir, distingue les chevaliers : une croix de toile blanche à huit pointes sur le côté gauche de l'habit, distingue les commandeurs & le grand maitre.

Les biens de cette maitrise consistent en bailliages, en commanderies, & en fiefs. Les bailliages sont ceux de *Sonnebourg* & de *Rampitz* dans le cercle de Sternberg, celui de *Grüneberg* dans le cercle de Kœnisberg, celui de *Collin* en Poméranie, ceux de *Frieland* & de *Schenkendorf* dans la basse Lusace. Les deux premiers sont situés sur les rives de l'Oder dont ils ont à craindre les inondations. *Sonnenbourg* est une jolie ville sur la Lenze, près de la Warte. Elle est la résidence du grand maitre qui y a un château. Les commanderies sont 1°. celle de *Lagow*, dont les revenus sont de 7000 rixd. & où l'on voit la petite ville de *Lagow*, qui a un château : celle de *Zielenzig* sur la Postan : celle-ci a des manufactures de drap. Autour d'elle sont diverses maisons nobles. C'est le grand maitre qui y choisit les prédicateurs, & nomme les magistrats. 2°. Celle de *Burschen* qui rapporte 5000 rixd. Ces deux sont dans le cercle de Sternberg. Celle de *Schievelben* est dans la nouvelle Marche, ses revenus sont de 2000 rixd. 3°. Celle de *Lietzen* dans le cercle de Lebus ; ses revenus sont de 7000 rixd. 4°. Celle de *Gorgast*, dans le même cercle a 5000 rixd. de revenus. 5°. Celle de *Werben* dans la vieille Marche n'en a qu'1800 : 6°. celle de *Wietersheim* en a 2200 : elle est dans la principauté de Minden. 7°. Celle de *Supplinbourg* est dans la principauté de Wolfenbuttel : ses revenus sont de 2000 écus.

Les fiefs sont au nombre de plus de quarante.

La plupart sont des biens nobles dont l'ordre n'a que le domaine direct. Ils sont dispersés dans la Marche, la Pomeranie, la Lusace &c. Ces biens viennent de la destruction des Templiers. L'ordre en a acquis ; mais il en a perdu d'avantage. Les commanderies de *Nemerau* & de *Mirau* ont été cédées au duc de Mecklenbourg dans le territoire duquel elles sont situées ; il en acquitte les droits annuels à Malthe. La commanderie de *Wildenbruck* a été changée en bailliage. Celui de *Zachau*, de *Krakau*, de *Stargard*, & de *Garstau* ont été détachées de l'ordre.

## DUCHÉ DE CROSSEN.

Il faisait partie de la Silésie, a été soumis à la Pologne, est passé par héritage & convention dans la maison de Brandebourg en 1476 & 1482, qui l'annexa à la nouvelle Marche. Il a été fief de Bohême jusqu'en 1742 que la reine de Hongrie l'abandonna au roi de Prusse en toute souveraineté. Les appels de ses tribunaux vont à la régence de la nouvelle Marche. On y compte cent-vingt villes ou villages & on le divise en deux cercles.

*Cercle de Crossen.*

*Crossen* est sur l'Oder, dans un lieu où il reçoit les eaux de la Bober. Elle a un château, deux églises luthériennes, une calviniste, des manufactures de draps, des brasseries d'une bierre recherchée ; ses environs sont fertiles & produisent de bons vins. Elle est ceinte de vieux murs, & son territoire renferme deux villages : une montagne est à l'entrée de la ville, & sur son sommet est l'église collégiale de St. André. Son bailliage renferme six villages & la petite ville de *Bobersberg* : elle n'a point de murs, & doit son nom à la Bober qui l'arrose ; l'on y fabrique une potterie estimée. Près de *Deichou* est une mine de fer, qu'on fond & travaille dans le voisinage.

*Sommerfeld*, est une ville qui a cent familles dans son enceinte & celle de ses faux-bourgs. Elle a une manufacture de draps, & est assez commerçante.

*Rothenbourg*, est une petite ville, & une seigneurie. Ce cercle renferme cinquante villages ou biens seigneuriaux.

*Cercle de Zullichau.*

*Zullichau*, est une ville située dans un fond entre l'Oder & l'Ober. On compte deux-cens cinquante maisons dans son enceinte & dans ses quatre faux-bourgs. Elle a quatre églises, une maison d'orphelins, deux écoles. A coté est un château entouré de remparts, de murs, de fossés: les draps qu'on y fabrique ont de la réputation. Ses campagnes sont fertiles en grains.

*Fredericshule*, est un bourg qui a droit de ville, fondé dans ce siècle, peuplé d'allemans qui ont quitté leur pays pour cause de religion. Il dépend de la paroisse de *Trebschen* parce qu'il est sur son territoire. Nous ne parlons pas des villages: ils n'ont rien de particulier.

*Cercle de Cotbus.*

Il fait partie de la basse Lusace, & appartient à la maison de Brandebourg depuis le quinzieme siècle: c'était aussi un fief de Bohême, qui a cessé de l'être en 1742. On y parle la langue vénéde & on y compte cent-quinze villages. Il abonde en mines de fer.

*Cotbus*, ville sur la Sprée: elle a quatre églises dont une est pour les calvinistes. Elle a une colonie de réfugiés français, trois faux-bourgs, une école latine, une manufacture de draps. On y fait encore

# CERCLE DE HAUTE-SAXE.

un commerce de bierre, de poix, & de lin qu'on cultive aux environs. Son bailliage s'étend sur neuf villages, il paye ses impositions à la nouvelle Marche, & dépend de l'Electorale pour tout le reste.

*Peitz*, petite ville sur la Malks, près de la Sprée. Ses remparts ont été démolis, & ses fossés comblés. Ses environs ont des mines de fer, qu'on y travaille dans des martinets. On y cuit de la thérebentine & de la poix.

Quoique la Silésie ne fasse point partie d'aucun cercle de l'Empire, sa situation, & notre plan de rassembler tout ce qui appartient à un même prince autant que le permet l'ordre général que nous suivons, nous obligent de la placer ici.

## DE LA SILÉSIE.

Elle est bornée à l'orient par la Pologne, séparée de la Hongrie par des montagnes & un pays difficile & couvert de broussailles, boulevart naturel qui n'appartient à personne, parce qu'il ne peut être utile : sa largeur est d'une lieue & demi. La Moravie, la Bohême, la Lusace la bornent au couchant, la Marche la limite au Nord. Sa longueur est d'environ cent-vingt lieues, sa plus grande largeur est de trente-cinq lieues : sa surface est de mille huit-cens-cinq lieues quarrées. Les monts *Sudetes* sont à son couchant & au midi : ils forment deux chaines, dont l'une s'étend de la basse Silesie & le comté de Glatz dans une étendue de vingt-quatre lieues; ce sont les monts *Riphées*, les montagnes de Bohême, les monts des *Géans*, & leur sommet le plus élevé s'appelle *Tête de neige*, & *tête de Géant*. L'autre chaine commence où l'autre finit & se termine à Jablunka, près des lieux où s'élevent les monts Krapacks ; cette chaîne est ce qu'on appelle, les *Montagnes de Moravie*. Il est encore des monts détachés dont nous parlerons ailleurs. L'air est rude & froid dans ces montagnes ; tandis qu'au pié des monts des géans, on se sert de traineaux, on se promene à Breslau sous la verdure des arbres. Les habitans n'osent y sortir de leurs cabanes qu'armés de planches longues & minces, ou de cerceaux, qui attachés aux pieds les soutiennent sur la neige. Mais ces monts portent des sapins, des pins, des pinastres d'où l'on tire de la poix, de la resine, du goudron : le melese y fournit de la thérébinthine, & de tous on fait du noir de fumée : ils recelent dans leur sein de l'or, des pierres précieuses telles que des amethystes, des diamans même ; on y trouve aussi de l'agathe & des jaspes, de la pierre à chaux, & on y coupe de grands blocs dont on forme des mausolées, des statues, des pierres de taille, des meules. Mais c'est dans la plaine que régnent la fertilité & l'abondance. On y recueille du froment, du seigle, de l'orge, de l'avoine, du maïs, de l'épeautre, du sarrasin, du millet, des lentilles, des pois, des feves, &c. Tels cantons produisent les meilleurs légumes, tels les meilleurs fruits. On y cultive beaucoup le lin, la garance, le houblon, le tabac : le safran, & le chanvre y sont moins abondans : la petite gentiane y sert à faire du fil ; l'*aster atticus* à teindre en jaune. Le vin y est bon, quand il est vieux. Des lieux annoncés comme presque stériles, tels que ceux des campagnes d'Oppeln, cultivés avec soin, y rendent le dix ou le douze pour cent de revenus, & quand on les vend, on stipule qu'elles rendront six pour cent du prix de l'achat. On y trouve de la terre sigillée qui ne sert qu'à des ouvrages de potterie ; le bois y est rare ; mais on y trouve du charbon de terre, & de la tourbe. L'argent, le cuivre, le plomb, le fer, font encore exploités dans d'anciennes mines : les eaux thermales, les fontaines minerales y préfentent des fecours aux malades ou à ceux qui croyent l'être. La facilité de tirer du bétail de la Pologne & de la Hongrie, fait qu'on y néglige cet objet important d'œconomie : il y a telles foires où l'on en voit arriver jufqu'à feize mille de ces regions fertiles en pâturages. On y nourrit des chevaux robuftes; mais on en élève peu. Dans les montagnes, on retire de deux chevres le profit qu'on retireroit d'une vache : on fait de leur lait de bons fromages. Les brebis y font nombreufes, leur laine eftimée, furtout celle d'été. La dépouille des animaux fauvages n'y peut être un objet de commerce : on trouve cependant des linx fur les montagnes; & dans les plaines, des renards, des martres, des mulots, des loutres, des caftors. L'Oder fournit du faumon, des efturgeons dont on en trouve quelquefois qui ont quatorze pieds de long, des zantes, des bifes ou glanis qui pefent cinquante livres, des lamproyes, des motelles &c. Il y a encore un grand nombre d'étangs & de rivieres poiffonneufes. La même raifon qui fait négliger d'élever des bœufs & des chevaux, y laiffe l'éducation des abeilles languiffantes, car la Pologne y fournit abondamment de la cire & du miel : on y néglige aufli la culture du ver à foie.

Les Lygiens & les Quades habiterent ce pays : les Slaves l'unirent à la Pologne, & lui donnerent fon nom; *Zlezia, Zlezi. Quad* fignifie *méchant* en vieux tudefque; *Zle* a le même fens en efclavon, & encore aujourd'hui, les polonais donnent aux Siléfiens le nom de *Zlefakas* : ce font eux qui firent des chrétiens de ces peuples qu'ils fubjuguerent. La Siléfie fut partagée entre les fils de quelques rois de Pologne : ces fils se combatirent & Jean roi de Bohème profitant de leur faiblesse, leur fit reconnaître son pouvoir, & l'Empereur Charles IV son fils, réunit toute la Silésie à la Bohème. Ses principaux seigneurs s'éteignirent, l'agriculture, le commerce y fleurirent. Les troubles de la religion nuisirent à sa prospérité. Un duc de Lignitz avait introduit la reformation de Luther dans son Etat : de-là elle s'étendit par toute la Silésie. Rodolphe II accorda aux protestans l'exercice libre & paisible de leur culte ; mais après la mort de cet Empereur, on voulut les convertir, c'est-à-dire, qu'on les persecuta. Les vexations se calmerent, & recommencerent selon les circonstances. Charles XII leur obtint la permission de bâtir six nouveaux temples & leur fit rendre les anciens qu'on leur avait enlevés : ils en possedaient trois cent vingt-six, quand le roi de Prusse s'empara de ce pays, & leur assura une pleine liberté de conscience.

Les calvinistes y avaient aussi des temples ; mais on les leur avait tous ôtés : ils en ont aujourd'hui en differens lieux de la province : les hussites ou bohèmiens protestans, y forment des communautés, y ont leurs ministres : les frère Moraves s'y assemblent, regissent leurs églises, comme il leur plait : mais ils ont des lieux qui leur sont assignés invariablement pour demeure, & ils ne peuvent s'établir ailleurs. Les grecs ont une église à Breslau, & les Juifs ont diverses synagogues dans la province.

Les catholiques romains qui y regnaient autrefois, n'y jouissent aujourd'hui que d'une tolerance entière. Ils sont presque tous soumis à l'Evêque de Breslau. La principauté de Troppau fait partie du diocèse d'Olmutz : celle de Teschen & ses environs, reconnaissent l'évêque de Cracovie pour le leur :

la partie de la Siléfie qui touche au palatinat de Pofnanie, dépend de l'évêque de cette ville. L'évêché de Breflau fut fondé en 966 par Mirciflas I, dabord à *Schmoger* dans le territoire de Namflau, puis il fut transféré à *Pitfchen* en 1041, & peu de tems après il fut fixé à Breflau. Il ne relève que du pape, & tient comme duc de Neiff, le premier rang parmi les princes de Siléfie. Le roi de Pruffe lui donne l'inveftiture de ce duché, & le prélat lui en jure foi & hommage : il lui prête ferment de fidélité & de foumiffion. Le roi le nomme, & l'a fait vicaire général & chef de tout le clergé catholique de fes états. Son diocèfe, divifé en quatre archidiaconats, renferme huit collegiales, cinq-cent foixante-feize cures, quatre-vingt fix monafteres dont il n'y a que dix-huit de femmes. Le roi confère tous les bénéfices ecclefiaftiques.

On compte dans la Siléfie entière cent-foixante-onze villes, quatorze bourgs & quatre-mille fept-cent foixante-un villages. Quelques hiftoriens lui ont donné plus de quarante mille villages, & on trouve cette exageration repétée dans Hubner : ce n'eft pas la feule ineptie que renferme fon livre eftimable en bien des points.

On parlait autrefois polonais en Silefie; cette langue y a beaucoup dégénéré ; l'allemand y eft aujourd'hui la langue la plus univerfelle; c'eft celle du prince, des tribunaux, de la plupart des nobles. Des polonais, des allemands en font les habitants; vers les frontiers de la Moravie, il y a des moraves; vers celles de la Bohème, il y a des Bohèmiens. Les ducs ou princes, les barons, la nobleffe immédiatement foumife au fouverain, celle des principautés héréditaires, leurs premieres villes y forment les *états*, partagés en trois claffes; depuis la la conquête que le roi de Prusse a fait de ce païs; il ne s'y tient plus de diete. Les biens seigneuriaux n'y peuvent être acquis que par des gentilshommes; mais les roturiers qui avoient des biens nobles en 1754 les ont conservés, & ont acquis le droit d'en acheter de nouveaux.

La Silesie prussienne a trois Régences : ce sont celles de Breslau, de Glogau & de Brieg. Outre la juridiction qui leur est annexée, elles veillent sur l'administration de la justice dans les principautés médiates, & dans les baronies: & sur la plainte de l'habitant, les juges doivent y apporter les piéces du procés, & suivre la forme, observer le tems qu'on prescrit à leur procédure. Ces régences connoissent de toutes les matieres civiles, criminelles, féodales & fiscales. Elles reçoivent les appellations des tribunaux, des seigneuries, des chatellenies royales, des magistrats municipaux. La derniere appellation est portée au grand tribunal royal de Berlin, lorsque l'objet excéde la somme de 500 rixd. Le code Fréderic sert de régle principale pour la forme & le fond : les ordonnances du roi, celles des empereurs, les lois & coutumes y servent de supplément. On consulte en quelques endroits l'ancien droit saxon. Les grands consistoires de Breslau, de Glogau, & de Brieg, y connoissent des affaires ecclésiastiques des luthériens : leurs membres sont les mêmes que celles des régences. L'officialité de Breslau décide des affaires ecclésiastiques des catholiques romains.

Les princes, barons états, & la ville de Breslau, ont leurs régences particulieres : ces tribunaux ainsi que d'autres justices particulieres, ont le droit qu'on n'appelle de leurs jugemens qu'au tribunal de Berlin, & encore ce n'est que lorsque la somme en litige monte à 100 rixd. Il y a encore une *Cour souveraine des princes*, qui s'assemble deux fois par an à Breslau, & examine les différens nés entre les princes & barons au sujet de leurs terres : on peut apeller au roi de ses décisions, qui confirme aussi les sentences criminelles des tribunaux de seigneuries, qui ont droit de haute & basse justice, dès qu'elles ordonnent une peine corporelle.

Autrefois le prince demandait les sommes d'argent aux états assemblés, & les dietines des principautés particulieres réglaient sur quels objets on devoit les lever. Cette province donnait, année commune 2,500000 florins à son souverain. Le roi de Prusse a aboli le sistême de finance que suivait la maison d'Autriche. Il a créé deux chambres des guerres & domaines pour administrer les deniers provenant des taxes & accises, des droits & revenus domaniaux. L'une réside à Breslau, l'autre à Glogau. L'accise à été mise sur les villes fermées : celles qui sont ouvertes, les bourgs, les châteaux, les villages payent des impositions permanentes, fixées invariabemnt pour les tems de paix & pour ceux de guerre. Chaque principauté, baronie, cercle, sait ce qu'il doit payer par an & par mois. Les deux chambres les sont percevoir, maintiennent l'ordre pour la régie, veillent sur la fidélité des repartitions & sur l'exactitude des payemens. Des intendans ou sénéchaux sont à la tête de chaque cercle : ils y ont des possessions, & la noblesse militaire nomme deux députés pour les assister dans l'administration des finances, dans l'examen des comptes, dans les affaires œconomiques de la province. Tous les impôts joints ensemble rendent au prince environ neuf millions d'Allemagne.

Cette province est fort peuplée : on croit qu'elle

nourrit un million huit-cens-mille habitans. Des établissemens bien dirigés y facilitent l'étude, & l'on y trouve des hommes savans, & des savans illustres. Ses manufactures les plus utiles, les plus étendues, sont celles des fils & des toiles unies & damassées. On y fait des toiles peintes à l'eau & à l'huile, des basins, des futaines, du limon rayé, uni, & à fleurs, des dentelles, & des étoffes de laine, de coton & de fil, des draps durables & assez fins, des bas, des chapeaux de laine, des serges, ras, droguets, bouracans, panne sur la laine &c. Ce pays a de belles courroieries, des papeteries, des verreries. On y fond un très beau cryftal, on y polit & grave le verre, on y fait la poudre, forge & travaille le fer &c. Elle manque de sel, & le tire de Pologne, de Hall, & de Schœnbeck.

Le commerce s'est accru sous la domination prussienne. On a vu par ses productions, par celles de ses voisins, parce qui lui manque ou qu'elle néglige, quels en peuvent être les objets. Les monnaies y sont inégales & variables : on y compte trois sortes de marcs, Les monnaies de Prusse & de Saxe y ont également cours.

Le roi prend le titre de duc souverain de Silésie; la reine de Hongrie a gardé aussi le titre de duchesse de la haute & basse Silésie. Le premier s'en empara en 1740, la seconde la défendit, la céda, voulut s'en resaisir & la cédée enfin, probablement pour toujours. Le roi de Prusse y avait des droits ; mais les plus évidens, étaient une armée agguerrie, nombreuse & des victoires. La reine a conservé une petite partie du pays dont l'étendue peut être de cent soixante-dix lieues quarrées : nous en avons donné la description. Passons à celle de la Silésie Prussienne ; mais auparavant parlons des rivieres qui l'arrosent.

L'*Oder*, *Viadrus*, prend sa source en Moravie, mais il y est un ruisseau : c'est en Silésie qu'il devient un fleuve : il la traverse dans sa longueur, porte bateau à Ratibor, entraine dans son cours des sables mouvans, des chênes deracinés, & forme çà & là des bancs & des basses. Ses rivages sont bas & sablonneux, ses inondations sont redoutables. Il reçoit dans son sein toutes les petites rivieres du pays, l'*Oppa*, l'*Oster* ou *Ostravice*, l'*Flse*, la *Neisse*, l'*Ohlau*, la *Stober*, la *Lohe*, la *Weyde*, la *Bartsch*, la *Bober* &c. Deux autres fleuves en sortent, la Vistule & l'Elbe. La première s'appelle en allemand *Weischsel*, & est formée de trois fontaines qui sortent des hautes montagnes de la principauté de Teschen : il prend son cours à l'orient, & entre en Pologne par la seigneurie de Pleiss. L'*Elbe* sort des montagnes de la principauté de Jauer, & entre dabord en Bohème.

## SILÉSIE PRUSSIENNE.

### I. PARTIE DE LA BASSE SILÉSIE.

On y compte sept principautés immédiates, & six médiates. Nous commencerons par celle de Breslau.

### PRINCIPAUTÉ DE BRESLAU.

Celles d'Oels & de Wohlau la bornent au nord : celles de Lignitz & de Schweidnitz au couchant : celles de Brieg & d'Oels à l'orient, celles de Schwdnitz & de Brieg au midi. Le cercle de *Namslau* en fait partie, & en est séparé : il touche vers l'orient à la Pologne. L'Oder l'arrose : il y reçoit l'*Ohlau*, la *Lohe*, le *Weistritz* ou la *Schweidnitz*, & la *Stober*. C'est un pays plat & uni, marécageux ou sablonneux aux bords de l'Oder : il a de beaux champs, des prairies fecondes : les bœufs, les moutons s'y engraiffent promptement, & les vaches y font de plus grande taille & plus abondantes en lait, qu'ailleurs. On y plante le faule pour bruler, & la difette du bois fait que le payfan fe fert pour cet ufage de la paille, des tiges de chardons, de glouterons, des pommes de terre, de tournefols, qui leur fervent auffi pour clôrre leurs champs. Le poiffon eft abondant près des rivieres & cher par tout ailleurs. On y cultive la garance. Le fol eft noir, prefque mouvant, les chemins y font affreux, & le feul bon qu'on y ait fait, couta des fommes immenfes & en coute encore pour l'entretenir. Les fils de Wratiflas II. roi de Pologne s'étant partagé la Siléfie comme nous l'avons vu, cette partie fut l'appanage de *Boleslas Altus*: la difcorde s'éleva entre fes defcendans, l'un d'eux implora le fecours de Jean roi de Bohème, qui le protegea pourvu qu'il lui promit de le déclarer fon fucceffeur s'il n'avait point de fils : il lui fucceda en effet, & il confera le gouvernement du pays à la ville de Breflau : fon premier Echevin en fut le Prefet jufques fous Ferdinand II.

On divife cette principauté en quatre cercles. On y compte neuf villes, deux bourgs : les villages y font petits ; mais il ne font éloignés les uns des autres que d'une portée de canon.

*Cercle de Breslau.*

Breslau, (*Vraftislavia*) eft fitué fur l'Oder qui baigne fes remparts vers le nord, & y reçoit l'Ohlau, qui prefque l'environne. Elle fut dabord placée vers le vieil Oder, derriere l'isle de *Dominfel*. Les Tartares la détruifirent en 1241, & on le rebâtie où elle eft. La vieille ville, dont l'Ohlau faifait le foffé, fut étendue par Charles IV. La ville neuve n'a été enfermée dans les murs de Breslau qu'en 1529. En ajoutant à ces deux parties leurs vastes faux-bourgs, Breslau a une enceinte de plus de trois lieues. Ses fortifications sont faibles, ses maisons sont bâties en pierre ; elle en a d'élégantes ; de beaux édifices publics, de belles places publiques l'ornent encore. C'est dans l'isle de Domau, *Dominsel*, qu'est la cathédrale : cette isle a un rempart & des bastions. Là encore est la bibliothèque épiscopale, la collégiale de Sainte Croix, deux autres églises, le vaste palais de l'évêque, les maisons des chanoines, l'hôpital électoral fondé pour de pauvres enfans. Sur l'isle des Sables, est la belle église *Notre Dame*, le magnifique couvent des chanoines Augustins où est une nombreuse bibliothèque, celui des Augustines & plusieurs églises. Celle de *St. Michel*, pour les catholiques, est bâtie en bois. Près de là est l'abbaye superbe de St. Vincent, ordre des prémontrés, dont l'abbé a le titre de prince. Celui de Saint Mathias & l'abbesse de Sainte Catherine ont le même titre. Le collége des Jésuites & leur magnifique église, furent bâtis dans le lieu où s'élevoit l'ancien palais des ducs. Les Catholiques y ont encore plusieurs couvens & plusieurs églises. Les luthériens en ont sept, & deux d'entr'elles ont une belle bibliothèque : ils en ont encore deux hors les murs de la ville, & l'une d'elle est consacrée aux onze-mille vierges. Les reformés, les grecs y ont chacun une église, & les Juifs plusieurs synagogues. L'université est catholique : elle a un édifice superbe pour instruire la jeunesse. Les luthériens ont deux beaux gymnases, & dans chacun, onze régens : l'hôtel de ville, le palais de la régence sont vastes & gothiques. Breslau a encore une société royale de médecine, un grenier à sel, deux arsenaux &c. Elle a le troisieme rang parmi les villes que possède le roi de Prusse. Elle a six foires, & deux sont pour le commerce de la laine. On y fait & on y vend beaucoup de toiles fines : elle a d'autres manufactures encore, & tout le commerce de la Silésie semble s'y être concentré. Ses magistrats sont luthériens. Elle a un conseil & un sénat municipal. Une vingtaine de villages dépendent d'elle : celui de *Kanser* est sur l'Oder, & on y déterra en 1614 plusieurs urnes sépulcrales, reste du paganisme.

*Auras*, *Aures*, est une petite ville ouverte qui a deux églises : l'une est aux catholiques, l'autre aux luthériens. L'Oder l'arrose; elle a un château : c'est un bailliage royal.

*Lissa*, est un bourg, qui appartient à l'abbye de St. Matthias : c'est un fief royal, & on y voit un beau château.

*Dyhrenfurt*, est une petite ville sur l'Oder qui dans le siècle passé n'était qu'un village nommé *Prsig*. Son possesseur, le baron de Dyhr, l'a fait ville, & lui a donné son nom. Son château est orné d'avenues d'arbres : elle a une église luthérienne, une chapelle élégante pour les catholiques, & une imprimerie juive.

*Borau*, est une petite ville sur la Lohe : elle a un château, un beau jardin, & n'est point entourée de murs.

*Rotthensirben*, est un bourg sur un ruisseau qui se rend dans la Lohe. Il a droit de cité, & a l'aspect d'un village.

*Kirchen*, *Rathen*, villages connus par leurs beaux jardins. *Weyda* l'est, parce qu'il est un passage important.

L'évêque de Breslau possède dans ce cercle quinze à seize villages & le grand chapitre vingt-huit. On y remarque encore cinq fiefs royaux, ce

sont

font ceux de *Malkwitz*, de *Krolkwitz*, de *Grosburg*, de *Bogenau* & de *Kreyka*.

*Cercle de Neumarkt.*

*Neumarkt*, est une ville ancienne, ceinte de murs. Il y a un couvent & deux églises pour les cultes luthérien & catholique. Elle possède la terre de *Schlaup*: on y fait des carosses de parade & des voitures de voyages qu'on recherche. On y a de forts chevaux.

*Kostenblut*, est une petite ville qui appartient aux moines de St. Vincent de Breslau.

*Flemischdorf*, village, qui dans ses campagnes a beaucoup de tourbe. *Lauthen* ou *Lissa* est un village connu, *Nimpka* appartenait aux Jésuites. *Gros-Paterwitz*, *Rommenau* sont des fiefs royaux.

*Cercle de Canth.*

*Canth*, ou *Kanth*, est une petite ville, & un château antique sur la Schweidnitz. Elle donnait le titre de duc à son possesseur, & donne son nom au cercle qui renferme le bailliage de *Fürstenau* & divers villages.

*Cercle de Namslau.*

L'air y est rude; on y trouve plus de bois que dans tous ses environs.

*Namslau*, est une petite ville sur la Weyda, environnée de marais. On y voit un château, une église catholique, une polonaise avec un couvent, deux luthériennes, dont l'une est allemande, l'autre polonaise. Elle fut entourée de murs en 1330. Elle a des maisons désertes, d'autres qui tombent en ruines, sept villages sont avec elle engagés à la ville de Breslau depuis Ferdinand I.

*Reichthal*, est une petite ville dans le district de Skorischau. *Schmoger* ou *Smogra*, village, où fut érigé l'évêché de Breslau, & où fut élevée la première

Tome III.   M

église chrétienne. *Stœdtel* ou *Stœdlin*, paroisse qui a des forges, des verreries, des haras, & du gibier.

## PRINCIPAUTÉ DE BRIEG.

Elle est une des grandes principautés de la Silésie. Celles de Breslau, d'Oels, de Schweidnitz, d'Oppeln, de Munsterberg & de Neisse l'environnent. L'Oder la traverse, & y reçoit la Neisse & la Stober : elle renferme la source de la Lohe : l'Ohlau en arrose une partie. Elle est très fertile en grains; on y cultive la garance & le tabac. Sa plus haute montagne est celle de Jahnsdorf : çà & là sont quelques forêts. Celui qui posseda le premier cette principauté fut Boleslas III. L'un de ses successeurs devint luthérien en 1523 & fit un pacte de confraternité avec Joachim II, Electeur de Brandebourg, & de là vinrent les droits reclamés par Frederic II : les princes naturels s'éteignirent en 1675.

On la divise en six cercles où l'on compte neuf villes & deux bourgs.

*Cercle de Brieg.*

*Brieg*, (Brega) est située sur un coteau dont l'Oder baigne le pié, & c'est ce qui lui fit donner en 1250, le nom de *Civitas altæ ripæ*. C'est une des plus grandes villes de Silésie : elle est forte, & l'on y passe l'Oder sur un pont très-long, haut & solide. Le château, le collège, l'arsenal y étaient beaux : la guerre les a dégradés. Elle a un couvent de capucins, une maison de correction, plusieurs églises : deux sont pour les luthériens & ce sont les principales. Ils y ont aussi un gymnase : on y fabrique des draps fins depuis 1728. Elle a trois faux-bourgs assez beaux : l'un d'eux a été bâti par les prussiens.

Son territoire renferme une grande forêt; entre elle & la ville, est une prairie immense où les polonais amenent plusieurs milliers de bœufs & de chevaux pour les vendre. Cette prairie est traversée par une digue élevée, longue de demi lieue. Près d'elle est le *Jardin d'Abraham*, petite isle formée par l'Oder & couverte de broussailles. La ville possède six villages: celui de *Leupusch* a dans ses environs beaucoup de tourbe.

*Carlsmarkt*, est un bourg sur la Stober, chef lieu du bailliage royal de son nom, qui renferme cinq villages.

*Michelau*, est un bourg qui obtint les droits de cité en 1615. *Lewin* est une petite ville sur la Neisse. *Lossa*, *Mangschütz*, sont de grands villages: le premier est une commanderie de Malte. Celui de *Molwitz* est connu. Ce cercle renferme encore le bailliage de Ste Edwige de Brieg, & une chatellenie qui comprend plusieurs villages.

*Cercle d'Oblau.*

*Oblau*, (Olavia) est une ville près de l'Oder, & sur l'Ohlau, ceinte de murs & de remparts, environnée d'un terrein marécageux. Son château est vaste, ses escaliers sont de marbre, & les statues des ducs de Brieg y sont en marbre blanc. Son église est aux catholiques: celle de la ville est aux luthériens: il y a encore une église polonaise. Elle renferme un martinet de cuivre; autour d'elle on cultive le tabac. Son territoire renferme un village. Le bailliage de son nom renferme quelques villages.

*Klein-Oels* est un bourg, un vieux château, une commanderie de Malte.

*Cercle de Strehlen..*

Il est très fertile, sur-tout en froment & en seigle. *Strehlen*, est ceinte d'un double mur, & est arrosée par l'Oder. Elle a de grands faux-bourgs, trois églises, un couvent d'Auguſtins, une école latine attachée à l'égliſe polonaiſe. Les draps qu'on y fabrique ont de la reputation: ſes toiles de coton ſont eſtimées. Près d'elle eſt une vaſte carriere.

*Huſſinetz*, eſt un village de proteſtans Bohêmiens qui doit ſon nom à Jean Hus. Il ne peut être habité que par des hommes de leur religion & de leur pays: le ſol qu'ils cultivent fut acheté des aumônes qu'ils avaient recueillies.

Ce cercle renferme les deux bailliages royaux de *Strehlen* & de *Priborn*: on compte ſix villages dans le premier, & dix dans le ſecond. Près de celui de *Priborn* on trouve du marbre gris.

*Cercle de Nimptſch.*

*Nimptſch*, *Rimitium*, ville ſur la Loce, au pié d'une colline ſur laquelle eſt un château. Elle a deux égliſes, pour le culte romain & le luthérien, une école latine, & trois faux-bourgs.

Ce cercle renferme le bailliage de *Teich* ou *Rothſchloſſ*, dans lequel eſt un étang, & neuf villages; & la commanderie de *Gros Tinz*, de l'ordre de Malte: on y compte onze villages; *Gros Tinz* eſt ſur la Lohe: il a un haras. Il renferme encore diverſes ſeigneuries. Dans celle de *Zulzendorf*, on voit la ſource de la Lohe: c'eſt une fontaine tiède.

*Cercle de Creutzbourg.*

*Creutzberg* eſt ſur le ruiſſeau de Brinnitz: elle eſt ceinte de murs & de foſſés, a un château, & deux égliſes, commerce en miel, cire, cuirs & lin. Son territoire touche à la Pologne & renferme deux villages. Son bailliage en renferme huit.

*Cercle de Pitſchen.*

*Pitſchen*, eſt une petite ville, près de la Pologne, où fut fixé l'évêché avant qu'il le fut à Breſlau. Elle a deux égliſes, un collège, eſt ceinte d'antiques murs, a un territoire où l'on voit deux villages. Des villages & des biens nobles, c'est tout ce qu'on trouve encore dans ce cercle.

De cette principauté dépendent deux villes qui sont dans l'enceinte de celle de Münsterberg. C'est *Reichenstein* & *Silberberg*, toutes deux dans les montagnes. Dans la premiere est un bureau royal des mines, & deux églises : au midi & au couchant de la ville est le mont nommé *âne d'or* : il y a une mine d'argent où l'on trouve un gravier d'or, de couleur blanche & d'une qualité arsenicale. La seconde est voisine d'une mine d'argent où l'on trouve cette substance minerale de la nature du talc, nommée Prombagine : elle est impregrée d'argent.

## Principauté de Schweidniz.

Elle touche à celles de Brieg, de Breslau, de Lignitz, de Jauer, de Münsterberg; au comté de Glatz, & à la Bohême : c'est une des plus grandes, des plus riches, des plus peuplées de la Silésie. Entre elle & la Bohême sont les *Monts Sudetes* parmi lesquels on distingue par sa hauteur celui d'*Eule*. D'autres montagnes joignent les Sudetes au *Zottenberg*, ou *Zabothus*. On lui donne aussi en latin le nom de *Zotensis*, de *Silansis*, de *Sequax* le premier lui vient, ce semble, de la ville de Zobten qui est à son pié : on le croit le *mont Asciburgius* de Ptolomée. Il est à trois lieues de *Schweidnitz*; une vaste plaine l'entoure au nord, au levant & au couchant. Sa hauteur perpendiculaire est de deux-mille cent-vingt pieds du Rhin : sa circonférence est de dix-mille quatre-cens pas. A son sommet était un château, habité dabord par un comte Danois, puis par des religieux de St. Augustin, par les ducs de Schweidnitz, enfin par des brigands. Les bourgeois de Breslau & de Schweidnitz le demolirent : on y voit aujourd'hui une petite église où l'on va en pélérinage. A côté d'elle est une vaste forêt & un haut rocher d'où l'on découvre presque toute la Silésie.

Ce pays fournit du bois, des légumes, des fruits, du gibier, nourrit de nombreux troupeaux, recéle du charbon de terre, est riche en lins & en laine employées dans des manufactures florissantes, placées la plupart dans les montagnes où elles répandent l'aisance. La *Weistritz*, la *Polsnitz*, le *Bober* l'arrosent : la premiere sort des monts Sudetes, la seconde du Vallon de Bœrengrund, la troisième vient de Bohême. Ses ducs descendaient de ceux de Brieg. L'Empereur Charles IV avait épousé la nièce de Boleslas III, & il lui succeda : il donna beaucoup de privilèges aux habitans qui en jouissent encore.

*Schweidnitz*, (Suidnicium) est située sur la Weistritz dans une des plus belles contrées de la Silésie. Une triple enceinte de murs la défendaient : aujourd'hui elle l'est par de nouvelles fortifications. Un incendie l'avait presque consumée ; elle en est devenue plus régulière : ses rues sont larges, ses maisons élegantes & bâties en pierres, ses églises belles. Elle a quatre couvens, & un superbe hôtel de ville. Le plus grand nombre des habitans sont protestans : ils ont une église au dehors des murs ; mais les magistrats sont catholiques. Elle fut bâtie dans le douzième siècle, & son territoire ne renferme qu'un village.

*Zobten*, *Zabothum*, est une petite ville qui existait dans le second siècle. Elle appartient aux chanoines Augustins de Breslau. Son bailliage renferme encore un village.

*Freyburg*, est une petite ville sur la Polsnitz ; elle a deux églises dont l'une est pour les luthériens.

Elle fait partie de la seigneurie de *Fürstenstein* qui renferme encore plusieurs villages.

*Gottesberg*, (Mons Dei) petite ville qui a dans ses environs une mine d'argent qu'on n'exploite point & une de charbon de terre qu'on exploite. On y tricote une quantité prodigieuse de bas de laine. Elle a deux églises dont une est pour le culte romain. Les seigneurs de Fürstenstein la possédent, ainsi que celle de *Friedland* où l'on voit aussi deux églises pour les deux cultes.

*Waldenburg*, est une petite ville : la Polsnitz l'arrose, deux églises y sont élevées pour les deux cultes.

*Rudelstadt*, est une ville qui n'était qu'un village en 1754. Elle est dans les montagnes, & a des mines de cuivre.

*Salzbrunn*, est un village, & le seul lieu de la Silésie où l'on trouve des indices de sel commun : sa fontaine passe pour médicinale. *Rinsberg*, est un des plus anciens châteaux de la Silésie : au midi, on voit une jolie vallée. *Domanz*, village qui a deux églises pour les deux cultes. *Tannhausen* a une excellente fontaine minerale. *Altwasser*, a deux sources minerales dont la salubrité est connue, & des mines abondantes de charbon de terre. *Weißritz*, doit son nom à la riviere qui l'arrose ; on cherche l'or dans ses environs.

*Cercle de Striegau.*

*Striegau*, *Trimontium*, est une ville près de la Polsnitz, sur le ruisseau de Czisla qui s'y jette. Sa grande église appartient à l'ordre de Malte : une autre est pour les luthériens, elle a un couvent de carmes & une abbaye de bénédictines. On y fait de la bierre blanche : la terre sigillée qu'on tire du mont de St. George, est vendue par le magistrat vingt-quatre gros d'argent la livre : cette terre perd de sa réputation. Strigau devint ville en 1289; elle a déchu. Son cercle renferme plusieurs biens nobles, & le bailliage d'*Oelse* où l'on compte trois villages.

*Cercle de Bolkenhayn.*

*Bolkenhayn*, (Bolconis fanum,) cette petite ville a deux églises pour les deux cultes. L'abbaye de Grissau possède le château & ses dépendances.

*Hohenfriedberg*, est une petite ville où l'on voit un château & deux églises. Elle eut le droit de cité en 1409. Autour de ces deux villes sont dispersées diverses terres nobles.

*Cercle de Landeshut.*

*Landeshut* est sur le Bober & le Zieder qui s'y joignent. Cette ville a une église catholique. Les luthériens ont payé 92000 fl. aux Empereurs pour y avoir une église & une école. Fondée en 1292, la guerre n'y laissa que deux habitans en 1639. On y fait un grand commerce en fil & en toiles. Deux villages sont dans son territoire. Près d'elle est le mont *Burgberg*, qui au sommet a un retranchement, & au pié de bonnes carrières.

*Liebau*, est une petite ville à l'abbaye de Grissau, située dans une vallée, & n'ayant point de murs qui en forment l'enceinte. Telle est encore *Schœnberg*, placée dans un lieu sauvage, au milieu des monts. L'abbaye de *Grissau* qui les possède est de l'ordre de citeaux. Fondée en 1292 par le duc Bolcon, son abbé porte la mitre, a le titre de prince, est vicaire général de la Silésie. Le prieuré de *Wermbrunn* est incorporé à l'abbaye.

## CERCLE DE REICHENBACH.

*Reichenbach*, ville fur le ruiffeau de Peil. Elle renferme une commanderie de Malthe, le prieuré de Ste Barbe, un hôpital, & deux églifes. On y fabrique des toiles de bafins & des futaines.

*Peterwaldau*, eft un beau & grand village, où font plufieurs manufactures, un château, une églife luthérienne, une communauté de Moraves. Il y en a encore une à *Ober-Peyle*, & des manufactures à *Ernfdorf*.

## PRINCIPAUTÉ DE JAUER.

Elle confine à celles de Lignitz, de Schweidnitz, de Glogau & de Sagan. Les Monts Sudetes la feparent de la Bohème. Elle eft grande, riche, peuplée, abondante en bois, en charbons de terre, en mines de fer & de cuivre, en curiofités naturelles, en manufactures. Le mont des Geans s'y fait remarquer, & le *Schnee Koppe* y élève fa tête bien au deffus des autres: elle eft prefque toujours couverte de neiges. Sur la cime la plus élevée eft une chapelle où l'on fait l'office catholique tous les cinq ans: on y monte depuis le pié de la montagne par douze mille marches. On prétend qu'elle eft élevée de plus de trois mille cinq-cens toifes: c'eft une exageration. Ce pays ne produit pas affez de blés: l'*Elbe* & l'*Ifen* y prennent leur fource, & la *Bober*, le *Queiff*, la *Neiffe* l'arrofent: celle-ci eft redoutable par fes inondations. Le *Zaken* fe forme de trois ruiffeaux & fort de la montagne des Géans. La *Lomnitz* & la *Katzbach* paffent auffi dans cette province.

Ce pays fut foumis aux princes de Schweidnitz, & eut le même fort que cette principauté. On la divife en quatre cercles où l'on compte douze villes,

& un grand nombre de villages, la plupart peuplés de tisserans en toiles & linons.

*Cercle de Jauer.*

*Jauer*, (Jauravium), ville sur la Neisse qui prend aussi son nom. Elle a deux églises & un couvent pour les catholiques : dehors la ville les luthériens ont une église & une école. Son château est antique, ses maisons sont presque toutes de pierres, ses habitans sont presque tous commerçans : des arcades obscures la déparent, & rendent les rès-de-chaussée inhabitables, mais préservent les passans des injures du tems. Autour d'elle sont des châteaux & de villages. Celui de *Brechelshof* est considérable.

*Cercle de Hirschberg,*

*Hirschberg,* (Cervimontium) est une belle & grande ville, la plus commerçante de la Silésie après Breslau : ses grands faux-bourgs ont de beaux jardins. Les églises qu'elle renferme sont destinées au culte romain, mais les luthériens ont acheté à prix d'argent le droit d'en élever une à ses portes. Elle trafique en toiles, en linons, fabriqués dans son voisinage & ce commerce est considérable. Près d'elle sont deux monts : sur l'un sont les ruines d'un château : sur l'autre est un parnasse bâti avec effort par les poëtes de la ville.

*Smiedeberg*, est une ville libre, ouverte, longue de près d'une lieue, environnée de montagnes. Il y a deux églises pour les deux cultes, & des manufactures de damas : on y travaille en lin, en mi-soie & en soie. Les mines des environs l'ont peuplée de forgerons, de serruriers, d'armuriers, &c. Ses habitans avaient autrefois des gouëtres ; ils en ont moins, dit-on, depuis qu'ils ne se servent plus de l'eau des mines qui était vitriotique & ferrugineuse.

*Kupferberg*, est une petite ville sur une hauteur qu'arrose le Bober. Les deux religions s'y exercent: ses mines de cuivre lui donnerent l'existence; leur affaiblissement la fait déchoir.

*Schœnau*, est une petite ville dans les montagnes, sur le Katzbach, qui l'inonde quelquefois. Elle est sans murs, & divers fleaux l'ont dévastée. Elle fut fondée en 1296: on a trouvé aux environs un grand nombre d'urnes sépulcrales.

*Warmbrunn*, est un grand village dans une contrée montagneuse & riante. On y voit deux fontaines thermales dont chacune a son bâtiment particulier. Elles sont moins chaudes que celles de Carlsbad & d'Aix la Chapelle. *Kunast*, seigneurie, château, dans une situation agréable, & dont la perspective est riante. Son nom vient de l'espèce d'arbres appellée *Pinastre*; sa ruine, du feu du ciel. *Herrnsdorf*, village, château où l'on trouve une grande bibliothèque. *Schreibershau*, village où l'on fabrique les verres les plus fins, ornés de figures, taillées avec beaucoup d'art. Plusieurs seigneuries sont dispersées dans ce cercle. Entre *Kauffung* & *Seiffersdorf* est une caverne où l'on voit diverses allées tortueuses, ornées de stalactites grises & blanches qui se broyent avec facilité.

*Cercle de Lawenberg.*

*Lawenberg* (Léopolis) ville sur le Bober: Elle dechoit; mais ses environs sont rians. Elle a eu de belles manufactures de draps, des mines riches & il ne lui reste rien de cela. Elle a un couvent & deux églises pour les deux cultes. Ses campagnes sont ornées de romarins.

*Greiffenberg*, petite ville sur la Queiss, fort commerçante, assez agréable. Les catholiques y ont seuls une église. Près d'elle est le vieux château fortifié de *Greiffenstein*, dans le voisinage duquel on a trouvé de l'ambre fossile d'un rouge foncé.

*Friedberg sur la Queiss*, petite ville sans murs: elle a deux églises pour les deux cultes.

*Liebenthal* est une petite ville dans un vallon charmant, qui appartient à une abbaye de Bénédictines. On y commerce en fil.

*Lœhn* est une ville sur le Bober, bâtie en 1214, dependante du château de ce nom. Elle a deux Eglises.

*Holstein* est une seigneurie, & un château bâti sur un rocher énorme. Nous ne parlons pas de plusieurs autres.

*Cercle de Bunzlau.*

*Bunzlau* (Boleslavia) est une ville sur le Bober qui arrose ses fertiles campagnes. Les catholiques y ont un couvent & une église: les luthériens une église & une maison d'orphelins. On y fabrique une poterie brune, excellente, & qui est l'objet d'un commerce considérable. Près d'elle est une fontaine célèbre par sa clarté, & sa salubrité. Elle a eu des mines. Ses maisons sont presque toutes bâties en pierres.

*Naumbourg sur la Queiss* est une petite ville ceinte de murs, fondée en 1202. On y fabrique de la belle poterie. Elle a un couvent & une église. *Grosskrausche*, village habité par les moraves. *Klitschdorf*, village sur la Queiss: il fut une place forte. Il y a encore plusieurs seigneuries; mais qui ne nous présentent que des noms.

## PRINCIPAUTÉ DE LIGNITZ.

Celles de Jauer, de Schweidnitz, de Breslau, de Wohlau, & de Glogau l'environnent. Elle est étendue & fertile, a de belles forêts, d'excellens"chevaux : on y cultive beaucoup de garance. La *Neiſſe*, la *Schwarwaſſer*, la *Weilach*, la *Katzbach* l'arrosent, l'*Oder* l'effleure. Ses ducs finirent en 1675. On y compte cinq villes, & on la divise en quatre cercles.

*Cercle de Lignitz.*

*Lignitz* est une des meilleures villes de la Silesie, située sur la Katzbach, & presque toute peuplée de Luthériens qui y ont deux grandes églises, une école royale & municipale. Les catholiques y ont une église collégiale, une chapelle magnifique où les ducs étoient inhumés, deux couvens, un hopital. Les états s'y assemblent dans un hôtel superbe. Les anciens ducs de la basse Silesie y résidoient dans un château qu'on voit encore, & qui est environné d'un fossé & d'un haut rempart. Les Tartares qui prirent la ville en 1241, ne purent rien contre lui. On y brasse de la bierre, on y fabrique des draps : ces objets font avec la garance ceux du commerce des habitans. Son territoire renferme quatre villages. Son bailliage comprend les moulins à farine, à tan, à foulon, à poudre, les papéteries des environs, treize villages, & trois étangs. Il en est deux que sépare le grand chemin & qui se communiquent, car dit-on, les poissons marqués qu'on lache dans l'un, se voyent quelquefois dans l'autre. A coté est le bailliage de *Gros-Braude*. On y compte quatre villages : celui de *Nickelstadt*, est connu par l'or qu'on espéra y trouver.

Le cercle de Lignitz se divise en trois districts: nous venons de décrire l'un; parcourons ce qui reste dans les deux autres. *Waldau* est un des plus grands villages du pays, il est dans la vallée de *Tranenthal* nom que lui donna un monument élevé en mémoire de la séparation d'un duc de

Brieg avec sa fille unique *Wahlstadt*, grand village bâti pour conserver le souvenir d'une victoire des Tartares. *Gros-Janowitz* parut avoir de l'or dans ses environs, & n'y a que de la terre sigillée. *Grünthal* a des eaux thermales & sulphureuses découvertes en 1710. *Klein-Koizenau* est un bourg. Deux grandes forêts, plusieurs autres villages se voyent encore dans ce cercle.

*Cercle de Goldberg.*

*Goldberg*, (Aurimontium) est une ville sur une colline, dans une contrée agréable, près du Katzbach qui ravage souvent ses bords; mais où l'on pêche de belles truites. Une mine d'or, autrefois fort riche lui donna son nom : elle a dans ses environs de la terre sigillée, qu'on ne recherche plus. Les Luthériens y dominent; ils y ont une école. Des étoffes de laine & des toiles occupent ses habitans : l'ordre de Malte y a une commanderie : quatre villages composent son territoire.

Ce cercle renferme encore une douzaine de villages, & les monts de *Grützberg* & de *Spitzberg*. Le premier est agréable, & sa cime porte les ruines d'un château fortifié : à son pié, il en a un qui est beau & n'est point fort. Le second paroit comme une pyramide verdoyante.

*Cercle de Haynau.*

*Haynau* est sur la Deichsa : c'est une petite ville ceinte de murs & de fossés pleins d'eau. Son château tombe en ruines. Elle a deux Eglises pour les deux cultes. Son territoire contient deux villages & une forêt. Quinze villages forment encore ce cercle : la plupart ont des églises luthériennes.

*Cercle de Lüben.*

*Lüben*, est une ville dans des campagnes pierreuses, & fertiles. Elle est petite, mais elle a deux

# Cercle de Haute-Saxe.

vastes faux-bourgs : elle avoit un château dont il ne reste que les murs. L'église & le collége sont aux luthériens. Sa manufacture de draps parait déchoir ; maison y fabrique d'autres étoffes de laine. Un village, une forêt forment son territoire. Dix villages sont repandus dans ce cercle ; on remarque celui d'*Ossig*, où nâquit Gaspar Schwenkfeld, chef de secte.

Le bailliage de Parchwitz, ne fait point partie de ces cercles. *Parchwitz* est une petite ville. Elle a un faux-bourg, deux églises luthériennes, une chapelle catholique, un hôpital, une manufacture de draps. Autour d'elle sont cinq villages, dont quatre forment une espéce de rue de plus d'une lieue de long.

## Principauté de Wohlau.

Elle est bornée par celles de Lignitz, de Breslau, de Glogau, d'Œls, & par la Pologne : son sol est en partie aride, marécageux, & couvert de broussailles : quelques champs fertiles, des étangs poissonneux en font la richesse. L'Oder la traverse & y reçoit à *Katzbach*, le *Kaltenbach*, le *Jüseritz* & divers ruisseaux. Elle n'a formé que pendant quelques années une principauté particuliere, qui en 1675 eut le sort de celles de Lignitz & de Brieg. Elle dépend comme elles de la régence royale & de la chambre des guerres & du domaine de Glogau. On la divise en six cercles & on y compte six villes.

*Cercle de Wohlau.*

*Wohlau*, ville environnée de murs, de marais & d'étangs, qui a deux fauxbourgs, un beau château dont la chapelle est pour les catholiques, un couvent de carmes, une église & un college pour les luthériens. On y fabrique des étoffes de laine. Son territoire contient six villages. Son bailliage en renferme plusieurs.

*Leubus*, bourg sur l'Oder, au dessus duquel est un grand village, & l'abbaye de ce nom. Elle est de l'ordre de cîteaux, & fut fondée en 1050. Il est sur l'Oder, & offre un coup-d'œil admirable. *Kreyda* est un prieuré de l'abbaye de N. D. des Sables de Breslau : deux villages en dépendent. On en compte trois encore dans ce cercle, & ils ont des églises luthériennes.

*Cercle de Wintzig.*

*Winzig*, est une ville sur une colline sablonneuse. On y voit deux églises pour les deux cultes. Ses maisons sont de bois, & ses habitans laboureurs; souvent elle manque d'eau. Quelques villages sont autour d'elle.

*Cercle de Herrenstadt.*

*Herrenstadt* est située entre les deux bras du ruisseau de Bartsch, qui arrosent une grande plaine fertile. Elle a deux églises pour les deux cultes. Son bailliage est assez considérable. Ce cercle est remarquable par un grand nombre de villages étendus.

*Cercle de Rützen.*

*Rützen* est une petite ville sans murs, sur le Bartsch. Elle a un château sur une montagne, & dans la plaine deux fontaines minérales. Sept villages forment avec elle ce district.

*Cercle de Steinau.*

*Steinau*, est une ville sur le Kaltenbach, près de l'Oder. Ses campagnes sont fertiles en blés. Elle a une église luthérienne, une chapelle catholique, & des manufactures de draps. Entourée de murs & de fossés, ses maisons sont de bois. Près d'elle est le district de *Preichau*, domaine de l'évêque de Breslau :

Breslau, qui renferme six villages. On en compte huit encore dans ce cercle.

*Cercle de Raudten.*

Il renferme neuf villages & la petite ville de Raudten. Elle a une église luthérienne, une chapelle catholique, & n'est point fermée de murs.

## Principauté de Glogau.

Elle touche à celles de Wohlau, de Lignitz, de Jauer, de Sagan, de Crossen, & à la Pologne. C'est la plus étendue de la basse Silésie. Son sol produit des blés, du vin, renferme du fer, a des prairies, des forêts, & nourrit des moutons qui donnent une laine utile. L'Oder la traverse & y reçoit le *Boberh*, la *Bartsch*, & d'autres ruisseaux. Elle eut un prince particulier en 1241, appartint au roi de Hongrie Matthias Corvin, roi de Pologne, au roi de Bohème Wradislas : elle passa aux empereurs, ensuite au roi de Prusse. Elle est divisée en six cercles qui renferment seize villes & quatre bourgs.

*Cercle de Glogau.*

*Gross-Glogau*, est une belle ville, & bien fortifiée. Fondée d'abord au nord de l'Oder, elle est au midi depuis 1110; elle a un gouverneur & un commandant, est le siège de divers tribunaux, d'une régence, d'une chambre des guerres & domaines, d'un vicariat général de l'évêque, &c. On y voit un château, deux églises catholiques, dont l'une est collégiale, deux couvens, une abbaye de filles, une église & une école luthériennes, une chapelle pour les reformés, & un assez bel hôtel de ville. Son territoire renferme dix villages.

*Polkwitz*, est une petite ville, dont les maisons

sont de pierres & qui a deux églises pour les deux cultes.

*Schlawa*, est une petite ville qui a deux églises, qui n'est point fermée de murs, qui est assise au bord d'un étang poissonneux où l'on remarque une sorte de marée périodique, & dont le sable de ses rives est semé de paillettes d'or. Cet étang rapporte mille écus par an. *Quaritz*, *Kuttlau* sont deux bourgs.

Ce cercle renferme les bailliages de *Pridemost*, de *Gramschütz*, d'*Obisch*, & un grand nombre de villages.

Cercle de Gurau.

*Gurau*, est une petite ville qui a deux églises pour les deux cultes. Elle est sur une colline : on y fabrique des draps, & on y commerce en blés. Son territoire comprend trois-cens quarante-six villages.

*Gross-Tschirne*, est une petite ville sur les frontières de Pologne : on y fabrique des draps.

*Kœben*, est une petite ville sur l'Oder : elle a un château & deux églises pour les deux cultes : on y passe le fleuve en bateau. *Seitsch* prieuré de l'Abbaye de Leubus. *Hundspass*, est une isle autrefois fortifiée. On compte plus de vingt villages dans ce cercle.

Cercle de Sprottau.

*Sprottau*, est une ville au confluent du Bober & de la Sprotte, au milieu d'un vaste marais. Elle a un château qui tombe en ruines, une église catholique & un couvent de religieuses; une église & une école luthérienne. De vieux murs flanqués de tours l'environnent.

*Primkenau*, est une petite ville où sont deux églises, mais qui n'est point fermée : on y forge le fer & fabrique du papier. C'est une seigneurie qui renferme 6 villages. On en compte encore cinq dans ce ditrict femé de forêts, & abondant en gibier.

*Cercle de Freyſtadt.*

*Freyſtadt*, (Éleutheropolis), eſt une ville qui a un vieux château, une égliſe catholique & un couvent de carmes. 90000 fl. donnerent aux luthériens le droit d'y avoir une égliſe & une école. Elle eſt ſituée dans une vallée aſſez peuplée, & on y fabrique de bons draps.

*Neuſaz* eſt une petite ville ſur l'Oder. Elle le devint en 1743. Elle a deux égliſes pour les deux cultes, & une communauté de Moraves. On y cuiſait autrefois du ſel : il y en a aujourd'hui un magaſin : c'eſt auſſi le magaſin royal des meules. On y fabrique des draps & des toiles. Cette ville n'eſt point ceinte de murs.

*Neuſtædtel*, eſt une petite ville ſur le ruiſſeau de Weisfurt : elle n'eſt point fermée. Huit villages ou ſeigneuries ſont encore diſperſées autour de ces villes.

*Cercle de Grünberg.*

*Grünberg*, (Praſia Elyſiorum), eſt une ville qui a deux Egliſes pour les deux cultes; on y fabrique les draps, & elle eſt environnée de vignobles fertiles. Son territoire renferme ſix villages.

*Wartenberg*, eſt une petite ville ouverte qui appartenait aux Jéſuites avec ſix villages voiſins.

*Sabor am Hammer*, eſt une petite ville : elle n'eſt point fermée & n'a qu'une égliſe luthérienne.

*Kontop*, grand bourg, & huit villages encore, ſont tout ce que renferme ce diſtrict.

*Cercle de Schwiebus.*

Il a été donné au Brandebourg depuis 1686, juſqu'en 1695 qu'il retourna aux empereurs pour 250 mille florins.

*Schwiebus*, eſt une petite ville ſur le ruiſſeau de

Schwemme. Elle a deux églises, & l'une d'elle est pour les luthériens : des manufactures de draps florissantes la soutiennent. Sa jurisdiction s'étend sur dix villages, & l'abbesse de Trebnitz possede son chateau avec le bourg de *Mühlbock*.

*Liebenau*, est une petite ville mixte. Elle appartient aux moines polonais qui habitent le Monastère de *Paradis*. On compte encore quarante-un villages dans ce cercle.

Nous avons décrit les sept principautés immédiates ; il nous reste à parcourir les six médiates.

## Principauté de Neysse.

C'est une des plus grandes de la Silésie. Elle touche à celles de Münsterberg, de Brieg, d'Oppeln, de Jœgerndorf, à la Moravie, au comté de Glatz : au midi les monts Sudetes la traversent : vers le nord elle est unie & fertile. On y élève de bons chevaux, on y cultive le tabac, on y forge beaucoup de fer. L'*Ohlau*, l'*Oppa*, la *Neysse* l'arrosent : celle-ci est la plus considérable & reçoit plusieurs ruisseaux. Un fils de *Boleslas Altus* la possedait quand il devint évêque de Breslau : il donna cette terre à l'évêché en 1199. Ce ne fut que quarante-un ans après qu'elle devint un duché. L'évêque prend le titre de prince de Neisse & duc de Grotkau, quoique Grotkau ne soit qu'une simple terre ; mais on aime à enfler ses titres. On compte onze villes dans cette principauté : nous avons décrit la partie qui est demeurée à l'Autriche. Celle-ci est divisée en deux cercles.

*Cercle de Neysse.*

*Neysse*, (Nissa) est une ville forte. La Neysse la cottaie, & la separe d'une montagne sur laquelle est le fort de *Prusse*; la Billau la traverse : l'air y est sain, & les alimens peu chers ; on y commerce en vins & en toiles : les maisons sont assez bien bâties, le palais épiscopal est beau : on y compte cinq couvens, un chapitre de l'ordre de rose-croix, dont le chef a le titre de prince, & un collège qui fut aux Jésuites. Elle a de beaux faux-bourgs, son territoire renferme deux villages. Le roi y nomme un gouverneur & un commandant.

*Ottmachau*, est une petite ville sur la Neysse. L'évêque de Breslau y a un château & y a placé sa regence. Elle n'est point ceinte de murs. *Patschkau* est aussi sur la Neysse, c'est une petite ville.

*Ziegenhats*, est une petite ville sur la Billau. On y fabrique le fer, & de beaux verres. Nous ne parlons pas de divers sièges seigneuriaux.

*Cercle de Grotkau.*

*Grotkau*, est une ville assez bien bâtie, sur la Neysse. L'évêque y a un palais, près d'elle sont des forêts assez vastes. Elle possède la seigneurie d'un village.

*Wansen* est sur l'Ohlau. C'est une petite ville & ses environs sont fertiles en tabac. Divers villages & biens nobles environnent ces deux villes.

## PRINCIPAUTÉ D'ŒLS.

Elle est environnée par celles de Brieg, de Breslau, de Wolhau, de Trachenberg, & par la Pologne. Son sol est sablonneux : l'*Œlse*, & la *Weyda* l'arrosent : l'Oder coule près d'elle. On y compte huit villes & un bourg. Elle faisait partie de celle de Breslau, & ne devint une principauté qu'en 1309. Son prince est de la maison de Würtenberg, & n'a point d'enfans. Elle est divisée en quatre cercles.

### Cercle d'Œls.

*Œls*, (*Olsena*) est une ville sur l'Œlse, dans un terrein marêcageux. Il y a deux églises luthériennes, une catholique, un riche collège, & d'assez grands faux-bourgs.

*Friederichsfeld*, est une petite ville près de la Weyda, appellée autrefois *Hundsfeld*. Les moines de St. Vincent la possedent. *Wildschütz*, village près du quel on a trouvé un grand nombre d'urnes sépulcrales. Il y a dans ce cercle plusieurs biens nobles, dont quelques uns apartiennent à l'évêque de Breslau, & à son chapitre.

### Cercle de Bernstadt.

*Bernstadt*, ou *Berolstadt* est sur la Weyda. C'est une ville ceinte de murs & de fossés; elle a un château, une église & une école luthérienne.

*Juliusbourg*, est une petite ville ouverte, où sont un château, une église & une école. C'était un bien noble en 1663, connu sous le nom de *Dreske*.

*Medzibor*, ou *Mittelwald*, est aussi sans murs. Sa seigneurie renferme un sol fertile, des ruisseaux poissonneux, & des forêts abondantes en gibier.

*Ossen*, est un village où l'on fait le verre, & où l'on cuit du sel. On en trouve encore vingt-cinq dans ce district.

### Cercle de Trebnitz.

*Trebnitz*, est une petite ville ouverte, habitée par des luthériens, dépendante de l'abbaye de femmes qui porte ce nom, qui est de l'ordre de citeaux, & fut fondée en 1203. On y venère l'image de St. Hedwic.

*Stroppen*, est une petite ville. Elle a une église & une école luthérienne si elle n'est point fermée de murs.

*Zirkwitz* est un bourg, *Wersingave* est un village

près duquel est une fontaine minerale. *Masset*, est un bien noble où l'on découvrit le premier cimetierre payen en Silésie : il y avait des urnes & d'autres antiquités. Il y a encore une trentaine de villages ou biens nobles dans ce district, & l'évèque en posséde environ le tiers.

*Cercle de Constadt.*

*Constadt* est une petite ville : presque tous ses habitans sont luthériens, & la plus grande partie sont des polonais. Elle n'est point fermée de murs. Le cercle est séparé des autres par celui de Namslau : il renferme encore quelques villages ou terres nobles, qui la plupart, dépendent des comtes Posadowski.

## PRINCIPAUTÉ DE SAGAN.

Celles de Glogau, de Crossen, & la Lusace la bornent. La *Queiss* la traverse & y reçoit le *Bober*, la *Tscherna*, la *Priesnitz*. La *Neysse* en arrose un canton. Elle a de vastes forêts, du gibier, des mines de fer & des forges. Elle renferme trois villes & un bourg, fit partie du duché de Glogau, devint une principauté particulière en 1395, parvint à la maison de Saxe, revint à la Bohême, fut donnée au général Wallenstein, & enfin vendue aux princes de Lobkowitz qui la possedent encore. On la divise en trois cercles.

*Cercle de Sagan.*

*Sagan*, est une ville sur le Bober : une double enceinte de murs la défend ; un château y est la résidence du prince : on y voit une abbaye de chanoines Augustins, & une collégiale. Les magistrats sont catholiques, & les luthériens y ont une église & une école : il y a plusieurs maisons ruinées. La ville possède des martinets en fer & en cuivre qui sont près d'elle : ses environs sont rians. Douze villages y sont répandus.

*Cercle de Priebus*

*Priebus*, est une petite ville sur la Neysse. Elle a deux églises pour les deux cultes; ses murs sont flanqués de tours, & ses maisons bâties en bois.

*Freywalde*, est un grand bourg. *Buhrau*, village où est une colonie de moraves. Quinze autres encore forment ce cercle.

*Cercle de Naumbourg.*

*Naumbourg sur le Bober*, est une petite ville sans murs, & assez ancienne. Elle a deux églises pour les deux cultes. Près d'elle est un prieuré du chapitre de Sagan. Son territoire renferme quatre villages. Le cercle en compte encore dix dans son enceinte.

## PRINCIPAUTÉ DE MUNSTERBERG.

Celles de Brieg, de Schweidnitz, de Neysse, & le comté de Glatz l'environnent. Le sol y est fertile en grains, lin, & chanvre : il y a beaucoup de bois : on y cultive le houblon : on y nourrit des bœufs & des moutons. A son couchant finissent les montagnes de Bohême, au midi commencent celles de Moravie. Parmi celles-ci, en est une qu'on appelle l'*Ane d'or*. L'*Oblau* & la *Neysse* l'arrosent. Elle fit partie du duché de Schweidnitz, fut vendue à Charles IV & devint un fief de la Bohême. Depuis ce tems, elle fut donnée, vendue, engagée à différens maitres : le dernier fut Jean Weichard d'Auersberg dont les descendans la possèdent encore. Elle se divise en deux cercles & l'on y compte trois villes & un bourg.

*Cercle de Mnüsterberg.*

*Münsterberg*, ou *Sambice*, est une ville sur l'Ohlau. Elle a deux églises catholiques, une luthérienne, un oratoire pour les reformés de Bohème, un château antique. La culture du houblon fait la principale ressource de ses habitans : ses environs sont agréables, son faux-bourg appartient à des moines, elle possède le village de *Leipe* où l'on trouve de la très bonne argile.

*Henrichau*, est une abbaye de l'ordre de cîteaux : son abbé porte la mitre, & prend le titre de prince. Elle fut fondée en 1222 par un secretaire du duc Henri le Barbu, & possède dix-huit villages & une seigneurie. Elle est sur l'*Ohlau*.

*Teppelwode*, est un bourg noble, son église est luthérienne : le ruisseau de Lau l'arrose. Son nom fait croire qu'il eut autrefois une fontaine thermale. Dans ce cercle on compte encore huit biens seigneuriaux ou villages.

*Cercle de Frankenstein.*

*Frankeinstein*, est une ville sur le ruisseau de Pausabach. Elle est le siège de la régence du prince. Elle a un château, une église catholique & un couvent. On y fabrique de la poudre à canon estimée. Ses environs sont fertiles en blés. Elle possède la seigneurie d'*Olbersdorf* & d'une partie de la ville de Wartha.

*Wartha*, est une petite ville sans murs, mais entourée de hautes montagnes. La Neysse l'arrose. On y fait de frequens pélérinages.

*Camenz*, est une abbaye de l'ordre de cîteaux. Ce fut dabord un château : en 1240, elle fut cédée à ceux qui l'habitent. Ils sont seigneurs de *Camenz*, & de vingt-deux villages. L'abbé a le titre de prince. Ce cercle renferme encore seize biens nobles, dont l'abbaye de Henrichau & celle de Ste Croix de Breslau possèdent chacun trois.

## PRINCIPAUTÉ DE TRACHENBERG.

Elle touche à celles d'Oels & de Vohlau, & à la Pologne. Le sol en est sablonneux, mais fertile en grains; les bestiaux y sont nombreux, les forêts considérables, les étangs assez communs. La *Bartsch* la traverse. Elle fit partie de la principauté d'Oels, devint ensuite une Baronnie immédiate que possèdent dans ce siecle les comtes de Hatsfeld & Gleichen. Frederic II, en fit des princes en 1741. Elle a sa régence qui ressortit de celle de Glogau.

*Trachenberg*, (Dracomontium) est sur la Bartsch qui environne le château. Elle a deux églises pour les deux cultes, & n'est point fermée de murs.

*Prausnitz*, est une petite ville. Elle a un château, & deux églises : des murs en ferment l'enceinte. Vingt & neuf villages sont dispersés autour de ces villes : celui de *Powitzko* est le plus beau : celui de *Gross-Strentz* a un couvent de carmes.

## PRINCIPAUTÉ DE CAROLATH.

Elle est dispersée dans les cercles qui forment celle de Glogau : c'était une simple seigneurie qui portait aussi le nom de *Beuthen* : l'empereur Léopold en fit une baronnie; Frederic II en fit une principauté en 1741 & déclara en 1742 son possesseur, président de la cour souveraine des Princes de Silésie.

*Carolath* est un bourg ou ville au bas d'une montagne sur lequel est le château du prince : l'Oder en baigne le pié : il a une église luthérienne.

*Beuthen*, *Nieder-Beuthen*, (Bethania) est sur l'Oder : cette ville a deux églises pour les deux cultes. Elle est le siège de la justice aulique du prince. Elle a eu un beau gymnase. Dix-sept villages ou fermes forment avec ces deux villes toute la principauté

La basse Silésie a encore trois baronnies, & trois seigneuries franches.

## BARONNIE DE WARTENBERG.

C'est la plus grande de trois : elle a huit lieues de long, cinq de large, est entourée de la principauté d'Oels. La *Weida* y prend sa source & l'arrose. En 1490, elle fut une seigneurie particuliere : souvent aliénée & vendue, elle appartient aujourd'hui au duc de Courlande, & dépend de la régence de Breslau.

*Wartenberg*, jadis *Szychow*, est une ville de cent maisons : elle n'est que le quart de ce qu'elle a été. Son enceinte étroite est fermée de murs, de fossés, de remparts, dans une vallée agréable. Le château a une église pour les luthériens, la ville une église pour les catholiques & un oratoire pour les reformés. Elle a un petit territoire.

*Bralin*, est une petite ville sans murs qui la ferment : elle a un château, une église catholique, & une centaine de maisons de bois. Cinquante-trois terres ou villages forment avec ces villes la baronnie, qui est peuplée d'un plus grand nombre de luthériens que de catholiques.

## BARONNIE DE MILITSCH.

Elle touche à principauté d'Oels & à Pologne, appartenait aux ducs de Breslau & de Lignitz & eut ensuite différens maitres. Le comte de Malzan en est le possesseur actuel. Elle était autrefois plus étendue; car trois autres seigneuries s'en sont formées. Elle a de belles forêts, & on y fond beaucoup de poix; elle dépend de la régence de Breslau.

*Militsch* est sur la Bartsch; elle est ceinte de murs, & de fossés, a un château, deux faux-bourgs dont l'un est polonais, l'autre allemand. L'église paroissiale est catholique. Les luthériens ont acheté le droit d'y avoir une église & une école. Le baron y possède huit biens domaniaux : on y trouve encore cinq villages.

## BARONNIE DE GOSCHUTZ.

Elle est entourée de la principauté d'Oels, & a eu fait partie de celle de Wartenberg. Elle appartient au comte de Reichenbach : c'est Fréderic III qui en a fait une baronnie. Elle a sa régence & ressortit de celle de Breslau. *Goschütz*, est une petite ville qui a un château & deux églises, & n'est point fermée de murs. *Fertenberg* est une petite ville ouverte qui a aussi un château, une église & une école luthérienne. Autour sont douze à treize villages.

## SEIGNEURIES FRANCHES

Celle de *Neuschloss* est environnée de la baronnie de Militsch : le comte de Reichenbach la possède;

elle renferme onze villages; celui de *Neuschloss* a un chateau, & est sur le bord d'un étang.

Celle de *Freyhan* fit partie de la baronnie de Militsch, & appartient aujourd'hui à une comtesse de Sapieha. La petite ville de ce nom n'est point ceinte de murs, elle est voisine de la Pologne & a un chateau. On y compte encore neuf villages.

Celle de *Sulau* appartenait aussi à Militsch, son possesseur est un baron de Bourghaus. La petite ville qui lui donne son nom, a une église Luthérienne & un chateau. On l'appelle encore *Zulauf*. Quelques villages l'environnent.

## II HAUTE SILESIE PRUSSIENNE.

Elle renferme deux principautés immédiates, le cercle de Leobschütz, deux baronies, quatre seigneuries franches.

### PINCIPAUTÉ D'OPPELN.

Elle est bornée par celles de Neysse, de Brieg, de Breslau, d'Œls, de Ratibor & par la Pologne. C'est la plus grande de la Silesie entiére: son sol sabloneux est semé de landes & de forêts, mais l'on peut s'y rendre aisé par l'agriculture, les bêtes à laine, & le commerce du bois que l'Oder facilite. Les catholiques y rendent le poisson rare, le gibier est pour la noblesse. La *Klodnitz*, la *Prudnitz*, la *Malpana* s'y jettent dans l'Oder. Il y a des étangs & des lacs. Les villages y sont rares, chetifs & pauvres: on y compte vingt-sept villes & un bourg. Ses premiers ducs furent de la race des Piastes, comme la plupart des autres parties de la Silésie. Elle fut engagée aux margraves de Brandebourg; elle retourna à la Bohême; on fait comment elle parvint au roi de Prusse. Elle est soumise à la régence de Brieg, qui y résidoit autrefois & se divise en douze cercles.

*Cercle d'Oppeln.*

*Oppeln*, *Oppolia*, est une ville sur l'Oder qui s'y divise & qu'on y passe sur un pont. On y voit deux couvens, une église collégiale, un collège où enseignerent les Jésuites. Elle a quelques antiques fortifications, la plus grande partie de ses maisons sont de bois, & ses habitans catholiques. Elle a un domaine royal. L'évêque y a un grand vicaire.

*Schurgast*, *Proskau*, sont deux petites villes ouvertes. La derniere a une fabrique de fayence.

*Krappitz*, est une ville murée sur l'Oder. Elle y a un pont, *Nackel* ou *Naklo* est aussi une petite ville avec un chateau.

*Czarnowans* couvent de religieuses de l'ordre des Prémontrés; son prevôt porte la mître. Il est sur la Malpana.

*Skodny* ou *Schodria*, est un village sur la Malpana où l'on fond des bombes, où l'on fabrique des socs, & des bêches &c.

*Cercle de Rosenberg.*

*Rosenberg*, est une petite ville murée. Elle a un chapitre d'Augustins, un chateau, & un domaine où l'on voit deux villages: son nom Polonais est *Olesno*.

*Landsberg*, est une petite ville; elle n'est point fermée & touche à la Pologne. Autour d'elle sont douze villages, ou biens.

*Cercle de Lublinits.*

*Lublinitz*, *Lubenski* est une ville ouverte. Il en est de même de *Votschnik* & de *Gutentag* ou *Dobrodcin*, (bon jour) toutes ces villes sont catholiques.

*Cercle de Gros-Strelitz.*

*Gros-Strelitz*, est une petite ville murée. Elle a

un chateau, & une église catholique; *Lesnitz* est petite, & ouverte; elle est voisine de la montagne S. *Anne*, où sont plusieurs Chapelles & un couvent de Franciscains. On y accourt en pélerinage. *Himmelwitz* ou *Gemiélnik*, abbaye de Cîteaux. Son abbé porte la mître.

*Cercle de Tost.*

*Tost* ou *Toschek*, est une petite ville : elle a un chateau & n'est point fermée. *Peiskretscham* est ouverte comme elle. *Viest* ou *Viast*, est sur le Klodnitz; elle est le chef-lieu d'un district qui appartient à l'évêque de Breslau, & qui renferme huit villages paroissiaux.

*Cercle de Gleiwitz.*

*Gleiwitz*, est une petite ville murée; elle a un couvent & un fauxbourg, son territoire renferme quatre villages, on cultive le houblon dans ses campagnes.

*Ulchowitz*, est petite & n'a point de murs, Autour de ces deux villes sont encore sept à huit villages.

*Cercles de Schlawentitz & de Cosel.*

*Schlawentitz* est un bourg & un chateau. *Sossnizowitz*, une petite ville dont l'enceinte n'est point fermée; plusieurs villages sont répandus dans ce cercle.

*Cosel* en Polonais *Kozle*, est une petite ville près de l'Oder, Frederic II en a fait une forteresse. Elle formait avec dix villages une petite principauté, & Charles VI. l'avait donnée au prince Menzikof; après sa chute, elle le fut au comte de Plettenberg qui en jouit encore. Il y a un chateau & un couvent, un gouverneur & un commandant. On compte encore dans ce cercle vingt-cinq villages, qui ont diférens seigneurs.

*Cercles d'Ober-Glogau, de Neustadz, & de Züls.*

Ces cercles font réunis, & n'ont qu'un même sénéchal.

*Ober*, ou *Klein-Glogau*, (haut ou petit Glogau) est une petite ville fermée d'un mur: dans fon enceinte est un chateau, un chapitre, & un couvent de frères mineurs. Au dehors est un couvent de Paulins. *Klein-Strelitz*, petite ville ouverte.

*Neustadt*, est une petite ville sur la Prudnitz qui lui donne aussi son nom. Un ancien château, deux faux-bourgs, une église catholique & un couvent, une église luthérienne. c'est tout ce qu'offre cette ville; la plus grande du pays après Oppeln: on y commerce en fil. Son territoire renferme quatre ou cinq villages.

*Zülz*, ou *Biala*, est une petite ville fermée, peuplée de catholiques Romains & de Juifs. *Steinau* est aussi une petite ville, mais elle n'est point fermée de murs: elle est sur la Steina.

*Cercle de Falkenberg.*

*Falkenberg* ou *Niemodlin*, est une petite ville sur la Steina qui coule aussi près de la petite ville de *Friedland*; celle-ci est ouverte; la premiere est ceinte d'un mur, a un chateau, & deux églises pour les deux cultes.

## PRINCIPAUTÉ DE RATIBOR.

Elle est peu étendue & touche au Nord à celles d'Oppeln, au couchant à celles de Troppau & de Jœrgendorf: ailleurs elle est bornée par différentes seigneuries; le sol y est fertile en froment, seigle, & orge. Elle a de riantes prairies & de beaux vergers; l'Oder l'arrose: de petits lacs, des étangs, des ruisseaux y sont dispersés. Elle devint une principauté en 1288; environ deux cents ans après elle fut

# CERCLE DE HAUTE-SAXE.

...nie à la principauté d'Oppeln & n'en a plus été séparée. Elle est soumise à la régence de Brieg, ne forme qu'un cercle & ne renferme que trois villes. Les paysans sont Polonais.

*Rattibor*, est une ville sur l'Oder qui commence à y devenir navigable, & formant un marais, en rend l'accès difficile. Elle renferme un antique château, deux églises dont l'une est collégiale, un prieuré de chanoines réguliers du S. Sépulcre de Jérusalem, une abbaye de filles dédiée au saint esprit, & dont l'Abbesse prend le titre de princesse de deux couvens, & un grand vicaire de l'évêque. Son territoire est formé de quatre terres.

*Sorau* ou *Zyori*, est une petite ville ceinte de murs, mal peuplée, & où l'on vend du sel & des fruits.

*Ribnik*, est une petite ville ouverte. Elle a un château. *Rauden* est une abbaye de cîteaux. On compte encore trente-deux villages dans cette principauté.

## CERCLE DE LEOBSCHUTZ.

Il est formé de la partie des principautés de Troppau & de Jœgerndorf, qui est soumise au roi de Prusse du district de Katscher.

Les deux principautés se partagent l'une l'autre, celle de Jœgerndorf est enclavée dans celle de Troppau qui faisait autrefois partie de la Moravie : elle est fertile en grains, a de belles prairies & produit beaucoup de fruits. Przemysl Ottocar II. roi de Bohême en fit une principauté en 1254, qu'il donna à son fils naturel dont la famille s'éteignit en 1480. Depuis ce temps, elle eut différens maîtres jusqu'à ce que Matthias la donnat à un prince de Litchtenstein en 1614, dont les descendans la possedent encore. Celle

*Tome III.*                                                          O de Jœgerndorf a le même prince : elle fut donnée à cette famille en 1623, où on l'enleva aux électeurs de Brandebourg qui l'avaient achetée de son dernier prince descendant d'un duc de Troppau. Elle a fait partie de ce duché : son sol est fertile, elle a des sources minérales, les melèses y donnent de la terebenthine. L'Oppa traverse ces deux principautés, & depuis sa source jusque vers la Moravie, elle est la limite de la Prusse & de l'Autriche. L'obéissance d'un vassal, quelques domaines, c'est tout l'avantage que les souverains en retirent.

*Partie Prussienne de Troppau.*

*Hildschin*, est une ville murée qui a un chateau. Elle est voisine de l'Oder. *Beneschau* est petite, a un chateau, & n'est point ceinte de murs. Il y avait autrefois des mines d'or dans son territoire. *Kranowitz* est petite & sans murs comme elle. *Neukirch*, *Tropplowitz* sont encore deux petites villes ouvertes. On compte encore trente-cinq villages dans cette partie de la principauté.

*Partie Prussienne de Jœgerndorf.*

*Leobschutz*, est une petite ville ceinte de murs. Les maisons en sont bien bâties, les environs en sont rians & fertiles. Elle a un couvent & son territoire s'étend sur deux villages. On y commerce en grains & en fil. *Bauerwitz* ou *Paurwitz* est sans murs & dépend des religieuses de Ratibor. *Zauditz* petite ville ouverte, est située dans des campagnes fertiles ; vingt-six villages sont répandus encore dans cette principauté.

*District de Katscher.*

Il fit partie du duché de Teschen : l'évêque d'Olmütz se l'appropria en 1554, & il fit alors une portion de la Moravie. Cet évêque en est toujours seigneur, mais la souveraineté en a été cédée au roi de Prusse. La petite ville de *Katscher* qui est toute ouverte, & neuf villages forment ce district. Tous ces pays sont hérissés de seigneuries, restes d'un siecle barbare.

### BARONNIE DE PLESSE.

Elle touche au couchant à la principauté de Ratibor, à l'Orient à la Pologne, & c'est la plus grande de la Silésie. Ses anciens possesseurs étaient Polonais, elle appartient aujourd'hui au prince Frederic-Erdmann d'Anhalt-Cœthen. Il a une régence, & une chambre de finances. On y compte quatre villes; ses campagnes sont semées de landes, de bois, de lacs, d'étangs & de marais. La pêche y est abondante; la *vistule* la cottoie, & y reçoit la *Brzemsa*, la *Biala* & la *Prenice*. Le plus grand nombre des habitans parle Polonais, & la noblesse y est nombreuse.

*Plesse*, *Przezyna*, est une ville fermée par un mur flanqué de tours: elle a un beau chateau & deux églises pour les deux cultes. Elle est commerçante et près de la vistule. *Berun*, petite ville ouverte sur les bords d'un lac. *Mislomitz* est sur la Brzamsa & touche aux frontieres de Pologne. *Nikolai*, *Mikolow*, est petite, pauvre, & n'est point ceinte de murs: vingt-trois villages paroissiaux se comptent dans cette baronnie. Entre elle & la Brzemsa sont divers bourgs ou villages tels que *Chelm*, *Jemielin*, &c. qui appartiennent à l'évêque de Cracovie comme duc de Sévérie: ils lui furent donnés par un duc de Teschen, & prétend en être souverain; mais le roi de Prusse veut qu'ils relevent de lui.

## BARONNIE DE BEUTHEN.

Elle touche au couchant & au nord à la principauté d'Oppeln : la Prerice la sépare de la Pologne. Plus étendue autrefois, elle formait une principauté; elle cessa de l'être en 1443 que le Duc de Teschen en détachat la Sévérie qu'il vendit à l'Evêque de Cracovie. Elle appartint aux maggraves de Brandebourg : l'empereur la vendit en 1629 à un comte de Henkel, baron de Donnersmark, dont les descendans la possedent encore.

Elle n'est une baronnie que depuis 1697. Elle a une regence seigneuriale, & est soumise à celle de Brieg.

*Beuthen* ou *Bithorn* petite ville ceinte d'un mur, où l'on trouve un château, une église catholique, un couvent. Il y avait dans ses environs une mine d'argent très-abondante dans le quatorzieme siecle. *Georgenberg* petite ville aussi ouverte. *Tarnowitz* petite ville aussi; mais connue par la mine d'argent qu'on y exploite encore : on y trouvait autrefois de l'or. Elle a deux églises pour les deux cultes. On compte encore dans cette baronnie onze villages paroissiaux.

## SEIGNEURIE DE LOSLAU.

Elle est presque enclavée dans la principauté de Ratibor. Elle appartient à un Comte de Dietrichstein & fait partie du cercle de Plesse. *Loslau* est une petite ville sans murs, siege d'une justice, & qui renferme une église & un couvent : autour sont dix villages paroissiaux.

## SEIGNEURIE D'ODERBERG.

Elle touche aux principautés de Ratibor, de Troppau, & de Teschen. Elle appartient à une branche de la maison de Henkel, & une partie est sous la souveraineté de l'autriche : celle qui dépend du roi de Prusse fait partie du cercle de Plesse. On y compte sept villages.

## COMTÉ DE GLATZ.

Il est situé entre la Bohême, la Moravie & la Silésie : les monts Sudetes l'environnent, & on n'y parvient que par des gorges semées de rochers escarpés. Il a treize lieues de long & huit de large. Ses monts, ses vallées, ses petites plaines, mêlées de champs & de prairies, ombragées par des forêts, présentent un coup d'œil agréable. Il produit à peu près tous les blés qu'il consomme, & beaucoup de légumes & de fruits. Ses pâturages nourrissent un grand nombre de Bestiaux, ses vastes forêts recélent beaucoup de gibier. On y trouve des carrieres de meules & de pierres de taille, du marbre, des cornalines, des topases, du jaspe, du charbon de terre, du cuivre & de l'argent. Il y a des fontaines minérales, & des bains thermaux assez connus. La *Neysse* y prend sa source, l'arrose, & y reçoit divers ruisseaux. L'*Erlitz* & la *Morel* ou *Morawa* y prennent aussi leur source, & vont l'une en Bohême, l'autre en Moravie. On y compte neufs villes & plus de cent villages grands & peuplés. On y parle Allemand; on y fait du fil, & y commerce en toiles. Ses états ont été abolis par le gouvernement prussien. La religion Luthérienne s'y étoit répandue : la persécution l'en chassa, ou l'y fit taire :

elle ofe aujourd'hui s'y montrer. Le comté était foumis à la fouveraineté de Bohême & a eu différens maîtres. Depuis 1561, il n'en avoit pas, d'autres que les empereurs, comme roi de Bohême : Marie Therefe leur héritiere le céda au roi de Pruffe en 1742. Sous fa domination, le Chef militaire eft en même temps chargé du maintien du bon ordre & de la fureté publique. Il eft auffi chef de la police. En matieres civiles, il reffortit de la régence de *Breflau* : en matieres eccléfiaftiques, il dépend du confiftoire de la même ville : un fénéchal membre de la régence y décide les affaires de peu de conféquence. Il ne forme qu'un cercle divifé en fix diftricts.

*Diftrict de Glatz.*

*Glatz*, *Kladzko*, ville forte qu'arrofe la Neyffe, bâtie fur le penchant d'une montagne dont un château vafte & fortifié occupe le fommet, la plupart des maifons jouiffent de la perfpective de la campagne. Le château eft divifé en trois parties : le bas a une place d'armes fpacieufe, environnée de bâtimens : fes voutes ne font point acceffibles au feu. Une machine y fait monter l'eau : le haut eft fitué fur un rocher, a trois cours, & un puits taillé dans le roc dont l'eau eft excellente. Les anciens feigneurs y réfidaient : aujourd'hui c'eft un gouverneur, & fes fortifications fe font étendues & multipliées; il y a de très bonnes cafemattes. Vis-à-vis on a élevé une nouvelle fortereffe placée auffi fur une montagne, dans une fituation plus avantageufe : elle a comme l'ancienne un puits dans le roc : au milieu d'elles coule la Neyffe, & avec une éclufe on peut inonder leurs environs des eaux de cette riviere. La ville eft forte par elle-même ; elle eft plus propre, plus réguliere, plus élégante qu'elle n'étoit. On y compte quatre-cents maifons, & de plus elle a quatre faubourgs. Un couvent, une Eglise nouvelle pour les Luthériens, & deux grands magasins de grains & de farine. Le peuple y est aisé, & ne dépend que des magistrats. On la croit bâtie en 936, dans le lieu où était le bourg de *Lucca*. Peu de villes ont été plus souvent assiégées & saccagées.

Son territoire ne renferme qu'un village.

*Alt-Wilmsdorf*, *Alt-Heyde* sont deux villages qui ont des eaux minérales. Vingt autres villages y appartiennent à divers nobles.

*District de Landeck.*

*Landeck* est une petite ville sur la Biela. Elle n'est point ceinte de murs, n'est habitée que par des laboureurs, des brasseurs de bierre, & des distillateurs d'eaux de vie. On y voit très-peu de Protestans. Près d'elle est le village d'*Ober-Thalheim* : de-là par un pont de bois, on parvient à une cour ornée d'un château & d'une Eglise ; un peu plus loin est le bain *Notre Dame*; à trois cents pas au midi est le bain *S. George* : il est plus élevé que l'autre; les eaux minérales sortent d'un terrein dur, mêlé de rochers, elles en jaillissent par plusieurs ouvertures limpides, exhalant une odeur sulphureuse, chaudes comme du lait nouvellement tiré. La source du milieu est presque bouillante, quelques unes sont froides. A deux cents pas du bain, sur une montagne, est une fontaine d'eau très-pure, très-froide & qui ne gèle point; on la nomme *la Blanche*. Plus haut sont les décombres d'un château ; au bas d'une colline, audessous d'une chapelle sort encore une eau froide & sulphureuse. Le village & les bains appartiennent à la ville de Landeck.

*Wilhelmsthal* ou *Neustadt*, est une petite ville sur la Biela; elle est ouverte & auprès d'elle une mine d'argent abandonnée, onze villages se remarquent encore dans ce district.

*District de Habelschwerdt.*

*Habelschwerdt*, est une petite ville assez jolie au confluent de la Neysse & de la Weistritz. Les Luthériens y prêchent dans l'hôtel de ville, elle ne dépend que du roi, & son territoire comprend deux villages. *Mittelwalde* est une petite ville sur la Neysse elle a un chateau & a été souvent ravagée. *Plomnitz* village, a un magnifique château : près de celui de *Nieder-Langenau* était une mine d'alun ; il a une fontaine médicinale. *Merzberg* a une mine d'argent dont les travaux sont suspendus pour la seconde fois ; *Newis-tritz*, *Saumbrun* ont des fontaines minérales. On y compte encore onze villages.

*District de Hummel.*

*Reinerz*, est une petite ville dans un vallon environné de hautes montagnes. On y fabrique de beaux draps, de la panne estimée, & du papier égal à celui de Hollande. Elle a une fontaine minérale, & son territoire renferme un village. Près d'elle sont les ruines de l'antique château qui a donné son nom au district ; les champs de *Seefelder* en sont peu éloignés ; ils sont couverts d'une eau qui dit-on, ne monte, ne descend & ne gèle jamais. On ne peut les traverser, la fange qui en fait le fond en empêche : ils sont sur le haut d'une montagne.

*Lewin*, est une petite ville royale. Elle est dans un vallon & n'est point ceinte de murs : plusieurs de ses habitans sont tourneurs. *Gellenau*, village, a des eaux minérales ; celui de *Kodowa* possède les plus abondantes du pays : dix à onze villages sont encore répandus dans ce petit canton.

*District de Wunschelburg.*

*Wunschelburg* ou *Hradeck*, est une petite ville

royale, ceinte de murs, commerçante en fil. en draps, en toutes sortes d'étoffes qu'on y fabrique. Son territoire comprend deux villages ; on compte encore quinze villages dans ce district, où l'on remarque la haute montagne de *Heuscheun*; fendue au milieu, elle présente une large crevasse. Son sommet éclairé, ou couvert de nuage, annonce la pluie ou le temps serein aux habitans. *Albendorf*, village connu par sa belle église où est renfermée une image miraculeuse, qui attire beaucoup de pelerins.

*District de Neurode.*

*Neurode*, est une petite ville ouverte. Ses habitans travaillent en draps & en serges ; ils exportent du tabac en poudre. *Schlegel*, village, a une mine de charbon de terre. On y voit encore une vingtaine de villages.

## DUCHÉ DE POMÉRANIE.

Il confine au levant à la Pomerellie, au midi à la Pologne & à la marche de Brandebourg. au couchant au duché de Mecklembourg, & vers le nord à la mer Baltique. Sa longueur, le long des côtes de la mer, est de cent lieues, sa largeur est de treize à vingt-deux : elle était plus étendue autrefois & touchait à la Vistule, au levant, & comprenait une partie du Brandebourg & du Mecklembourg. En général, c'est un pays uni, un sol fertile en blés de toutes espéces ; sablonneux en quelques endroits, coupé de montagnes en d'autres. On y cultive le sarasin, les vesces, les poids, les fèves, les navets, le chanvre & le lin : le millet réussit en divers champs, mais non en tous. Il y a de belles forêts de chênes & quelques unes de pins & autres bois ; on y trouve du charbon de terre, de la terre cimolée, des eaux minérales, & des salines; de nombreux paturages couvrent les lieux que la culture ne peut rendre plus utiles, & on recherche les oies fumées, les jambons, les saucissons, & les saumons fumés qu'on y fait.

Diverses rivieres l'arrosent, l'Oder la traverse, y forme deux petits lacs, & celui de * *Frische Haff* qui se divise en grand & petit, tous deux réunis s'étendent l'espace de treize lieues, forment quelques Isles, & se joignent à la mer Baltique par trois embouchures; la *Reckenitz* sépare le Mecklembourg de la Poméranie, la *Péene* ** traverse le lac de *Cummero* qui appartient à l'une & à l'autre de ces Provinces la *Frebel* qui devient navigable en se joignant à la *Tollensée*; celle-ci vient du Mecklenbourg, forme le lac d'*Anclam*, la nappe d'eau nommé *Achterwasser*, & se joint à la mer près de Péenemünde : l'*Ucker* vient de la marche Uckerane, reçoit la *Randow* & se jette dans le Frische Haff; l'*Inna* nait dans la nouvelle Marche, se partage en deux bras dont la réunion la rend ensuite navigable, & se perd dans le lac de *Damm*, un des lacs formés par l'Oder : la *Rega* nait également dans la nouvelle Marche, devient navigable à New-Treptow, reçoit la *Mulsow*, & se perd dans la mer. La *Persante* sort du lac de Pakuvet près de Stettin, devient navigable à Belgard, reçoit la *Raduye*, & forme un port commode & beau au dessous de Colberg; elle y forme une isle d'où jaillissent des eaux salées très-abondantes. La *Wipper* sort du lac

---

\* Quelques Géographes le nomment aussi *Gross Haff*.

\*\* Cette Riviere n'est gréable nulle part; de gros bâtimens la remontent de la mer jusqu'à Demmin, souvent étroite, & presque toujours bordée par des marais que traversent des

le Gewippifche, devient navigable en fe jognant à la Grabow, & fe jette en fuite dans la mer. La *Stolpe* fort de la Pomerelie, paffe à Stolpe & fe jette auffi dans la mer; la *Lupow* fort d'un petit lac du Pays de Bütow, fe répand dans celui de *Gard*, & de-là dans la mer par une embouchure étroite; ainfi que la *Lebe*, qui forme le lac de ce nom, long de cinq lieues.

La Pomeranie a encore quelques autres lacs; tous font poiffonneux comme les rivieres qui en fortent, on y trouve des murenes & des brimes pefant douze livres. Le Saumon y eft très-abondant, on le feche & alors il devient un objet confidérable de commerce, que la mer y facilite. Ses côtes font dangereufes & les naufrages y font fréquens; les marchandifes qu'on y repêche font rendues à leurs poffeffeurs moyennant une retribution modique; l'ambre jaune y eft jetté de coté & d'autre par la mer; mais on y en trouve moins qu'en Pruffe.

On y compte foixante-huit villes : les unes font *médiates*, ce font celles qui reffortiffent de bailliages, & prêtent ferment de fidélité à leurs feigneurs qui en nomment les magiftrats; les autres font *imméliates*, c'eft-à-dire, qu'elles dépendent du tribunal fupérieur de la province, élifent leurs magiftrats, & payent au fouverain un droit nommé *Orbeede* pour *raifon de droit de jurisdiction*. On y compte 360000 habitans, la plupart Allemans ou Venedes d'origine, les Allemans s'y établirent dans le treizieme fiecle, & habiterent des villes & des villages que les ducs firent conftruire pour eux; ces nouveaux habitans opprimerent bientôt les anciens; ils leur

chauffées, elle géle tous les ans pendant un mois ou fix femaines, & alors on la traverfe en charettes ainfi que les marais qu'elle arrofe.

refuſerent toute bourgeoiſie dans leurs villes, tout accès dans les corps de métiers ; ils employerent la force pour s'introduire dans les leurs, leur firent impoſer un tribut peſant, & firent prévaloir la langue allemande ſur celle qu'ils parlaient, elle ſe conſerve cependant encore parmi les Caſſubiens dans le cercle de Stolpe, à Lauenbourg & Bütow, & parait être un mauvais Polonais. Un grand nombre d'étrangers ſe ſont établis en Poméranie dans ce ſiecle, & depuis 1747, on compte cinquante-neuf nouveaux villages où ſe ſont établies 876 familles étrangeres. La nobleſſe y eſt ancienne, nombreuſe & conſidérée; les ſujets y ſont ſerfs, c'eſt-à-dire, qu'ils ſont obligés à des corvées perſonnelles, à des corvées de chariots, qu'ils doivent être rendu, s'ils échappent au ſeigneur qui les reclame; que ce ſeigneur peut les expulſer de ſa metairie & la donner à d'autres. Les laboureurs établis à Rugen, à Barth, ſur les rives de la Tollenſée, près de Pyritz & de Rugenwald, & la plupart de ceux qui dépendent des villes, jouiſſent d'un ſort plus heureux & leurs métairies ſont héréditaires.

Les états de la province ſont compoſés des prélats, de la nobleſſe & des villes; les prélats ſont le grand chapitre de Camin, l'abbaye de Sainte Marie de Colberg, & les deux abbayes qui ſont à Stettin. Le Lutheraniſme s'y établit en 1534 & y eſt la religion dominante; les communautés y ſont ſoumiſes à l'inſpection des prevôts qui dépendent des ſurintendans : il y a auſſi des Calviniſtes & des Catholiques ; on y cultive les ſciences, & on y trouve des écoles latines, un college à Stralſund, un à Stargard, une univerſité à Greifswalde. Les principales villes ont des manufactures de divers ſortes; on fait des futaines à Maſſow, des toiles de lin dans le diſtrict de Rugenwalde. On peut juger du commerce qui se fait à Stettin par l'énumération des marchandises qui sortirent de son port en 1756 pour divers pays de l'Europe. Il en sortit sur 1971 vaisseaux, 10089 livres d'amidon, 72200 d'antimoine, 117100 d'arsenic, 10600 de fer blanc, 77500 de laine, 581200 de tabac, 63900 de laiton, 40800 de garance, 183000 aux, 106 pieces d'étamine & 263 de flanelle, 107 tonnes de calamine, 147 de potasse & 233 de savon, 6649 caisses de verres; & 24 de marchandises de lin, pour 17608 rixdales de verres de Hollande, pour 130960 de bois de construction & 22526 de mercerie, 33186 toises de bois de chauffage; 1401 schocks de bois de gaynac, & 2598 de bois klapholz, 30 mâts, 5179 planches, 436960 briques, 3448 pieces de drap, & pour 8916 rixdales de bois propre à la construction des bateaux : il sortit encore de ce port 97 vaisseaux chargés de lest.

Les Sueves & les Vandales furent ses premiers habitans connus ; les Slaves & les Venedes remplirent la place des Sueves dont la race se perdit. Ce n'est que dans le onzieme siecle que ces peuples prirent le nom de *Pomeraniens*, & le pays même ne fut appellé Pomeranie que dans le douzieme. On croit que ce nom vient des mots Slavons *Po-marski*, (située au bord de la mer:) le peuple était distingué par différens noms. Les *Vilses* habitaient entre l'Oder & Warnow, & on les appelloient aussi *Welatabres*, & *Lutices* ; les *Rhetériens* prenaient le nom de Rhétere leur capitale ; les *Kissiniens* de la ville de Kissin les *Rugiens* habitaient l'Isle de Rugen.

Le prince Suantibor I. fut la souche des ducs de Pomeranie ; il mourut en 1107 & ses 4 fils partagerent ses possessions ; deux eurent la Pomeranie anterieure, bornée par la Wernaw & la Persante, les deux autres possederent la Pomeranie citérieure de la Perfante à la viftule qui comprenait une partie de la Pologne. Les Margraves de Brandebourg enleverent par les armes aux defcendans des premiers, le pays qui forme aujourd'hui la nouvelle marche; les rois de Pologne s'emparerent d'une partie de l'héritage des derniers : & leur branche s'étant éteinte en 1295, après avoir appellé les rois de Pologne à leur fucceffion, les ducs de la Poméranie antérieure s'emparerent de la plus grande partie : ils étaient devenus princes de l'Empire en 1181 après avoir offerts de tenir de lui leurs états comme un fief : bientôt toute la Pomeranie devint en effet un fief de l'Empire, *Barnim I* la poffédait prefque toute entière, elle fut fouvent partagée entre fes defcendans & toujours réunie.

Leur poftérité s'éteignit en 1537 par la mort de Bogiflas XIV qui en fut le dernier duc : les Suédois la poffedaient alors par le droit de la guerre; l'électeur de Brandebourg la devait poffeder en vertu de l'expectative à la fucceffion des ducs, obtenue dans le fiécle précédent. Le traité de Weftphalie décida fur ces diverfes prétentions. Les Suédois eurent la Pomeranie antérieure, la principauté de Rugen, les villes de Stettin de Gœrz, de Dam & de Golnau, l'ifle de Wollin, l'Oder & le Frifche Haff avec fes trois embouchures; l'électeur eut tout le refte avec l'évêché de Camin dont on fit une principauté féculiere; mais en 1720, la Suede après une guerre malheureufe, céda au roi de Pruffe toute la partie qui s'étendait de la Penne à l'Oder & la premiere riviere eft encore la limite des deux états.

Chacun des deux rois a voix à la diete de l'Empire & aux affemblées du cercle, l'un comme duc de la Pomeranie antérieure, l'autre comme duc de l'ultérieure, le roi de Suede qui n'a obtenu qu'en

1754 l'inveſtiture impériale, paye 123 rixdales 13 kreutz pour l'entretien de la chambre impériale, il peut prendre le titre & les armes de la Pomeranie & a négligé de les prendre : le gouverneur de cette partie de ſes états reſide à Stralſund; le tribunal ſuprême ſiége à Wiſmar qui fit partie du Mecklenbourg : ſes revenus généraux montaient en 1593 à 124, 000 rixdales.

Le roi de Pruſſe prend le titre & les armes de la Pomeranie : il paye 270 rixdales 49 kr. pour l'entretien de la chambre impériale; ſa régence reſide à Stettin, ſes revenus montent à 800 mille rixdales par an, produit des bailliages domaniaux, de l'impôt ſur les terres labourables dont trente arpens, ou un Huſſe, payent une rixdale par mois, du droit d'acciſe, des poſtes, des péages, du ſel de Halle, de l'impôt pour l'entretien de la cavalerie &c.

On diviſe la Pomeranie en ultérieure & en antérieure : la limite qui ſépare ces deux parties n'a pas toujours été la même : l'antérieure dans le douzieme ſiécle était terminée par la Vernaw & la Perſante, l'ultérieure par la Perſante & la Viſtule. Aujourd'hui, tout le pays ſitué entre la Reckenitz & l'Oder eſt la Pomeranie antérieure ; l'ultérieure eſt bornée par l'Oder & la Pomerelie.

## I POMERANIE ULTÉRIEURE.

Elle appartient toute entiere au roi de Pruſſe, & on la diviſe en quatorze cercles.

*Cercle de Greffenhagen.*

Il renferme la ville de ce nom, immédiate, arroſée par l'Oder, riche par ſes prairies, ſa chaſſe, ſon droit de pêche, ſon induſtrie : il s'étend ſur trente-ſept villages.

*Cercle de Pyritz.*

Il renferme la ville immédiate de ce nom : les champs fertiles qui l'environnent font fa richeffe : ce fut la premiere ville chrétienne de la Pomeranie, & la premiere auffi qui embraffa le lutherianifme. Elle eft le chef-lieu d'un bailliage ; celui de *Colbatz* formait autrefois les poffeffions d'un couvent : la Plœne l'arrofe ; cette rivière a eu rempli le lac de *Madui*, long de quatre à cinq lieues; abondant en murenes : on l'a deffeché, & 6 villages, élevés en 1771 occupent fon enceinte. On compte dans ces bailliages les bourgs de *Neumark*, de *Werben*, de *Woltin* & foixante-quatorze villages. *Werben* eft environné de champs abondans en grains.

*Cercle de Satzig.*

Il s'étend fur une ville immédiate & cinq bailliages.

*Stargard* eft la capitale du duché de ce nom & de la Pomeranie ulterieure : l'Ihna l'arrofe ; une campagne fertile en froment & en légumes l'environne. Elle eft immédiate, affez grande, bien bâtie, & a une prevôté, trois églifes, dont une a été regardée par la hauteur de fa voute pour la plus haute de l'Allemagne, une maifon de force, deux chapelles, un collége où enfeignent fept profeffeurs, & deux écoles, le commerce y eft floriffant & l'Ihna le facilite, elle a des manufactures de laines, de draps, de ferges, de ras, d'étamine, de droguets &c. Les Tribunaux de la province n'y fiégent plus : elle devint ville en 1124 ; fon territoire renferme treize villages.

*Satzig* eft un petit bourg décoré d'un vieux chateau. *Jacobfhagen*, petite ville près d'un lac : l'agriculture, la pêche, & la vente des bois, nourriffent fes habitans

*Zachan*

*Zachan* ou *Sochan*, est une petite ville chef lieu du bailliage de *Dœlitz*, situé sur l'Ihna.

*Marienflies*, est un village dont les environs sont [s]iants, & qui renferme une abbaye de dames.

*Fredericswalde* devint ville en 1190 : elle a une [p]revôté & un château.

*Massow*, est une petite ville qui a une prevôté & [u]n vieux château : elle a cessé d'être un fief.

Ce cercle referme encore soixante-six villages qui [a]ppartiennent à la noblesse : pour abréger nous les [a]ppellerons villages nobles.

Cercle de Daber.

*Naugardten*, ou *Neugarten*, est une petite ville [s]ur un lac ; son bailliage fait partie de la principauté [d]e Cammin, & fut long-tems un fief que possederent [l]es comtes d'Eberstein, & ensuite les ducs de Croi. [C]e cercle renferme encore cinquante villages nobles.

Cercle de Flemming.

*Stepenitz*, est une petite ville près du *Frische Haff*, [c]hef-lieu d'un bailliage qui renferme encore huit [v]illages.

*Gülzow*, bourg où l'on voit un château : son [b]ailliage fait partie de la principauté de Cammin.

Cercle de MM. de Bork.

*Regenwald*, est une petite ville sur la Rega. Elle [d]evint ville en 1190, & les seigneurs de Bork, y [o]nt un siége de justice qui décide sur les contesta[ti]ons des bourgeois.

*Strammehl*, est une petite ville près de la Rega, [situ]ée au bord d'un lac.

*Labes*, autrefois *Lobetze*, est une petite ville où [il y a] une manufacture de draps, & qui est située près [de] la Rega.

*Wangerin*, est une petite ville : ses habitans cultiv[v]ent leurs champs & tissent des toiles.

Tom. III.            P

*Cammin*, est une ville immédiate, près du lieu où la Divenow se perd dans la mer. Les rois de Prusse, en y encourageant la navigation, la pêche & l'agriculture, l'ont fait revivre, & depuis ce temps on y a vu s'élever de beaux bâtimens, & s'y former des fauxbourgs. C'était un évêché que le traité de Westphalie sécularisa; les rois y ont conservé le grand chapitre qu'ils pouvaient supprimer. Il est composé de 5 prélats & sept chanoines tous protestans : ils habitent un enclos ceint de murs entre ville & un fauxbourg, dans lequel sont renfermées leurs maisons, leur école, & l'église cathédrale, enrichie de divers ornemens, dont le vaisseau est remarquable, & où l'on conserve la crosse & le bonnet des anciens Evêques.

*Cercle d'Osten.*

*Plate*, est une petite ville sur la Rega; les seigneurs d'Osten & de Blücher auxquels elle appartient, y ont un siége de justice. *Waldenbourg* est un ancien château qui fut fortifié.

*Cercle de Greiffenberg.*

*Greiffenberg*, est une ville immédiate sur la Rega; ses habitans commercent en toiles; elle fut entourée de murs en 1240.

*Treptow sur la Rega*, ou *Neu-Treptow*, est une ville immédiate : il y a des manufactures de bas & d'étoffes de laine : la Rega en bouchant son port des sables qu'elle charie, a fait languir son commerce; les états de Poméranie y embrassèrent le lutheranisme en 1534. Elle eut un château qui devint un couvent de filles, & qui est redevenu château; près de cette ville est la saline négligée de *Sülzhorst*.

On trouve dans ce cercle plus de cent villages nobles.

*Cercle de Belgard.*

*Belgard*, autrefois *Bialygrod* (ville blanche)

ne ville immédiate située sur la Persante; elle est bien bâtie, a de beaux fauxbourgs, est dans une situation avantageuse. Elle était déja une ville dans le onzieme siecle; & son marché aux chevaux la fait connaître & y répand de l'aisance. C'est le chef-lieu d'un bailliage. Le cercle renferme encore quatre-vingt-six villages nobles.

*Cercle de Neu-Stetten.*

*Neu-Stetten*, est une ville immédiate sur le lac de Villem, & entourée d'étangs. Elle n'a jamais été brillante; son college n'est plus : le duc Wratislas fit construire en 1302, la donna en fief à l'évêque de Camin, & la reprit ensuite comme un fief de l'évêché. Elle a un bailliage.

Le bailliage de *Draheim* était une Starostie Polonaise, engagée à l'électeur, qui l'acheta ensuite.

On y voit la petite ville de *Tempelbourg*, où réside un prêtre qui est comme le chef des catholiques dans cette province, & le château de *Draheim*, environné d'un fossé & d'un rempart : quelques canons & une petite garnison le défendent.

Ce cercle comprend encore plusieurs lieux appartenans à la noblesse : tels sont, la petite ville de *Bær-alde*, le bourg & le chateau de *Gross-Carzenbourg*.

*Cercle de Cœslin.*

Il renferme la plus grande partie de l'évêché de Camin, que les ducs de la Poméranie antérieure fonderent en 1128, peu de temps après que les Poméraniens eurent embrassé le christianisme. Son siège fut d'abord à Julin; l'évêque reconnaissait les ducs pour ses patrons, & jurait de leur obéir & de les conseiller : le chapitre le choisissait sur deux sujets nommés par les ducs; l'évêché devint ensuite une principauté dont le roi de Prusse prend le titre : il siège par là au collège de l'empire, & paye pour elle un mois

romain de 184 florins, & une taxe de 81 rixdale:
11 kr.

*Colberg*, autrefois *Colnbriech*, est une ville immédiate, fortifiée avec soin, située sur la Persante, q
près de-là se jette dans la mer & y forme un po
qui coûte beaucoup à entretenir. Elle fut la capita
de la Cassubie, & est d'une étendue médiocre ; ma
elle est riche par ses laines estimées, & ses manufact
res de toiles, par sa navigation & son commerce av
la Pologne. Elle a un chapitre qui possede de vast
campagnes & jouit de divers droits dans plusieu
villages; & une fondation pour des filles nobles
des bourgeoises. La pêche est abondante sur ses côte
près d'elle sont d'anciennes salines dans des pr
qu'entoure la Persante, qui seraient plus utiles
le bois y était moins rare & moins cher. Elle e
le chef lieu d'un bailliage.

*Cœslin* autrefois *Cossalitz*, est une ville immédia
sur la Nisebeck qui se rend dans le lac de Jam
ou Jamünd : un incendie la dévora en 1718 & fai
qu'elle est aujourd'hui réguliere. Elle a une gran
place quarrée, entourée de maisons à deux étages
qui semblent être sous le même toit : au milieu e
la statue du roi Frederic Guillaume qui aida à
reconstruire; cette ville est le siége d'une cour
Justice pour la Pomeranie ulterieure, & d'un coo
sistoire : elle renferme quelques manufactures, &
le chef-lieu d'un bailliage.

*Cœrlin*, est une petite ville immédiate sur la Pe
sante; elle a un château, des manufactures de lai
& est le chef-lieu d'un bailliage.

Ce cercle renferme cent-cinquante villages nobl
& deux autres bailliages; celui de *Casimirsbourg*
dont le château est dans une situation agréable ent
deux lacs : & celui de *Bublitz*, où l'on voit la pet

[...]lle de ce nom sur la *Gozel*; elle a un château & [u]n siége de justice.

*Cercle de Schlawe.*

*Schlage*, ou *Schlawe*, petite ville immédiate sur la [W]ipper, où fut autrefois une commanderie de l'or[d]re de S. Jean.

*Rugenwalde*, est immédiate ; la Wipper l'arrose, [&] facilite son commerce : la forêt de *Ruger*, ou *Rauher-* [w]ald l'environne, & lui donne son nom : elle est bien [bâ]tie, d'une étendue médiocre, & a un château. Son [te]rritoire renferme un village : près d'elle fut une [ch]artreuse, qui est devenue une cense ; son bailliage [est] étendu.

*Zanow*, petite ville immédiate qui a déchu. Plu[sie]urs villages nobles font encore partie de ce [cer]cle.

*Cercle de Stolpe.*

*Stolpe*, autrefois *Schlupz*, ville immédiate sur la [ri]viere de ce nom, qui y devient navigable, & où [o]n prend beaucoup de saumons. La ville est assez [bie]n bâtie, a un château, une fondation pour les [de]moiselles nobles, un siége de justice, & trois églises, [do]nt une est pour les Calvinistes. Elle a aussi quel[qu]es manufactures, & on y travaille l'ambre au [to]ur. C'est le chef-lieu d'un bailliage.

*Stolpemünde* est un grand bourg à l'embouchure de Stolpe. Ses habitans jouissent du droit de bour[g]oisie.

*Schmolsin*, bourg qui donne son nom à un bail[lia]ge : on alloit autrefois en pélerinage sur la montagne [voi]sine, nommée *Revekuhl*.

[C]e cercle renferme encore cent cinquante villages [no]bles.

*Cercle de Rummelsbourg.*

*Rummelsbourg*, petite ville sur la Wipper, où est

une manufacture, & qui dépend des seigneurs de Maſſow.

*Seigneuries de Lauenbourg & de Butow.*

Les Ducs les poſſédaient comme des fiefs héréditaires de la Pologne, dont elles firent partie, & n'en payaient aucune rétribution : le roi de Pruſſe les poſſede ſous le même titre, ſans prêter ſerment de fidélité. Elles ne font pas partie de la Pomeranie ; elles ont leurs cours de juſtice, d'où l'on appelle immédiatement à Berlin : les impôts n'y ſont pas les mêmes que dans ce duché, & elles ont des privilèges particuliers : un grand nombre de Caſſubiens les habitent encore, & c'eſt pourquoi on y prêche en allemand & en polonais.

*Lauenbourg* eſt une ville immédiate ſur la Lebe : la ſeigneurie a treize lieues de long, & dix de larges. On y remarque encore la petite ville de *Leba* près du lac de Lebe.

*Butow*, ville immédiate, a un château & un ſiège de juſtice. Sa ſeigneurie s'étend ſur une ſurface de ſeize lieues quarrées.

## POMERANIE ANTÉRIEURE.

La partie qui appartient au roi de Pruſſe eſt diviſée en cinq cercles.

*Cercle de Randaw.*

*Stettin*, ou *Vieux Stettin*, la principale & la plus ancienne ville de la Pomeranie, eſt ſituée ſur un côteau, près de l'Oder, qui s'y diviſe en quatre bras, l'Oder, la Parnitz, la grande & la petite Beglitz. Une digue élevée ſur les bords du lac de Damm, eſt entre ces bras, & conduit à la ville de Dam. Stettin eſt une grande ville, bien bâtie, fortifiée avec ſoin, gardée par deux régimens d'infanterie,

On y compte trois fauxbourgs, 1400 maisons & 10000 habitans. Là, siege la régence royale de la Poméranie Prussienne, la chambre des domaines, le bureau de la guerre, une cour de justice pour la Pomeranie intérieure, un consistoire, & un échevinage réuni à la justice criminelle: ces tribunaux s'assemblent dans le château, où l'on voit l'arsenal & l'Eglise de Saint Otton. Là sont encore, un college de médecine, un de santé, une chambre de commerce, un gymnase académique, & une surintendance ecclésiastique, dont l'autorité s'étend sur tout le duché, un tribunal nommé *Wettgericht*, qui veille sur les arts & métiers, & un autre qui préside aux affaires maritimes. Diverses manufactures y fleurissent; on y construit des vaisseaux, quoique située à dix lieues de la mer. Nous avons parlé de ce qui forme son commerce, qui s'étend tous les jours. Elle est immédiate; le duché qui porte son nom, s'étend entre la Pœne, l'Oder & l'Ihna : son territoire particulier comprend quelques villages & la petite ville de *Pœlitz*, près du Frische-Haff, dans des campagnes où l'on cultive beaucoup le houblon. Autrefois les ducs y résidaient. Sa longitude est 32 deg. 35'; sa latitude, 53 deg. 22' & 10".

*Paswalk*, ville immédiate sur l'Ucker, qui y facilite le commerce maritime. Les Wallons calvinistes y ont leurs exercices religieux dans une église luthérienne : près d'elle est un martinet.

*Damm*, petite ville immédiate sur la Plœne, qui, près de là, se jette dans le lac de Damm. Elle a été plus florissante, & fut ville dès le milieu du douzieme siecle : on y fabrique l'acier avec succès.

*Garz*, jadis *Gardez*, petite ville immédiate sur l'Oder, entourée de murs en 1258. Ses habitans sont laboureurs.

*Golnow*, ville immédiate sur l'Ihna, entourée de

P 4

murs en 1190, siege d'une justice particuliere : les guerres & les incendies l'ont fait décheoir.

*Penkum*, petite ville entre un petit lac & la Randow, riviere qui donne son nom au cercle. Elle fut entourée de murs en 1190.

Ce cercle renferme les bailliages de *Stettin* & de *Jasenitz*, où l'on compte 37 villages, & celui de *Pinnow*, où l'on en compte 41.

*Cercle d'Anclam.*

*Anclam*; autrefois *Tancklim*, petite ville immédiate, environnée d'un territoire fertile, arrosée par la Pœne : d'un côté, elle est défendue par des remparts & de profonds fossés; de l'autre, par une digue de pierres, élevée sur des prairies marécageuses. Cependant ce n'est pas une ville forte. Son commerce est devenu florissant; la pêche & les bestiaux sont une de ses richesses : elle fut bâtie en 1188, & possede un péage sur le Frische-Haff. Son territoire a cinq lieues de long : la garde Suédoise est placée près de sa porte.

*Uckermünde*, autrefois *Ubara* ou *Ucramund*, petite ville immédiate, riche par sa pêche, ses forêts & ses prairies : au-dessous d'elle, l'Ucker qui l'arrose, se jette dans le Frische-Haff. Son bailliage comprend un village & la petite ville de *Neuwarp*, sur le bord d'un lac formé par le Frische-Haff, & dans lequel est une île dont les habitans sont pêcheurs.

*Stolp*, bourg sur la Pœne; un couvent fut son origine : il est le chef-lieu d'un bailliage.

*Clempenow*, vieux château sur la Tollensée, siege d'un bailliage.

*Torgelow*, bourg & château sur l'Ucker. Ce bourg a été fortifié : il y a des usines : c'est un bailliage.

Ce cercle renferme encore les bailliages de *Kœnigs-Holland* & de *Spantikow*, & 63 villages nobles, parmi lesquels on remarque *Schwerinsbourg*, autrefois

*Cummerow*, que le maréchal comte de Schwerin fit embellir.

*Cercle de Demmin.*

*Demmin*, ville immédiate sur la Pœne, qui y reçoit la Trebel & la Tollensée: ces rivieres y favorisent le commerce, & ses campagnes fertiles en grains en fournissent un des principaux objets. Elle est ancienne, & n'en a que plus éprouvé de malheurs.

*Treptow*, ville immédiate sur la Tollensée, & chef-lieu d'un bailliage: ses habitans sont agriculteurs: les guerres l'ont fait déchoir.

Le bailliage de *Verchem* renferme le couvent de lames de ce nom, sur le bord du lac de Cummerow, & la petite ville de *Jarmen*, située près de la Pœne.

Celui de *Lindenberg* est composé des biens de la famille *Vosse*: il touche au Mecklenbourg.

*Loitzerort* est encore un bailliage, qui, avec quatre villages nobles, forme ce cercle.

*Cercle d'Usedom.*

Ce cercle est une île qui a la mer Baltique au nord, le Frische-Haff au midi, la Pœne & la poissonneuse Achter-Wasser au couchant, & la Swine au levant. Sa longueur est de huit lieues; sa plus grande largeur de cinq; mais en plusieurs endroits, elle est fort échancrée par la mer.

*Usedom*, jadis *Uznom*, petite ville immédiate: elle fut un bourg en 1175, qui a succédé à *Wineta*, dont on vante la puissance & montre les débris sous les flots, mais dont on ignore le tems de la ruine.

*Peenemünde Schanze*, redoute située à la pointe septentrionale de l'île; elle couvre l'île, & assure la sortie & l'entrée des bateaux.

*Swinemünde*, ville nouvelle, qui, en 1775, contenait déjà 237 maisons, & 1600 habitans.

*Pudgla* est un village : le bailliage de ce nom est formé des biens d'un ancien couvent. Ce cercle contient encore vingt-deux villages nobles.

*Cercle de Wollin.*

Il est formé de l'île de ce nom, que la Swine sépare de celle d'Usedom, & qui a au levant la Divenow : elle est souvent submergée par les eaux, ou couverte d'un sable fin, que le vent y disperse. Elle a sept lieues de tour, la chasse y est abondante, on y éleve des bestiaux, on y pêche avec succès, & sur-tout une quantité prodigieuse d'anguilles.

*Wollin*, ville sur un canal naturel qui joint le Frische-Haff à la mer : un pont la joint au continent, & l'on y paie le péage : elle est bâtie au même lieu que l'ancienne Julin, qu'on disait être la plus grande ville de l'Europe dans le onzieme siecle, & qui, bâtie en bois, fut détruite par la foudre. C'est une ville immédiate, qui n'est ni grande, ni riche. Elle est le chef-lieu d'un bailliage.

Ce cercle renferme plusieurs villages nobles.

## POMERANIE SUÉDOISE.

I. *Isle de Rugen.*

Son nom ancien étoit *Roya* : la mer Baltique l'entoure en ronge les bords. Un canal de demi-lieue de large la sépare du continent, dont, sans doute, elle fit autrefois partie. Les *Rugiens*, qui s'y fixerent, lui donnerent son nom. Ils adoraient *Svantevit*, Dieu des combats, auquel ils consacraient le tiers des dépouilles de leurs ennemis. Un roi de Dannemark vint détruire son temple, força les habitans de devenir chrétiens, & fit de leur prince un feudataire de sa couronne. Après la mort du dernier, l'île fut donnée en fief au duc de Pomeranie, & le traité de Westphalie en fit

CERCLE DE HAUTE-SAXE 235

une partie des Etats de la Suede. Cette île a douze lieues de long, & autant de large; mais la mer y forme des golfes profonds & des îles. Le fol y est fertile en blé, qui y est un grand objet de commerce: on y éleve beaucoup de bestiaux, la pêche y est abondante, & le bois très-rare. La noblesse y est considérée & nombreuse. On y compte vingt-sept paroisses: les affaires de l'église sont soumises au surintendant-général de la Pomeranie Suédoise: les affaires civiles y sont réglées par un tribunal provincial, présidé par un sénéchal choisi dans la noblesse.

*Isle particuliere de* Rugen.

*Bergen*, autrefois *Gora*, petite ville qui n'est pas ceinte de murs, située au milieu d'une île: là sont les tribunaux de la province, là s'assemble la noblesse. On y voit un couvent de demoiselles nobles, dirigé par deux curateurs nobles, fondé en 1193, par *Jaromar I*, prince de Rugen, qui peupla aussi *Bergen* de Saxons, & en fit un bourg, qui devint ville en 1613. Sa paroisse s'étend sur trente-huit villages.

*Putbus*, château qui donne son nom à des comtes qui descendent des anciens princes de Rugen. Ils possedent la paroisse de *Wilmnitz*, qui renferme quinze villages, & une grande partie de celle de *Casnevitz*, dans laquelle on en compte dix-sept. Quinze villages ou censes forment la paroisse de *Patzig*.

*Zirkow*, village dont la paroisse était l'ancien pays de *Streye*, dont une partie est un comté, & un fief de l'évêque de Rotskild. Elle renferme vingt-sept villages ou censes.

*Lanken*, village & paroisse qui renferme dix-sept villages & censes, soumises à la jurisdiction des comtes de Putbus.

Cette partie du pays renferme encore quatorze paroisses, où l'on remarque *Garz*, ou *Charenz*, bourg élevé près d'une forteresse considérable, qui portait ce nom, démolie déja en 1169. Ce bourg a reçu les droits de ville en 1319. *Alten-Fæhr*, village sur le détroit, vis-à-vis de Stralsund : il y avoit dans ce lieu un ancien passage qui lui donna son nom. *Gingst*, bourg dont l'église est la plus grande & la plus belle de toutes celles du pays. *Schaprode*, village qui s'appella autrefois *Wolange*, & qui forme une seigneurie particuliere.

*Isles & presqu'isles.*

*Wittow*, paroisse qui donne son nom à une presqu'île étroite & fertile en blés, qui fait la partie septentrionale de l'île de Rugen. Là était l'ancienne forteresse d'*Arcona*, détruite par le roi de Dannemark, quand il vint avec le fer y prêcher le christianisme. *Abtenkirchen*, dans cette même presqu'île, est un bourg peuplé, & chef-lieu d'une paroisse.

*Jasmund*, presqu'île qui tient, au nord à celle de *Wittow*, & à l'île de Rugen au midi, par deux langues de terre étroites : sa longueur est de cinq lieues : sa pointe forme un promontoire nommé *Cummen* (pierre ou roche) : des falaises escarpées de pierres de craie l'environnent, & sa partie la plus élevée a le nom de *Kœnigstuhl* : à côté est un abyme très-profond, entouré de rivages élevés en amphithéatre, d'où sort un ruisseau d'une eau limpide & pure, qui se précipite au fond sur des broussailles qui le couvrent, & de-là se rend à la mer. Le golfe de *Tromper-Wick*, qui s'est formé entre les deux presqu'îles, est dangereux pour les vaisseaux que le vent ou l'obscurité y conduit. Le promontoire de *Jasmund* jusqu'à près de deux lieues de-là, est couvert de bois ; c'est la forêt de *Stubenitz*, qui, dans son centre, a des remparts très-élevés, où l'on dit qu'était autrefois le temple de la déesse *Hertha*, dont parle Tacite, déesse invisible, dont le char révéré ne pouvait être touché que par le grand-prêtre : près de ces remparts est un lac nommé *Bourgsée*, ou *Schwarztsée*, qui a 160 pas de diamètre & qui est profond de cinquante pieds ; le poisson qu'on y pêche est noir & d'un goût délicat. Cette presqu'isle contient deux paroisses, *Sagar* & *Bobbin* ; la premiere prend son nom d'une petite ville.

*Mœnkgutk*, est une presqu'isle qui est au Sud-Est de l'isle de Rugen, à laquelle elle se joint par une langue de terre qui fut traversée autrefois par un fossé profond. Elle s'appellait encore *pays de Reddevitze* dans le treizieme siecle.

On y compta onze villages en 1309, les vagues y formerent un nouveau bras de mer qui l'éloigna de plus de trois lieues de l'isle de *Ruden*.

*Ruden* est entourée de bancs de sable & de marais ; il paroît qu'elle a été plus considérable autrefois, on y voyait deux grands villages qui n'existent plus. Elle a une redoute : un banc de sable que la mer couvre quelquefois, la joint à l'isle d'Oye, longue de trois lieues.

*Ummanz*, est une paroisse dans l'isle de ce nom.

*Hiddensö*, est une isle au couchant de celle de Rugen, longue de trois lieues : son sol est sablonneux ; & n'est cultivé qu'en partie : une forêt de sapins abattue pendant la guerre de trente ans, reduit les habitans à brûler la tourbe & les excremens de leurs vaches : un fanal éclairait autrefois les navigateurs dans sa partie méridionale. On y voit plusieurs villages : celui de *Vitte* ne subsiste que par la pêche ; quelques autres diminuent tous les jours, celui de *Glambeck* n'existe plus. Près du village de *Grieben* est l'église paroissiale, reste d'un couvent qu'entourent encore quelques maisons.

II *Pays de Stralsund.*

Il s'appellait encore dans le douzieme siecle, *pays de Pitne*, du nom d'un village qui exiſte encore. *Stralſund* fut bâtie en 1209 par Jaromar I prince de Rugen, on l'appellait d'abord *Stendis*, *Stralawe*: ſon nom vient du détroit qu'elle forme avec la petite iſle de *Dænholm*, autrefois *Strela* : elle eſt environnée d'eaux, qui avec les ouvrages qu'on y a faits, en font une ville très-forte. Elle eſt le ſiege de la juſtice militaire & de la régence royale, du gouverneur général, d'un conſiſtoire; les états de la Pomeranie Suédoiſe s'y aſſemblent, elle a un college vaſte & riche, une bourgeoiſie nombreuſe, & un commerce floriſſant. En y devenant Magiſtrat, on acquiert la qualité de noble : peut-être ſerait-il mieux de le devenir en quittant la magiſtrature quand on s'y ſerait honoré. Elle a été une ville aſſez antique : quatre villages paroiſſiaux ſont autour d'elle.

III *Principauté de Barth.*

Elle a ſeize lieues de long, ſa plus grande largeur eſt de dix. Elle comprend la *Circipanie Rugienne.*

*Barth*, eſt une ville ſituée ſur un petit Golfe, ſiège d'une juſtice, & d'un chapitre de Dames érigé en 1733.

*Kenz*, eſt un village voiſin, connu aujourd'hui par ſes eaux minérales, & autrefois par des pelerinages.

*Zingſt*, nom d'un iſle formée par la mer Baltique & le courant d'eau nommé *Bartiſches*.

*Binnenwaſſer*; la Strominke la traverſait autrefois & en faiſait deux iſles; mais le ſable accumulé à ſon embouchure la força de laiſſer ſon lit à ſec & de prendre une autre route.

*Darz*, preſqu'ile ſéparée de l'iſle de Zingſt par la riviere de Prerow, & qui tient au Mecklenbourg par une langue de gravier assez étroite. C'était autrefois un enclos destiné à la chasse; & les ducs de Poméranie y avaient une maison de chasse & une chancellerie. On y voit encore deux villages & une métairie; elle en avoit trois plus considérables qui ont disparu.

*Damgard* (montagne de digue) est une petite ville située sur une élévation qui s'abaisse vers une digue de la Reckenitz. Elle fut fondée en 1258, a un château, mais n'est point encore ceinte de murs.

*Tribbsées*, est une petite ville où est un siége de justice: elle n'était qu'un bourg avant l'an 1285, elle est, dit-on, la clef du Mecklenbourg.

*Grim* ou *Grimmen* est une petite ville ceinte de murs en 1190.

*Franzbourg*, est une ville bâtie en 1587 sur le sol qu'occupait l'opulente abbaye de *Niencamp*. Le duc Bogiflas XIII voulut en faire une ville qui ne s'occupât qu'aux arts & aux manufactures: cent nobles s'engagerent à l'élever; on devait choisir les magistrats, au nombre de sept, parmi eux seuls. Elle n'a pas fleuri, & on ne s'en étonne pas. Elle est le chef-lieu d'un bailliage.

*Richtenberg*, est une petite ville sur la Trebel, près de quelques lacs: il y a près d'elle une saline détruite, & dans son enceinte est le siége d'un bailliage.

*Cercle de Gutzkow.*

Il a eu long-temps des maîtres particuliers. *Gützkow*, est une petite ville qu'on fortifia dans le douzieme siecle, mais qui n'a rien de remarquable.

*Loïtz*, autrefois *Lufitz*, est une petite ville qui a un château, que les Leutices habiterent, & qui en reçut son nom.

*Greifswalde*, est une ville près de la Rick, riviere

navigable qui se jette dans un Golfe de la mer Baltique, où Greifswalde a un port : elle fut bâtie en 1233, une justice royale y siege, & une université dont le chancelier est le gouverneur de la Poméranie Suedoise, y fleurit, une société des gens instruits s'y occupent à perfectionner la langue allemande. Son territoire est étendu son commerce fort actif, & ses franchises considérables. Près d'elle sont des sources d'eaux salées que la rareté du bois fait négliger : la petite isle de *Rimis*, à l'entrée du Golfe de Rick dépend de cette ville.

*Nehring*, *Eldenow*, *Ludwigsbourg* sont trois bourgs : le second renfermait autrefois une abbaye de citeaux puissante & riche, qui fut sécularisée dans le seizieme siécle & dont les biens forment aujourd'hui un bailliage.

*Lassan*, est une petite ville sur le lac Lassanche formé par la Pœne : il serait facile d'en faire une ville forte. Elle est le chef-lieu d'un bailliage.

Seigneurie de Wolgast.

Elle n'est qu'une petite partie de l'ancien duché de ce nom. *Wolgast*, est une ville sur la Pœne à une lieue de la mer Baltique. Elle est ancienne, & fut autrefois une forteresse considérable, les ducs y residerent & quelques-uns y ont leur tombeau : le commerce y fleurit & l'a relevée des pertes causées par les incendies & la guerre. Les vaisseaux y acquitent des droits.

*Grünschwart*, redoute à l'angle du continent qui fait face à celle de Pœnamunde. Il y a un port.

Nous joindrons ici les possessions de la Suede dans le Duché de Mecklenbourg, afin qu'on puisse les voir ensemble sans les chercher dans deux Cercles différens. Cette partie du Duché lui fut cédée par le Traité de Westphalie.

*Wismar*

*Wismar*, autrefois *Wissmer*, ville située dans un golfe de la Mer Baltique, sur laquelle elle a un port vaste & sûr, elle est grande & bien bâtie, très ancienne; mais son origine est incertaine. Hubner la fait bâtir en 340 par *Wissemere* Roi des Vandales. Elle adopta les Loix de Lubeck en 1266. Ses fortifications ont été détruites. On y compte six Eglises. Elle a un Consistoire, un College où enseignent huit Professeurs, & est le siege d'un Tribunal d'où ressortent toutes les possessions de la Suede en Allemagne. Elle a été une ville Anséatique & avoit le droit de battre monnaie: il ne lui reste qu'un commerce assez étendu. La Suede retire annuellement de cette ville & de son territoire pour divers droits, la somme de 7600 Rixdales. Son territoire renferme douze villages: elle possede encore, à titre d'engagement, l'Isle de *Poel*, située dans son port. Cette Isle contient dix villages; mais six seulement appartiennent à Wismar: les autres dépendent de l'Hopital du S. Esprit à Lubeck.

*Neukloster*, Bailliage qui prit son nom d'un ancien Couvent, & comprend treize villages avec une vaste forêt. Il est affermé pour la somme de 7690 Rixdales.

*Warnemunde*, redoute & péage engagé au Duc de Mecklenbourg: le village & le port de ce nom appartiennent à la ville de Rostok. Voyez cet article.

Nous revenons aux possessions du Roi de Prusse dans le Cercle de Haute Saxe, que nous avons cru devoir interrompre pour ne pas abandonner la Poméranie, où l'ordre que nous suivons, nous avoit mené.

Tome III, Q

## COMTÉ DE WERNIGERODE.

Il confine à la Principauté d'Halberstadt, & au pays électoral de Brunswick; il a cinq lieues de long sur quatre de large : divisé par le Blocksberg, une partie de son sol est montueuse, & l'autre unie; ses monts sont placés en amphitéatre, le Blocksberg un des plus hauts (*a*) de l'Allemagne, en occupe le fond; il est sans arbres & on n'y trouve que des broussailles dont le bois est blanc & dur comme un os. La neige y demeure huit à neuf mois de l'année; sur le sommet est une petite maison de pierre, qui est l'asyle des curieux qui y montent; sa cime est ronde & unie; on y trouve une fontaine & autour de beaux pâturages : les autres montagnes sont couvertes de sapins, de pins, de chênes, & de hêtres; toutes sont riches en simples salutaires. L'*Ilse* prend sa source au pié du Blocksberg, & descend en serpentant dans l'Isenthal : au couchant du même mont naît la *Kalte Bade*, qui sépare le Comté de l'Electorat d'Hanovre; au Levant la *Holzemme* sort d'autres montagnes moins élevées; l'*Ecker* a sa source dans le petit Blocksberg. Ces rivieres, & de plus petites qui s'y joignent, arrosent ce pays qui est fertile en blés, en légumes & en fruits. Ses prairies & ses pâturages nourrissent beaucoup de bestiaux; ses forêts sont abondantes en gibier : dans son sein, on trouve de la marne, de l'argile, de la tourbe, du cobalt & du fer. On en exporte des blés, des bois de chauffage & de construction, du tan, des huiles, des bœufs gras & du porc, du gibier, des pois-

---

(*a*) Elle n'a pourtant que 3021 pieds de hauteur.

...ons, de la chaux, du salpêtre, du cobalt, de la poudre, du fer, du fil d'archal, des faucilles, du cuivre travaillé, du papier, des draps, des étoffes, &c. Il est très-peuplé; on y parle le bas Allemand, on y professe la Religion Luthérienne & on y compte vingt-une Eglises. En 1208, le Comte offrit aux Margraves de Brandebourg, de tenir son Etat comme un fief d'eux & de leurs descendans, & on ne le refusa pas. Un Comte de Stolberg (\*) en est le possesseur actuel; mais le Roi de Prusse y perçoit la plus grande partie des droits d'accise, y leve des contributions, des soldats qu'il ne doit pas y loger; & tous les procès dont l'objet excède 150 Rixdales sont portés en appel à la chambre de justice de Berlin. Le Comte de Stolberg exerce tous les autres droits regaliens, & y a une Régence, une chambre des comptes, & un Consistoire. On croit que les revenus de ce comté montent à 60000 Rixdalers.

*Wernigerode*, est une ville arrosée par le Zilliherbach, qui près de là se perd dans la Holzemne, elle est divisée en trois parties, l'*Altstadt*, dans laquelle on compte quatre cens trente maisons bourgeoises, deux églises, deux hôpitaux & divers autres bâtimens publics, parmi lesquels est une école latine. La *Neustadt*, qui renferme cent quatre-vingt-onze feux, une église & un hopital; le fauxbourg de *Naschenrode* qui a cent cinquante feux & une église. Près d'elle est encore l'hôpital de S. George: des canaux dessèchent les caves, & le Zillicherbach peut l'environner & la couvrir de ses eaux. Un prévôt nommé par le comte, siege avec ses magistrats, & juge avec eux. La ville & le sénat ont des revenus considéra-

---

\* Voyez pour ces comtes l'article qui les concerne ci-après.

bles, & possèdent de vastes forêts ; ses habitans cultivent leurs terres, font de la bierre, de l'eau-de-vie, fabriquent de la toile & des draps. Dans ses environs sont des moulins, des huileries, des papeteries, des scieries, un martinet de cuivre, & autres usuines. Sur le haut de la montagne au pied de laquelle elle est située, est un vaste château où l'on trouve une bibliotheque, des archives, & une collection curieuse de bibles : il est orné de jardins & de deux parcs plantés d'arbres fruitiers, & où l'on voit trois maisons de plaisance ; deux rangées de maisons le touchent, & là sont logés les domestiques & les chevaux du comte, là aussi, est une maison d'orphelins & d'autres bâtimens : dans l'orangerie est une salle sans colonne, une allée de tilleuls qui conduit aux parcs ; différens chemins bordés d'arbres conduisent à la ville.

Dans le Bailliage de *Wernigerode*, est renfermé le fauxbourg de *Naschenrode*, dont une partie des habitans sont soumis aux corvées, mais jouissent des droits de commune ; d'autres ne partagent point ces droits, mais ils sont libres. *Silstædt*, grand & beau village qu'arrose la Holzemme. *Wasserlebe* est plus grand encore, est arrosé par l'Ilse, a deux églises, & un couvent de filles, *Drübeck* est grand, peuplé d'habitans aisés, a deux églises, & une abbaye : près de lui est une briqueterie & le *Sandthal* d'où l'on tirait de la mine d'argent. *Ilsenbourg* est un bourg sur l'Ilse ; il fut une ville & ses habitans en jouissent des droits : près de lui est un château, un couvent de Bénédictins y a été changé en salpètrerie ; il y a des usuines, des fourneaux, des forges, une fabrique de fil d'archal, des scieries ; on y fait le papier, l'huile & la poudre, on y travaille le cuivre & le fer. *Stapelbourg*, est un village sur l'Ecker, qui à quelque diſtance, a une ſource d'eau ſalée négligée. Au bas du Blocksberg ſur la Bude, eſt une communauté d'ouvriers occupés à diverſes uſuines; la mine de fer eſt exploitée à quelques lieues de-là; les forêts y ſont étendues & conſervées, les paturages bons, les troupeaux nombreux, & la riviere y fournit d'excellentes truites.

On compte encore dix villages dans ce Bailliage, & trois mines de tourbe qu'on exploite, prépare & reduit en charbon: dans l'opération, il en ſort une eſpece de graiſſe ou d'huile.

Le bailliage de *Haſſerode* a quelques lieues de tour: le Roi de Pruſſe en poſſéde une partie, & il renferme de grands forêts: le comte ſeul a le droit d'y chaſſer, on y voit une mine de cobalt abandonnée: dans le diſtrict qui appartient au Roi de Pruſſe eſt une mine de plomb & une fabrique de couleurs.

## Comté de Hohnstein.

Il eſt ſitué dans la Thuringe, il touche à la principauté de Schwartzbourg, à l'Eichſfeld, au duché de Brunſvic, au comté de Stolberg: le ſol en eſt montueux, mais fertile & bien cultivé; ſes champs donnent à ſes habitants plus de blés qu'ils n'en peuvent conſommer; ſes paturages abondans y nourriſſent de nombreux troupeaux de beſtiaux. Les forêts y ſont conſidérables & le gibier très-commun; on y trouve de l'albâtre & du jaſpe, la mine de fer y eſt commune; la *Herme* & la *Zorge* naiſſent dans la Seigneurie de Klettenberg; la *Wipper* arroſe celle de Lora: ces deux Seigneuries ſont habitées par des Calviniſtes; le reſte du Comté l'eſt par des Luthériens: la nobleſſe y eſt nombreuſe & on y compte cinq villes & deux bourgs. On fait deſcendre ſes anciens comtes de Charles duc de Loraine, descendant de Charlemagne. Leur famille s'éteignit dans le treizieme siecle, & leurs possessions furent divisées entre plusieurs maisons, qui prennent le nom de comtes de Hohnstein.

*Comté de Hohstein propre.*

Il releve de la maison de Brunswick-Lunebourg, & appartient pour la plus grande partie aux comtes de Stolberg; la maison de Brunswic en visite toutes les églises, reçoit les appels des sentences de ses tribunaux, & leve les subsides dûs à l'empereur & à l'Empire qu'elle remet aux comtes, à qui tous les autres droits regaliens appartiennent.

Le bailliage de *Hohnstein* appartient aux comtes de Stolberg-Stolberg. Il renferme les ruines de l'ancien château de Hohnstein, la petite ville de *Neustadt* ornée d'un château, & 12 villages. Sa forêt appartient aux Comtes de Stolberg-Wernigerode, sa superficie est de 22800 journaux de terre de 120 verges quarrées chacun: la Behre y prend sa source, ses revenus sont considérables, & sont le produit du bois ou du charbon qu'on en fait; on y fouille la magnésie & le charbon de terre & on n'y voit qu'un village & quelques maisons.

Le bailliage du *Chapitre* appartient à Brunswic-Lunebourg; il formoit les biens d'un couvent de Premontrés fondé en 1190; une partie de ses possessions est assignée à l'école d'*Ilefeld*, nom du couvent, & fondée par son dernier abbé. Elle a six Professeurs habiles, & ses revenus sont très-grands; elle nourrit & instruit un grand nombre de jeunes gens. Le bailliage renferme le bourg d'*Ilfeld*, que la Behre arrose, qu'un pays riant & des monts environnent.

Les Seigneuries de *Lora* & de *Klettenberg* appartiennent au Roi de Prusse & sont incorporées à la principauté d'Halberstadt. Elles ont une chambre de domaine & de guerre; mais leur régence, leur consistoire, leurs tribunaux en dernier ressort sont les mêmes que ceux de Halberstadt. Elles donnent un revenu de 800000 rixdales.

Dans la Seigneurie de *Lora*, est la ville de *Bleicherode*, petite, ouverte; mais peuplée, industrieuse, & commerçante. On y compte encore environ vingt villages, parmi lesquels il y en a de grands.

Dans la seigneurie de *Klettenberg* sont renfermés *Elrich* ville sur la Zorge, autrefois capitale de tout le comté, à laquelle quelques manufactures donnent de l'aisance & dont les environs fournissent de l'albâtre & de la castine. *Sachsa* petite ville près de laquelle on trouve de la castine, du marbre verd, brun & rouge, & des pierres d'agate. *Beneckenstein*, petite ville, & trois villages parmi lesquels on remarque celui de *Klettenberg* qui doit son nom à un château ruiné; sur la montagne de *Konstein* est un martinet de cuivre, une papeterie & un moulin à poudre.

Le Bailliage de *Bodungen*, qui fit partie de la Seigneurie de Lora appartient au prince de Schwartzbourg-Sondershausen, comme un fief de l'Electorat de Saxe. On y remarque le bourg de *Gross-Bodungen* sur la Bode, & sept villages.

## Abbaye de Quedlinbourg.

Cette abbaye est impériale & séculiere, son origine remonte à l'an 932 où le roi Henri l'oiseleur la fonda, & sa fille fut sa premiere abbesse; elle n'est aujourd'hui composée que de quatre Dames de condition, l'abbesse est princesse de l'empire & siege comme telle à la diete; ses revenus sont de 20000 écus, son mois romain de 52 florins, sa taxe de 81 rixdalers, 18 kreutz. La charge de prévot de cette abbaye est un fief que posséderent différentes maisons & qu'acheta l'électeur de Brandebourg en 1697 pour 300 mille rixdales ; le droit de basse justice est le seul qui reste à l'abbesse dans son domaine qui touche à la principauté de Halberstadt. Le roi de Prusse nomme aux offices qui forment la justice prévôtale, & le directoire supérieur des subsides : l'abbesse nomme aux charges de sa chancellerie, de son consistoire & de la justice municipale de la ville *Quedlinbourg*, est une ville arrosée par la Bode, qui la divise en vieille & en nouvelle. Elle renferme sept à huit églises & deux hôpitaux. Ses habitans cultivent leurs terres, nourrissent beaucoup de bétail, & brassent de la bierre. Elle se joignit aux villes anséatiques ; mais les armes des Saxons la forcerent de se soumettre à l'abbesse qui demeure avec son chapitre sur la montagne qui en est voisine. Ses environs sont agréables ; près d'elle est une source d'eaux minérales. Elle fut fondée en 920 par Henri l'oiseleur, son château a été le séjour de divers empereurs.

Le domaine de l'abbaye peut avoir six lieues de circuit. On y trouve plusieurs villages, le bourg de *Ditfurt* qu'arrose la Bode & la forêt de *Ramberg*.

## COMTÉ DE MANSFELD.

Il touche à quelques principautés de Saxe, au duché de Magdebourg, aux principautés d'Anhalt & de Halberstadt. Il a onze lieues de long & sept de large, est montueux, mais très-fertile, renferme de grandes forêts peuplées de gibier, de belles prairies, des vignobles, une saline & des mines d'ardoises, d'où l'on extrait du cuivre ; cent livres d'ardoise y donnent deux à cinq livres de cuivre ; mais la disette de charbon forcera peut-être d'abandon-

# CERCLE DE HAUTE-SAXE. 249

er ces mines. Chaque année on en tiroit vingt mille quintaux de cuivre, & aujourd'hui seulement 1500; chaque quintal donne 10 à 12 onces d'argent; ces ardoises sont incrustées de figures d'animaux & de poissons. Deux lacs assez grands, voisins l'un de l'autre & qui même se communiquent, nourrissent les habitans de plusieurs villages du produit du poisson & des écrevisses qu'on y pêche, l'un, & c'est le plus grand, a ses eaux salées, l'autre les a douces: sur leur surface se joue une multitude d'oies, de canards, de pluviers, & autres oiseaux aquatiques. Le premier reçoit la *Woyta* & il en découle la *Salze*, qui avec la *Schlenze*, se joint à la *Saale* qui limite le comté au Nord-Est. La Wipper le traverse & y reçoit l'*Eine*. On y compte sept à huit villes, & cinquante-huit paroisses, toutes Luthériennes. Ses comtes descendent de Riddig margrave de Misnie, qui vivait dans le dixieme siecle, ils sont princes de l'Empire, & les derniers sont catholiques. Trois cinquiemes de ce comté furent séquestrés par l'électeur de Saxe qui en est le seigneur suzerain; les deux autres le furent par les électeurs de Brandebourg dont ils relevent: le premier roi de Prusse a levé ce séquestre; mais celui de la maison de Saxe subsiste toujours.

## PARTIE DU COMTÉ QUI RELEVE DE MAGDEBOURG, OU DU ROI DE PRUSSE.

Elle renferme 3689 *Hufen* de trente journaux chacun, 1095 arpens & demi de prés & de jardins, 84 arpens & demi de vignes, 785 arpens & demi de bois, trois villes, trente-neuf paroisses, 98 villages. Le roi établit des impôts, a des officiers de justice, reçoit à Magdebourg les appels des tribunaux du prince & a le droit d'infpection fur les Eglifes. Les autres droits regaliens appartiennent aux comtes qui ont vendu la plupart des bailliages avec le droit de rachat.

*Mansfeld* eft une petite ville au pié d'un mont, fur lequel eft le château qui lui donna fon nom, & dont la partie pofterieure a été démolie : il eft fur un roc & a été fortifié, on y voit encore la belle églife de S. George. A demi-lieu de-là était un couvent de ce nom, dont les poffeffions forment un bailliage. Dans cette ville demeurait le mineur qui fut pere de Luther.

*Gerbftædt*, eft une petite ville dans le bailliage de *Fridebourg*, divifé en fupérieur & en inférieur, & renfermant vingt-quatre villages.

Le bailliage de *Holzzelle* contient deux villages & eft formé des poffeffions d'un ancien couvent de filles : il en eft de même de ceux de *Hefta* & de *Haderfleben* : ils font peu étendus.

Le bailliage de *Schraplau* eft divifé en fuperieur & inférieur & renferme douze villages : ceux de *Unter* & *d'Ober Efperftadt* font connus par les foffiles, les plateaux, manteaux de cheminée & autres pierres qu'on en tire. Ce bailliage appartient au roi de Pruffe ainfi que les cinq fuivans.

*Groff-Oerner*, eft un bourg qui fut ville ; il eft le chef-lieu d'un bailliage qu'arrofe la Wipper.

*Gerbftædt* eft un bailliage formé en plus grande partie des poffeffions d'un couvent de bénédictines qui fut fondé dans la ville de ce nom.

Les bailliages de *Bennftædz* & de *Neu-Affebourg* n'offrent rien d'intéreffant, ils ne renferment qu'un chateau & quelques villages.

Celui de *Leimbach* renferme la ville de ce nom fur la Wipper & neuf villages. Nous ne ferons que nommer ceux de *Bourg-Oener*, de *Polleben*, de *Heilmsdorf*, que l'inconduite des princes força de vendre à différentes familles.

*Séebourg* est un bourg voisin du lac aux eaux douces, il est orné d'un château, & est le chef-lieu d'un bailliage qui renferme quatorze villages dont on remarque celui de *Béesenstædz* qui fut autrefois un bourg.

Cette partie du comté renferme encore deux petits bailliages, deux biens nobles & une cense.

## PARTIE DU COMTÉ QUI RELEVE DE L'ÉLECTEUR DE SAXE.

Elle renferme cinq villes, vingt-six paroisses, quarante-deux villages : les forêts y couvrent quarante mille arpens de terre. Les princes de Mansfeld n'y ont conservé que quelques droits & privileges en matieres ecclésiastiques : la plupart des bailliages ont été vendus à différentes maisons sous la faculté de rachat.

*Eisleben la vieille* était la capitale du comté, elle est le siége de l'intendance de Saxe & de la justice des mines, de la régence & du consistoire des comtes. Elle renferme un château, trois églises & sept-cens maisons; mais il en est plusieurs de ruinées. On y fait de la bierre : ses habitans s'occupent de l'agriculture; là naquit & mourut Martin Luther : sa maison y a été changée en hôpital & en école, où chaque année on célebre ce réformateur dans une salle ornée des portraits des électeurs de Saxe : sur la porte est la statue de Luther. Autour de cette ville étaient des mines d'argent, dont on voit encore les scories : on n'y trouve plus que de l'ardoise.

*Eisleben la neuve*, renferme trois-cens feux, & 250

brasseries : elle a aussi plusieurs maisons qui tombent en ruines. Il y a aussi deux Bailliages de ce nom ; ils sont peu importans.

*Hettstœdt* ou *Heckstœdt* est sur la Wipper, ses magistrats ont de grands privileges ; son chateau est désert & sert de brasserie : sa banlieue s'étend sur 3150 arpens de terre. Elle est peuplée de mineurs & d'agriculteurs ; on y sépare les métaux.

Le bailliage de *Bornstædt* renferme quelques villages dont l'un porte son nom ; son ancien château est desert, la famille actuelle des comtes en prend le nom.

*Arstein* est un chateau ruiné ; il donna son nom à une seigneurie considérable, & le donne encores à un bailliage qui renferme huit villages, parmi lesquels est celui d'*Endorf*.

Le bailliage de *Walbeck* renferme trois villages & rapporte 3000 rixdales.

Celui de *Wiederstedt* est formé des biens d'un couvent de filles situé sur la montagne de *Kupferberg*.

*Wippra* est une petite ville sur la *Wipper*, son chateau tombe en ruines ; elle formait autrefois une seigneurie & dépend aujourd'hui du bailliage de *Rammelbourg* qui renferme quatre paroisses, & doit son nom à un chateau sur une haute montagne.

*Leinugen*, est un grand village qui forme un bailliage, le seul qui ne soit pas séquestré ; il appartient à la maison d'*Eberstein*.

*Artern* est une petite ville qu'arrose l'Unstrutt : ses environs sont fertiles en blés, abondans en paturages : elle a un château, seul bien qu'y possedent les comtes : le bailliage de ce nom renferme encore le bourg de *Gehofen* sur la Rieth, & le village de *Riethebourg* dans une isle qui forme l'Unstrutt.

Le bailliage de *Vockstedt* renferme quatre vil-

# CERCLE DE HAUTE-SAXE.

...ages : celui de *Vockstedt* a un château & est arrosé par la petite Helme.

## ÉTATS DE L'ÉLECTORAT DE SAXE

Ces états sont, le duché de Saxe, la plus grande partie du Marggraviat de Misnie, une partie du Voigtland, la moitié septentrionale du Landgraviat de Thuringe, la Lusace, & une partie du comté de Henneberg : ce dernier est dans le cercle de Franconie & nous en avons parlé. La Lusace ne fait partie d'aucun cercle. Tous ces états pris ensemble peuvent avoir 2025 lieues quarrées de surface : ceux qui font partie du cercle de Haute-Saxe n'en ont que 1516.

Ces pays abondent en grains, légumes, jardinages, fruits &c. On y cultive le houblon, le chanvre, le lin, le tabac, l'anis, le safran sauvage, la garance : on y recueille du vin, de la poix dans de vastes forêts dont on fait aussi du charbon. Différens minéraux s'y trouvent & y sont travaillés. Une excellente terre pour faire la porcelaine, la terre bolée, la sigillée, la colorée, l'ardoise, le marbre, la serpentine, le diamant, la topase, l'amethiste, le saphir, l'opale, l'agathe, la cornaline, le jaspe y sont repandus en divers lieux.

On y aprête le vitriol, l'alun & le sel; on y trouve de l'ambre transparent & différemment coloré, le charbon de terre, la tourbe, le soufre, le cinnabre & le vif argent, l'antimoine, des marcasites, l'arsenic & le cobalt qu'on y prépare & transforme en une belle couleur bleue : son produit est égal à celui qu'on retire des mines d'argent qu'on estime de quatre tonnes d'or. Les mines de cuivre, d'étain, de plomb, & de fer y sont abondantes : les prairies y nourriffent beaucoup de bétail, les forêts y recelent beaucoup de gibier : les rivieres y font poiffonneufes. L'*Elbe* en eft la principale, elle y facilite le commerce. L'*Elfter noire* defcend de la Luface & fe joint à lui : la *Mulde* s'y jette après avoir réuni fes deux branches, ainfi que la *Saale* qui reçoit l'*Unftrutt* & l'*Elfter blanche* : celle-ci produit des nacres où l'on trouve des perles de la groffeur d'un noyau de cerife : fept petites rivieres qui fe jettent dans l'Elfter fe font peuplées de ces nacres qui ont un demi-pié de long.

Les pays qu'elles arrofent font très peuplés, & bien cultivés. On y compte trois grandes villes, vingt-une moyennes, deux-cens petites, plus de 2000 feigneuries, & près de 5000 villages. Les états y font partagés en trois claffes, les *prélats*, les *comtes & feigneurs*, les *univerfités*. Tout gentil-homme a féance & voix dans leur affemblée, s'il peut prouver huit quartiers du côté paternel & autant du maternel. Il y a des biens qui donnent le droit d'y être appellé à leurs poffeffeurs, & les difpenfent de prouver leurs quartiers. Ces états en forment d'autres dans les différens cercles; chaque cercle a fon directeur & fon ajoint : 102 villes font membres de ces cercles particuliers.

Les états s'affemblent tous les fix ans & quand il y a changement de regne ; leurs conceffions ne durent que cet efpace de tems. Chaque baillif les convoque dans fon diftrict : la nobleffe & les villes y envoyent leurs députés, & les fujets des bailliages chargent de leur procuration deux ou trois nobles. Ils s'affemblent dans une fale du chateau électoral : un comité choifi dans les trois claffes eft chargé des affaires qu'ils laiffent indécifes. Le *maréchal* de la cour a le foin des archives, dont les copies se conservent encore dans quatre différens cercles.

La Saxe fut le berceau de la religion de Luther aussi en est elle la religion dominante. La puerile ambition d'être roi de Pologne fit quitter cette religion à l'électeur; mais lui & ses successeurs s'engagent à ne souffrir jamais que l'église, le culte, les cérémonies, les universités, les écoles soyent jamais troublées par des violations & des innovations. On compte 2135 paroisses dans les villages, 240 dans les villes, sans y compter les églises du chateau & les hopitaux. On y compte 2200 pasteurs, soumis à soixante & quatorze inspecteurs, qui dépendent de sept differens consistoires, soumis eux-mêmes au tribunal supérieur ecclésiastique de Dresde, qui dans les affaires importantes doit s'adresser au conseil privé.

Les arts & les sciences fleurissent dans la Saxe: l'imprimerie y est dans un état très florissant, les univerfités y ont de la réputation; diverses sociétés encouragent les arts liberaux & s'occupent de la perfection de la langue allemande. On y voit même une academie mineralogique fondée en 1775; un grand nombre de colléges y facilitent l'instruction de la jeunesse, & y forment des savans, des hommes de lettres, des hommes utiles. Il y a diverses manufactures pour le fil, la toile, la porcelaine, le verre, les glaces, & le fer blanc.

On y compte un grand nombre de fabriques en or, en argent, en coton, en soie, en laine: les tapisseries, le velours, la mousseline, y forment de grands objets de commerce. Leipsic est la ville la plus commerçante de l'électorat & peut être de l'Allemagne. Nous ne nous étendrons point sur l'histoire de la maison de Saxe; la description de l'Allemagne est déja trop étendue, pour ne pas chercher à la resserrer dans ce qui n'est pas notre objet principal. Nous dirons seulement que cette maison prend son origine dans les marggraves de Misnie : que *Frederic le belliqueux* fut le premier Marggrave qui devint électeur en 1422, & que ses petits fils *Erneste & Albert* se partagerent ses états : l'ainé fut électeur & ses enfans lui succéderent jusqu'en 1547 que *Jean Frederic* fut mis au ban de l'Empire : le duc *Maurice*, descendant d'Albert fut nommé électeur par Charles-Quint; son frére lui succeda & ce sont ses descendans qui possedent encore l'Electorat. Son petit fils George I augmenta ses états de la haute & basse Lusace, & fit diverses autres acquisitions : il partagea ses états entre ses quatre fils, dont la postérité éteinte les a réunis dans ce siècle à l'Electorat qui avait été le partage de son fils ainé l'électeur Jean George II. On sait que Frederic Auguste en devenant roi de Pologne, troubla le repos de sa vie, & ruina la Saxe : son fils fut moins malheureux, sans être tranquile; son régne agité, ne fut point illustre.

L'administration générale des affaires de l'état est confiée en Saxe au *Cabinet Secret* qui régit trois départemens : celui des *affaires interieures de l'état* : celui *de la guerre*, & celui des *affaires étrangères*. Le *Conseil privé* connait des affaires, civiles & ecclésiastiques, il dirige les autres collèges civils & militaires. L'un d'eux est le conseil privé de guerre; il veille sur les commissaires généraux de guerre, des vivres, &c. Celui de *la Chambre* administre ce qui concerne l'œconomie & les domaines, les cens, les rentes, & le trésor de l'épargne : la *regence Provinciale* connait des affaires féodales, & de celles de justice & de police : c'est là qu'on appelle des tribunaux de diverses villes, & que les Nobles plaident en premiere instance : ses jugemens sont revus par la

# CERCLE DE HAUTE-SAXE.

la *chambre des appellations*. Le *collège supérieur des subsides* veille sur les divers bureaux établis pour les prélever & sur leur emploi. Il y a aussi un *collége supérieur des accises* & une *chambre supérieure des comptes*. Celle de *justice minérale*, a inspection sur tout ce qui a rapport aux mines & minieres des Etats de Saxe : il a sous lui differens tribunaux dans les divers lieux où les mines se trouvent : celui des monnaies, & la double manufacture de la couleur bleue, en dépendent. A Leipsic, est un *bureau supérieur des postes* & une *justice supérieure* de la cour. A Vittenberg, est un tribunal de la cour. A *Esleben* est une *intendance*.

Les subsides ordinaires sont ceux que les Etats accordent pour six ans. Ils consistent dans un droit imposé sur tous les biens immeubles, dans celui de deux Rixdales sur un tonneau de bierre brune, d'un Rixdale & demi pour un tonneau de bierre blanche : dans celui de deux deniers par livres des animaux tués à la boucherie, & un denier par livre des animaux tués chez soi. Les nobles & les ecclésiastiques sont exempts de ces droits, exemption très-juste selon eux, très-injuste selon tous les autres hommes. Parmi les subsides extraordinaires, le *Pfenning Steuer* se lève sur les gens de la campagne, & rapporte 13000 florins : le *Quatember-Steuer* se lève sur les artisans & rapporte 24000 florins : le droit d'accise perçu dans la campagne & dans les villes, est un droit de trois deniers par écu sur des marchandises qui se vendent. A ces impôts, il faut joindre la capitation, la subvention, le papier timbré, les cartes, un don gratuit quand l'électeur se marie, les revenus des offices & biens domaniaux, les droits sur les mines & le flottage du bois, &c. Les Etats font par eux-mêmes, la levée de ces im-

*Tom. III.* R

positions. On estime que les revenus de l'électeur vont au-delà de vingt millions de livres. Il entretient 20000 hommes de troupes réglées sans y comprendre la milice. Pour jetter de l'émulation parmi les officiers, le prince Xavier, administrateur de la Saxe, institua en 1768 *l'ordre militaire de S. Henri* : l'électeur en est le grand maître; les chevaliers y sont divisés en grands-croix, en commandeurs, en petits croix : tous ont des pensions : les plus fortes sont de 800 Rixdales, les moindres de 200. La croix est d'or, semblable à celle de Malthe : un écusson d'émail jaune est au centre : on y voit S. Henri debout, cuirassé, orné de ses habits impériaux : la bordure bleue qui l'entoure porte le nom du fondateur. Au revers sont les deux glaives électoraux entourés d'une couronne de lauriers, avec ces mots autour : *virtuti in bello*. Un ruban bleu céleste porte cette croix. L'électeur est directeur du Cercle, & se croit, en qualité d'archi-maréchal, le directeur de la diette de l'empire dans l'absence de l'électeur de Mayence. Son mois romain est de 2647 florins pour tous ses Etats : sa taxe est de 1637 Rixdales.

On divise les terres de l'Electorat en sept Cercles, & deux évêchés.

## Duché de Saxe ou Cercle Electoral.

Ce duché confine aux Cercles de Misnie, de Leipsic, & de Thuringe, à la Lusace, à la marche de Brandebourg, à la principauté d'Anhalt : il a environ dix-sept lieues de long & autant de large : son sol est trop sabloneux : l'*Elbe* le traverse; il y reçoit l'*Elster noire* & la *Mulde* l'arrose en partie. Il ne faut pas le confondre avec l'ancien duché de Saxe qui s'étendait des frontieres du Dannemark au Rhin. C'est sur

# CERCLE DE HAUTE-SAXE.

cette vaste étendue que régnait *Vitikind*, ses descendans, devenus ducs de Saxe, eurent autant de pouvoir, & l'un d'eux fut roi de Germanie en 919. Cette race éteinte, le duché passa en différentes familles; il fut démembré en 1179 sous Henri le Lion, ou le Superbe, mis injustement au ban de l'Empire. Il ne conserva que ce qu'il avait conquis, ou hérité, & les fiefs qu'il ne tenait pas de l'Empire; mais l avait usé durement de son pouvoir, & des sujets qui lui restaient encore, une partie se révolta. Le duc de Saxe créé par l'empereur, n'en eut presque que e nom : les comtes de Holstein, les petits comtes de la Westphalie, les archevêques de Hambourg, de Brême & de Magdebourg, devinrent libres, les évêques d'Osnabruck, de Paderborn, de Verden, de Hildesheim, de Münster, de Halberstadt &c, la ville de Lubec suivirent leur exemple. Henri d'Ascanie méprisant un vain titre sans pouvoir, devint prince d'Anhalt, & laissa le duché à son frère, qui parvint à en faire une petite principauté : elle demeura dans sa maison, jusqu'à la mort d'Albert III, en 1422, & ce fut à cet Albert que succéda Frederic le belliqueux, marggrave de Misnie.

Le Cercle Electoral n'était pas tout compris dans l'ancien duché de Saxe; une grande partie dependait du territoire de Plonim & de celui de Lusizi. On y compte vingt-quatre villes, trois bourgs, 490 villages, & 164 terres nobles. On le divise en onze bailliages.

*Bailliage de Wittenberg.*

*Wittenberg, Laucorea*, est située sur l'Elbe sur lequel elle a un pont volant. C'est-là que siégent le surintendant général du Cercle, un consistoire & divers tribunaux. Son université est célebre; elle fut fondée en 1502 par Frederic le sage : sa bibliotheque est dans le lieu où fut le couvent d'Augustins dont

Luther était membre. Les protestans Hongrais en ont une qui leur est propre. C'est dans son église qu'on voit le tombeau de Luther. Wittenberg a un collège; le baron de Hohenthal y a encouragé l'étude de plusieurs sciences utiles, y a fondé une école & une maison d'orphelins qui ne dépendent que du conseil privé de Dresde. La ville est immédiate: elle est fortifiée, & n'est pas bien grande : son territoire & celui de l'université, renferment huit villages.

*Kemberg*, (Cameracum) est une petite ville immédiate, fondée par des habitans de Cambrai : elle a un château : on cultive le houblon dans ses campagnes. *Zahna*, *Schmiedberg*, sont aussi deux petites villes immédiates : la derniere est entourée de montagnes & l'on y brasse de la bonne bierre. *Reinhards*, village où est un bien noble du comte de Læser, célèbre par un attelier d'ouvrages curieux de méchanique & d'optique. *Großwing*, village près duquel on a trouvé de l'ambre opaque, du transparent, du coloré.

*Bailliage de Græfenhaynichen.*

*Græfenhaynichen*, est une petite ville où est un chateau ; quoique médiate, elle siège aux Etats. Son nom est *Haynichen. Græfen* lui est ajouté parce que ses seigneurs sont comtes : son bailliage a huit villages.

*Bailliage de Belzig.*

*Belzig*, est une ville immédiate qui siège aux Etats. Elle a un chateau : la Welse l'arrose : ses environs sont fertiles.

*Brück*, *Niemeck* sont deux villes immédiates qui siègent aux Etats.

*Bailliage de Gommern & Elbenau.*

*Gommern* est une ville immédiate : elle est petite, & a un chateau. *Elbenau* est un village dans une Isle que forme l'Elbe.

*Bailliages de Seyda & d'Annabourg.*

*Seyda* ou *Sedau* est une petite ville médiate : elle siège aux Etats & fut autrefois une seigneurie.

*Annabourg*, doit son nom à une maison de chasse bâtie par l'Électrice Anne en 1572 : c'est un bourg dans une Isle que forme le nouveau Canal. Il s'appellait autrefois *Lochau* : il a des landes étendues autour de lui.

*Bailliage de Schweinitz.*

*Schweinitz*, est une ville immédiate sur l'Elster noire : elle est petite & siège aux Etats. *Jessen* est aussi sur l'Elster, c'est une petite ville immédiate : près d'elle est la montagne de *Gohrenberg* où croit un vin qu'on appelle bierre de *Gohren*. *Schœnewalde*, petite ville médiate sur le Fliesbach. *Herzberg* est sur l'Elster noire; elle est petite, immédiate, commerçante en draps & en laine. *Prettin*, petite ville immédiate sur l'Elbe : toutes siègent aux Etats. *Lichtenbourg* était un couvent, & est aujourd'hui un beau chateau orné de jardins.

*Bailliages de Pretsch & de Schlieben.*

*Pretsch*, est une petite ville médiate près de l'Elbe, son chateau est beau : son jardin l'est davantage. Elle siège aux Etats.

*Schlieben*, est une petite ville immédiate : elle a un prieuré qui dépend de l'université de Wittenberg. Elle a des privilèges & siège aux Etats. *Barüth*, petite ville sur la Goïla : elle est le chef-lieu d'une seigneurie dont une partie appartient à l'électeur. On fabrique de la poix à *Kehmlitz*, l'un de ses villages : on trouve aussi un martinet à *Paplitz*. *Sonnewalde* est une petite ville, un chateau, une seigneurie enclavée dans la Lusace; mais dépendante de ce Cercle.

*Bailliages de Liebenwerda & de Bitterfeld.*

*Liebenwerda* est une petite ville immédiate sur

l'Elfter noire ainſi que *Wahrenbrück*. *Ubigau*, eſt auſſi immédiate & ſiége aux Etats.

*Bitterfeld*, eſt une ville immédiate ſur la Molldau : elle ſiége aux Etats ainſi que *Brehna*, petite ville médiate, chef-lieu d'un comté. Divers biens nobles ſont ſitués dans ces bailliages, aucun n'offre d'objets intéreſſans.

## CERCLE DE LA THURINGE.

Ce Cercle eſt la partie ſeptentrionale du Landgraviat de ce nom : il offre de bons paturages, des champs fertiles, de belles forêts : il produit du vin, du ſaffran, de l'anis &c. on y cultive la garance : de nombreux troupeaux de moutons, de bœufs, de chevaux s'y nourriſſent, & ſes productions naturelles ſont un objet de grand commerce. La Thuringe de nos jours n'eſt qu'une partie de l'ancienne, que les Saxons & les Franconiens ſubjuguerent dans le ſixiéme ſiecle : elle n'eſt même qu'une partie de celle qui échut aux Franconiens. Le premier de ſes comtes fut Louis le Barbu, fils de Charles de Lorraine, dernier rejetton de la race Carlovingienne : ſon fils fut créé landgrave de ce pays par l'Empereur Lothaire en 1152 : leur race s'éteignit en 1249. Les neveux du dernier Landgrave ſe diſputerent ſa ſucceſſion : un accommodement donna la Heſſe à l'un d'eux, (car la Heſſe faiſait alors partie de la Thuringe) & la Thuringe actuelle au marggrave de Miſnie. Nous avons vu que ſes deſcendans devinrent électeurs de Saxe : telle eſt l'origine de cette poſſeſſion de la Thuringe. L'électeur ne la poſſede pas toute entiere : une partie eſt partagée à diverſes branches de la maiſon ; il a ſollicité pour exercer le ſuffrage attaché au Landgraviat, & n'a pu l'obtenir. On compte dans ce Cercle dix-neuf villes, six bourgs, plus de 400 villages & 174 biens nobles. On le divise en treize bailliages.

*Bailliages de Tennstædt & de Pforta.*

*Tennstædt*; est une petite ville immédiate formée de 600 maisons, située dans une contrée couverte de sapins, & de-là lui vient son nom : les ruines de trois chateaux voisins servirent à élever ses murs en 1489.

*Pforta*, ou *die Schulpforte* est sur la Saale. Un couvent de femmes de l'ordre de Citeaux y fut érigé en école immédiate où l'on instruit 150 écoliers : c'était en 1543 : cette école est la plus célèbre des trois qui sont dans les Etats de Saxe, & le bailliage y est attaché. *Memleben*, village sur l'Unstrutt, dans un canton agréable & fertile : il y avait autrefois un célebre couvent de bénédictins. *Rasen*, sur la Saale, a de bonnes salines.

*Bailliages de Tautenbourg & de Treffurt.*

*Tautenbourg*, est un village, antique chateau qui eut ses seigneurs particuliers, & appartint à *Saxe Zeitz* dont la race est éteinte. *Frauenpriesnitz*, est un village où était un couvent de religieuses & où siége un surintendant. *Niedertrebra* est sur l'Ilm : c'est un bien noble dans lequel il est permis à des particuliers d'avoir des abeilles.

*Treffurt* est partagé entre l'électeur de Saxe, celui de Mayence, & le Landgrave de Hesse : nous en avons parlé ailleurs.

*Bailliage de Weissenfels.*

*Weissenfels*, *Leucopetra*, est une ville immédiate sur la Saale. Elle est bien bâtie, a un beau chateau élevé sur un roc blanc, un arsenal, un hopital, deux églises & une chapelle, un collége où fut autrefois un couvent de Ste. Claire, une école latine, & une manufacture de velours & d'étoffes de soie. Elle a donné son nom à une branche éteinte de la maison de Saxe. Son bailliage renferme les siéges de justice de *Bourgwerben*, de *Stœssen* & de *Mœlsen*. Le premier doit son nom à un village, le second à la petite ville médiate de *Stœssen* : celui-ci renferme encore *Skœhlen*, petite ville près de laquelle était un ancien palais, ou cour de justice : *Droussig*, bourg qui a un chateau. *Langendorf*, village où un honnête particulier fonda une maison d'orphelins en 1710 : on y reçoit aujourd'hui des personnes de tout âge & de tout sexe, on les y entretient, & on y éleve & instruit de jeunes gens. Le troisieme siége de justice renferme deux petites villes, *Mœlsen* qui lui donne son nom, & *Teuchern*.

*Bailliage de Freybourg.*

*Freybourg*, est une ville sur l'Unstrutt. Elle est immédiate, siége aux Etats, & a un antique chateau sur une montagne.

*Mücheln* ou *Michelda*, est une ville immédiate. Elle est petite, la Geisel l'arrose : une cour de justice y siége. *Laucha* est sur l'Unstrutt : elle est immédiate, siége aux Etats, est dans une plaine riante & fertile. Elle devint ville en 1481. *Nebra* est une ville immédiate & aussi sur l'Unstrutt. *Bourg-Scheidungen* est un village & fut une ville forte. *Rossbach*, village sur la Geissel, est devenu célebre par une victoire du roi de Prusse. *Goseck*, fut la résidence d'un comte Palatin, puis fut un couvent, & est aujourd'hui un village. *Zscheiplitz*, est un village voisin des ruines du chateau de *Weissenbourg*, demeure d'un prince de Saxe, changée en couvent, redevenue chateau ensuite. Ce bailliage a cinq siéges de justice.

*Bailliage d'Eckartsberga.*

*Eckartsberga* est une ville immédiate, petite, sans murs qui en marquent l'enceinte. Un marggrave de Misnie la bâtit en 998. On trouve du vitriol dans ses environs. *Bibra* ou *Bebra* petite ville où était autrefois une abbaye, & où l'on a trouvé une source d'eau minérale qu'on oublie. *Bechlingen*, village & chateau qui donna son nom à une famille ancienne qui s'éteignit en 1567. Ses possessions formaient un comté. *Wiehe*, petite ville, près de l'Unstrutt : elle est le chef-lieu d'une seigneurie. *Frohndorf* est un village, *Kloster-Hessler* village qui eut un couvent & où se tient une foire. *Marienthal* fut un couvent dans une jolie vallée : c'est aujourd'hui un bien noble dans une montagne.

Dans l'enceinte de ce bailliage on trouve encore celui de l'ordre Teutonique de la Thuringe : ses revenus montent à 6000 florins. Il est divisé en quatre commanderies. Celle de *Zwetzen* renferme sept villages. Les trois autres n'en ont qu'un chacune.

*Bailliage de Sangerhausen.*

*Sangerhausen*, ville de 700 feux. Elle est immédiate, divisée en haute & basse, située près du Harzwald, a un chateau, deux églises, trois hopitaux, dont deux ont des églises, & une école latine établie sur les ruines d'un couvent d'Augustins : elle est ancienne, & formait une seigneurie. *Walhausen*, est un bourg où est un chateau : c'était autrefois une ville impériale. *Kaltenborn*, hameau, a été un vaste couvent. Il est de même de *Roda*.

*Bailliage de Saxenbourg & de Weissensée.*

*Saxenbourg* est un village, un chateau près de la montagne de *Finne* dont l'Unstrutt baigne le pié, non loin de-là sont les ruines du chateau de ce nom.

*Weiſſenſée*, eſt une petite ville au centre de la Thuringe, placée autrefois entre un grand & un petit lac qu'on a deſſéchés, & dont le fond eſt aujourd'hui changé en prairies, & en champs. Elle eſt immédiate & jouit de l'exemption de divers impôts. *Kindelbrück* eſt une petite ville ſur la Wipper. Elle devint ville en 1291, & fut ceinte de murs en 1571. *Cœlleda*, ou *Kuh-Cœlln*; à cauſe des nombreux troupeaux de bétail qu'on élève dans ſes campagnes, eſt une petite ville près de l'Unſtrutt. *Gebeſée*, eſt un bourg ſur la Gera : on y compte 350 maiſons, un château & quatre lieux de franchiſe. *Griffſtœdt* eſt un village, & une commanderie teutonique, l'un & l'autre ont une égliſe.

*Strausfurth* eſt un grand village où eſt une maiſon d'orphelins. *Günſtœdt* a une foire qu'on appelle *les indulgences de Günſtœdt*.

*Bailliage de Langenſalza.*

*Langenſalza*, eſt la capitale de la Thuringe. Elle eſt immédiate, la Salza l'arroſe, ſes environs ſont beaux & fertiles, ſes fabriques ſont floriſſantes : il s'y fait un grand commerce. On y compte 900 maiſons, deux égliſes, un collége, un château qui a eu le nom de *Drybourg*. *Thamsbrück* ou *Thomasbrück*, petite ville de 200 maiſons, ſur le bord de l'Unſtrutt : elle ſiége aux Etats & devint ville en 1421. *Groſſen* ou *Biſchofs-Gottern*, eſt un bourg étendu, qui a deux égliſes, une collégiale, & un hopital. *Nœgelſtedt* eſt un village de 156 maiſons, diviſé en haut & bas, ſitué ſur l'Unſtrutt : c'eſt une commanderie teutonique.

*Bailliage de Wendelſtein.*

*Wendelſtein*, eſt un vieux chateau ruiné ſur une montagne près de l'Unſtrutt. Près de-là eſt *Roſsleben* ou *Roſſel* grand bourg ſur l'Unſtrutt, à l'entrée d'une plaine. Il y avait un couvent de bénédictines qui est devenu une école où les jeunes gens sont nourris en partie gratis.

Le bailliage de *Sittichenbach* fut le territoire de l'abbaye de *Sichem*, de l'ordre de Citeaux. Elle fut fondée en 1141, dévastée en 1547, & sécularisée bientôt après : ce bailliage renferme quatre villages.

La principauté de *Querfurt* & une partie du comté de *Mansfeld* font partie de ce cercle : mais on en renvoye la description, l'une à un article séparé, l'autre à celui du comté même.

## MARGGRAVIAT DE MISNIE.

Son origine remonte au dixieme siecle : dans le quinzieme il confinait vers le nord, le levant & le midi au duché de Saxe, à la Lusace, à la Bohême : il s'étendait au couchant aux bords de la Mulde & s'étendait même quelquefois au-delà. Les Marggraves possédaient aussi l'*Osterland*, que l'électeur ne possede aujourd'hui qu'en partie, & qui confinait à la Lusace, à la Bohême, à la Franconie, à la Thuringe, à la principauté d'Anhalt, au duché de Saxe. Le plus ancien Marggrave connu est *Rigdag*, qui vivait l'an 980. Deux familles différentes s'y succederent : la tige de celle qui parvint à l'Electorat fut *Conrad*, à qui l'empereur Lothaire donna la Misnie en 1127, & y ajouta la Lusace. Ce Marggraviat n'a pu donner un suffrage particulier à l'électeur qui l'a demandé en vain : c'est un pays fertile en blés, en vin, riche en métaux, abondant en tout ce qui rend la vie aisée. C'est là qu'on écrit le plus purement la langue allemande : c'est en basse Saxe qu'on la parle le mieux. Le Marggraviat comprend le Cercle de Misnie, celle de Leipsic, d'Erzgebürg, du Voigtland, de Neuſtadt, & les évêchés de Wurzen, de Merſebourg, & de Naumbourg-Zeitz : on joint le premier au Cercle de Leipſic.

## Cercle de Misnie.

Il touche au duché de Saxe, à la Luſace, à la Bohême, aux Cercles d'Erzgebürg & de Leipſic : il contient quarante villes, quatre bourgs, plus de 1300 villages, & 472 biens nobles.

*Bailliages de Miſnie.*

Ils n'ont qu'une même enceinte & ſont au nombre de quatre : chaque ville avait quatre cours de juſtice : celle du Marggrave ſiégeait au milieu du chateau; celle de l'évêque ſiégeait ſur le derriere, celle du Bourggrave dans la partie antérieure, & celle du Prévot au couvent de S. Afra : de là ſont venus les quatre bailliages, compoſés de villages épars. Le plus conſidérable eſt celui de *Meiſſen* où l'on compte plus de 300 villages.

*Meiſſen*, eſt une ville ſur l'Elbe & traverſée par la Triebiſch & la Meiſe, qui lui donna ſon nom : elle couvre un grand tertre & s'étend à ſon pié. Elle eſt immédiate, ſiége aux Etats, eſt le chef-lieu des quatre bailliages, eut un évêque dès l'an 948, auquel l'électeur ſuccéda en 1581 : il jouit de ſes droits, & s'impoſe ſes devoirs : le grand-chapitre ſubſiſte toujours; mais il eſt devenu Luthérien. L'évêque était Bourggrave & l'électeur l'eſt auſſi devenu, il reclame à ce titre le ſuffrage qui y était attaché, & qu'on lui refuſe. L'antique chateau où réſidaient le Marggrave, le Landgrave & l'évêque, dans ſes différentes parties, tombe en ruines; dans ce qui en ſubſiſte encore, on a établi la fabrique de cette porcelaine ſi recherchée. Au couvent de bénédictins de S. Afra, a succédé un collége où l'on instruit 118 écoliers. Meissen a encore une autre école : c'est dans sa cathédrale que les électeurs sont inhumés. On y compte encore six églises. Cette ville a une manufacture de draps : ses environs sont couverts de vignobles; les bords ombragés de ses rivieres sont égayés par le chant du rossignol. Près d'elle est une vallée qu'on nomme *sainte*, parce que l'évêque Benno y mourut. Henri I, roi de Germanie, fonda Messen en 930.

*Lommatzsch*, ou *Lumtzsch*, est une petite ville sur la Jahne : elle est immédiate, siége aux Etats, a le droit de basse justice, & exerce la haute à titre de ferme. *Riessa*, petite ville, bien noble formé des débris d'un couvent de bénédictins.

*Scharffenberg*, est un chateau dans une montagne, près de l'Elbe, autrefois forteresse importante. Il y avait de riches mines d'argent.

Le bailliage de l'évêché contient trente-cinq villages, dont le revenu était destiné à la table de l'évêque : une partie est employée aujourd'hui à aider les pauvres étudians. Celui du chapitre a vingt-deux villages, & celui du couvent de S. Afra quarante-deux : c'est le collége qui lui a succédé qui en jouit.

*Bailliage de Dresde.*

*Dresde*, est une ville immédiate, capitale de la Saxe, située dans une plaine, aux bords de l'Elbe qui la traverse & y reçoit la Weseritz, qui y amene beaucoup de bois. C'est le siége des principaux tribunaux du pays; elle est divisée en trois villes. La nouvelle Dresde fut bâtie en 1020 sur la rive droite de l'Elbe & devint ville en 1216, c'est-là que reside l'électeur, dans un chateau antique dont les appartemens sont superbes. Le *cabinet verd* est un trésor de choses rares & précieuses : la bibliothèque est nombreuse, le cabinet de curiosités est très-riche; il a des chambres garnies d'instrumens de mathématiques, de physique, d'anatomie &c. Plusieurs palais magnifiques sont dans cette partie de la ville, qui renferme encore de beaux bâtimens publics : tels sont la salle d'opera, les écuries, l'arsenal, la chancellerie, la monnaie, la fonderie, le jardin des princes, où est un palais bâti à la Turque; le palais de Brühl, la galerie du boulevard, &c. On y compte trois églises Luthériennes, & une église catholique qui est un chef-d'œuvre d'architecture : elle est voisine du pont de l'Elbe. Les réformés prient Dieu dans une maison particuliere. Il en est d'autres dans les fauxbourgs : celui de *Pirna* a une maison de force & une maison d'orphelins : & près de la porte de ce nom, est le jardin électoral où est un palais rempli d'antiquités. Dans le fauxbourg de *Wilsdruf* sont deux hopitaux, l'hopital militaire, la grande maison des pauvres, celle des enfans trouvés, l'école des pauvres fondée par le négociant *Ehrlich*, le jardin potager de la cour, celui de l'orangerie, la petite maison de marbre, la manufacture où l'on polit les glaces, &c. Le pont sur l'Elbe est connu : il est bâti en pierres de tailles & repose sur une base solide. Auguste II le fit élargir par des parapets & des bancs pour la commodité des gens de pié. D'un côté est un crucifix doré sur une roche artificielle : de l'autre sont deux statues qui représentent la Pologne & la Saxe, il a 630 pas de long. La principale église des Luthériens est superbe : son clocher est solide : on y a élevé du canon. La *vieille Dresde*, s'appelle aujourd'hui *ville neuve près de Dresde* : un chateau bâti par Charlemagne en 808 lui donna l'existence : elle ne cessa d'être un bourg

# CERCLE DE HAUTE-SAXE. 271

qu'en 1403. On y voit des cazernes très-étendues, la venerie, la menagerie, le manège, un palais bâti à la japonnoise où l'on a rassemblé de la porcelaine de tous les pays, le magazin de porcelaine de Meissen, une église, un collége, &c. Du marché où s'élève une statue équestre de bronze doré du roi Auguste II, une allée de tilleuls s'étend jusqu'à une porte de la ville *Friderichstadt près de Dresde* qui a succedé au village d'*Ostra* : près d'elle est le grand jardin & le palais de campagne du comte de Brühl : & une longue & belle allée d'arbres. On compte dans Dresde 80 à 90 mille habitans. On y fabrique des draps fins, des serges, des ras, des bas, des étoffes de lin, d'autres où le lin est mêlé à la soie, des tapisseries, des broderies, des maroquins, des verres fins, des ouvrages en or & en argent de toute espèce & artistement travaillés. On y trouve d'excellens ouvriers pour la sculpture & la peinture dans tous les genres. On fond les glaces à *Senftenberg*; on les dégrossit & polit près de Wilsdruf. L'Elbe y favorise le commerce & quoique située dans un lieu bas, on y jouit d'une riche & belle perspective. Elle est fortifiée, son territoire renferme quatre petits bailages qui renferment quinze à seize villages.

*Pilnitz*, est un chateau de l'électeur près de l'Elbe, vieux d'un côté, neuf de l'autre & bâti à la Chinoise. Les meubles en sont superbes, le jardin beau ; une trentaine de maisons d'une hauteur égale & paralleles s'élevent auprès : plusieurs villages en dependent.

*Wilsdorf*, est une ville petite & ancienne ; c'est un bien noble. *Kœtschenbroda*, est un bourg riche par le vin qu'il recueille.

*Nœtnitz*, est un village, un chateau où est la bibliotheque du comte Henri de Bünau, homme d'état savant célébre.

*Bailliage de Dippoldifwalda.*

*Dippoldifwalda*, eft une petite ville médiate qui fiége aux Etats : c'eft un fief de Bohème : elle devint ville en 1266.

*Rabenau* eft une petite ville au nord de la derniere, & qui a les mêmes droits, comme les mêmes fujettions.

*Bailliage de Pirna.*

*Pirna*, eft une ville immédiate, fur l'Elbe, dans le lieu où la Gottlaube va s'y précipiter. Elle a deux églifes, l'Elbe y favorife le commerce, des carrieres d'une pierre recherchée par fa fineffe font près d'elle c'eft encore un fief de Bohème, & à peu de diftance eft la fortereffe de *Sonnenfteen*, bâtie fur un roc élevé, & prefque détruite aujourd'hui.

*Kœnigftein*, eft une ville médiate de 176 maifons, l'Elbe l'arrofe, & elle a une manufacture de cette étoffe de laine & de lin, qu'on nomme *tripe de velours*. Au deffus d'elle eft la roche dans laquelle eft taillée la fortereffe de fon nom, conftruite dans le treizieme fiecle, changée en couvent, puis redevenue fortereffe. La roche eft haute, efcarpée, a des cambrures de diftance en diftance en forme de baftions, n'ayant rien à craindre des mines, point de hauteurs qui la commandent, l'endroit le plus abordable eft le côté qui fait face à Drefde : c'eft-là auffi qu'on a accumulé les ouvrages, & qu'un triple rang de canon fe croifent & la défendent. Fournie de bois, de vins, de grains, de farine, ayant un puits profond de 180 pieds, où l'eau s'éléve à trente-fix pieds, pourvue de citernes, voyant dans fon enceinte des arbres fruitiers, des jardins, des prés, des champs, elle

elle est redoutable à qui l'attaque & sert peu à l'Etat qu'elle défend.

Dohna, est une petite ville ouverte, arrosée par la Müglitz : elle a un hôpital, siége aux Etats & n'a que 100 maisons : près d'elle se voyent encore les vestiges de l'ancien chateau de ce nom, demoli en 1403. Gottleube petite ville dans les montagnes : elle siége aux Etats, ainsi que Berggieshübel, dans laquelle est une justice des mines, & où l'on trouve des eaux minérales & thermales. Liebstadt petite ville est dans une vallée, sa situation est riante : elle a un chateau. Bærenstein petite ville de 60 maisons, arrosée par la Müglitz, fondée en 1493, ayant près d'elle une mine d'étain. Schmiedeberg, bien noble sur la Weisseritz : il y a des usines & des martinets. Maxen, est un village connu par une defaite des Prussiens. Près de celui de Cotta est une carriere d'une pierre dont le grain est très-fin.

La seigneurie de Lawenstein, renferme la petite ville de ce nom & celle de Neu-Geyssing : la premiere avait autrefois de riches mines d'étain & de fer ; elle a aussi une carriere de jaspe abandonnée : la seconde est entourée de monts & de vallées, est habitée par des mineurs, qui recueillent l'étain fin dispersé dans les entrailles de la terre. Cette seigneurie s'étend encore sur le bourg de Gottrau & onze villages.

Bailliage de Hohenstein & Lohmen.

Hohenstein, est une petite ville médiate qui siége aux Etats. Ses habitans filent, & tissent la toile, près d'elle est un chateau.

Neustadt près Hohenstein, est une ville médiate qui siége aux Etats, & où l'on fabrique beaucoup de toiles & de bas : il y a de beaux bâtimens. Sebnitz, ville entourée de montagnes, où l'on tisse la toile, où

Tome III. S

l'on fait des coutis de soie estimés, par leur couleur & leur solidité. *Schandau* est sur l'Elbe : on commerce en grains, en bois qu'on fait flotter sur l'Elbe : on y file le chanvre & la laine. *Wehlen* ou *Wehl-Stadtel*, petite ville sur l'Elbe, fief de Bohème. Toutes ces villes sont médiates & siégent aux Etats. *Lohmen* est un bourg, un bien domanial. *Lichtenhayn*, village qui a été un bourg. *Lilienstein*, roche élevée, vis-à-vis de Kœnigstein : au dessous est le village d'*Ebenhein*.

Bailliage de *Stolpen*.

*Bischoffswerda*, *Episcopi insula*, est une ville immédiate sur la Wesenitz qui en faisait une isle. Elle siége aux Etats, exerce haute & basse justice, est entourée d'étangs, a deux églises & fut érigée en 1076. Un des principaux objets de son commerce consiste en fil blanc. *Stolpen* petite ville médiate sur la Wesenitz. Elle siége aux Etats, & a deux églises. Près d'elle est un chateau qui était fortifié & tout composé de pierre à six angles. *Neusalza* & *Alstadt* sont deux bourgs : ce dernier est placé sur les ruines de la ville de *Jokrym*. *Gœdau*, village ancien où était un siége de justice de l'évêque de Misnie.

Bailliage de *Radeberg*.

*Radeberg*, est une petite ville immédiate qui siége aux Etats : la Rœder l'arrose : c'est un fief de Bohème. A demi lieue de-là est la source minérale d'*Augustusbrunn*, découverte en 1717 : on en boit les eaux & on s'y baigne.

Bailliages de *Moritzbourg* & de *Grossenhayn*.

*Moritzbourg*, est un chateau bâti par l'électeur Maurice en 1542, embelli par Auguste II en 1698. On l'appella pendant quelque tems, le *bourg de Diane*. Près de lui est le chateau d'*Eisenberg*.

*Hayn*, ou *Grossenhayn*, est une ville immédiate

sur la Rœder, rebâtie en 1744. Elle a un collége trois églises, des manufactures de bas, de draps & de gands. On y teint en laine, & cette teinture est très-estimée. C'est dans cette ville que furent découverts le verd & le bleu de Saxe. Le commerce de la garance y a déchu.

*Ortrand*, est une petite ville immédiate qui siége aux Etats & que la Pulsnitz arrose. *Elsterwerda*, est une petite ville sur l'Elster noire, & un fief de Bohème. *Radebourg* est au bord de la Rœder. Elle est petite, on y fait de la bonne vaisselle, il s'y tient de nombreux marchés. *Crakau*, est un bourg qu'on appelle aussi *Krocka*. *Kalkreut* est un village où l'électeur a un harras & une faisanderie. *Zeithayn* est un village fameux par un camp de plaisance. On en a des desseins, des estampes, des médailles : six pyramides en perpétuent le souvenir. On a voulu que la postérité ne pût ignorer que cinq millions de Rixdales y furent mal employés.

*Bailliages de Senftenberg & de Finsterwalda.*

*Senftenberg* est une ville immédiate qui siége aux Etats : on y compte 300 maisons ; des remparts & des fossés l'environnent. *Friderichsthal* est une belle fabrique de glaces établie par Auguste II : on en fond qui ont jusqu'à 100 pouces de hauteur ; mais on ne fait que les y fondre.

*Finsterwalda*, est une petite ville & chateau : elle a été plus grande & plus riche. Ces deux bailliages ont fait autrefois partie de la Lusace.

*Bailliages de Mühlberg & de Torgau.*

*Mühlberg*, est une ville sur l'Elbe, divisée en vieille & neuve : c'est un fief de Bamberg. On y compte cinq églises, un chateau, un collége. Elle est immédiate & siége aux Etats.

*Torgau* est une ville immédiate près de l'Elbe sur le

quel est un pont de bois couvert, construit avec art. Elle a deux églises, un hôpital, une maison d'orphelins, une école latine, des brasseries de bierre, des manufactures de draps & d'étoffes de soie & de velours. Son vieux chateau est hors de ses murs & a son église : on remarque l'escalier de cet édifice.

*Schilda* devint ville en 1170 & n'est point encore ceinte de murs. *Dommitzsch*, est comme elle ouverte ; l'ordre teutonique y a une commanderie. *Belgerr*, est une petite ville sur l'Elbe. Elle a une statue de Roland, & on y brasse de la bonne bierre; ces villes sont immédiates & siégent aux Etats. *Süptitz* est un village connu par une victoire du roi de Prusse.

*Bailliage d'Oschatz.*

*Oschatz*, ou *Ozzek*, est une ville ancienne & médiate qui siége aux Etats, située dans une contrée fertile. Elle a trois églises, un collége, une manufactures de draps, divers métiers; on s'y occupe du labourage. Son enceinte renferme bien des mazures. *Dahlen*, *Strehla* sont de petites villes & des biens nobles.

## CERCLE DE LEIPSIC.

On lui joint le grand chapitre de *Wurzen*, que quelques géographes appellent évêché. Ils confinent aux cercles de Misnie, de l'Erzgebürg, aux évêchés de Mersebourg & de Naumbourg-Zietz, aux cercles électoral, & à celui de Thuringe. On y compte trente-deux villes, un bourg, plus de 1000 villages, 364 biens nobles & quatorze bailliages.

*Bailliage de Leipsic.*

*Leipsic*, autrefois *Lipzk*, étoit une belle ville dans une plaine agréable & fertile, arrosée par la Pleisse qui traverse la ville, par la Barde, l'Elster, & l

Luppe. Son enceinte n'est que de 8954 pas; mais ses fauxbourgs s'étendent au loin : une belle allée de tilleuls l'environne & la sépare d'eux : de-là vient le nom d'*Alma-Philyrea* que lui donnent les poëtes allemans : les fossés de la ville, ceux du *Pleissenbourg* sont plantés de muriers. Plus de sept-cens lanternes en éclairent les rues, des écluses les entretiennent propres : elles sont larges, bordées de maisons dont plusieurs ressemblent à des palais. Elle est le siége de divers tribunaux de justice. Son université est célébre; elle fut instituée en 1409 pour les quatre nations de Saxe, de Misnie, de Franconie ou de Baviere, & de Pologne. Elle est formée des Colléges de S. Paul où est la bibliotheque de notre dame, du collége rouge, des petits & grands colleges du prince, de celui des jurisconsultes, de l'amphitéâtre d'anatomie, jointe à un jardin botanique. Leipsic a encore huit colléges, une société littéraire allemande, & une société des beaux arts. Elle est une des quatre villes de l'empire appellées *Lege-Stædte* : son droit d'étape, ou d'y faire déposer pendant trois jours les marchandises qui passent, s'étend à vingt-cinq lieues à la ronde : pendant ce tems, les marchands ont le droit de s'en approvisionner, & on ne peut les arrêter ailleurs dans la distance marquée. Ce droit a été imaginé dans un tems, où l'on ignorait les vrais principes de la législation, & ceux du commerce. Au centre de la ville est le marché, belle place, que l'hôtel de ville borde d'un côté. La bourse est dans le marché aux pots de terre : l'édifice est beau, la peinture du plafond de la salle est estimée. Le *Gewenhaus* est le lieu où est la bibliotheque publique. On y compte neuf églises Luthériennes, les réformés s'assemblent dans la grande chambre du trésor, & ont un prédicateur français & un allemand, les catholiques ont une chapelle dans le Pleiffembourg, chateau fortifié près de la ville. Elle a un feminaire, une maifon de force & d'orphelins, un hopital, une ladrerie. On y travaille l'or, l'argent, la foie, la laine, le lin. On y teint la foie, on y imprime des toiles, & des étoffes : on y fait des toiles cirées ; on y travaille la peau & y fabrique le bleu de Berlin. Les orphelins raffemblés veillent fur des vers à foie qu'ils élévent. On y compte vingt libraires, treize imprimeries, un très-grand nombre de négotians : Il s'y tient trois grandes foires. Elle eft immédiate, & dans les Etats, elle a la direction fur toutes les villes. On croit que les Vénédes Sorbes la bâtirent : elle était une ville à la fin du dixieme fiecle. Ses environs font agréables : les alouettes y font abondantes & eftimées.

*Taucha*, *Liebertwolkwitz*, *Rœtha* font trois petites villes : la premiere eft immédiate, eft arrofée par la Barde : la derniere a un chateau & deux églifes. *Alt-Ranftœdt* eft un village connu par l'hiftoire de Charles XII.

*Bailliage de Delitzfch.*

*Delitzfch* (Delicium) eft une ville immédiate : elle a un chateau, trois églifes, une chapelle : on y fabrique beaucoup de bas de laine. *Landsberg* eft médiate : au levant était le chateau de ce nom, qui le donna à un Marggraviat qui s'eft fondu dans celui de Mifnie : fur fes ruines eft élevée une chapelle.

*Bailliages de Zœrbig & de Düben.*

*Zœrbig* ou *Klein*, ou *Zippel-Zerbet*, eft une ville de 450 maifons qu'un foffé fépare d'un chateau & d'une chapelle. Elle eft immédiate, & a eu donné fon nom à un Bourggraviat.

*Düben*, est une petite ville immédiate, sur la Mulde. Elle siége aux Etats: auprès d'elle est une forêt dans laquelle on fabrique de la poix, & des campagnes où l'on trouve du vitriol, du soufre & de l'alun.

*Bailliages d'Eulenbourg & de Grimma.*

*Eulenbourg*, autrefois *Ilebourg*, est une ville immédiate, entre les bras de la Mulde. Elle renferme trois églises: on y voit un chateau antique. Elle donna son nom à une seigneurie considérable qui n'est plus. La bierre y est le principal & presque le seul objet de son commerce. Son territoire ne renferme qu'un village. *Gruhna*, est un bien noble, un village, qui fut autrefois un grand bourg habité par les Vénédes Sorbes.

*Grimma*, est une vilIle immédiate sur la Mulde, divisée en vieille & nouvelle. Elle renferme trois églises, siége aux Etats, a un collége où quatre-vingt écoliers sont nourris & instruits gratis. On y commerce en bois, en toiles, en fil tors, en bierre. C'est là qu'on imita d'abord les flanelles d'Angleterre, & on les y colore. *Neuhof*, est une petite ville, bien noble: la Barde l'arrose: elle n'est point ceinte de murs. *Brandis*, est une petite & ancienne ville, un bien noble. *Trebsen*, *Nercha* sont aussi deux petites villes sur la Mulde.

Le bailliage du collége de *Grimma*, possede huit villages. *Nimmitzsch* ou *Nimtschen* est un hameau, où étoit un couvent de religieuses parmi lesquelles Luther choisit sa femme: ses revenus appartiennent au collége.

*Bailliages de Mutschen & de Leissnig.*

*Mutschen*, est une petite ville médiate: près d'elle on trouve des mines d'une espèce de cristal qu'on nomme, *diamant de Mutschen*: un bien noble & deux villages forment son territoire. *Hubertsbourg*, est un chateau de plaisance, bâti par Auguste III, dans une contrée agréable. Là, se fit la paix entre les rois de Prusse & de Pologne & l'impératrice reine de Hongrie. Entre ce chateau, le village de *Collmen* & le bourg de *Wermsdorf* est une forêt percée par différentes allées : c'était au pied de la montagne voisine de *Collmen* que se tenaient les Etats en plein air dans le douzieme & treizieme siecle.

*Leissnig*, est une ville immédiate sur la Mulde. Elle siége aux Etats & a deux églises. Elle a deux Bourggraves éteints en 1538. On y fabrique des draps, des galons, des bas, des toiles de lin, des futaines, des chapeaux. Elle a une belle blanchisserie. La Mulde y amene du saumon femelle ou beccard. *Dœbeln*, est une ville immédiate qui siége aux Etats, qui a trois églises, où l'on fabrique de très-beaux chapeaux, de bons draps pour les paysans, du coutil, des toiles fines & damassées. Elle est dans une isle que forme la Mulde, & formait autrefois un bailliage particulier.

*Bailliage de Rochlitz.*

*Rochlitz*, est une ville immédiate sur la Mulde sur laquelle est un pont de pierres long de 260 piés. Elle siége aux Etats, il y a un chateau placé sur un roc, trois églises, un collége, 400 maisons. On y fabrique des draps, diverses étoffes, des toiles. Près d'elle est une montagne qui porte son nom : la pierre en est d'un beau grain rouge, & elle est recherchée des étrangers : on y trouve aussi du marbre, du jaspe, des calcedoines &c. *Geithayn*, est une petite ville immédiate, qui fut une forteresse des Vandales. Elle siége aux Etats & a deux églises. *Gringswalda*, *Hartha* sont deux petites villes ; toutes deux sont médiates & siégent aux Etats.

*Waldheim* est sur la Zschopa : elle est médiate & siége aux Etats : elle avait un couvent d'augustins qui devint chateau de plaisance sous l'électeur Christian I, qui est devenue une maison de force, & un refuge pour les pauvres & les orphelins. Cette ville a quelques manufactures : on y teint les flanelles. *Mitweyda*, est une petite ville immédiate, où l'on fabrique des draps & des étoffes. Elle siége aux Etats.

*Bailliages de Colditz & de Borna.*

*Colditz*, est une ville immédiate, presque peuplée de tisserans : la Mulde l'arrose. Elle a un vieux chateau auquel est joint un vaste parc. Ses environs fournissent du très-bon savon, de la terre cimolée, & d'autres qu'on emploie dans la draperie. *Laussig*, est une petite ville médiate : elle était fortifiée en 157 & avait des marchés.

*Borna*, est une ville immédiate, dans une isle que forme la Wichra & la Pleiss. Elle a deux églises, & des manufactures d'étoffes de toute espece, son sol est très-fertile en grains. *Frohbourg*, est une petite ville & bien noble sur la Wichra : on y fabrique des étoffes ; on y fait de la bonne vaisselle de terre. *Thoren*, est une petite ville immédiate. *Lobstædt* est un bourg.

*Bailliage de Pegau.*

*Pegau*, est une ville immédiate sur l'Elster ; ses environs sont très-agréables : elle a deux églises, & un collége. Elle fut donnée en 1096 à un couvent de bénédictins, soumis immédiatement au saint siége, très-riche, vendu ensuite à la ville qui y a placé sa maison de ville. Elle a droit de haute & basse justice & siége aux Etats. *Groïtzsch*, est une petite ville, un bien noble. Ses comtes ont été célèbres : ses campagnes sont riantes, arrosées par la Schwenke, la

Schnauder, & l'Elster. *Schwerzen* était une ville fortifiée en 1084, & n'est plus qu'un village.

*Bailliage du chapitre de Wurzen.*

Il comprend soixante-seize villages & vingt-deux biens nobles. Le chapitre a une regence particuliere qui ne dépend que du conseil privé de Dresde, son bailli particulier & son consistoire. Il est formé par un prevót, un Doyen & six chanoines.

*Wurzen*, est une ville immédiate sur la Mulde, petite par elle-même, grande par ses fauxbourgs. On y voit trois églises, un vieux chateau, un hopital, un collége. Elle formait autrefois un comté: l'église collégiale fut fondée en 1114, l'administration en fut donnée à l'Electeur en 1581, & ses successeurs le possédent comme un bien héréditaire. La ville a de très-belles blanchisseries: on en recherche les teintures, & sur tout sa bierre, la meilleure de toute la Saxe. *Kühren*, est un village qui fut une ville connue sous le nom de *Corin*, ruinée en 1020. *Mügeln ou Neu-Mügeln*, est une petite ville immédiate, ville vassale en 984, & appellée alors *Mogelini*. *Klosteramt de Sornzig*, était un couvent de bénédictines dont on a fait un bailliage qui renferme neuf villages.

## CERCLE DE L'ERZGEBURG.

Il confine à ceux de Leipsic, de Misnie, du Vogtland, & de Neustadz, à la Bohême & à la principauté d'Altenbourg. Il doit son nom aux mines qu'il renferme, & qui avec quelques manufactures font son unique richesse: le sol y est dur, l'air froid, le blé qu'on y séme périt souvent par l'intemperie des saisons. On y compte cinquante-quatre

# CERCLE DE HAUTE-SAXE.

villes, dix bourgs, plus de 700 villages, 263 biens nobles. Il est divisé en quinze bailliages,

*Bailliage de Freyberg.*

*Freyberg* est la capitale de ces villes de montagne. Une branche de la Mulde y passe; la Lusitz ou Münzbach s'y jette. Elle a 7500 * aunes d'Allemagne de contour, 2000 maisons, 60000 ames. Un double mur, flanqué de tours munies de contregardes, l'environne. Elle est immédiate & le siége de la justice & d'un échevinage des mines, d'une justice supérieure des dixmes, d'une autre qui a inspection sur toutes les fosses du cercle. Le chateau, appellé *Freudensteig*, en est séparé, est entouré d'un fossé profond, a son église particuliere. Elle renferme six églises : c'est dans un caveau voisin de la cathédrale que les électeurs depuis Maurice jusqu'à Jean George IV, & divers autres princes sont inhumés. Son collége a huit régens & sa bibliotheque est publique; autour d'elle sont des mines de cuivre, d'étain, de plomb, sur tout d'argent & ce sont elles qui ont donné naissance à la ville. Le produit des mines monte à environ dix-mille Rixdales par an. On y voit une fonderie de cloches & de canons; on y fabrique de belles tresses de fil & des dentelles de tombac. Presqu'à ses portes, on sépare le vitriol & le soufre : sa bierre est excellente & est un grand objet de commerce. Les rouliers qui passent doivent y exposer en vente leurs marchandises pendant trois jours. On y découvrit les mines d'argent en 1171, & depuis on y a si bien travaillé, que la ville est assise sur des souterrains : ses environs sont montueux & cependant fertiles.

---

* Environ 3000 toises.

*Haynichen*, est une petite ville immédiate sur la Strignitz. *Sayda* est immédiate comme elle, & l'était déja en 1289.

*Brand* est un bourg habité par des mineurs. *Seyffen* est encore un bourg. *Grünthal* sur la Floche espèce d'usuine où demeurent les mineurs, où l'on sépare le cuivre de l'argent, & où l'on frappe de la monnaie de cuivre.

Bailliages d'*Augustusbourg* & de *Chemnitz*.

*Augustusbourg*, est un chateau électoral, bâti sur un mont élevé près de la Zschopa : il a une église & un puits d'environ cent toises de profondeur, dont 90 sont taillées dans le roc. Au bas de la montagne est *Schellenberg* petite ville médiate qui siége aux Etats. Telle est encore *Tschopau*. Cette derniere a un chateau & près d'elle on fabrique le cobalt. *Oederan* est aussi médiate, & a des manufactures de draps, de flanelle & de canevas.

*Chemnitz*, *Kemnitz*, est une ville immédiate sur la riviere de ce nom. On y compte trois églises, un hopital, & un collége estimé. On y fabrique des étoffes, des toiles, des canevas. Elle a de bonnes blanchisseries. Elle fut une ville impériale. A quelque distance était un couvent de bénédictines dont on a fait un chateau. A côté est une montagne sur laquelle est une église.

Bailliage de *Frankenberg* & de *Nossen*.

*Frankenberg*, est une ville immédiate : la Zschopa baigne ses murs qui renferment 400 maisons. On y fabrique de belles étoffes de laine. *Saxenbourg* est un vieux chateau, un village : son bailliage a été uni à celui de Frankenberg.

*Ebersdorf*, est un village, & une abbaye fondée par la femme de Frederic II qui y retrouva ses enfans qu'on lui avait enlevé : on y montre encore leurs habits dont on prend grand soin.

Noſſen eſt une petite ville ſur la Mulde : elle eſt peuplée de taneurs, de drapiers, de megiſſiers. Son chateau eſt ſur une roche élevée : elle eſt médiate & ſiége aux Etats ainſi que *Siebenlehn* & *Roſſwein* ou *Rüſpen*, qui eſt habitée par des drapiers, des foulons, des teinturiers. *Altinzelle*, était un riche couvent de l'ordre de Citeaux bâti ſur le bord de la Mulde. On y inhumait les Marggraves de Miſnie. *Marbach*, eſt un grand & beau village diviſé en haut, moyen & bas.

*Bailliages de Grillenbourg & de Frauenſtein.*

*Grillenbourg* eſt un chateau dans la forêt de Tharand. *Tharand*, eſt une petite ville médiate ſur la Weiſtritz : elle était autrefois une ſeigneurie.

*Frauenſtein* eſt une petite ville médiate qui faiſait partie du Bourggraviat de Miſnie. Au deſſus était un chateau, jadis retraite de voleurs. *Rechenberg* eſt un bourg & un chateau ſur la Mulde. *Randeck*, eſt un village où l'on fabrique des bas, des violons & des pendules de bois.

*Bailliage d'Altenberg.*

*Altenberg*, eſt une ville ouverte, immédiate, franche, ſiégeant aux Etats, ſituée près des deux ſources de la Weiſſeritz : une partie de ſes maiſons ſont ſur une hauteur, d'autres ſont dans un fond, & toutes peuvent aller au nombre de 200. Ses mines d'étain l'ont fait naître, & cet étain ne le céde ni à celui de Bohème, ni à celui d'Angleterre. On y a découvert un cément natif : on y fabrique des dentelles : ſes mines ſont ſous la direction d'un tribunal de mines. *Glaſshütte*, eſt une petite ville entourée de hauteurs & de montagnes, arroſée par la Mœglitz, on trouve dans ſes environs des mineraux propres à faire du verre & c'eſt ce qui lui donna ſon nom. Elle a des mines de fer, d'étain & d'argent, plus conſidérables autrefois, & une justice minérale; elle fiége aux Etats. *Alt-Geyſing*, eſt une ville de montagne, médiate, qui a ſept moulins & trois fourneaux pour fondre les mines. *S. Georgenfeld*, nouveau village habité par des Proteſtans chaſſés de Bohême : il eſt ſur la frontiere de ce royaume.

Bailliage de *Lauterſtein*.

*Lauterſtein*, eſt un chateau détruit au confluent de deux ruiſſeaux nommés l'eau rouge & l'eau noire : il y en avait un autre vis-à-vis & plus ancien encore. *Zœblitz*, eſt une ville immédiate de cent-dix maiſons : ſes habitans font des cruches, des taſſes, des théïeres, des caffetieres, des mortiers, des écritoires, des boettes, des pipes; des caſſettes à bijoux, des flambeaux, des mouchettes, des tabatieres, des tables de jeu, des toilettes &c. avec la pierre appellée ſerpentine de diverſes couleurs & dont la rouge eſt la plus eſtimée. Ils commercent auſſi en dentelles, en fils & en toiles. Leurs carrieres fourniſſent auſſi de l'asbeſte colorée & des grenats.

*Grünthal*, eſt un amas de batimens où logent différentes ſortes d'ouvriers : on y ſépare l'argent du cuivre.

Bailliage de *Wolkenſtein & Rauenſtein*.

*Wolkenſtein* eſt une petite ville médiate & qui ſiége aux Etats : elle a un chateau, ſituée ſur un rocher dont le Zſchopa baigne le pié : à demi-lieue ſont des eaux thermales qu'on appelle le *bain chaud de notre dame ſur le ſable* : elles ſont environnées de prairies, de champs, d'étangs, de ruiſſeaux, de forêts & de mines, qui en rendent le ſejour très-agréable. *Marienberg* eſt une petite ville immédiate dans les montagnes : ſes rues ſont allignées, ſes mines d'argent ont été plus riches : on y trouve auſſi du cobalt, de la mine de fer, du vitriol & du beau ſouffre. Des eaux minérales y sont chauffées pour en faire un bain salutaire. Cette ville est le siége d'un tribunal des mines : on y fabrique des dentelles très-fines. *Ste. Annaberg*, est une ville de montagne, & immédiate. Des mines d'argent qu'on trouve auprès sur la montagne de *Schreckenberg* ont fait élever cette ville dans le dixhuitieme siécle : elles étaient riches alors : * elle le sont moins aujourd'hui. On fait dans Annaberg un grand commerce de dentelles & c'est aujourd'hui sa principale richesse. Elle est le siége d'une justice des mines. A demi lieue est un bain d'eaux minérales qu'on nommait *Sophienbad* & qu'on nomme aujourd'hui *Wiesenbad*, ses eaux sont vitrioliques. *Gœstadt* ou *Josephstad*; *Buchholz* ou *St. Catherinenbourg* sont deux petites villes immédiates qui siégent aux Etats : il y a des passementiers dans la derniere. *Geyer* est immédiate, a un tribunal des mines, & autour d'elle, des mines d'argent & de plomb : on y prepare le vitriol, le souffre, l'alun, l'arsenic. *Ehrenfriedersdorf*, est une petite ville immédiate qui a un tribunal des mines, fondée en 1407, parce qu'auprès sont des mines d'étain alors plus riches qu'aujourd'hui. Non loin d'elle est la cariere de Greiffenstein. *Thum* est une petite ville médiate qui a droit de séance aux Etats. *Lengefeld* est immédiate, la Flœta l'arrose : *Rauenstein* est un chateau, un bien noble. *Drebach* est un grand village, divisé en haut & bas.

Bailliage de Stolberg & de Grünhayn.

*Stolberg* est une petite ville immédiate, peuplée de drapiers.

---

* Leur produit a monté à plus de trente mille florins d'or, déduction faite de frais.

*Grünhayn*, est médiate, petite, & renfermait autrefois une riche abbaye de Citeaux : ses biens forment le bailliage. *Elterlein*, *Zwœnitz*, deux petites villes médiates & qui siégent aux Etats : la derniere a 170 feux. *Schlettau* est médiate aussi la Zschopa l'arrose : sa richesse n'est pas égale à son ancienneté.

Bailliage de *Schwarzenberg*.

*Schwarzenberg*, est une ville ancienne, petite, médiate, siégeant aux Etats, ayant une justice de mines, arrosée par l'eau noire. Elle a un chateau sur un roc élevé, des martinets, des mines d'étain & de plomb, des terres dont on fait des couleurs crues & préparées. *Schnééberg*, est immédiate : placée sur une hauteur, des montagnes l'entourent, & la Mulde l'arrose. Elle a un tribunal des mines, deux églises, un hopital, une maison d'orphelins, un bon collége : on y fait des dentelles de fil, de soie, d'or & d'argent. Les mines d'argent la firent bâtir en 1479 : elles étaient très-riches, & Albert, duc de Saxe, y dina sur un bloc d'argent massif qui pesait 400 quintaux. Près d'elle est le village immédiat d'*Oberschlemma*, où l'on fabrique le smalt-bleu qu'on tire du cobalt : il y en a quatre manufactures qui forment une sorte de société : il s'en exporte beaucoup chez les peuples voisins.

*Neustadt près de Schneeberg*, est une ville médiate de 130 maisons, située sous de hautes montagnes. *Eybenstock*, est une ville médiate de 320 maisons, sur la Dorfbach qui près delà se joint à la Mulde. Elle a un tribunal des mines, on y commerce en dentelles de fil qu'on y fabrique : ses mines rapporterent en 1748, 394 $\frac{1}{4}$ quintaux d'étain, 5290 voies de pierres de fer; & 820 de *Flœs*, matiere minérale liquide qui sert à fondre le fer. Autour d'elle sont des forges, des usines où se fabriquent des fers blancs,

lancs & noirs ou étammés : on y trouve encore des
ains d'or, des améthistes, des topases, des opa
s, des aigues-marines, des pierres d'aimant,
u quartz transparent. *Johann-Georgen-Stadz* ville im-
édiate, est siége d'un tribunal des mines. Des mineurs
otestans, expulsés de Bohême la bâtirent, & lui
onnèrent le nom de l'électeur Jean George : c'é-
it en 1654. Ses habitans cultivent un sol dur &
grat : ils élevent de nombreux troupeaux & per-
nt les montagnes : ils découvrirent une mine d'ar-
nt en 1682. Ils préparent l'émeril, la mine de
ivre & d'autres mineraux : leurs femmes font
s dentelles. Autour sont des forges où l'on fait le
r blanc & étammé, & du verre. *Neustadt-Ober-Wiesen-
al*, fondée en 1526, eut des Bohémiens protes-
ns pour ses premiers habitans : ils travaillent aux
ines, aux forges, à la dentelle. *Scheibenberg* est
e petite ville médiate & sans murs : ses minieres
oduisent de l'argent & du fer : ses forêts donnent
aucoup de bois dont on fait des radeaux. *Aue*,
t une petite ville de 101 maisons sur la Mulde : près
elle est une miniere d'où l'on tire une terre blanche
'on employe à faire la porcelaine ; on y voit des
rges ; la riviere sert à transporter le bois : toutes
s villes siégent aux Etats.

*Sosa*, est un village de cent maisons : il est dans
e vallée qu'arrose la Sosa, & ses habitans sont mi-
urs. *Oberschlemma* est un village de 75 feux où
n fabrique le smalt bleu. *Schœnheyda*, est un vil-
ge qui s'enrichit par le commerce des dentelles,
fer blanc & du fer travaillé.

*Bailliage de Wiesenbourg & de Zwickau.*
*Wiesenbourg*, est un hameau & chateau sur la
ulde. *Kirchberg*, est une ville médiate de 218 mains, où est une manufacture de draps. *Zschorlau*,

est un bourg de 140 maisons sur une rivière de son nom : près de lui est un martinet & une fer-blanterie, où l'on prépare l'acier fondu, & encore une fabrique *de smalt bleu des Schindler*.

*Zwickau*, ou *Zwickowe*, est une ville immédiate sur la Mulde : c'est une des plus grandes de la Misnie. Elle a un chateau, trois églises, un collége où est une bibliotheque de 20000 volumes. On y fabrique des cardes, instrument nécessaire à ceux qui travaillent en laine, coton & filoselle, des draps, du cuir recherché : les planches, le fer, le charbon de pierre, la pierre de taille, le marbre, l'ardoise, les blés sont encore les objets de son commerce. Elle fut ville imperiale jusqu'en 1308, qu'elle reconnut les Marggraves de Misnie pour ses protecteurs & bientôt pour ses maîtres : son territoire ne renferme qu'un village. *Werdau* est une petite ville médiate, qui fut souvent la proie des flammes : elle a des manufactures de draps & d'étoffes. *Crimmitzschau*, est une petite ville immédiate sur la Pleisse; on y fabrique des draps, des toiles; on y teint en couleurs fines; on y imprime de la flanelle & de la calemandre : elle fut bâtie dans le treizieme siécle. *Mosel* est un grand village divisé en bas, haut & moyen. *Wildenfels*, est une petite ville, seigneurie, qui fut un état de l'Empire jusqu'en 1600. Près d'elle est un chateau sur une montagne.

## CERCLE DU VOGTLAND.

Il touche à celui d'Erzgebürg, à la Bohême, à la principauté de Culmbach : il renferme quinze villes, plus de 300 villages, 155 biens nobles : il est divisé en trois bailliages, & comprend tout ce que l'électeur de Saxe possède dans la province de ce

# CERCLE DE HAUTE-SAXE.

...om : les comtes de Reuss possédent le reste : nous ... parlerons ailleurs.

*Bailliage du Voigtsberg.*

*Voigtsberg* ou *Voigtsbourg*, est un château gothi‑ ...ue, construit par les Venedes-Sorbes, voisin d'*Oel‑ ...itz*, qui est une ville immédiate sur l'Elster. On y ...mpte trois églises, un hôpital, 380 maisons dans ...n enceinte, & deux fauxbourgs. On y pêche des ...rles dans la riviere. *Adorf* est une petite ville, im‑ ...édiate sur l'Elster. *Neukirchen* (*Neofanum*) est ...e petite ville immédiate où l'on fabrique des vio‑ ...ns. *Schœneck* est une ville de 130 petites maisons: ...e est franche, immédiate, & située sur une hauteur: ... ne peut ni augmenter le nombre de ses maisons, ... les aggrandir, parce qu'elle ne doit à son sou‑ ...rain qu'un gobelet de bois neuf rempli de deniers ...squ'il y arrive en voyageant. *Klingenthal* est un ...lage dans les forêts, peuplé de mineurs & de ...cherons expulsés de Bohème pour cause de reli‑ ...m. *Schœnberg*, est un village voisin d'*Egra*, où ...t de bonnes eaux minérales.

*Bailliage de Plauen.*

*Plauen*, ville capitale du Voigtland Saxon ... l'Elster. Un château antique, deux églises, ... collége, une imprimerie de toiles de coton, c'est ...t ce qu'on y remarque. Près d'elle sont les ruines ... château de *Dobenau*, qui donnait son nom à une ...gneurie ancienne & considérable. *Elsterberg* est ...e petite ville immédiate sur l'Elster : c'est un bien ...le.

...*Netzschkau*, *Mylau*, sont deux petite villes, & biens ...les : la derniere est ancienne. *Reichenbach*, est ... ville de 700 maisons; elle a deux églises, & un ...u collége. Il y avait une belle manufacture de ...ps, la teinture en était estimée, & sur tout l'é‑

carlate : elle n'est plus. *Langefeld* est une petite ville dont les habitans sont commerçans, ou fabriquans de draps.

*Tretten* ou *Dreyen*, est une petite ville très-ancienne, partagée en haute & basse. *Auerbach*, une ville immédiate, où l'on commerce en draps & en marchandises de fer fabriquées dans les forges & martinets voisins. *Falkenstein*, un village immédiat auquel on donne quelquefois le nom de ville. *Elleford* en est voisin, on y travaille le fer & le laiton; à quelque distance on trouve une carriere de topazes estimées. *Gefelt* est un bourg.

Bailliage de *Pausa*.

*Pausa*, est une petite ville immédiate qui siége aux Etats. Son bailliage a encore trois villages.

## CERCLE DE NEUSTADT.

Il touche à celui d'Erzgebürg, & aux principautés d'Altenbourg & de Saalfeld. On y compte sept villes, deux bourgs, & 225 villages. On le divise en trois bailliages.

Bailliage d'*Arnshaug*.

*Arnshaug*, est un vieux chateau, une chapelle, un hameau, placés sur une hauteur : c'était un comté qui passa aux Marggraves par un mariage. *Neustadt sur l'Orla* est capitale de ce cercle : elle est immédiate, a un chateau, deux églises, & un tribunal des mines. *Triptis*, est une petite ville médiate fort ancienne qui siége aux Etats. *Auma* est sur la riviere de ce nom : le magistrat en est le seigneur; elle est immédiate. *Rahnis*, est une petite ville ou un bourg. *Oppourg*, seigneurie, antique chateau, qui en 1354 prit le nom de *Friedenstein*, démoli en 1704, il en couta pour 3000 Rixdales de poudre pour le détruire. *Weltewitz*, couvent de filles devenu un village.

*Bailliage de Weyda.*

*Weyda*, est une ville immédiate près de l'Elster & sur la Weyda qui la traverse. Elle fut d'abord bâtie sur une montagne : elle était ville en 1027. On y fabrique de la belle calemandre, & des camelots. Dans son chateau est une manufacture de draps, & on les y teint en couleurs fines. *Berga*, est une petite ville sans murs qui dépend d'un bien noble. *Mildenfurt*, était un couvent de Prémontrés fondé en 1193 : c'est aujourd'hui un village.

*Bailliage de Ziegenrück.*

*Ziegenrück*, est une petite ville médiate sur la Saale : elle siége aux Etats. *Gœvitz*, *Liebengrün* sont deux bourgs.

## EVECHÉ DE MERSEBOURG.

Il touche aux cercles de Leipsic, & de Thuringe, à la principauté de Querfurt, au duché de Maglebourg. Le sol en est fertile & bien cultivé : il produit du blé, du millet & du lin, mais il manque de bois. La Saale y reçoit l'*Elster* : ces rivieres, divers ruisseaux, quelques étangs y sont poissonneux. Cet évêché fut fondé en 968 par l'empereur Otton le grand. L'évêque en était souverain ou prétendait l'être: les Marggraves, & les électeurs voulaient & croyaient avoir ce titre. La religion le leur donna, car l'évêché devint protestant; le chapitre subsista, & n'eut pour évêque qu'un prince de la maison de Saxe : il est aujourd'hui attaché pour toujours à la maison électorale. Le grand chapitre est composé de seize grands chanoines, de quatre chanoines inféieurs, tous Luthériens & anciens nobles. Divers villages & sujets lui appartiennent. Il a une régence, une chambre domaniale, un consistoire, renferme sept villes, un bourg, & plus de 200 villages. Il est divisé en quatre bailliages.

*Bailliage de Merſebourg.*

*Merſebourg*, est une ville immédiate sur la Saale. Elle n'est pas grande & n'est point riche : la bierre fait la seule richesse & le commerce de ses habitans. Elle a un chateau, deux églises, un Gymnase, & quelques belles maisons. On voit dans la cathédrale le tombeau d'airain de l'empereur Rodolphe de Suabe. Elle a deux fauxbourgs qui ont chacun une église : l'un d'eux a encore une maison d'orphelins, & une machine hydraulique qui éleve les eaux de la Saale dans le chateau, dans la ville & dans les fauxbourgs. Ses campagnes sont bien cultivées, & sont agréables. Elle fut la capitale d'un comté qu'on croit fondé par Charlemagne, & dont l'étendue est incertaine. Le dernier comte connu, vivait en 1038.

*Bailliage de Lützen.*

*Lützen*, est une petite ville immédiate. Elle a un chateau. Une pierre brute élevée dans ses environs, y marque l'endroit où Gustave Adolphe perdit la vie. *Mark-Ranſtadt* est une petite ville immédiate. *Ketſchau*, *Teuditz*, village, où sont des salines. *Zwenka* petite ville immédiate : elle a un chateau, & l'Elſter l'arrose.

*Bailliage de Schkeuditz & de Lauchſtædt.*

*Schkeuditz*, est une petite ville sur la rive droite de l'Elſter : son vieux chateau n'est plus. *Breitenfeld*, bien noble, fameux par deux victoires des Suedois. *Horbourg*, est un village où l'on a établi une foire.

*Lauchſtædt*, est une petite ville immédiate où sont des eaux thermales & minérales qui ont de la réputation.

*Schaafſtædt* est aussi une petite ville.

## CERCLE DE HAUTE-SAXE.

### EVÊCHÉ DE NAUMBOURG-ZEITZ.

La *Saale* & *l'Elster* l'arrosent, & le cercle de Thuringe l'entoure en partie. Le terroir y est fertile en grains & en vins : l'évêché fut fondé en 968 à Zeitz, puis une partie des chanoines se fixerent à Naumbourg. Jules Pflug fut son dernier évêque ; c'était un homme sage & un savant. Les électeurs en devinrent les administrateurs en 1595. Une capitulation perpétuelle le lie à la maison électorale. Il a une regence particuliere, une chambre domaniale, & un consistoire. Le chapitre est partagé. Douze chanoines sont fixés à Naumbourg, & sept à Zeitz : tous sont Luthériens & parmi eux doivent être deux professeurs de Leipsic. L'évêché renferme cinq villes, deux bourgs & plus de 130 villages. On le divise en trois bailliages.

*Bailliage de Naumbourg.*

*Naumbourg*, est une ville au bord de la Saale qui reçoit l'Unstrutt. Elle est soumise à ses propres magistrats, a un petit chateau, trois églises, & une école. Il s'y tient une foire sur la fin de Juin, qui attire les habitans par la curiosité, ou le besoin, ou plus encore par l'attrait du plaisir. Elle renferme des salines & son territoire a un village. La *Franbise* est le lieu où est l'église cathédrale, bel édifice construit en pierres de taille : l'école qui y est attachée & les maisons qui l'environnent dépendent du chapitre. *Osterfeld* est une petite ville qui dépend de la grande prevôté. *S. Georgenkloster*, est un couvent de bénédictins fondé dans le onzieme siecle sur un mont près de Naumbourg. L'électeur s'en empara en 1544. Sept villages en dépendaient. Les environs de Naumbourg sont fertiles, & on aime à

T 4

les parcourir, mais le tonnerre & les tempêtes y font fréquentes.

*Bailliage de Zeitz.*

*Zeitz*, ( Cica ) est une ville immédiate sur l'Elster, siège de la régence de l'évêché & du consistoire. Elle renferme quatre églises dont l'une est collégiale, une manufacture de draps, & un chateau déja vieux & encore imparfait. On croit que son nom vient de *Cit*, mot vandale qui signifie froment ; car ses champs en rapportent beaucoup. Près d'elle était *Bosau*, couvent de bénédictins fondé par le premier évêque de Mersebourg. Près d'elle sont dispersés plusieurs villages, & deux bourgs, *Crossen* sur l'Elster, & *Regis* sur la Pleiss.

*Bailliage de Haynsbourg.*

Il est formé de trois villages paroissiaux.

La Lusace ne fait point partie des cercles, mais c'est ici qu'il convient de la placer.

## MARGGRAVIAT DE LA HAUTE ET BASSE LUSACE.

La Lusace est bornée au levant par la Silesie, au midi par la Bohême, au couchant par la Misnie, au nord par la Marche de Brandebourg. Elle a trente-cinq lieues de long, environ dix-huit de large, & 500 lieues quarrées de surface. La basse Lusace eut le nom de Marggraviat 350 ans avant la haute. La derniere est montueuse : la basse a des marais & des forêts. Dans les deux on trouve des champs fertiles, & des landes steriles ou couvertes de bruyeres. On y cultive le froment, le seigle, l'orge, l'avoine, le blé sarrazin, & divers légumes. Le gremil & le lin, n'y sont pas négligés. Dans la basse sur-tout, on trouve du tabac, du houblon, des fruits, des vignobles. Le foin des abeilles est un objet intéressant dans la haute. Le poisson & le gibier y sont abondans : on y nourrit beaucoup de bestiaux, dont la vente leur permet d'acquerir ce que leur sol refuse. On y trouve une terre argilleuse blanche qui sert à faire de la poterie & des pipes, des carrieres, des diamans, des agates, des jaspes, de l'alun, du vitriol, de la couperose, un minerais ferrugineux qui sert à divers usages, & des fontaines minerales. La *Sprée* y reçoit la *Schœps*. L'*Elster* y reçoit l'*eau noire*, & la *Pulnitz* qui y prend sa source : la *Neisse* la traverse & y reçoit la *Wittge*, & la *Lupa*, ou *Lubus*. La *Queis* la cottaie : on y pêche des nacres de perles.

Les premiers habitans de la Lusace, furent les Semnons qui firent place aux Vandales, lesquels l'abandonnèrent aux Sorabes, peuple esclavon. Dans le douzieme siecle, elle reçut des colons des pays-bas & du Rhin. Les villes sont peuplées d'Allemans; les villages le sont principalement par les Venedes: ces peuples conservent leurs anciens habits & leur langage, qui differe du dialecte des autres esclavons, & n'est pas même uniforme partout. Ils connurent le christianisme sur la fin du septieme siécle; mais ne devinrent chrétiens que vers le onzieme. Le Lutheranisme s'y introduisit en 1521; bientôt il y domina & y domine encore. On compte environ 50,000 Venedes protestans qui y ont soixante-deux églises où l'on prêche en leur langue. Les catholiques n'y sont qu'au nombre de 8000 & n'y possèdent que dix églises ou chapelles. Les frères unis, ou moraves, s'y sont multipliés assez promptement : quelques uns y possèdent des terres nobles, & ils y sont tolerés & protégés par le souverain : c'est vers le treizieme siecle qu'on y commença à s'instruire ; mais on n'y cessa point encore d'être ignorans : des étrangers y enseignèrent, quelques savants s'y formèrent, sur-tout dans la haute Lusace : ce ne fut cependant qu'après la réformation qu'on y vit des hommes vraiment éclairés. Depuis ce tems diverses écoles y sont florissantes & encouragées : des manufactures de laines & de toiles ont aidé à l'agriculture, & y ont amené des richesses. La haute Lusace est plus peuplée que la basse, parce quelle est plus voisine de la Bohême & de la Silésie, & que les protestans qu'on chassait de ces pays s'arrêtaient dans celui-là : ce fut alors que le commerce des toiles s'accrut, & que le pays devint plus riche : on en fait de blanches, de grises, & de communes, du damassé, du treillis; les toiles peintes nappées, modelées & imprimées, y sont dans l'état le plus florissant. La teinture en noir & en couleurs fines y fait vivre un grand nombre d'hommes. On y fabrique encore des chapeaux, du cuir, du papier, de la poudre : on y travaille le fer, blanchit la cire, fait le verre, & exerce différens métiers : le commerce y a causé des contestations entre les habitans des villes & ceux des villages : ceux là voulaient seuls avoir le droit de commercer en gros, ceux-ci voulaient pouvoir l'exercer aussi, & l'électeur l'a permis à tous. L'histoire & la constitution politique des deux Marggraviats étant peu liées entr'elles, seront traitées à part.

## Haute Lusace.

Elle appartenait à la Bohême. Wenceslas Ottocar en donna une partie en 1231 à Otton le pieux, Marggrave de Brandebourg. Waldemar I, l'un des successeurs de cet Otton, s'empara de toute la Lusace; mais il mourut, & la haute Lusace se remit volontairement sous la protection de la Bohême : elle lui fut incorporée en 1370. Elle fut engagée à l'électeur de Saxe en 1623 avec la basse pour soixante-deux tonnes d'or qu'il avoit depensée à secourir l'empereur contre les Bohemiens : elles lui furent cédées comme fiefs de la Bohême douze ans après, & depuis ce tems, les électeurs les possédent. Ces pays ne font point corps avec leurs autres Etats.

Les *seigneurs* & les *villes* forment les Etats de cette province. Dans les premiers sont les possesseurs de quatre *Baronnies* qui ont leur jurifdiction & leurs arrieres-vassaux : les *Prélats* qui sont, le doyen de Budissin, le prieur de Lauban, & les abbesses de Marienstein & de Marienthal, à qui la cession faite en 1635 a conservé tous leurs privilèges & exemptions : le roi de Bohême les protége en ce qui concerne le culte, & leur élection est confirmée par l'électeur qui reçoit leur foi & hommage : enfin la *noblesse* & *bourgeoisie* formées par les possesseurs des biens nobles. Pour paraître aux diettes sans possessions nobles, il faut faire preuve de quatre quartiers ; un roturier qui achete un bien noble y parait, mais en s'obligeant de donner la préférence à ceux qui forment les Etats quand il voudra le vendre.

Les *villes* qui font partie des Etats, sont les villes municipales : elles sont au nombre de six, & on les distingue encore par le nom d'électorales, parce qu'elles tiennent leurs Privileges de l'électeur dont elles les ont reçus ou achetés. C'est dans le treizieme siécle qu'elles commencerent à se distinguer en se liguant contre la noblesse qui se ligua contre elles. Outre les droits de siéger aux Etats & de conserver leur religion, elles ont encore celui d'administrer leur territoire, jugent en premiere instance, ont le droit du glaive, jouissent des amendes fiscales, & ne dépendent que de leurs magistrats qu'elles élisent, peuvent changer leurs ordonnances &c. Elles ne font pas libres cependant; elles prêtent serment de fidélité au prince, & pour le faire, elles s'assemblent à Lœbau : Budissin les convoque.

Ces deux Etats déliberent & décident sur-tout ce qui est relatif au bien général : rien de contraire à la constitution du pays, aucun nouvel impôt ne peut avoir lieu sans leur consentement. Leurs dietes ordinaires se tiennent trois fois par an dans la ville de Budissin. Les extraordinaires se forment par l'ordre du prince, pour délibérer sur ses propositions.

Les grands officiers du marquisat sont nommés, les uns par le prince, les autres par les Etats. Les premiers sont le préfet, le sénéchal & son adjoint, le procureur de la chambre. Le Préfet representant le prince, est reconnu dans la diette après avoir promis aux Etats de les maintenir dans leurs priviléges, possessions, immunités, & de veiller à la sureté publique : il a inspection sur les juges, donne les fiefs en présence du sénéchal, & preside dans les procès litigieux. Le sénéchal choisi parmi les barons, leve & administre les revenus du prince, aide au prefet à régir les villes, & les biens domaniaux, veille pour qu'on observe les réglemens, & à ce qu'on élise dans les villes des sujets capables. Les Etats élisent le grand baillif, le baillif d'épée, les anciens des cercles, le syndic, & un officier qu'on peut regarder comme l'orateur dans les diettes.

A Budissin & à Gœrlitz, sont deux tribunaux qui jugent en premiere instance des affaires civiles & féodales, ce sont les directoires des deux cercles : le grand baillif preside au premier, le baillif d'épée au second : deux anciens & trois députés des villes le forment dans chaque cercle. Une *justice aulique* y decide sur les actes de derniere volonté, les renonciations, les dans, les affaires criminelles qui naissent parmi les nobles, &c. Le *grand tribunal* s'ouvre à Budissin près la diette : il est composé du prefet, du sénéchal, des deux baillifs, des quatre anciens des cercles, de quatre gentilshommes pris dans chacun, & de neuf députés des six villes. Le prefet y préside & prononce. On y porte tous les appels des autres tribunaux, & des officiers qui le composent : ainsi les affaires publiques, civiles, criminelles des nobles, des bourgeois, des paysans sont de son ressort, & il n'a de supérieur que le conseil d'Etat de l'électeur. Il y a encore en Lusace deux espèces de tribunaux nommés *chambre de tutelles* : chacune est formée par trois nobles & un jurisconsulte. Leur nom annonce leur objet. Il n'y a point de consistoire pour les Luthériens : chaque seigneur nomme le ministre de sa paroisse, & le grand tribunal peut seul le deposer. Le prince accorde les dispenses de mariage. On compte huit églises Venedes pour les catholiques & cinquante-quatre pour les protestans : le service de ces églises s'étend sur 449 villages.

Les revenus de la haute Lusace proviennent des impositions accordées par les Etats : telles sont la capitation, la taille, les gabelles sur la bierre, l'accise, les péages, &c. Ces Etats les perçoivent eux-mêmes, & chaque ville, chaque bourgeois a son tarif fixé : on ne peut dire quel est le produit général de ces revenus.

*Cercle de Budissin.*

*Budissin* ou *Bautzen*, est une ville municipale de plus de 700 feux, sur une colline que termine la Sprée, fortifiée à l'antique, ayant près d'elle une petite ville de 200 maisons qui n'en fait qu'une avec elle : c'est le *Sydau*. Elle est peuplée, & les maisons sont de pierres & bien bâties. Les deux cultes s'y partagent la grande église : on en compte encore cinq & trois hôpitaux. On y remarque encore la maison de ville, les deux palais des Etats, le collége, la bibliotheque publique, celle de Gersdorf, la maison des orphelins, celle de correction & le chateau d'*Ortenbourg*, plus ancien que la ville, placé dans son enceinte & séparé d'elle par ses murs & ses fossés. Le préfet y réside. Budissin est le siége des principaux tribunaux de la province, & on y fait un grand commerce: elle a des manufactures de toiles, de chapeaux, de bas, de gands, de maroquins, de peaux glacées, de draps, de basins &c. Dans son territoire on compte trois villages paroissiaux.

*Camentz* ou *Kamientz*, est une ville municipale sur une pente au bas de laquelle coule l'Elster, la cinquieme de la haute Lusace par son rang, bâtie en 1255 sur les ruines fumantes d'un bourg. On y compte deux églises, trois chapelles, trois hôpitaux, une école latine : ses manufactures sont celles du draps & de toiles. On y fait de la bierre. Son territoire renferme quatre à cinq villages.

*Lœbak* ou *Liebe*, ou *Lobije*, est une ville municipale sur une éminence au pied de la montagne de Lœbau : près d'elle passe la petite riviere de *Loobeta*. Elle est petite, bien bâtie, est la plus ancienne des villes de la province & la derniere par son rang. Elle a deux églises, trois chapelles, un hôpital, une école latine. On y commerce en fils & en toiles. Son territoire renferme plusieurs villages, & près d'elle est une fontaine minérale.

*Hoyerswerda*, ou *Worieze*, est une ville de plus de 300 maisons, traversée par l'Elster noire. Elle a un chateau, & une église a un mur sépare les protestans des catholiques. C'est le chef-lieu d'une baronnie assez riche & qui renferme sept villages paroissiaux.

*Kœnigsbrück* ou *Kunsberg*, est une petite ville sur la Pulsnitz : elle est bien bâtie, a un château, deux églises, & est le chef-lieu d'une seigneurie qui renferme quatre villages paroissiaux, deux terres nobles, & une fontaine minérale.

Le *Doienné & chapitre de S. Pierre à Budissin*, fut fondé par un évêque de Misnie en 1213. Cet évêque étant devenu Luthérien, le pape & l'empereur en déclarerent le chapitre indépendant, & le nommerent administrateur ecclésiastique des deux Lusaces. L'électeur lui refuse ce titre; mais il lui permet d'accorder des dispenses de mariage. Le doyen est choisi parmi les chanoines de la cathédrale de Misnie : il est prevôt luthérien du chapitre, dont le syndic, seul avec lui, professe cette religion. Ce chapitre est formé de sept chanoines siégeants & de cinq membres honoraires : il a son consistoire & sa chancellerie. Il possede trente-cinq à trente-six villages.

*Marienstern*, est une abbaye de filles de Citeaux, fondée en 1264 par des Marggraves de Brandebourg. Le couvent est bien bâti : il a basse & haute juridiction, & son abbesse est confirmée par le roi de Bohême après son élection. Son territoire est considérable : on y voit la ville de *Wittgenau*, petite ville sur l'Elster, fort ancienne, & dont les habitans sont catholiques, celle de *Bernstadt*, plus petite que la premiere, & une cinquantaine de villages. Disons encore qu'on voit dans ce couvent soixante-dix têtes des onze mille vierges : donc elles ont existé; cela est évident.

*Baruth* est un bourg vénéde ou vandale sur la Œbau, au milieu d'une campagne fertile qu'on nomme campagne d'or. Il a un château qui fut une forteresse, & ce qui vaut mieux, des foires fréquentes.

*Elstra* ou *Halstrow*, est une petite ville près de la source de l'Elster. *Pulsnitz* est sur la rivière de ce nom; sept villages en dépendent. *Rúhland*, est une petite ville sur l'Elster noirc. *Marklissa* est sur la Queis, & sur une éminence : c'est une petite ville qui commerce en toiles & en basins. *Goldentraum* fut fondée vers le milieu du dix-septieme siécle, & peuplée par des Silesiens protestans. Elle est située sur une montagne qu'on nomme montagne d'or : la Queis en baigne le pié. *Weissenberg*, ou *Wossberk*, est une petite ville libre, sur un mont au pié duquel coule la Lœbau, le sénéchal ou un ancien du cercle est son protecteur, & elle le choisit. *Wiegandsthal* est un bourg : il a des foires & des mines. *Rengensdorf* est un village où l'on voit l'antique château de *Tschocha*.

*Cercle de Gœrlitz.*

Il fut érigé en duché par le roi Jean : on le sou-divise en trois districts comme celui de Budissin, mais ici nous négligerons cette soudivision.

*Gœrlitz*, est une ville municipale, la seconde de la haute Lusace par son rang aux Etats, la premiere par sa grandeur, sa population, & ses richesses. Ses fortifications & ses maisons ont un air antique : la Neysse l'arrose. Dans l'enceinte de ses murs sont trois églises, un collége célebre, qui fut autrefois un couvent, une maison d'orphelins, une de correction, un palais où la noblesse s'assemble chaque année & où le directoire tient ses assises. Hors de son enceinte, sont quelques fauxbourg, trois églises avec des hôpitaux, deux chapelles, un saint sépulcre taillé dans le roc, semblable à celui de Jerusalem. L'église de S. Pierre & Paul est formée par une
grande

grande voute, soutenue de vingt-quatre colonnes : son toit est de cuivre, & au dessous d'elle est une chapelle souterraine. On y fabrique des draps ; mais cette manufacture n'est plus si florissante qu'elle l'a été. On y fait beaucoup de toiles & de la bierre : son imprimerie est assez active. Elle fut d'abord un village dont Sobielas roi de Bohême fit un bourg nommé *Drewnow* : le feu le détruisit en 1131 ; le duc le rebâtit & lui donna le nom de ville brûlée, *ZgorzeZice*, & de-là vient son nom Gœrlitz. Son territoire est vaste ; on y compte onze paroisses, & il renferme la montagne la plus remarquable de la Lusace : on la nomme *Lands-Krone*, ( couronne du pays ) de son sommet on voit une étendue de trente-deux lieues.

*Zittau* ou *Zittawa*, est une ville municipale ceinte d'un double mur, munie de fossés & de bastions antiques : la Neysse coule auprès d'elle, & la Manlau la traverse. Ses maisons sont assez belles, on y en compte sept à huit-cents ; son enceinte renferme deux églises, un hôpital, un collége bien réglé & très-utile ; une bibliotheque publique, une maison d'orphelins. Au dehors on compte trois églises, & trois hôpitaux : ses fauxbourgs sont agréables, & les jardins qui l'entourent sont beaux. Son commerce consiste en draps, en toiles, en bierre, en papier bleu. Son territoire est étendu : on y compte quatorze paroisses & le bourg de *Hirschfeld* sur la Neysse. Le village d'*Oywin* est entre des rocs & des monts, il y eut autrefois un couvent & un chateau. Celui de *Gros-Schœnau* est connu par ses fabriques de toiles : celui de *Klein-Schœnau* par son coutil, Zittau a le troisieme rang, & devint ville en 1255.

*Lauban* ou *Luban*, est une ville municipale sur la Queis, & traversée par le ruisseau d'*Alt-Lauban*,

*Tom. III.* V

ceinte d'un mur & de quelques baftions, commerçante en draps, en toiles, en fils : on y compte trois églifes, une école latine, un hôpital, une maifon d'orphelins, une de correction : au dehors, elle a de belles blanchifferies. Elle n'était qu'un bourg ouvert en 1180. Le couvent de Magdelaine, ordre de Citeaux y exifte encore, & fes religieufes vont dire leurs heures dans le chœur de l'églife des Proteftans. Son territoire ferait étendu, fi la nobleffe n'y avait rien retranché : il ne renferme plus que trois villages.

*Muska* ou *Moska*, eft une petite ville fur la Neyffe; elle fut bâtie par les Vandales ou Vénédes, & renferme deux églifes & un beau chateau : elle doit à un incendie fes maifons de pierre & fes rues tirées au cordeau. : près d'elle eft une mine d'alun, & l'étang poiffonneux de *Damnteich*, long d'une lieue, large d'environ 900 toifes. Elle eft le chef-lieu d'une baronnie qui a douze lieues de circuit, a de vaftes forêts, de champs très-fertiles, plufieurs vaffaux & un confiftoire particulier, & huit villages.

*Seydenberg*, eft une petite ville près de la Bohême, fituée en partie fur une montagne, & en partie dans une vallée. Elle a une manufacture de draps & on y fait des bas à l'aiguille. Ses poffeffeurs refident à *Keiberfdorf* village paroiffial, qui avec deux autres, forment la baronnie de Seydenberg.

*Marienthal* eft une abbaye de filles, de l'ordre de Citeaux, fur la Neyffe, dans un vallon agréable, fondée en 1234 par Cunegonde, reine de Bohême. L'abbeffe rend hommage à l'électeur, & le roi de Bohême la confirme. Elle poffede un grand nombre de villages & la petite ville d'*Oftritz* ou *Wotrow*.

*Prieuré de Lauban*, ou couvent de Magdelaine; il eft habité par des filles de la pénitence, fiége aux

# CERCLE DE HAUTE-SAXE.

Etats comme les trois autres abbayes, possede deux villages catholiques & un luthérien. La prieure est élue en présence du doyen de Budissin, qui choisit les confesseurs de ces religieuses. Son baillif doit être Luthérien.

On compte encore diverses petites villes dans ce cercle: telles sont. *Halbatt*, ville bien bâtie: elle a un chateau, & un fauxbourg. *Rothenbourg*, qui n'est pas ceinte de murs. *Reichenbach*, qui n'a rien de remarquable, *Schœnberg* qui a un chateau.

*Niesky* est un bourg fondé par les freres Bohemiens dans la terre de Trebus, peuplé d'artisans, & qui a une école des freres de l'unité. *Daubitz*, est un bourg peu considérable. *Gros-Hennersdorf*, est un bourg près de la forêt royale, & qui a un beau chateau. Les freres de l'unité y furent reconnus pour membres de la confession d'Ausgbourg. Il y a une école de filles nommé Catharienhof. *Herrenhuth*, est un village fameux, fondé en 1722 par les freres Moraves, ou freres de l'unité. Il est la métropole du parti, & on y voit une belle maison où ils s'assemblent, un magazin, & une pharmacie. Il renferme d'habiles artistes. *Radmeritz*, est un village où Jean Sigismond de Ziegler bâtit un très-beau chateau, pour y élever douze demoiselles Luthériennes.

*Kieslingswalda*, beau village, bien noble. *Wæhrau*, est un village sur la Queis, où l'on voit un chateau, un fourneau, une papeterie, & une mine de chaux.

## BASSE LUSACE.

On a dit que cette partie de la Lusace fut érigée en Marggraviat avant l'autre: celle-ci eut un Marggrave en 931. Ceux de Brandebourg l'ont quelquefois jointe à leurs Etats. L'empereur Charles IV l'acheta en 1370, & la réunit à la Bohême : elle parvint à l'électeur de Saxe en même tems que la haute. Les seigneurs & les villes forment ses Etats. L'abbé de Neu-zelle, trois commandeurs de Malthe, dix barons, les possesseurs des biens nobles forment la premiere classe : la seconde est formée par les quatre villes de Lukau, Guben, Lübben, & Kalau. Leurs diettes ordinaires s'assemblent deux fois par an : le prince en fixe le jour, & quand il le veut, il les assemble : elles forment alors une diette extraordinaire. Le pays est divisé en cinq cercles, les Etats y sont repandus, & y forment des diettes particulieres sous la présidence de l'ancien du cercle qui est toujours un noble, élu par les Etats. Il y a aussi deux anciens pour la roture. Outre ces anciens, il y a un président, un sénéchal nommés par le prince parmi les nobles, un sous-sénéchal & un procureur de la chambre, choisis parmi les roturiers, & ce sont ordinairement les bourguemaîtres des deux premieres villes. Le juge provincial est noble : les Etats en nomment plusieurs, le prince en choisit un parmi ceux-là. Il y a encore un receveur, un orateur, un syndic : le second est seul roturier.

Les Etats ont leur justice provinciale qui siége deux fois par an à Lübben : le prince nomme une partie de ceux qui la composent & ses jugemens sont confirmés par lui, il y a encore une regence. On appelle de ce tribunal au conseil d'Etat : il decide de toute affaire de justice, de féodalité & de police. Un consistoire veille sur les affaires ecclésiastiques.

Chaque cercle a sa caisse particuliere, qu'il verse dans la caisse générale regie par le receveur.

*Cercle de Luckau.*

*Luckau, Lucca*, est une ville sur la Preste. Elle a une école latine, quatre églises, un hôpital, une maison de correction & de charité : ses environs sont marécageux, ses maisons de bois & couvertes de bardeaux : ses habitans presque tous Vandales ou Vénédes, s'occupent à differens arts, ou brassent de la bierre. Son territoire renferme vingt-deux villages.

*Kirchhayn*, est une petite ville sur la petite Elster, située dans la seigneurie de *Dobrilugk*, qui renferme le couvent de ce nom, de l'ordre de Citeaux, fondé en 1184, deserté quand la réformation s'introduisit dans le pays, changé en chateau, & ses biens en seigneurie qui renferme encore une vingtaine de villages.

*Golzen*, est une petite ville ouverte; *Drehna*, chateau, chef-lieu d'une seigneurie qui renferme onze villages.

*Cercle de Guben.*

*Guben* est sur la Lubbe ou Lubest qui se jette dans la Neysse. Elle fut fermée de murs en 1331, est assez grande, renferme trois églises, un hôpital, une école latine, un bureau de sel où on afine celui de la mer qu'on y transporte : des murs & des fossés l'environnent, les draps & la bierre qu'on y fait en rendent les habitans aisés, ses environs ont de bons vignobles : le vin rouge y est le meilleur. Son territoire s'étend sur six villages.

*Furstenberg* est une petite ville sur l'Oder qui l'inonde souvent. Elle a un chateau, & ses habitans sont Luthériens; son péage rapporte 5000 écus par an, & a été cédé deux fois au roi de Prusse qui n'en jouit pas encore. Cette ville dépend de l'abbaye de *Neu-Zell* fondée en 1268, habitée par des moines de Citeaux : son abbé est le premier membre des Etats de Lusace : le chancelier du chapitre est Luthérien. Cette abbaye possède plusieurs villages, celui de *Schidlo* a un fort; ce village avait aussi été cédé au roi de Prusse. *Schenkendorf*, village, bailliage qui renferme quelques paroisses : il appartient au grand prieur de Sonnebourg, ordre de Malthe.

*Forsta*, est une petite-ville dans une isle que forme la Neysse : elle doit sa régularité, & sa beauté à un incendie : on y fabrique des draps fins, de la toile, des tapisseries, de la bierre. Ses habitans sont Vénèdes. C'est le chef-lieu d'une baronnie qui a sa chancellerie, sa cour féodale, son consistoire & qui renferme trente-huit villages.

*Pfœrten*, ou *Brode*, est une petite ville au bord d'un petit Lac : elle a un chateau : c'est le chef-lieu d'une baronnie qui renferme encore six paroisses.

*Sorau* ou *Zarow*, est une ville où l'on compte cinq églises, un hôpital, un couvent, un collége. Elle est ancienne & fut murée en 1207. On y fabrique des draps, on y commerce en fil & en toiles : au dedans est un chateau avec un beau jardin; au dehors est un chateau encore & un grand parc. C'est le chef-lieu d'une baronnie qui a une chancellerie & un consistoire. Elle appartient au comte de Promnitz ainsi que celle de *Triebel*. Dans les deux baronnies on compte encore six paroisses, le bourg de *Triebel* qui a un chateau & la petite ville de *Christianstadt*, assise sur le Bober, bâtie par des refugiés de Silesie qui y font fleurir des manufactures de draps.

*Amptitz*, est un chateau, un bourg, chef-lieu d'une petite baronnie. *Gassen* est encore un bourg.

Cercle de *Lübben*.

*Lübben*, ou *Lubio* sur la Sprée est le siége de la regence, du consistoire, de la justice provinciale &

CERCLE DE HAUTE-SAXE. 311

les diettes qui s'y assemblent dans un hôtel magnifique. Elle renferme quatre églises, est entourée d'eaux qui forment des marais de ses environs. Elle est bâtie à l'antique : l'hôtel des Etats provinciaux est beau & moderne. On l'appelle aussi *Krum-Sprée*, (Sprée tortueuse)

*Friedeland*, ou *Brilan*, est une petite ville chef-lieu d'une seigneurie qui appartient au grand prieur de Sonnebourg, de l'ordre de Malthe, & renferme deux paroisses. *Leuthen* est encore une seigneurie.

*Lieberose*, est une petite ville, chef-lieu d'une baronnie qui renferme deux Paroisses. *Straupitz* est une baronnie.

*Cercle de Kalau.*

*Kalau*, *Kalawa*, est une ville aujourd'hui petite & pauvre, elle se souvient de ne l'avoir pas toujours été une : partie de ses habitans sont Vénédes : on y trafique en laines.

*Lubbenau*, ou *Lubnow*, est une petite ville sur la Sprée : elle a un chateau, plusieurs jardins sont autour, c'est le chef-lieu d'une baronnie qui a sa chancellerie, & appartient aux comtes de Linar, originaires de Toscane. Elle renferme vingt-deux villages.

*Vetzchau* est une petite ville vénéde; elle est ouverte, & on y commerce en lin. *Drepkow*, est une petite ville vénéde; elle est sans murs.

*Cercle de Spremberg.*

*Spremberg* ou *Grodk*, est une ville située sur la Sprée qui coule autour de la ville, & presque rebâtie à neuf. Elle a un beau chateau, & est chef-lieu d'un bailliage qui renferme trois paroisses. Près d'elle sont d'autres paroisses qui appartiennent à divers seigneurs.

Nous devons dire que lorsque les villes de la

V 4

Lusace ont deux noms, le premier est allemand, le second est vénéde.

## COMTÉ DE BARBI.

Le cercle Electoral de Saxe, le duché de Magdebourg, & la principauté d'Anhalt le bornent & l'entourent, l'Elbe le traverse & y reçoit la Saale. Ses anciens comtes descendaient de ceux de *Mülingen*; leur famille s'éteignit en 1659, & le comté proprement dit, devint une possession de l'électeur de Saxe, qui par lui siége au banc des comtes de Westphalie & paye une taxe de 21 rixdales, 28 kr. pour la chambre impériale. Ce comté est aujourd'hui un bailliage qui fait partie du cercle de Wittenberg & fut donné en 1748 & en 1765 au comte de Reuss & aux freres réunis nommés *Herrenhutiens* comme une ferme héréditaire.

*Barby*, est une ville voisine de l'Elbe qui près de-là reçoit la Saale; c'est là que les freres réunis ont une academie pour l'instruction de leur jeunesse dans la théologie, le droit, la médecine, les langues, les mathématiques & autres sciences nécessaires. Cette ville a un vieux chateau & deux églises: six villages sont autour d'elle.

## PRINCIPAUTÉ DE QUERFURT.

Ses parties sont dispersées; ses princes descendaient de l'èlecteur Jean George II qui regnait dans le tems du traité de Westphalie; elle fut jointe à la principauté de Weissenfels qui s'éteignit en 1746, & par là elle revint à l'électeur: elle fait partie du cercle de Thuringe, de l'électorat de Saxe. Elle paye pour l'entretien de la chambre imperiale 42 rixdales 7. kr.

*Bailliage de Querfurt.*

*Querfurt*, est une ville immédiate qu'arrose la Weite; son enceinte est petite, & en y joignant ses fauxbourgs, elle peut avoir 500 maisons : sur une montagne voisine est son ancien chateau, près d'elle est une plaine nommée *Eselswiese* (pré d'âne) où tous les mercredis après pâques, il se tient une foire considérable. Son bailliage renferme encore huit villages.

*Bailliages de Jüterbock, de Dahme & de Heldrungen.*

*Jüterbock*, est une ville immédiate sur l'Angerbach : elle a deux fauxbourgs, est agréable par sa situation, & célebre par deux assemblées de prince & une bataille : vingt villages sont autour d'elle.

*Dhame*, est une ville immédiate; elle est petite, elle a un chateau, une maison d'orphelins, un fauxbourg : douze villages en dépendent.

*Heldrungen* est une petite ville près de l'Unstrutt qui fut vendue aux comtes de Mansfeld desquels l'électeur l'acquit; elle est entourée de bons murs & de profonds fossés : huit villages forment avec elle son bailliage.

## COMTÉ DE STOLBERG.

Il est situé dans la Thuringe & touche aux principautés de Schwarzbourg, & de Mansfeld, aux principautés d'Anhalt & de Blankenbourg, & à la ville impériale de Nordhausen. Il a huit lieues de long, & trois de large; le sol y est fertile en blés, de bons paturages, de belles forêts, beaucoup de gibier, des mines de cuivre & d'argent, de l'albâtre noire &c. La religion qu'on y professe est la Luthérienne, & on y compte ving-huit paroisses. Les comtes sont d'une famille ancienne & considérée ; son origine est incertaine : elle est divisée en deux branches principales qui sont celles de *Wernigerode* & de *Stolberg* : celle-ci se divise en *Stolberg-Stolberg*, & *Stolberg-Rossla*. Ils siégent aux assemblées du cercle & aux diettes de l'empire. Leur mois romain est de 84 florins, leur taxe de 60 rixdales & 81 kreutzers. Le comté est en grande partie un fief de l'électorat de Saxe qui paye le tiers de son mois romain, y exerce le droit de supériorité territoriale, & regarde les comtes comme membre de ses Etats. Chaque comte a une regence, un consistoire, une chambre des comptes. Ils ont en commun une justice des mines.

## STOLBERG-STOLBERG.

*Bailliage de Stolberg & de Hayn.*

*Stolberg*, autrefois *Stalberg*, est une ville située dans une vallée étroite & profonde. Il y a un arsenal, une maison d'orphelins & une école latine, sur la montagne qui la touche est le chateau où resident les comtes : c'est un fief de l'électeur de Mayence, qui renferme encore quatre paroisses.

*Hayn* est un village, & une paroisse : ce district en renferme trois encore & des usines d'argent & de cuivre.

*Bailliages de Hohnstein.*

Nous en avons parlé plus haut.

## STOLBERG-ROSSLA.

*Bailliages de Rossla & de Questenberg.*

*Rossla* est un village sur la Helm ou Holm ; il

est le siége d'un consistoire : dans son chateau resident les comtes. Son bailliage renferme encore quatre paroisses.

*Questenberg*, est un village voisin des ruines du chateau de ce nom. Trois paroisses sont autour de lui.

*Bailliages de Wolsberg, d'Ebersbourg & de Berenrode.*
Le premier est un fief de Halberstadt, & renferme trois paroisses ; le second n'a que deux paroisses, & doit son nom à un chateau dont une tour existe encore : le dernier très-peu étendu n'a que deux villages dans son enceinte.

On parlera des bailliages de *Heeringen* & de *Robla* que les comtes possedent en commun avec les princes de Schwarzbourg, dans l'article qui concerne ces derniers.

## DES DUCS DE SAXE DE LA BRANCHE ERNESTINE EN GÉNÉRAL.

On a dit plus haut que les deux fils, (Erneste & Albert) de l'électeur Frederic II fonderent deux branches principales dans cette maison, que l'arriere petit-fils d'Erneste, mis au ban de l'Empire par Charles V, fut privé de son électorat, qui fut donné au duc Maurice descendant d'Albert ; l'électeur dépossedé eut par accommodement pour lui & ses descendans diverses possessions, lesquelles furent partagées entre ses enfans & son frere, qui formerent diverses branches dont plusieurs sont éteintes, celles qui ont subsisté se sont partagées & en ont formé de nouvelles. Toutes les branches de la principale Ernestine possedent en commun la mouvance des principautés & des Etats, les mêmes titres & les mêmes armes, le directoire dans les affaires qui concernent l'Empire & le cercle, l'expectative sur les comtés d'Isenbourg & de Büdingen, l'université, la cour de justice, & l'échevinage de Jene, les mines d'or & d'argent, les archives de Weimar, l'investiture des comtes & seigneurs. Et comme l'union d'hérédité & de convention reciproque existe entre les branches Albertines & Ernestine, tous les princes de celles-ci ont les mêmes esperances. Tous professent la religion Luthérienne ainsi que leurs sujets, dont les paroisses forment diverses surintendances.

### PRINCIPAUTÉ DE WEIMAR.

Elle est dans la Thuringe, traversée dans sa longueur par l'*Ilm*, une partie de la branche de Jene éteinte en 1690 y a été unie; & elle a dix lieues de long sur huit de large. Elle a une voix dans la diete & dans les assemblés du cercle, a un conseil privé, une régence, une chancellerie, un consistoire superieur, une chambre des finances, un collége des Etats. Ses princes descendent de Jean Guillaume frere de l'électeur Jean Frederic, dépossedé par Charles V: ils payent un mois romain de 219 rixdales 20 kr., leur taxe pour la chambre imperiale est de 588 rixdales 17 kr.

*Bailliage de Weimar.*

*Weimar*, est une petite ville dans une vallée qu'arrose l'Ilm; Elle a une maison de force, une maison d'orphelins, un séminaire, deux églises dans l'une desquelles est le tombeau des princes; l'on y voit celui du malheureux Jean Frederic & de sa femme. Cette ville fit partie des possessions des comtes d'Orlamunde; elle a droit de basse justice, & décide en premiere instance sur les matieres criminelles; elle acheta ces droits de ses princes. Le

# CERCLE DE HAUTE-SAXE.

...ateau de *Wilhelmsbourg* voisin d'un autre moins ...agnifique & connu par sa bibliotheque, par ses ...chives, qui sont celles de toute la branche Ernes-...ne, par son cabinet de curiosités naturelles & ar-...ficielles, par ses médailles rares & sa gallerie de ...intures. Sur l'autre rive de l'Ilm est un vieux cha-...au nommé *Hornstein* où residerent les comtes ...Orlamünde.

*Mellingen* ou *Möllingin*, a eté une ville, un bourg, n'est plus qu'un village : l'Ilm y passe.

*Magdela*, est un bourg qui donnait son nom à ...ne seigneurie particuliere.

*Buttstatt*, est une petite ville sur la Loss; elle ...erce le droit de justice dans son territoire; son ...mmerce de bétail avec la Pologne & la Hongrie a ...minué : on trouvait quelquefois vingt mille bœufs ...ns son marché.

*Bailliages d'Ober-Weimar & de Cromsdorf.*

L'Ilm arrose l'un & l'autre; deux villages leur ...nnent leurs noms; le dernier en renferme quatre, ... premier trois; mais dans celui-ci est *Belwedere* ...au chateau, orné de jardins & d'une orangerie con-...érable.

*Bailliages de Kapellendorf & de Berka.*

*Kappellendorf*, fut une ville où l'on voyait un cha-...au & un couvent de Citeaux : ce n'est plus qu'un ...llage, qui avec six autres forme le district de son ...om.

*Berka*, est une petite ville sur l'Ilm : elle eut ...trefois un couvent, & on y voit encore un cha-...au. *Tannroda* est encore une petite ville sur la ...ême riviere.

*Bailliage de Brembach & de Hardisleben.*

*Gros-Brembach* & *Hardisleben* sont des villages : ... dernier a un chateau & un siége de justice. *Ras-*

*penbourg* est une petite ville sur la Losse : elle acquit ce nom en 1491 : près d'elle est un chateau ruiné & des sources d'eaux minérales. *Buttelstett* est aussi une petite ville, & a un chateau. On compte encore trois villages dans ce bailliage.

*Bailliages d'Oldisleben & de Gebstett.*

Le premier appartient à l'ainé de la branche principale Ernestine, ou à l'ainé des descendans de Jean Frederic; mais le duc de Weimar en est le duc suzerain. *Oldisleben* est un bourg sur un mont au pié duquel coule l'Unstrutt : le dernier est composé de quatre villages dont un lui donne son nom.

*Bailliages de Rossla & de Heudorssd.*

*Nieder-Rossla* a un chateau, un siége de justice; mais ce n'est qu'un village sur l'Ilm. *Sulza* sur la même riviere est une petite ville voisine de quelques salines qui appartiennent à *Saxe-Gotha*.

*Heussdorf* n'est qu'un village : trois autres sont dans ce bailliage qui appartint à la branche de Jena, ainsi que les deux suivans

*Bailliage de Dornbourg & de Bürgel.*

*Dornbourg*, est une petite ville sur une montagne couverte de roc, dont la Saale arrose le pié. Elle a un chateau, & autour d'elle sont six villages.

*Bürgel*, est une petite ville sur la Gleissa; elle a deux cens maisons, des fauxbourgs, & un chateau. *Thal-Bürgel* est un village placé dans une vallée audessous de la ville où il y eut une abbaye de bénédictins : on compte encore sept villages dans ce bailliage.

*Neumark*, est une petite ville où est établi un siége de justice noble : elle était un village en 1181.

*Apolleda*, ou *Apolda*, est une petite ville très-ancienne qui appartient à l'université de Jena: on y fabrique des bas. Cette principauté renferme encore quatorze administrations nobles ou sièges seigneuriaux. Les princes de Schwarzbourg reçoivent l'investiture de ces princes pour la seigneurie d'Arnstatt, la ville de Plauen, le bailliage de Kœfernbourg, & quelques autres parties de fief; c'est pour cela qu'ils assistent aux Etats de la principauté & payent annuellement en trois différens termes la somme de 3500 rixdales. Voyez l'article de Schwarzbourg. Les ducs de Weimar heriterent en 1741 de celle d'Eisenach, nous allons donc la decrire ici.

### Principauté d'Eisenach.

Elle est situé dans la Thuringe, sur les confins de la Hesse: la *Werra*, la *Saale* & la *Gera* l'arrosent. Le pays est montueux, couvert de forêts, & ne produit pas les blés nécessaires pour nourrir ses habitans: il y croit du vin, mais il y est audessous du médiocre; il a des mines de cuivre & de fer, du vitriol, de l'alun, des sources d'eaux salées, parmi les nobles, il en est de très-anciens.

Cet Etat donne un suffrage au duc de Saxe-Weimar dans les dietes & les assemblées du cercle. Sa taxe est 58 rixdales, 17 kr. Il a une régence provinciale, une chambre des finances, un consistoire superieur, & un collège des subsides & des mines.

*Bailliage d'Eisenach.*

*Eisenach*, est une ville située sur la Nesse qui ne gèle jamais, & qui y reçoit le Hœrsel. Louis le sauteur l'a bâtie en 1070. Autrefois plus considérable, on y cultivait la vigne & le houblon, on y frappait des monnaies & son échevinage était célèbre. Son chateau est devenu le siège de la chancellerie; un autre chateau sert à l'assemblée des Etats. Elle a un collége, un seminaire de théologie & une maison d'orphelins. Son nom paraît formé d'*Ach* ou *Ahé* & d'*eissen*, *prairie de fer* : en effet on y forgeait beaucoup de fer avec le secours de plusieurs ruisseaux, & l'Hœrsel servait à le transporter.

*Wartbourg*, est un vieux chateau voisin d'Eisenach, bâti par Louis II Landgrave de Thuringe & qui servit de prison à Luther pendant onze mois. *Rubla*, est un village habité par des couteliers & où l'on trouve des eaux minerales plus légères que celles de Pyrmont.

Bailliages de Kreutzbourg & de Gerstungen.

*Kreutzbourg*, est une ville près de la Werra sur laquelle est un pont de pierre : elle a un chateau, & près d'elle est la saline de *Wilhelms-Glucksbrunn*. *Mark-Subla* est un bourg, & un chateau sur la Suhle.

*Gerstrungen* est un bourg qu'arrose la Werra, *Berka*, sur la même riviere, petite ville qui appartient en commun aux ducs & aux Landgraves de Hesse : les premiers en possedent la supériorité territoriale.

Bailliages de Triefenort & de Grossen-Rudestett.

Le premier a été acheté de l'abaye de Hersfeld, & ne renferme que trois paroisses dont une lui donne son nom.

*Grossen-Rudestett* est un village sur le ruisseau de Gramm : il appartint au magistrat d'Erfort à qui les ducs l'ont ôté. *Mark-Vippach* est un bourg sur la Vippach. *Ringleben*, est un bourg sur la Gera. *Mittelhausen*, est un village que l'étroite riviere de Gera arrose, & où fut établie autrefois le siége souverain de justice de la Thuringe ; les Landgraves donnaient des audiences publiques dans ses prairies. *Schwansée*, village, prévôté, située au bord d'un lac qui porte ce nom.

Ville & bailliage de Jena.

*Jena*

# CERCLE DE HAUTE-SAXE.

*Jena*, est une ville dans une vallée agréable entourée de coteaux & de monts couverts de vignes: son circuit est un quarré oblong entouré de fossés & de murs flanqués de tours. Elle a deux sociétés littéraires, l'une latine, l'autre allemande, une école latine, un chateau où résiderent les ducs. Le droit de justice, l'échevinage, l'université, appartiennent en commun à toute la branche Ernestine: l'université occupe de vastes batimens, elle a une bibliotheque importante & nombreuse, un jardin botanique, & une tour où tout le collége academique peut s'assembler. La ville a quatre fauxbourgs; on y vit à bon marché, mais le vin qu'on y recueille est mauvais. Une longue allée d'arbres l'embellit; elle est seigneur de deux villages. Son bailliage se divise en inférieur & en supérieur; dans celui-ci sont la petite ville de *Lobeda*, le village de *Burgau* situé sur une colline que baigne la Saale, & orné d'un chateau, *Wœlnitz* qui est un village placé à l'entrée d'une vallée formée par de hautes montagnes d'où l'on voit jaillir une source dont l'eau est pure d'abord, mais qui coulant sur du tuf en enduit bientôt tout ce qu'elle touche, & onze autres villages : dans le premier sont neuf villages, & les masures des anciens chateaux de *Gleisberg*, de *Kirchberg*, de *Windberg*, de *Greifberg*, dont les trois derniers occupaient une haute montagne nommée pour cette raison *Schloosberg*, (montagne des chateaux.)

*Seigneuries de Farnroda & de Remda.*

La premiere est voisine d'Eisenach; les bourgraves de Kirchberg la possedent, mais les ducs en sont suzerains. On y compte cinq villages, dont l'un prit son nom du chateau qui le donnait à la seigneurie.

La seconde devenue un bailliage, appartient à

Tome III. X

l'université de Jena, & ne renferme que la ville & le chateau de son nom.

*Bailliage d'Allstett.*

Il dépendit du Palatinat de Saxe, titre possedé pa differentes maisons, & dont l'électeur se fait investi par l'empereur, mais qu'il n'ajoute pas aux siens

*Allstett*, est une petite ville très-ancienne, ou l'empereur Otton siéga, & où il tint une diette d l'Empire en 974 : après avoir obéi à differen maîtres, elle parvint aux ducs de Saxe Jena, d'o elle est parvenue à ceux de Weimar. Son bailliag renferme encore douze villages.

## PRINCIPAUTÉ DE GOTHA.

Elle touche au couchant à celle d'Eisenach, au nord à l'électorat de Saxe, au midi au comté d Henneberg. Elle est fertile en blés, au midi elle des mines de fer & une partie de la forét de Thu ringe ; les rivieres de *Leine*, d'*Apfelstætt*, & de *Gera* y naissent & l'arrosent ; la *Nesse* la traverse du le vant au couchant. On y compte sept villes, cinq bourgs & plus de 200 églises. Ses Etats sont formé par des comtes, la noblesse & quelques villes ; ils sont convoqués par le prince : le service divin & l'instruction de la jeunesse y sont réglés avec exac titude, & on y veille soigneusement. Les ducs des cendent du petit fils de Jean Guillaume Erneste le pieux, dont les enfans formerent sept branches dif ferentes dont quelques unes sont éteintes : la prin cipale est celle de Gotha : les autres qui existen encore sont Saxe-Meinungen, Saxe-Hildbourghau sen, & Saxe-Saalfeld. Son mois romain est de 48 florins 20 kreutzers & sa taxe de 62 rixdales 64 kr

Le duc a un conseil privé, une regence, à la

[…]elle est incorporée la chambre des tutelles & des [cu]ratelles, un consistoire superieur, un collége de chambre, une recette superieure des subsides, [un] conseil & une direction superieure de police. Il [en]tretient cent-soixante hommes pour sa garde, [de]ux regimens, composés chacun de huit-cens hommes & un corps d'artillerie. On divise la princi[pa]uté, qui a près de quatorze lieues en quarré, en [do]uze bailliages.

Bailliage de Gotha.

Gotha, est une ville située sur le penchant d'une [co]lline qu'arrose la Leine, dont un bras se distribue [en] differens canaux de pierre dans toutes les rues. [C']est une des plus belles villes de la Thuringe. Elle [a] un hôtel de ville, un beau collége, une maison [d'o]rphelins, une maison de force où peuvent se re[ti]rer les veuves pauvres, & environ 1000 maisons: [su]r ses boulevards sont élevés l'hôpital militaire, [de]ux écoles de soldats & des baraques où on l'é[xe]rce & l'instruit, une fonderie de cloches & de ca[no]ns. Ses habitans s'occupent à differens arts, à [de]s manufactures de laine, à l'agriculture, à culti[ve]r la garance, à brasser la bierre, à differens ob[jet]s de commerce qu'un beau chemin très-fréquenté [faci]lite. Sur un mont au-delà de la ville est le cha[tea]u de *Friedenstein* situé au même lieu qu'un cha[tea]u fortifié, démoli par l'électeur Auguste I, qui [ve]nait de s'en saisir. Il renferme un arsenal bien [ga]rni, une bibliotheque précieuse, un riche cabi[ne]t de curiosités de la nature & de l'art, un des [plu]s beaux medailliers de l'europe, une église, une [bel]le chapelle, une monnaie, un laboratoire pour [les] feux d'artifice, où l'on voit un planetaire selon [le] système de Copernic, mû par des rouages, & [inv]enté par l'artiste *Bause*, une salle de comedie,

& un beau jardin. Les fauxbourgs de Gotha s'étendent tous les jours par de nouvelles maisons & de nouveaux jardins. Ils renferment l'église militaire, des maisons de fabrique & de manufacture, dans l'une desquelles on fait de la porcelaine, un manege, une machine hidraulique, une maladrerie, un jardin public orné d'orangers, & l'on s'y promene dans une belle & longue allée de chataigners & de tilleuls. Seize villages sont encore repandus dans ce bailliage, sur les bords de la Neisse, ou sur des hauteurs : près de celui de *Goldhach* était autrefois une mine d'or.

*Bailliage de Tenneberg.*

Il est ordinairement assigné aux veuves des ducs pour leur douaire, il renferme la plus grande partie de la montagne d'*Emmenberg*, la plus haute de la Thuringe, où l'on jouit d'une des plus belles vues du monde. Il doit son nom au chateau de Tenneberg, lieu d'assemblée pour la chasse, sur une montagne: au dessous est la ville de *Walterhausen* que l'Hœssel arrose : elle a une école latine, & de bons métiers de toiles & d'étoffes. Ce bailliage se divise en villages d'administration au nombre de huit, & en cinq villages de forèts : de lui & de celui de Gotha dépendent quelques jurisdictions seigneuriales des maisons de Wangenhein, de Sebach & de Hoppgarten où l'on remarque *Herfleben*, bourg, & un grand nombre de villages.

*Bailliages de Friederichswerth & de Reinhardsbrunn.*

*Friederichswerth* est un bourg dont les rues sont tirées au cordeau, & qui a une maison d'orphelins. Le chateau est apparent & sert pour la chasse : près de lui sont deux autres villages.

*Reinhardsbrunn* est un bourg & fut un ancien convent fondé par Louis le sauteur qui y vécut en moine, & où plusieurs des Landgraves ses successeurs

urs furent inhumés. *Fredericrode* est devenue une
[pe]tite ville en 1597. Dix villages sont encore repan-
[du]es dans ce bailliage, & l'on y remarque celui d'*Al-*
*[ten]berg* près duquel, sur une montagne est une église
[à de]mi ruinée, fondée par S. Boniface, & la plus an-
[ci]enne de la Thuringe.

*Bailliages de Georgenthal & de Schwarzwald.*
Le premier a été formé des biens d'un couvent
[de] moines de Citeaux, & renferme neuf villages &
[qu]atre chateaux ruinés. Le second doit son nom à
[un] chateau élevé dans la forêt de *Crawinkel*, & dont
[il] n'existe plus qu'une tour : il renferme *Blasü-*
*[e]lla* petite ville qui eut un couvent dont on a
[fai]t une manufacture d'armes, & où l'on fabrique
[de]s canons & des fusils damasquinés. *Melis*, grand
[vi]llage & quatre autres villages.

*Bailliages de Wachsenbourg & d'Ichtershausen.*
*Wachsenbourg* est un vieux & vaste chateau sur
[un]e haute montagne : autour sont quatorze villages
[do]nt les plus considérables sont *Crawinkel* qui a 250
[m]aisons, & *Wœlfis* qui renferme 300 feux. Ce
[ba]illiage exécute les jugemens de quelques jurisdic-
[ti]ons qui n'en font pas partie, & qui s'étendent sur
[s]eize ou quatorze villages.

[*Ic*]*htershausen*, autrefois *Lankwig*, est une petite ville
[su]r la Gera, où fut un couvent qu'aujourd'hui le
[ba]illif occupe, son chateau a le nom de *Marienbourg*:
[pr]ès d'elle est le village d'*Eischleben*.

*Bailliage de Volkerode & de Tonna.*
Le premier touche au territoire de la ville impé-
[ri]ale de Mühlhausen, est composé des biens d'un
[co]uvent de Moines de Citeaux, renferme le bourg
[de] *Gross-Kœrner* qui a plus de deux cens maisons &
[de]ux églises, le village de *Volkerode* où fut autre-
[fo]is le couvent, & six autres villages.

Le second fut une des seigneuries des comtes de Gleichen; les ducs l'acheterent de leurs successeurs *Græfen-Tona*, est un bourg orné d'un chateau : *Bourg-Tonna* est un village confidérable, voisin d'une montagne où était autrefois un chateau : sept autres villages le forment.

*Bailliage de Kranichfeld.*

Il fut une seigneurie qui passa en différentes maisons, & que les ducs de Gotha ont achetée des comtes de Reuss qui l'avaient acquis. Il renferme une partie de la ville de *Kranichfeld* & quatorze villages : on parlera de l'autre partie de *Kranichfeld* à l'article de Saxe-Altenbourg.

*Comté de Gleichen.*

Une très-ancienne famille le posseda, & elle payait un mois romain de 88 florins. Après qu'elle se fut éteinte, ses possessions furent divisées entre les princes de Hohenloe, ceux de *Hatzfeld* & les deux branches des comtes de Schwartzbourg. Le duc de Gotha est seigneur suzerain d'une partie de ce comté, c'est celle que possedent les princes de Hohenloe, qui veillent sur les églises & leurs pasteurs, exercent le droit de haute & basse justice, & perçoivent une partie des revenus : c'est à Gotha qu'appartient tous les autres droits. On trouve dans cette partie la ville d'*Ohrdruf*, ville ancienne, située dans une plaine qu'arrose la riviere d'Ohr. Les habitans cultivent differens arts, des manufactures, des fabriques de toute espece y prosperent, le commerce y est très-actif en blés, bois, papier, &c. Elle a une école latine, un fauxbourg, un hôpital, un chateau où resideren les comtes de Gleichen, & qui est partagé aujourd'hui entre les princes de Hohenloe & Neuenstein, & celui d'Hohenloe-Langenbourg; Ils y ont une chancellerie commune & un bailif commun. On ompte encore six paroisses dans cette partie où l'on eut remarquer *Wechmar* bourg de trois cens maisons. La partie du comté qui est tombé en partage aux princes de Schwartzbourg-Sondershausen contient quatre villages qui sont aussi sous la supériorité territoriale de Gotha. Nous parlerons des autres portions dans les articles qui concernent les princes qui les possedent.

## PRINCIPAUTÉ DE COBOURG.

Elle fait partie de la Franconie, mais dépend du Cercle de Haute-Saxe : elle est située au levant de Bamberg & au nord du Wurzbourg : son sol est fertile sur-tout le long de la montagne de *Langen*. Les vallées qu'arrosent l'Itsch & la Werra sont de belles prairies qui nourrissent beaucoup de bestiaux : en quelques endroits le lin prospere, en d'autres on recueille du vin, par tout le blé & le bois y suffisent aux habitans. Il y a eu des mines d'or & d'argent; on y trouve encore des mines de cuivre, de fer, du charbon de pierre, du plâtre, de l'alun & du marbre. L'*Itsch* qui nait dans la forêt de Thuringe la traverse du couchant au midi, & y reçoit la *Grimpe*, la *Rœte*, la *Lauter*, la *Rodach* qui y naissent, ainsi que la *Steinach* qui ya se perdre dans le Mein. La *Werra* nait près d'Eisfeld : toutes ces rivieres, & quelques petits lacs qu'elles forment sont fort poissonneux. Cette principauté contient dix villes & six bourgs; la noblesse y releve de la chancellerie seule : il y a des Calvinistes à Hildbourghausen, tout le reste est Lutherien.

On en exporte un peu de blés, de la laine, des moutons & des bœufs gras, des tables à écrire, des ardoises, differentes pierres utiles, des ouvrages en

X 4

bois, de la poix, de la potaſſe. En général les artiſans y ſont nombreux. Elle appartint autrefois aux comtes de Henneberg, & par un mariage, elle paſſa dans la maiſon de Saxe : elle parvint au duc Erneſte le pieux en 1672, & fut partagée entre ſes enfans : l'un d'eux mort ſans poſtérité, fit naître la diviſion dans la maiſon de ſes freres qui ne purent s'accorder pour partager l'héritage ; ils ſe ſont accordés enfin ; mais le droit de ſuffrage qu'elle donne, ne s'exerce point, parce que les maiſons de Saxe-Meinungen, & de Saxe-Saalfeld ſe le diſputent encore. Nous allons decrire ce que chaque prince de la maiſon de Saxe poſſede de cette principauté.

## SAXE-SAALFELD.

Elle prend auſſi le titre de Saxe-Cobourg-Saalfeld.
*Bailliage de Cobourg.*

*Cobourg*, reſidence des ducs de Saxe-Saalfeld, eſt une ville ſituée aux bords de l'Itſch, dans une vallée que forment deux montagnes : la ville, & les fauxbourgs plus étendus qu'elle, ſont entourés de murs ; elle a quatre égliſes, un collége illuſtre fondé par le duc Jean Caſimir, une école, deux fabriques, l'une en or, l'autre en argent, une manufacture de porcelaine : le chateau nommé *Ehrenbourg* renferme les archives, & une ſorte de manufacture d'où ſortent des morceaux précieux de bois petrifié que le pays produit abondamment. Sur une montagne eſcarpée dont l'accès eſt étroit, eſt une fortereſſe où le prince a des appartemens, une égliſe & d'autres batimens : elle occupe le ſol où était autrefois *Trufaliſtœtt*. Cette ville eſt le ſiége des tribunaux des princes.

Son bailliage eſt partagé en cinq juriſdictions

qui renferment un grand nombre de villages, plusieurs chateaux, la petite ville de *Neuftatt an der Heyde*, située fur la Ræte, celle de *Rodach*, fur la riviere de fon nom, où eft un chateau, & un haras, & le bourg de *Steinheid* ou *mont notre dame*, qui eut autrefois des mines d'or.

### SAXE-MEINUNGEIN.

Cette partie de la principauté eft divifée en trois bailliages qui font ceux de *Schalkau*, de *Sonneberg* & de *Neubauff*. Le premier renferme *Schalkau*, jadis *Schalken*, petite ville fur l'Itfch qui fut autrefois une feigneurie, les chateaux de *Schaumberg* & de *Rauemftein* & fix à fept villages. Dans le fecond eft *Sonneberg* petite ville commerçante en tables à écrire, ouvrages en bois, pierres à repafler, pierres à fufil; & les deux bourgs de *Mütfchnitz* & de *Judenbach*, tous deux fitués en des lieux élevés. Dans le dernier on remarque le bourg de *Neubaff*, fitué fur une montagne & neuf à dix villages.

### SAXE-GOTHA.

Elle n'y poffede que les deux biens domaniaux de *Ludwigsbourg* & de *Schweickhof* qui font partie des jurifdictions du bailliage de Cobourg.

### SAXE-HILDBOURGHAUSEN.

Elle poffede fix bailliages qui forment une principauté particuliere, ou le droit d'aineffe eft introduit & dont les revenus annuels font de 80 mille Rixdales : le prince a un confeil privé, une regence, un consistoire, un collége de la chambre, qui resident dans la capitale.

*Bailliage de Hildbourghausen.*

*Hildbourghausen*, est une ville sur la Werra, devenue plus belle par un incendie, elle a des maisons régulieres & bien bâties, un hôtel de ville, une école latine, une maison de force, une d'orphelins, une église calviniste où l'on prêche en français & en allemand, deux fauxbourgs : le chateau où resident les ducs est regulier & vaste ; il a de beaux jardins, qu'un canal, rempli des eaux de la riviere environne. Cette ville divisée en vieille & nouvelle, n'était qu'un bourg en 1323,

*Streufdorf* est un bourg de 150 maisons sur la Krek, qui avec seize villages forment ce bailliage.

*Bailliages de Veilsdorf & d'Eissfeld.*

Le premier a aussi le nom de *Klosteramt*; son origine est un couvent de bénédictins brulé par les paysans en 1525, il n'est formé que de deux villages.

*Eissfeld* est sur la Werra, c'est une petite ville qui a une école latine & un chateau où se retirent les veuves des ducs : autour d'elle sont trente-trois villages parmi lesquels on remarque celui de *Sachsendorf*, dont dependent la verrerie de *Friderichshœhe*, la fabrique de Smalte ou émail de *Sophienau*, & celle de vitriol de *In der trocknen Werra*, (dessechement de la Werra.)

*Bailliages de Heldbourg & de Kœnigsberg.*

Le premier fut une seigneurie ancienne ; *Heldbourg*, est une petite ville sur la Krek ; près d'elle, sur un mont, est un vieux chateau où residoient ses comtes. *Ummerstadt* est sur la Rodach ; c'est une petite ville. *Lindenau* est un grand vil-

…age où était une saline nommée Frederichatt. Le conseiller Delius y a enseigné la maniere d'extraire du sol de ce lieu, un sel de Glauber véritable & naturel, qu'il nomma sel apperitif de Frederic. On y compte encore dix-huit villages.

*Kœnigsberg* est une petite ville sur le penchant d'une montagne, sur laquelle est un chateau antique. La justice criminelle y est administrée par les officiers du prince; quatorze villages qui forment ce bailliage dependent pour cet objet d'une jurisdiction criminelle possedée en commun entre les seigneurs féodaux qui les possedent & l'évèque de Wurzbourg.

*Bailliage ou Klosteramt de Sonnenfeld.*

Il est formé des biens d'un couvent de filles de Citeaux de ce nom, dont le batiment subsiste encore. Il contient vingt-un villages & le bourg de *Hoffstædten*.

## Principauté d'Altenbourg.

Elle est composée d'une partie de l'ancien Osterland, & touche à l'évêché de Naumbourg, au cercle de Leipsic, & à celui d'Erzgebürg. Elle est séparée en deux parties par la seigneurie de Gera, possedée par les comtes de Reuss. Elle abonde en blés, en bois, en paturages que couvre de nombreux troupeaux, & sur-tout des chevaux. On y trouve des mines de cuivre, de fer, de calamine qu'on y convertit en Smalte, en vitriol & autres mineraux: la *Pleisse* qui y reçoit la *Sprotta*, l'*Orla*, la *Roda* qui s'y rendent dans la *Saale*, l'arrosent. Le premier prince de ce nom était le fils ainé de Jean Guillaume frère de l'Electeur depossedé: la branche s'éteignit en 1672 & les Etats parvinrent à Ernest le vieux, dont les enfans se la partagerent. Ils sont aujourd'hui partagés entre les princes de Saxe-Gotha : & celui de Saxe-Saalfeld ; & ils donnent au premier, par droit d'ainesse, un suffrage aux assemblées du cercle & à la diette.

## I. PARTIE QUI APPARTIENT A SAXE-GOTHA.

*Bailliage d'Altenbourg.*

*Altenbourg*, autrefois *Plisne*, ville assez grande & fort peuplée sur la Pleisse, batie sur une petite plaine qui forme le sommet d'une hauteur. Elle est le siége de la chancellerie, de la regence & du consistoire. On y remarque l'hôtel de ville, la fondation de sainte Madelaine où l'on éleve les filles des nobles qui sont pauvres, le collége qui a une bibliotheque & un cabinet de curiosités, la maison de force & celle des orphelins. Le chateau est sur un roc, il est vieux & vaste. Altenbourg fut une ville impériale & les empereurs y residerent : elle fut obligée de se soumettre aux Marggraves de Misnie en 1308.

*Lucca* petite ville sur la Schnaud, est habitée par des laboureurs & des fabricans d'étoffes. *Schmœllen*, petite ville que la Sprotta arrose. *Gœssnitz*, bourg sur la Pleisse. *Meuselwitz*, est un bourg, un bien noble & une jurisdiction de la maison de Seckendorf. Le bourg a deux cens maisons, ses habitans cultivent differens arts, le chateau est beau & bien distribué, & les jardins magnifiques: la Schnauder arrose ces lieux.

*Bailliage de Ronnebourg & d'Eisenberg.*

Le premier est une ancienne seigneurie dans le Voigtland : il renferme sept à huit villages & la petite ville de *Ronnebourg*, qui a un chateau, où l'on fabrique des étoffes de laine, des vases de terre, & qui a près d'elle des sources d'eaux minerales.

# CERCLE DE HAUTE-SAXE.

*Eifenberg*, eſt une petite ville où eſt un ſiége de juſtice, un chateau, & où l'on fabrique des étoffes de laine. Elle fut un comté particulier, & l'appanage d'un prince de la maiſon de Gotha dont la branche s'eſt éteinte. Son bailliage renferme encore quelques villages.

*Bailliages de Cambourg & de Roda.*

L'un doit ſon nom à *Cambourg* petite ville ſur la Saale, qui fut le chef-lieu d'un comté : on y voit encore quelques villages & des ſalines près de la petite ville de *Sulza*.

L'autre prend ſon nom d'un bourg conſidérable ſitué ſur la riviere de ce nom, habité par un grand nombre de fabriquans de bas & d'étoffes. On y voit un chateau : autour ſont neuf villages.

*Bailliage de Kahla.*

Il ſe diviſe en deux : celui d'*Orlamünda* renferme la petite ville de ce nom, placée ſur une hauteur, près de la Saale qui y reçoit l'Orla. Elle eut des comtes dont la fin fut tragique, & on y voit encore les reſtes de leur chateau, & la petite ville de *Kahla*, que la Saale arroſe, & que des montagnes pelées environnent. Celui de *Leuchtenberg* doit ſon nom à un chateau antique, placé ſur une montagne élevée, & changé en une maiſon de force & un hopital : près de lui ſont deux chateaux & le grand village de *Drackendorf*. Près de-là eſt encore la ſeigneurie d'Altenbourg.

## II. PARTIE QUI APPARTIENT A SAXE-SAALFELD.

Elle rapporte chaque année 60 mille rixdales, & ſe diviſe en trois bailliages.

*Bailliage de Saalfeld.*

*Saalfeld*, eſt une ville ſur la Saale, entre des montagnes & de belles prairies. Elle est assez bien bâtie, une école latine, une manufacture de dorure & une de draps: on y prépare le vitriol, on y fabrique le smalte, & on y bat monnaie. Elle est connue dès le dixieme siecle. Le chateau, sur la montagne voisine, occupe la place d'une abbaye de bénédictins dont le chef avait le titre de prince de l'Empire, siégeait aux diettes, & faisaient battre monnaie. L'électeur de Saxe l'avait achetée. Près de la ville sont quelques pans de murs d'un chateau antique qu'on croit avoir été une forteresse de vandales.

*Pœsnick* ou *Pœsnech* est une petite ville dont les habitans sont drapiers, tanneurs, potiers. & presque tous dans l'aisance.

*Bailliages de Græfenthal & de Probstzelle.*

*Græfenthal*, (*vallis comitum*) petite ville dans une vallée qu'arrose la Zepten. On y trouve des martinets, des usuines de cuivre & des verreries. Près d'elle, sur la montagne qui la touche sont quelques batimens reste d'un ancien chateau. Elle a été une seigneurie particuliere qu'un duc d'Altembourg acheta: elle renferme encore plusieurs villages.

*Probstzelle* fut un couvent, & c'est aujourd'hui un bourg. *Lehstein* est une petite ville qui a dans le voisinage une carriere d'ardoise très estimée: on en exporte dans les pays étrangers.

## TERRES DES COMTES DE HATZFELD.

Elles consistent en une partie du comté de Gleichen, une partie de la seigneurie de Kranichfeld, & dans la seigneurie de Blankenhayn. Ses possesseurs ont prétendu être indépendans, la maison de Saxe a une pretention contraire: l'Empire a decidé que les comtes siégeraient à la diette comme prince de l'Empire, qu'ils continueraient de payer par les mains de leurs sujets, aux maisons de Saxe-Gotha & Saxe-Weimar, une redevance annuelle de 500 florins, & que l'électeur exercerait le droit de supériorité territoriale.

La partie du comté de Gleichen renferme le bourg de *Wanderfleben*, situé sur la petite riviere d'Apfelstett, les ruines du chateau de Gleichen & une jense : c'est un fief relevant de Mayence, ainsi que la partie inferieure de la seigneurie de Kranichfeld, laquelle renferme quelques villages, un chateau, & la partie de la ville de *Kranichfeld* qui est au levant de l'Ilm.

La seigneurie de *Blankenhayn* est encore un fief de Mayence. Elle ne renferme gueres que la petite ville de ce nom, qui a un chateau.

## Principauté d'Anhalt.

Elle touche à l'électorat de Saxe, à la Misnie, au comté de Mansfeld, au duché de Brunswic & aux possessions du roi de Prusse. * Elle a vingt-trois lieues de long & six de large; on y respire un air sain & froid dans les parties élevées, doux & humide dans la plaine, le sol est fertile & gras en des endroits, sablonneux en d'autres. On y trouve beaucoup d'arbres, mais dont le fruit est tardif, & quelquefois n'y meurit point. On y cultive beaucoup le houblon & un peu la vigne : le betail, les vers à soie sont une de ses richesses; le bois est rare dans une partie, abondant dans une autre, quelques monts sont couverts de chênes, hêtres, peupliers, érables, til-

---

* On remarque dans *Haferholz* près de Gunterberg, que le pays de Brunvic, celui d'Anhalt & celui de Stolberg s'y terminent de maniere que chacun des princes, peut être à la même table & sur son territoire.

seuls &c, & très-abondant en gibier. L'*Elbe* la traverse, & y reçoit la *Mulde*; la *Saale* y reçoit la *Wipper*, la *Selke* se precipite dans la *Bude* qui avec la *Fuhne* se perd dans la Saale, la *Zitau* dans la *Fuhne*; la *Nuhte* & la *Rosslau* dans l'Elbe. Toutes ces rivieres sont poissonneuses; on pèche des saumons dans la Mulde. On y voyait autrefois le lac de *Gatersleben* ou *Artchersleben*, long d'environ quatre lieues, sur la moitié de large, qu'on a converti en prairies & en champs. On y trouve des mines de plomb, de cuivre, d'argent & de fer, du charbon de terre, du soufre, du vitriol, de l'alun, du salpêtre, &c.

Cette principauté renferme vingt villes & deux bourgs: les Vénédes l'habiterent autrefois. Ses princes descendent de la puissante maison d'Ascanie qui posseda le Marggraviat de Brandebourg & le duché de Saxe; & qu'on a eu la sottise de faire descendre d'*Ascanes* petit fils de Japhet: leur famille fut divisée en differentes branches: toutes les parties de ces Etats se réunirent sur la fin du seizieme siecle, sous Joachim-Erneste, souche commune des quatre branches existantes, dont les Etats cependant & les ordonnances sont communes. On y a introduit le droit de primogeniture.

Les Etats sont formés par la noblesse & les villes, ils s'assembaient dans la residence de l'ainé de la famille, mais on ne les assemble plus: il n'existe plus même de noblesse dans le territoire d'Anhalt Dessau, peut être parce qu'elle était exempte d'impôts dans cette principauté; cependant elle fait un don gratuit au prince, & lui garantit la perception des subsides.

Le religion s'y introduisit dans le neuvieme siecle, & la reformation en 1521: elle commença dans l'abbaye

Abbaye de Gernrode, & dès lors les revenus des couvents furent destinés aux hôpitaux, aux maisons des pauvres, à l'entretien de pauvres écoliers & étudians. En 1596, le calvinisme y fit des progrès; trois branches de cette maison l'embrasserent, mais celle d'Anhalt-Zerbst demeura luthérienne : on peut y embrasser librement l'une ou l'autre des ces religions. Le commerce y existe, sans y être bien florissant : on y trouve diverses manufactures.

Ces quatre branches n'ont qu'une voix dans les assemblées du cercle & dans les dietes; l'abbaye de Gernrode leur en donne une seconde : l'ainé donne son suffrage au nom des autres princes, & c'est lui qui est chargé de la gestion des affaires générales de la principauté, aidé de deux conseillers communs, dont l'un est noble, & l'autre roturier : chaque branche regnante a sa regence, son consistoire, son collège de chambre particuliere. L'électeur de Brandebourg avait des droits de superiorité territoriale sur diverses parties de cette principauté : mais il y renonça, pendant tout le tems que cette maison existerait. On prétend que les revenus de toute la principauté montent à 5 ou 600 mille rixdales. Son mois romain est de 188 florins, & sa taxe de 243 rixdales, 47 kreutzers.

## I. Anhalt-Dessau.

*Bailliage de Dessau.*

Dessau, ville située dans une plaine agréable qu'arrose la Mulde qui près de-là se perd dans l'Elbe. Elle est divisée en vieille & nouvelle ville, a trois fauxbourgs, & fut ceinte de murs en 1341 : elle doit son état florissant, le mur qui l'entoure, & la plupart de ses établissemens publics au prince Leo-

*Tom. III.* Y

pold qui regnait au commencement de ce siecle. Elle a deux églises calvinistes, une Lutherienne, une école latine, deux hopitaux, une maison d'orphelins, des manufactures de draps, de bas & de chapeaux. Elle a une école publique établie sur des principes sages, & dont les effets sont loués des hommes instruits : on l'appelle *Philantropin*, il doit son existence à M. Basedow, & à la générosité du prince & de quelques autres personnes. Près d'elle est un parc & un haras.

*Oranienbaum*, est une petite ville, mais belle, réguliere, située dans une contrée riante, au même lieu qu'occupait autrefois le village de Nischwitz. Henriette d'Orange, veuve de Jean George II la fonda en 1688, & y bâtit un chateau dont le jardin est beau & vaste.

*Ragun*, est une petite ville ouverte, dans une situation agréable, sur une isle formée par la Mulde.

*Jesnitz* est une petite ville sur la Mulde : aucun mur ne l'environne, & elle a deux fauxbourgs : un tribunal provincial y siege : près d'elle est le village d'*Alt-Jesnitz*.

Ce bailliage renferme encore douze villages, & plusieurs censes, terres & biens nobles.

*Bailliages de Wœrlitz & de Radegatz.*

*Wœrlitz*, est une petite ville qui a un siége de justice, & une maison de chasse, avec une cour relative à cet objet. Quatre villages & des censes forment son bailliage.

*Radegatz*, est un bourg, & auprès de lui sont trois villages.

*Bailliages de Grœpzigk & de Sandersleben.*

Le prince Leopold acquit le premier, & y fit bâtir un village : son chef-lieu est la petite ville de *Grœpzigk*, que traverse la Fuhne & qu'orne un chateau :

s'étend encore sur une cense & quatre villages. *Sandersleben* est un bourg, sur la Wipper : il a un vieux chateau.

*Bailliages de Freckeleben & de Gross-Alsleben.*

Le premier est composé de quatre villages : celui de *Freckeleben* renferme une maison antique, étendue, environné de murs épais flanqué de tours; celui de *Meringen* eut un couvent de filles de Citeaux.

*Gross-Alsleben* est un bourg, qui renferme une maison qui appartient au prince : deux villages dépendent encore de ce bailliage.

La maison d'Anhalt-Dessau possède encore les seigneuries étendues de *Bubainen* & *Norkutten* dans le royaume de Prusse, deux biens nobles & un village dans l'électorat de Saxe, le bien noble de *Milo* qui renferme trois villages & le bailliage d'*Alsleben* dans le duché de Magdebourg. *Alsleben* est une ville de 508 feux, au bord de la Saale & gouvernée par quatre magistrats : les revenus domaniaux y montent à 400 rixdales. Ce bailliage renferme divers villages & biens nobles.

## ANHALT-BERNBOURG.

*La ville & le bailliage de Bernbourg.*

*Bernbourg*, *Arctopolis*, *Ursopolis*, ville où réside le prince, composée de trois villes, sur la Saale où l'on y passe sur un pont de pierres de taille. La vieille & la nouvelle ville eurent autrefois leur jurisdiction & leurs magistrats particuliers ; mais le prince Wolfgang les reunit en 1506, & il les entoura de murs & de fossés. L'ancienne renferme la chancellerie, l'hôtel de ville, une église & une école; la nouvelle, une église & la cour de Gernrode. Les luthériens y ont l'exercice libre de leur culte. La ville en deçà de la montagne est sur l'autre bord de la Saale dans un lieu élevé; elle a ses magistrats particuliers, & une jurisdiction séparée. Là est le chateau & la maison des orphelins : le premier est ancien & célébre, bâti sur un roc élevé entouré de fossés profonds soutenus par des murs. Là était un couvent d'augustins qu'on a changé en hôpital; le fauxbourg de *Waldau* joint cette partie de la ville. Près de cette ville est le chateau de Zeitz, & trois villages : celui de *Drœbel* est remarquable par un canal rempli des eaux de la Saale, & creusé pour en faciliter la navigation.

*Bailliages de Hecklingen & de Plœtzkau.*

Le premier doit son nom à un village où fut un couvent de bénédictins; le second à un chateau sur un roc, dont une branche de la maison d'Anhalt porta le nom : tous les deux sont resserrés & n'offrent rien de remarquable.

*Bailliage de Ballenstœdt & de Hartzgerode.*

*Ballenstœdt*, est une petite ville dans une plaine traversée ainsi qu'elle par la Getel. Elle doit ses droits de ville & ses murs au prince Wolfgang. Près d'elle, sur un roc élevé est le chateau. En 940, il était une église collégiale, en 1110 un couvent de bénédictins, la réformation en fit un chateau que le prince Albert fit embellir & augmenter.

*Hartzegerode* (faut du chasseur) ville dont les murs & les maisons sont en grande partie bâtie de marbre differemment coloré qu'on trouve autour d'elle : on y a joint une nouvelle ville nommée d'abord *Wilhelmstadt* du nom de son fondateur, ensuite *Augustus Stadt* de celui qui l'acheva : vis-à-vis, est le fauxbourg *Freyheit* terminé par un hôpital. Cette ville est le siege d'un bailliage des mines qui font dans les environs, & donna son nom à une branche éteinte de la maison d'Anhalt, elle est sur a Sœlke, qui près de là roule entre deux rochers escarpés nommés *Magde Sprung* (saut de fille.) On y découvrit en 1767 une source d'eau ferrugineuse dont on a fait un bain : près d'elle est une papeterie dont le papier est estimé. Ce bailliage entouré de forêts dont les revenus montent à 70000 rixdales, renferme encore *Wilhelmsdorf*, cense du prince, maison élégante, située dans un lieu agréable & entouré de bois, & les ruines de l'ancien château d'*Anhalt* qui appartiennent en commun à toute la famille : elles sont sur une montagne escarpée couverte de broussailles.

*Bailliages de Guntersberg & de Hoym.*

*Guntersberg*, est une des plus anciennes villes du pays : ses murs & ses fossés n'ont laissé que des traces, sur une élévation voisine est un château, & près de là est un village.

*Hoym* est une petite ville sur la Sœlke : son château, son droit de justice sont des fiefs de Quedlinbourg ; elle devint ville en 1543, & donne le titre de comte à une famille attachée à la maison de Saxe. *Frose* est un village près du lac desseché d'*Ascherfleben* : le prince y a une maison qui fut une abbaye de femmes.

*Bailliage de Gernrode.*

L'abbaye de ce nom est encore son siége de justice. *Gernrode* est une petite ville ; son église ne sert qu'a ensevelir ses habitans ; le service divin se fait dans celle de l'abbaye.

## ANHALT-CŒTHEN.

*Bailliage de Cœthen.*

Cœthen, *Cothenæ*, est une ville ancienne sur la Zitau, divisée en vieille & nouvelle, qui furent unies en 1620 : on y a joint encore un fauxbourg & un marché neuf. On y voit une belle & large rue bordée d'arbres qui va d'une des portes à l'autre, deux églises, deux écoles, une maison d'orphelins, le tout partagé entre les Calvinistes & les Lutheriens. Elle a un hôpital, une belle fabrique d'or & d'argent, un chateau où reside le prince qui seul y a droit de justice, & une abbaye pour six demoiselles nobles Lutheriennes. Son bailliage renferme cinquante-deux villages, qui forment douze paroisses Calvinistes & trois Lutheriennes.

*Bailliages de Nienbourg & de Warmsdorf.*

Nienbourg, ou *Mœnch-Nienbourg*, est une petite ville sur la Saale, dont un couvent fut l'origine & qui eut autrefois un chateau fortifié : celui qu'on y voit est ancien & assez simple. Sa paroisse renferme cinq paroisses calvinistes, une lutherienne & deux villages.

*Warmsdorf* est un chateau qui a une chapelle où le prince George a souvent prêché. *Güssen* est une petite ville que la Wipper arrose. *Kolbich* est une cense & fut un prieuré connu en Allemagne par une danse ridicule que les jeunes gens allaient y faire au printems. Ce bailliage a plusieurs paroisses catholiques.

## ANHALT-ZERBST.

*Bailliage de Zerbst.*

Zerbst, *Serveste*, est la plus grande & la plus belle ville de la principauté d'Anhalt : elle est ancienne & bâtie sur une plaine unie & sablonneuse, que la Nutte arrose, elle a un chateau fort étendu où rede le prince, trois églises, deux écoles, un Gymnase commun à toutes les branches de la famille, qui y ont chacune un professeur de leur croyance. On y travaille l'or & l'argent ; on y fait de la bierre excellente, mais cette branche de commerce a déchu.

*Ankun* est une petite ville qui lui est jointe; on lui a donné le nom de fauxbourg, cependant elle a son conseil particulier. Ce bailliage renferme vingt villages.

*Bailliages de Walter-Nienbourg & de Dornbourg.*

Le premier est un héritage que les princes ont reçu des comtes de Barbi : c'est un fief de l'électorat de Saxe où l'on ne compte que cinq villages.

*Dornbourg*, est un chateau près de l'Elbe & d'un fort imperial dont on voit encore les ruines au fond du fleuve. Des empereurs habiterent le chateau ancien : celui qui lui succeda bâti en 1681, fut deforé par les flammes; on en a construit un nouveau plus simple & moins vaste.

*Bailliage de Lindau & de Coswick.*

*Lindau* fut un comté, un fief que la maison d'Anhalt a reçu du Brandebourg, qui l'û reçut de l'abbaye de Quedlinbourg; on y voit la petite ville de *Rosslau*, au confluent de la Rosslau & de l'Elbe, & dix-neuf villages.

*Coswick*, est une petite ville bâtie sur une élévation, au bord de l'Elbe. Elle a un chateau où resident les princesses douairieres : quinze villages forment avec elle son bailliage, & l'on n'y remarque que celui de *Bürow* qui donne son nom à une commanderie Teutonique.

*Bailliage de Mülingen.*

C'est un fief de l'électorat de Saxe composé du grand & du petit *Mülingen*, villages paroissiaux.

Y 4

Anhalt-Zerbst possede encore la seigneurie de *Jever* dans le cercle de Westphalie.

### ABBAYE DE GERNRODE.

C'était une riche abbaye de femmes libres & séculières, fondée en 660. Nous avons dit qu'elle donnait un suffrage à la maison d'Anhalt qui la possede. Son mois romain est de 36 florins. Elle est aujourd'hui convertie en un bailliage.

### ABBAYE DE WALKENRIED.

Elle est située dans la seigneurie de Klettenberg, fut fondée en 1127, peuplée de moines de Citeaux, enrichie d'un territoire considérable : & les comtes de Klettenberg en étaient les patrons, l'électeur de Saxe le fut après eux, la réformation s'y introduisit en 1546, & bientôt on y établit une école. Elle est enfin tombée en partage à la maison de Brunswic-Wolfenbüttel : elle lui donne droit de siéger & de voter aux assemblées du cercle, non aux dietes de l'Empire : son mois romain était de 48 florins. Sa taxe est 81 rixdales, 11 kr. Son territoire renferme aujourd'hui le bourg de *Walkenried*, sur la Zorge, aux environs duquel on trouve de l'agathe. *Zorge*, est un village où l'on voit deux fourneaux très-élevés, & deux autres villages.

### COMTÉ DE SCHWARZBOURG.

Il a deux parties, la meridionale est éloignée de l'autre d'environ dix lieues : elle touche à Cobourg, Altenbourg & Eisenach; la septentrionale touche à la Thuringe, aux comtés de Stollberg, de Hohenst...

CERCLE DE HAUTE-SAXE. 345

tein, d'Eschsfeld, & à la ville impériale de Mulhausen. Il a des contrées très-fertiles où les bles & les fruits font abondans, où les vignobles donnent d'assez bons vins: le produit de ses bois monte annuellement à une tonne d'or, le gibier y est commun, les rivieres & les lacs y sont riches en poissons. On y trouve de l'or, de l'argent, du sel, & du bel albâtre blanc & rougeâtre: la *Schwartze* qui charie les grains d'or arrose le haut comté avant de se perdre dans la Saäle: l'*Ilm* & la *Gera* qui naissent comme elle dans la forêt de Thuringe y serpentent, & la derniere s'y sépare en deux bras. La *Helme*, la *Zorgœnge*, la *Wipper*, la *Helbe* qui coule dans une vallée & tarit souvent pendant trois mois, arrosent le bas comté. On y compte douze villes, dix bourgs, quinze chateaux & environ 100000 ames. Les comtes & leurs sujets sont Lutheriens: les premiers descendent d'un comte de Kefernberg. Cette maison est divisée en deux branches, qui toutes les deux ont le titre de princes sans que leur comté soit une principauté: son indépendance lui a été long-tems contestée par l'électeur de Saxe qui l'a enfin reconnue; mais qui en reçoit tous les ans 7000 rixdales; les appels des jugemens rendus dans les lieux qui relevaient de lui se font encore à ses tribunaux, avec cette condition que la régence de Schwartzbourg seule en fournit les rapports; la régence de Dresde y décide aussi en matiere feodale.

Chaque prince regnant a ses conseillers & ses régences, dont le pouvoir est le même: la plupart des tribunaux sont communs aux deux branches: chacune a son état militaire particulier: jointes aux comtes de Reuss, elles doivent en tems de guerre, fournir à l'Empire un corps de 1000 hommes, & elles en fournissent les deux tiers: leurs possessions sont indivises, & elles ont adopté le droit de primogeniture. Elles prennent le titre de grand écuyer de l'Empire, payent un mois romain de 200 florins & une taxe de 138 rixdales.

## SCHWARTZBOURG-SONDERHAUSEN.

I. Partie du midi.
*Bailliage de Arnstadt.*
Il formait une seigneurie dépendante de Saxe-Weimar, qui en donne encore l'investiture sans avoir droit d'en exiger des subsides & des dons gratuits ; seulement les comtes lui fournissent des cavaliers, & une redevance annuelle de 3500 écus.

*Arnstadt*, est une ville située sur la Gera qui s'y partage en deux bras, & qui y passe sur un pont de pierres de cinq arches. Les maisons nouvelles y sont élégantes ; on y compte trois églises, une école publique divisée en huit classes, & dix fontaines, la regence, un consistoire, une chambre des comptes y résident. Son chateau est vieux, & cependant beau encore ; sa bibliotheque est nombreuse. Les comtes l'ont embellie & étendue ; les eaux de la Gera y font mouvoir une usuine de cuivre jaune, un martinet où l'on travaille le fer, & plusieurs moulins parmi lesquels en est un singulier.

*Plauen*, est une petite ville qu'arrose la Gera ; elle n'était qu'un village en 1324, & avait une saline : huit villages forment avec ces deux villes ce bailliage.

*Bailliages de Kefernbourg, de Gehren & de Gleichen.*
Un vieux chateau donna son nom au premier, & il fut depuis longtems un patrimoine des comtes, mais c'est un fief de Saxe-Weimar. C'est un pays fertile & agréable ; on y compte seize villages, &

magnifique chateau d'*Auguſtenbourg*, orné d'un ſuperbe jardin. Près de-là eſt *Dorothéen-Thal* où l'on fabrique de la belle porcelaine.

Le ſecond renferme de belles forêts & un grand nombre de martinets & de ſcieries: on y recueille beaucoup de regliſſes : du creux des pins on tire de la réſine, & on y prepare de la poix & du noir de fumée : il eſt preſque tout entier un fief de l'Empire. *Ehren* eſt un bourg orné d'un chateau & qui a une maiſon de juſtice. *Langewieſen* eſt un grand bourg fief de Mayence, arroſé par l'Ilm qui y fertiliſe de belles prairies. On y compte deux-cens maiſons, *Breitenbach* ſur la riviere de ſon nom, eſt ſitué entre des forêts, des champs, des côteaux & des vallées riantes, ce bourg a un chateau, deux égliſes, & quatre-cens maiſons. Près de lui eſt une uſuine où l'on prepare le ſoufre, l'alun & le vitriol, dont les environs abondent. Ce bailliage renferme encore onze villages parmi leſquels on remarque *Golitzſchtal*, près duquel eſt une mine d'or & d'argent.

Le dernier eſt compoſé de trois villages, d'un chateau & de quelques maiſons.

II. Partie du nord.

*Bailliage de Keula & de Scherenberg.*

*Keula* eſt un bourg de trois-cens maiſons & d'un chateau; près de lui commence la forêt de *Hainleite* qui a près de dix lieues de long, & n'eſt ſeparée du Harz que par des terrains recemment défrichés. Autour de lui ſont huit villages dont quelques uns ſont conſiderables : tel eſt celui de *Holzthalleben* qui a trois-cens maiſons; celui de *Groſſ-Füchtern* en a plus de cent.

*Scherenberg* eſt un bourg : ſon plus riche commerce eſt celui des porcs ; près de lui ſont cinq villages.

*Bailliage de Sondershausen.*

*Sondershausen*, est une ville arrosée par la Wipper qui y reçoit la Beber : elle est le siége d'une régence, d'un consistoire, & de la justice de la province. Dans son arsenal est une ancienne idole des Vénédes, nommée *Püstrich*, d'un métal fondu, noir & reluisant dont les parties du corps sont grosses & sans proportion : elle est vuide en dedans & contient un sceau d'eau ; sa tête épaisse a un trou rond en place de bouche, un autre est sur le crane : sa main droite repose sur sa tête, la gauche sur son sein, ses pieds sont mutilés : on prétend que si l'on fait bouillir de l'eau dans cette statue creuse, elle devient puante & inflammable, & qu'elle brûle le bois sur lequel on la jette : il est permis d'en douter. Le château est vaste, & une partie est moderne : ses appartemens sont richement meublés, & on y voit une grande salle, nommée *Riesensall*, (salle des geans.) Son bailliage renferme douze villages : on y voit l'ancien chateau de *Jechabourg* qu'assiégerent les Huns : près de-là est une vallée que la défaite de ces peuples feroces fit nommer *Hunnenthal*. Sur une montagne ronde était autrefois le chateau de Spatenberg.

*Bailliages de Klingen & d'Ebeleben.*

*Klingen* est un bourg sur la Helbe dont la pêche est abondante : il a le droit de ville, & un château douze villages sont repandus dans ce district dont une partie est un fief de Fulde.

*Ebeleben*, est un bourg arrosé par la Helbe : il a un chateau & une école autrefois célébre ; c'est un fief de l'électorat de Saxe, & qui renferme encore quatre villages.

*Prevôté de Hassleben.*

*Hassleben* est un bourg & un chateau : il n'est

[...]mpris dans aucun bailliage non plus que les deux [vil]les suivantes.

*Greuſſen*, est située dans un pays fertile, sur le [pen]chant d'un côteau : les maisons y sont bâties à [un]e hauteur égale.

*Groſſ-Ehrich*, est une petite ville sur la Helm; elle [a] deux chateaux dont l'un est appellé nouveau; [m]ais il y a fort longtems qu'il l'était.

Le bailliage de *Bodungen* fait partie du comté de [Ho]henstein, & nous en avons parlé.

## SCHWARTZBOURG-RUDOLSTADT.

I. Partie du midi.

*Bailliages de Rudolstadt & de Blankenrode.*

*Rudolstadt*, est une ville sur la Saale, siége d'une [ré]gence, d'un consistoire & d'une chambre de fi[na]nces. Elle a un Gymnase, un seminaire théolo[gi]que, & sur la montagne voisine un chateau où [rési]de le prince.

*Teichel* est une ville de cinquante maisons, dans [un]e vallée riante qu'entourent de hautes montagnes : [prè]s de-là sont neuf villages dont deux sont fiefs [de] Bohème.

*Blankenberg*, est une petite ville sur la Kinne [qu]i s'y perd dans la Schwartza, on y fait du papier : [prè]s d'elle sont les ruines du chateau de Greiffens[te]in : ce district est un fief de l'Empire, & renferme [vi]ngt villages : on remarque celui de *Quittelsdorf*, [prè]s duquel on trouvait du cobalt & où l'on exploite [du] cuivre.

*Bailliages de Schwartzbourg & de Paulinzelle.*

Le premier est un fief d'Empire. *Schwartzbourg* [est] l'origine des comtes de ce nom; c'est un chateau [co]nstruit sur un roc près de la Schwartza : près de lui eſt une maiſon de force entourée de fortifications, & une mine d'argent & de cuivre. *Kœnigſée*, eſt une petite ville de trois-cens maiſons, ſur la Kinne. Ce diſtrict renferme encore trente-quatre villages, pluſieurs martinets, des moulins &c.

Le ſecond doit ſon nom à un ancien couvent de bénédictins, eſt un fief de Gotha & renferme neuf villages.

*Bailliages de Kœnitz & de Leutenberg.*

Le premier ne renferme que quatre villages : celui de *Kœnitz* a un chateau & des minieres d'argent & de cuivre.

Le ſecond eſt un fief de l'Empire qui renferme vingt-neuf villages & la petite ville de *Leutenberg* ſur la Sorbitz, elle a cent maiſons ; autour d'elle ſont onze montagnes : ſes environs donnent de l'argent & du cuivre, & on y fond ces métaux : cette ville a un chateau.

*Bailliages d'Ehrenſtein & d'Ilm.*

*Ehrenſtein*, eſt un vieux chateau ſur une montagne, c'eſt un fief de l'Empire, qui renferme cinq villages. Près de lui ſont pluſieurs villages ſeigneuriaux.

*Ilm* eſt une petite ville ſur la riviere de ce nom : le chateau a ſuccédé à un couvent de filles : ſix villages ſont autour de lui : c'eſt encore un fief de Gotha.

La prevôté de *Secbergen*, doit ſon nom à un village voiſin de Gotha : on y voit de belles carrieres.

II. Partie du nord.

*Bailliages de Frankenhauſen & d'Arnsbourg.*

*Frankenhauſen*, eſt une ville ſur un bras de la Wipper ; ſa ſituation eſt agréable, & ſes environs fertiles : une montagne la ſepare au nord de la *Goldene-Aue* (prairie d'or) à ſa gauche eſt une forêt, à ſa droite ſont d'autres montagnes dont l'aſpect eſt

# CERCLE DE HAUTE-SAXE.

...ant : là est la regence du prince, un chateau, ...ois églises, une école qui est un reste d'un cou...ent de filles de Citeaux, & une riche saline qui ... rendu la ville florissante : c'est la plus ancienne ...e l'Allemagne, & elle appartient aux bourgeois : ...lle est défendue par un chateau qu'on nomme *...eux-bourg*. La vieille ville de Frankenhausen tou...he à celle dont nous venons de parler & n'a que ...nquante maisons; autour sont sept villages.

*Arnsbourg* est un chateau ruiné : c'est un fief de ...électorat de Saxe où l'on ne compte que trois ...illages.

*Bailliages de Strausberg & de Heeringin.*

*Strausberg* est un chateau qui fut le chef-lieu d'une ...igneurie ancienne : il est peu étendu & n'a que ...s villages.

*Heeringin* est situé dans la Goldene-Aue ; les comtes ... possedent en commun avec ceux de Stolberg; la ...lle de ce nom a un chateau, & est arrosée par ...Helm : c'est un fief de l'électeur de Saxe qui ren...rme encore huit paroisses.

*Bailliage de Kœlbra.*

*Kœlbra*, est une petite ville sur l'Helme : autour ...nt quatre paroisses : l'on remarque celle de *Fil-da*, parce qu'on y voit un palais des empereurs ...xons. Plus loin vers le midi sont les ruines du ...ateau de Rotenberg; de-là, l'on jouit de la belle ...rspective que presentent tout le Harzwald & une ...rtie de la *Goldene-Aue*.

*Schlotheim*, est un bourg que les comtes tiennent ... fief, & qu'ils donnent en arriere fief à la maison ... Hopfgœrten : deux villages en dependent.

## SEIGNEURIES DES COMTES DE REUSS.

Ces feigneuries font celles de *Gera*, de *Greita* de *Schleitz* & de *Lobenftein*, toutes fituées dans le Vogtland, elles touchent à l'évêché de Bamberg & à l'électorat de Saxe, renferment des montagnes couvertes de forêts, ou cultivées, des mines d'argent & de cuivre, de fer & de plomb, de l'alun & d'autres mineraux. Tout ce qui nourrit l'homme y abonde, les jardins y font d'un grand produit, de nombreufes vallées y nourriffent beaucoup de bétail; le gibier eft abondant dans leurs forêts, les poiffons dans leurs rivieres, dont les principales font l'*Elfter blanche* & la *Saale*. Elles renferment neuf villes, trois bourgs, 231 villages, 38 cenfes, 75 biens nobles. Les feigneurs font lutheriens comme leurs fujets. Les manufactures y fleuriffent.

Les comtes de Reuff defcendent d'un comte de Glitzberg dans la Heffe : ils devinrent *avoués de l'Empire*, & en cette qualité poffédèrent tout le Vogtland : cet office n'exifte plus aujourd'hui, & ils n'en prennent plus le titre; ils ont perdu une partie de leurs poffeffions : leur nom commun était, & eft encore celui de *Henri*, & ils ne fe diftinguaient que par des furnoms tels que le riche, le gros, le roux, le long, &c. aujourd'hui ils fe diftinguent par des nombres. Leur maifon s'eft divifée en plufieurs branches, quelques unes fe font éteintes, d'autres fe font formées de nouveau : il en exifte fix encore qui toutes ont les mêmes titres, & defcendent de deux principales. Leurs poffeffions étaient autrefois des biens franc aleu de l'Empire, aujourd'hui ils en font des arrieres-fief : ils affiftent aux dietes, & votent dans le es assemblées du cercle. Leur mois romain est de 30 florins, leur taxe de 59 rixdales 54 kreutzers.

### BRANCHE AINÉE PRINCIPALE.

Elle possede la seigneurie de *Greitz*, celle de *Bourg*, & une partie de l'administration de *Reichenfels*.

*Greitz* ou *Graitz*, ou *Grewitz*, est une ville située sur l'Elster, & la Grœsslitz qui la traverse, dans une vallée qu'environnent des montagnes & des forêts. On y compte 450 feux, une belle église, une maison d'orphelins, un école latine, deux châteaux qui chacun ont un jardin sur l'Elster, mais l'un touche à la ville, l'autre est sur un mont hérissé de rocs : c'est dans ce dernier que resident les comtes. Cette ville fut autrefois partagée en deux parties, & chacune avait sa jurisdiction. On y fabrique beaucoup de draps.

Le bailliage d'*Obergreitz* renferme quinze villages, & une mine d'argent souvent abandonnée & reprise.

*Dœlau*, est un village qui a un vieux chateau, & donne son nom à un bailliage qui renferme dix-huit villages & la ville de *Zeulenroda*, située sur un côteau, environnée de monts & de bois, où l'on compte 350 feux, deux églises, un hôpital; on y fabrique de beaux bas, de bonnes étoffes; elle a des foires de bêtes à cornes très-fréquentées. Près d'elle est une mine d'alun.

Le bailliage d'*Untergreitz* joint à celui de *Rotenthal*, renferme le bourg de *Fraureuth*, le village de *Rotenthal*, qui a un vieux chateau, & dix-huit autres villages.

Le bailliage ou seigneurie de *Bourg* renferme des

mines de fer & des fourneaux de forge, le chateau de *Bourg* sur un roc rond, qui fut autrefois fortifié, & qu'on a ensuite embelli, le bourg de *Mœschlitz*, le village de *Crispendorf* où les comtes ont un jardin & un chateau, & dix villages : près de celui d'*Ober-Zoppoten* est une mine d'alun.

### Branche cadette principale.

Elle se divise en plusieurs rameaux dont nous réunissons ici les possessions.

*Gera*, est une ville dans une vallée agréable sur l'Elster, ses maisons sont bâties en pierres de taille & fort hautes, & c'est ce qui lui fait donner le nom de *petit Leipsic*.

On y compte quatre églises, une maison de force & d'orphelins : là reside la regence commune à cette branche, & on y voit aussi le consistoire & le Gymnase qui leur est commun. On y fait un grand commerce de draps & d'étoffes qu'on y fabrique. Sur la montage voisine est le chateau des comtes. La seigneurie de son nom, renferme; la petite ville de *Langenberg*, située sur le penchant d'une montagne sur laquelle on voit les ruines d'un chateau : les paysans des quatre villages voisins sont obligés d'y venir le lendemain de la pentecôte danser pour célébrer leur seigneur par des honneurs rustiques; & encore 78 villages, parmi lesquels on remarque celui de *Kœfritz*, il est beau, grand, & orné d'un château où reside une branche des comtes.

*Saalbourg*, est une petite ville sur une montagne dont la Saale baigne le pied; elle est bien bâtie & a un beau pont sur la riviere, elle est le chef-lieu d'un bailliage qui s'étend encore sur sept villages & le couvent de filles nobles de *sainte Croix*.

CERCLE DE HAUTE-SAXE. 355

*Schleitz*, *Schlewitz*; ville située au pied d'une colline qui l'environne, fur le Wiefenthal, divifée en ville vieille, nouvelle, & en ville de Henri; elles ont un fauxbourg, trois églifes, une école latine, un château placé fur l'élevation & où refide une branche des comtes. Ce bailliage ou feigneurie renferme la petite ville de *Tonna* dans un beau pays, le village de *Gergwitz* où il y a des forges & des fonderies & vingt-fept autres villages.

*Reichenfels* eft un chateau antique fur une montagne. L'adminiftration de ce nom s'étend fur le bourg de *Markt-Hohenleuben*, & fur huit villages.

*Labenftein*, feigneurie qui doit fon nom à une ville de quatre-cens maifons, fituée fur la Lemnitz. Elle a un hôtel de ville & une école latine : fon nom diftingue une branche des comtes; elle renferme encore dix-fept villages.

*Ebersdorf* eft un grand village, où eft une colonie de freres réunis, & un château refidence des comtes. Sa feigneurie s'étend fur huit villages, parmi lefquels on diftingue celui de *Würzbach* où l'on fabrique beaucoup de bas, & dans les environs duquel font des forges & une fonderie.

*Hirfchberg*, eft une petite ville dans les montagnes : on y fabrique beaucoup de bas : fon adminiftration s'étend fur huit villages.

## SEIGNEURIES DES COMTES DE SCHŒNBOURG.

Elles font environnées par l'électorat de Saxe & la principauté d'Altenbourg, & renferment quatorze villes, qui profperent par diverfes manufactures : le fol y eft fertile; on y trouve de l'argile qu'on travaille, de bonnes carrieres, des mines de fer abondantes, des forêts étendues : la *Mulde* en l'arrofant,

Z 2

y reçoit plusieurs petites rivieres : les ancêtres de comtes habitaient les bords du Rhin; ils s'établiren en Misnie dans le dixieme siecle. Ils devinren comtes de l'Empire en 1700 : leur maison est di visée en deux branches principales, & chacun d'elle en d'autres encore. Ils siégent aux diettes & ont la derniere place dans les assemblées du cercle Leurs seigneuries sont en partie des fiefs de Saxe, & en parties arriere-fiefs de l'Empire : l'électeur de Saxe y exerce le droit de superiorité territoriale. Ils on une regence & un consistoire communs. Leurs possessions furent plus étendues autrefois.

## Branche ainée ou Superieure.

*Waldenbourg*, est une ville sur la Mulde qui y forme une isle : on y compte trois-cens maisons; une branche des comtes réside dans son chateau la vieille ville n'est qu'un village de l'autre coté du fleuve; on y fait de la poterie blanche & brune qui est recherchée : ce sont des vases pour les laboratoires, des flacons &c. La seigneurie de ce nom renferme encore quatorze villages.

*Hartenstein*, est une petite ville de 117 maisons: c'est le chef-lieu d'un comté dont une partie appartient à l'électeur de Saxe: Celle qui est demeurée aux comtes renferme encore dix villages : une branche de cette maison réside à Hartenstein.

*Stein*, est un château sur une montagne dont la Mulde baigne le pié : il donne son nom à une seigneurie qui renferme la ville de *Lœssnitz*, située dans les montagnes, qui commerce en draps, a un hopital, deux églises & 472 maisons : autour sont sept villages.

*Lichtenstein*, est une ville de 330 maisons :sur la

ontagne voisine est le château où réside une
ranche des comtes : il donna son nom à la sei-
neurie qui comprend encore *Calenberg*, ville de
8 maisons & dix villages.
Cette branche possede encore en fief le droit de
stice dans les villages de *Ziegelheim* & d'*Oelsnitz*.

### Branche cadette ou inferieure.

*Glauchau*, est une ville de 613 feux, située sur
Mulde de Zwickau, qui y forme une isle. Elle
un fauxbourg, un château où resident les comtes,
c'est là que siégent la regence, le consistoire. &
bureau de subsides qui leur est commun. Il s'y
t differentes étoffes de coton. La seigneurie de
n nom, comprend encore la petite ville de *Mé-
na* ou *Meben*, qui a 270 feux, située sur une
ontagne, celle de *Hohenstein* qui est ancienne & ren-
me 327 feux, celle d'*Ernsthal* voisine de la der-
ere, bâtie en 1718 & où l'on ne compte que 190
ux, & enfin vingt sept villages.
*Remissau*, ou *Remsa*, est un château sur la Mulde,
bité par les comtes. Son bailliage renferme les
ens d'un couvent de filles bâti dans la ville de
msa : c'est un fief de Saxe dans lequel on compte
ize villages.
*Penigk*, ou *Penig*, est une ville arrosée par la
ulde : elle a 270 feux, & un chateau où reside
e branche des comtes. Dans son fauxbourg nom-
é *Alt-Penig*, situé de l'autre côté de la riviere,
fabrique differentes bonnes étoffes de laines &
la belle poterie de terre : près de lui sont d'ex-
lentes pierres pour faire des mortiers. La seigneu-
de ce nom est un fief de Saxe qui renferme en-
e dix-huit villages.

*Rochsbourg*, est un château où reside une branche des comtes : il est fortifié, & est sur la Mulde ; c'est un fief de Saxe qui renferme encore *Lunzenau*, ville de 120 feux, village en 1327 sous le nom de Mühlhausen, *Burgstadt*, petite ville qui a une manufacture d'étoffes, & dix-huit villages.

*Wechselbourg*, est une ville de 117 feux, située sur une montagne au bas de laquelle coule la Mulde. Sa seigneurie fut formée des biens d'un couvent de chanoines reguliers, qui fut changé d'abord en commanderie teutonique & ensuite en bâilliage : c'est un fief de Saxe qui renferme vingt-six villages. Une branche des comtes réside dans le chateau de *Wechselbourg*. Dans l'étendue de ces seigneuries, on compte vingt-quatre biens nobles.

---

\* On lit dans les nouvelles publiques que les comtes de Schœnbourg avoient cédé en 1740 les comtés de *Glauchau*, de *Waldenbourg* & de *Hertenstein*, à la maison de Saxe, que la cour de Vienne avait protesté contre cette cession parce que ces terres sont des fiefs de Bohême, & qu'enfin, en 1777, la cour de Vienne venait d'en remettre en possession les comtes de Schœnbourg.

# CERCLE DE BASSE-SAXE.

IL est borné au nord par la mer Baltique & le duché de Slefwick, au levant par le Cercle de Haute-Saxe; au midi, par le même cercle & celui du Haut-Rhin, au couchant par le cercle de Westphalie & la mer du nord. Sa surface peut être de 3944 lieues quarrées. Ses Etats fiégent dans l'ordre où nous les plaçons ici.

Ils alternent entr'eux
{
Magdebourg.
Brême.
Zelle.
Grubenhagen.
Calenberg.
}

Wolfenbüttel,
Halberstat,
Mecklenbourg Schwerin,
Mecklenbourg Gustro,
Holstein Gluckstadt,
Holstein-Gottorf,
Hildesheim,
Saxe Lauenbourg,
L'évèché de Lubeck,
La principauté de Schwerin,

Ratzebourg,
Blankenbourg,
Ranzau,

*Ville Imperiales.*

{ Lubek.
Goslar.
Muhlhausen.
Nordhausen.
Hambourg.
Brême.

Les ducs de Magdebourg & de Brême convoquent ce cercle, le dirigent & y président tour à tour : les ducs de Brunfvic en sont co-directeurs; mais il y a bientôt un siecle qu'il n'a point été convoqué, il s'assemblait à Brunfvic, ou à Lunebourg. Comme le Cercle de Haute-Saxe, il fournit en tems de guerre 1322 cavaliers, & 2707 fantassins, & verse dans la caisse d'operation de l'Empire environ 31, 272 florins. Divers ducs de Brunfvic ont été colonels de ce cercle qui occupe le second rang, parmi les protestans, & doit nommer quatre assesseurs à la chambre imperiale; mais il n'en nomme que deux aujourd'hui parce que le nombre des assesseurs de cette chambre à été reduit à la moitié. L'électeur de Hannovre nommera un de ces deux.

**Pays possedés par la maison électorale de Brunswic. Lunebourg en général.**

La plus grande partie de ces Etats sont renfermés dans le Cercle de Basse-Saxe : quelques uns sont dans celui de Westphalie; nous avons vu qu'elle possédait le comté de Hohnstein dans celui de Basse-Saxe. Tous réunis contiennent environ 1940 lieues quarrées. On y compte soixante-cinq villes, soixante-dix bourgs, 3860 villages ou hameaux : en 1656 on y comptait 750000 ames. Ils produisent tout ce qui est nécessaire à la vie, tout ce qui sert à la rendre agréable ; les manufactures & le commerce y fleurissent, on porte à l'étranger un grand nombre de leurs productions, mais il en est encore dont on y manque : les sciences y sont encouragées ; ceux qui les aiment y trouvent beaucoup de ressources. La religion est la Lutherienne : on y compte 750 paroisses surveillées par quarante-trois surintendans particuliers, soumis eux-mêmes à sept surintendans généraux. Les réformés y ont des églises, les catholiques & les juifs y sont tolerés ; ceux-ci sur-tout sont protégés & ont un Rabin provincial qui dirige leurs sinagogues.

Cette maison & celle d'Est reconnaissent pour souche commune le Marggrave *Azo*, qui possédait Milan, Gènes & une partie de la Lombardie. Sa femme Cunegonde, héritiere des Guelfs, joignit à ces possessions celles de sa famille dans la Germanie & la Baviere. Son petit fils Welf le noir, duc de Baviere poufa Wulfhild, fille de Magnus, duc de Lunebourg, dernier rejetton de la famille de Billung. Le duc Henri son fils, connu sous le nom de superbe ou de magnanime, joignit à l'héritage de son pere le duché de Saxe & les pays héréditaires de Brunswic, de Nordheim & de Supplingenbourg. Son fils Henri le Lion, joignit encore à ses Etats une partie du pays des Slaves qu'il soumit. Sa puissance inspira des craintes, il fut mis au ban de l'Empire, perdit ses possessions en Italie, en Souabe & les duchés de Saxe & de Baviere. Il ne lui resta que le duché de Lunebourg, quelques feigneuries, & fes conquêtes fur les Slaves; fes defcendans en perdirent encore une partie. Son fils Otton fut empereur. Cette famille fe divifa en différentes branches, qui joignirent quelques poffeffions à celles qu'elles confervaient : quelques unes de ces branches s'éteignirent & augmenterent la puiffance de celles qui reftaient. Elles font reduites à deux aujourd'hui, celle de *Wolfenbüttel*, & celle de *Zelle*. Toutes les deux defcendent d'*Ernefte* qui introduifit le Lutheranifme dans fes Etats; fes deux fils furent Henri & Guillaume; le premier fu la tige de la maifon de Wolfenbüttel, le fecond de celle de Zelle. Le petit fils de celui-ci fut Erneft Augufte qui devint électeur en 1692 : il établit le droit d'aineffe dans fa branche: fon fils George Louis devint roi de la Grande Bretagne, & réunit à fes Etats d'Allemagne, la principauté de Lunebourg, le duché de Lauenbourg, & tout le comté de Hoya : il acquit enfuite le duché de Brême & la principauté de Verden. George III. fon petit fils jouit de toutes fes poffeffions.

L'*Electeur* poffedait lorfqu'il fut élevé à cette dignité, les principautés de Calenberg, de Zelle, & de Grubenhagen, les comtés de Hoya & de Diephotz, & tous les pays appartenans aux ducs de Hannovre & de Zelle : il partage avec l'électeur Palatin le titre d'Archi-treforier de l'Empire, occupe la neuvieme place au collége des électeurs, & jouit à la diette des trois fuffrages que lui donnent les trois principautés qu'il poffede, de cinq dans le cercle de Baffe-Saxe, d'autant dans le cercle de Weftphalie & de trois fuffrages de comtes. Outre les taxes que doivent payer chacun de ces Etats en particulier, cette maifon fournit un mois romain de 1828 florins & une taxe de 811 rixdales 58. kr. Sur deux évèques qui se succèdent à Osnabruck, l'un doit toujours être pris dans cette famille; elle protège la ville de Hildesheim, celle de Gosslar, l'abbaye de Corvey & la ville de Hœrter qui en dépend.

Le *Conseil privé* royal & électoral de Hannovre représente le prince dans toutes les affaires d'Etat soit extérieures, soit intérieures; il a le pouvoir législatif, promulgue des ordonnances & accorde des priviléges au nom du souverain; il veille sur les droits régaliens, sur la police, pourvoit aux appointemens des officiers de justice des villes, accorde des lettres d'investiture, mais il consulte le roi sur les affaires inprévues & importantes. Son pouvoir s'étend sur les pays électoraux, & sur les duchés de Brême, Verden & Lauenbourg; il reçoit les appels du pays de Hadeln en matieres consistoriales. Composé de différens conseillers, chacun à son département particulier, mais ne décide que de l'aveu de tous. Quatre secrétaires privés ont inspection sur les impôts, les tailles, les subsides; divers officiers sont encore attachés à ce conseil.

Les ducs ont souvent demandé l'avis de leurs *Etats*, auxquels ils ont accordé différens priviléges: & ils en ont été recompensés par le zèle & la fidélité qu'ils y ont toujours trouvé.

On compte quatre consistoires dans les pays possédés par l'électeur: les principautés de Calenberg & de Grubenhagen, les comtés de Hoya & de Dieholz, relevent de la chancellerie & de la cour de justice de Hanovre; Lunebourg, Stade, Brême & Verden, relevent de celles qui resident à Zelle; Lauenbourg, Otterndorf & Hadeln des tribunaux établis à Ratzebourg: les appellations de ces tribunaux se portent à la *cour superieure des appellans* de Zelle, composée de quatorze nobles. où docteurs, dont quatre font nommés par le prince & les autres par les provinces: ses jugemens sont souverains.

Les revenus de l'électeur, proviennent des bailliages domaniaux qui sont affermés, du produit des péages, de celui des minieres, des salines & des forêts, des postes & messageries, du produit très-modique de la fabrication de la monnaie, car elle y approche beaucoup de la valeur intrinseque; de l'imposition sur les eaux de vie étrangeres, des contributions perçues dans les duchés de Brême & de Verden. Ces revenus sont administrés par une chambre des comptes. Les revenus des anciens couvens sont versés dans une caisse nommé *Klostercasse*. Les provinces sont chargées de percevoir divers impôts qui ont des objets differens. Elles fournissent les magazins pour l'entretien des garnisons; l'impôt nommé *Licent* a pour objet l'entretien de l'armée; le *Schatz* est destiné à éteindre les dettes nationales. Tous les impôts reunis peuvent rendre une somme d'un million de rixdales. Dans les levées extraordinaires, chaque province fournit une somme proportionnelle à ses facultés: s'agit-il d'une somme de 100 mille rixdales, *Calenberg* en fournit 40743 $\frac{1}{3}$. Lunebourg 40743 $\frac{1}{3}$. Grubenhagen 5456 $\frac{7}{4}$. Lauenbourg 3094, Hoya 8148 $\frac{12}{12}$, Diephohz 1500 les endroits détachés 300, le couvent catholique de Marienrode, 14.

L'Etat militaire consistait en 1756 en neuf regimens de cavalerie, en cinq regimens de dragons qui font 5050 hommes, en vingt-quatre bataillons d'infanterie qui forment 15700 hommes, en six compagnies d'artillerie qui font 484 hommes & une compagnie d'invalides de 100 hommes. La paye d'un invalide est de 12 rixdales par année; ils ont une maison à Zelle. La milice y forme dix bataillons de 500 hommes chacun. La justice civile est administrée dans l'armée par un tribunal nommé *commission de guerre*, qui défere aux autres tribunaux les affaires qui intéressent le rang des officiers; la justice criminelle l'est par le chef. Le regiment des gardes du corps a une justice particuliere, & ne depend que du roi.

Les villes immédiates des Etats électoraux, ne reconnaissent pour tribunal de premiere instance que la chancellerie du prince; & quelques unes ont droit de justice civile & criminelle. Les abbayes & couvens reçoivent immédiatement les ordres du souverain, quelques uns ont des siéges de justice : les bailliages de couvens sont formés des biens de ceux qu'on a sécularisés. Les bailliages, prevôtés, siéges de justice renferment de petites villes, des bourgs, des biens nobles &c. qui ont des droits de diverses espèces. Les sieges de justice seigneuriaux jouissent des mêmes droits que les électoraux : & ceux-ci reçoivent immédiatement les ordres du prince, envoyent leur *licent* à la caisse militaire, exercent à ce sujet le droit de justice, repartissent les deniers, nomment les receveurs, reglent les logemens des gens de guerre, font tirer la milice &c.

## DUCHÉ DE BREME.

Il touche à ceux de Lunebourg & de Verden, au Weser, au territoire de Hambourg : l'Elbe, dont le lit en cet endroit a 2700 toises de large, le sépare du Holstein. Sa plus grande longueur est de 21 lieues, sa largeur de 17. On y trouve 540 mille arpens de terre, chacun de 480 verges quarrées : ce pays est une vaste plaine, & est presqu'entouré de l'Elbe & du Weser : l'*Oste* qui sort du Lunebourg & porte de petits bateaux à Bremerwœrde, la *Schwinge*, qui est navigable à quelque distance de sa source quand la marée est haute ; la *Lühe* est navigable comme elle, & se perd aussi comme elle dans l'Elbe qui reçoit encore l'*Este*. La *Geeste* qui porte des bateaux de 60 charges, grossie par la *Lesum*, qui nait sous le nom de Wümme, se jette dans le Weser, ainsi que la *Rohre*, la *Lüne*, & la *Drepte* que des écluses y conduisent. Le long de l'Oste, du Weser & de l'Elbe est le *Marschlander*, (pays bas & humide) c'est la partie la plus fertile du duché : près de l'Elbe il produit des blés & des fruits de toutes especes ; il en est de même des rives de l'Oste où l'on trouve de l'argille dont on fait de la poterie & des briques : celles du Weser sont couvertes de bestiaux, mais il faut par des écluses & des levées les sauver de la fureur des flots qui menacent de les engloutir : des inspecteurs veillent sur leur conservation. Le *Geestlander* (pays élevé), a des champs fertiles ; une partie est couverte de bruieres, & sert de paturages pour les moutons : & en y entretient beaucoup d'abeilles. En d'autres lieux nommés *Düvelsnoor*, on trouve de la tourbe qu'on conduit à Hambourg & à Brême pour cuire la brique & fabriquer le verre, & pour s'en chauffer. Par-tout on cultive le chanvre & le lin.

Il renferme deux villes & douze bourgs : ses Etats sont composés par la noblesse & les villes. Quand l'archevêché fut détruit, qu'il devint une possession de la Suede, cette puissance distribua les biens de cette église à ceux qu'elle voulut récompenser, & des territoires des couvens, elle fit des biens nobles : ces nobles ont les mêmes droits que la noblesse ancienne du pays, ils font partie de son corps : mais elle en est une classe distinguée. La noblesse nomme un président & six conseillers & chaque ville deux députés pour statuer sur ce qui les interesse : ceux-là seulement tiennent la place des Etats qui ne s'assemblent plus. La regence les appelle & leur fait ses propositions, ils doivent y repondre dans un terme fixé. Il est dans ce duché une ordre de personnes, composé de fermiers, ou tenanciers, ou possedant des biens propres : on les nomme *domiciliés*, & ils sont sujets à un impôt particulier nommé *Schatz*. Tous les offices héréditaires ont été supprimés.

Les Lutheriens y ont 108 églises & 139 prédicateurs soumis à un surintendant : les réformés y forment sept communautés & y ont sept pasteurs. Les manufactures de draps, de flanelle & de frise, y fleurissent : on y fait beaucoup de cordes & de toiles; on y affine le sucre, & fabrique la fayence. Les marchandises qu'on en exporte sont principalement la navette, le lin, le chanvre en nature ou travaillé, des fruits, de la tourbe, de la laine, du miel, & de la cire.

Ce pays fut d'abord un évêché fondé par Charlemagne en 788, & dont un anglois nommé *Wilbad* fut le premier évêque : il devint archevêché en 849, & n'eut plus pour chef que des princes depuis 1111; il embrassa ensuite la reformation, fut conquis par la Suede, & devint un duché qu'elle possedá comme un fief de l'Empire : il fut conquis en 1712 par les Danois, & abandonné à la maison électorale de Brunswic pour 700000 rixdales : la Suede consentit à cette cession en 1719 pour un million de dales, & l'empereur en investit cette maison en 1732: par ce duché, l'électeur occupe la sixième place du collége des princes, alterne avec Magdebourg pour diriger le cercle, & y a un suffrage. Il paye un mois romain de 688 florins & une taxe de 108 rixdales 22 kr. pour l'entretien de la chambre imperiale.

Une *Regence* subordonnée au conseil privé de Hannovre; une *chancellerie de justice* qui décide dans les procès criminels, & fait exécuter les jugemens en matieres civiles; une cour *superieure de justice* composée du tribunal précédent & de sept assesseurs nommés par les Etats, qui juge des contestations qui interessent les citoyens entr'eux, nobles ou roturiers, sont les tribunaux de cette province, dont les appels se portent à Zelle. Son consistoire est formé de la regence, du surintendant, & d'un conseiller ecclesiastique.

Le produit des droits régaliens & celui des diverses impositions, montent à 180,000 rixdales, & ce duché paye de plus le quart de tous les subsides qui se levent dans la Basse-Saxe. Les francs-fiefs fournissent 137 chevaux pour la cavalerie, & ils sont au nombre de 255 : on compte un cheval pour 90 rixdales de rentes. Les Etats fournissent encore le cavalier pour chacun de ces chevaux & son équipement; cette imposition se distribue de maniere que pour former un total de 33750 rixdales, la noblesse en paye 16200, la ville de Stade 7200, celle de Buxtehude 3600, celle de Verden 6750.

Nous placerons d'abord, dans notre description, les villes qui exercent le droit de haute & basse justice.

*Stade*, est une ville forte, qu'arrose la Schwinge qui se perd dans l'Elbe à quelque distance de ses murs, siége de la regence des duchés de Brême & de Verden, de la chancellerie de justice, de la cour superieure & du consistoire. Elle a trois églises & une école latine : deux bourguemaîtres la gouvernent, la jurisdiction

## CERCLE DE BASSE-SAXE.

[juris]diction de ses magistrats s'étend sur les districts [d]e Depenbeck & de Hasenwinkel, ils reçoivent de [to]us les bateaux qui passent à Brunshaus, un droit qui [r]aporte 2000 rixdales par an : ceux qui passent dans [la] ville en sont exempts ; elle avait été affaiblie par [l]es siéges fréquens ; mais elle fut fortifiée avec soin [en] 1756. Les soldats qui la gardent demeurent sous [d]es baraques. A l'embouchure de la Schwinge dans [l'] Elbe est un fort muni d'une garnison.

Cette ville donna son nom à un comté qui exis[t]ait avant elle. Elle fut bâtie au commencement du [d]zieme siecle, & subit differentes révolutions jus[q]u'à ce qu'elle fut soumise par l'archevêque de Brême, [&] dès lors, elle suivit le sort de cet état.

*Buxtehude*, est une petite ville au bord de l'Este [q]ui remplit ses fossés. Deux bourguemaitres la gou[ve]rnent ; elle devint ville en 1273, ses fortifications [on]t été rasées ; elle n'a qu'une paroisse.

*Bailliages royaux & siéges de justice.*

Celui de *Stade* est formé des biens que les cou[ven]s de cette ville ont conservés : divers fonds de [te]rre, des métairies, deux villages en dépendent.

Celui d'*Altkloster*, est formé des biens d'un cou[ve]nt de bénédictins situé près de Buxtehude, qui [en] est le siége, mais qui ne fut bâtie qu'après le [co]uvent : des biens domaniaux le long de l'Este, [&] dans le vieux pays, une papeterie &c. le for[m]ent.

*Neukloster*, est un village, siége d'un bailliage formé [au]ssi des biens d'un couvent, comme l'est encore [ce]lui de *Harsefelt*, qui a cinq lieues de long, ren[fe]rme trente-un villages riches par l'agriculture, le [bé]tail qu'on y nourrit, & la tourbe qu'on y ex[pl]oite. L'abbé de *Harsefelt* était le principal prélat [de] l'archevêché de Brême.

*Tom. III.*  Aa

*Zeven*, est un bailliage qui renferme les biens d'un couvent, & quatre districts qui lui donnent six lieues de long & trois de large : les lieux bas y produisent de l'avoine, du seigle de l'orge, & des pommes de terre; les endroits marécageux nourrissent des chevaux & des bêtes à cornes, les landes sont couvertes de troupeaux de moutons & on y entretient des abeilles; la tourbe y est abondante, on l'y convertit en charbons, qui avec le bois d'aulne & autres bois blancs, celui du chêne & du hêtre y sont de grands objets de commerce. Ce bailliage se divise en vieux & nouveau, il renferme treize paroisses. Le bourg de *Zeven*, ou *Kloster-Seven* est formé de 72 feux, est arrosé par l'Aue, & eut un couvent de bénédictines.

*Bremerwærde*, est un bourg dont les habitans ont le droit de bourgeoisie & qui a deux bourguemaitres: il est le chef-lieu d'un bailliage qui renferme vingt villages.

*Ottersberg*, est un bourg sur la Wümme, qui y forme une isle où il y eut un fort : le bourg a 75 maisons, & le bailliage vingt-deux villages.

*Ostersholz*, est un bourg, où fut un couvent de bénédictines, & qui est le siége d'une justice & d'un bailliage de cinq lieues de long sur deux de large: des digues le défendent; il renferme des tourbes au pié d'une hauteur sablonneuse, qu'entourent partout ailleurs de riantes prairies. Ses habitans vendent annuellement pour 18000 rixdales de tourbes à la ville de Brême, qu'ils y conduisent sur des nacelles: sous le lit de tourbe qu'on enleve, on forme des prairies, des champs de seigle, d'avoine, de sarrasin, & d'orge; le chanvre, les légumes, les arbres y prosperent quand on les y cultive : cette contrée est riche encore en bestiaux. Il renferme de plus *Scharm-*

beck, bourg dont l'enceinte contient 150 feux, une église, & divers corps de métiers. Il y a une manufacture de draps, de doublure, de frise & de flanelle : ses draps habillent quelques regimens d'infanterie : sa paroisse est grande; près d'elle est le village de *Waackhausen*, qui est exhaussé par des pierres, du gazon & du sable. Lorsque la Hamme se déborde, les eaux soulevent jusqu'à dix à douze pieds de hauteur, des districts entiers tout ensemencés avec les granges, les fleurs, & les arbres qui s'y trouvent : quand les eaux se sont retirées, ces champs, & leurs maisons reprennent leur assiette ordinaire, mais quelquefois le vent en renverse les arbres. Ce bailliage contient de plus vingt-cinq villages.

*Lilienthal*, est un village sur la Wœrpe, qui eut un couvent de filles de Cîteaux dont les biens forment un petit bailliage cotaié par la Wœrpe & la Wümme, qui l'inondent régulierement au printems & en automne; dans cette derniere saison, les eaux détachent un terrein bourbeux & ensemencé & le tiennent soulevé jusqu'au printems où il reprend sa stabilité, produit de bons grains pendant plusieurs années, & ensuite des pâturages : on n'y cultive gueres que des grains d'été & du chanvre, parce que les eaux y séjournent trop long tems : les bestiail, & l'exportation des tourbes du chanvre, écru ou travaillé, du chenevis, des poissons, des canards sauvages fait l'aisance de ses habitans. Ce bailliage renferme douze villages.

*Blumenthal*, est un village qui donne son nom à un bailliage qui s'étend sur neuf autres. Il a près de deux lieues de long, & a des côteaux de sable le long du Weser où sont de bons pâturages; mais ailleurs c'est un terrein sablonneux, argilleux ou tourbeux qui ne produit presque rien : le village de *Fegesack*, sert d'un port commode pour Brême. Ce district & le suivant sont habités par des réformés.

*Neukirchen*, siége d'une jurisdiction qui renferme quatre villages : son terroir sec au levant, est humide & fertile au bord du Weser.

*Hagen*, est un bailliage long de trois lieues sur le Weser & d'autant de large : ses terres sont humides, ou séches, elles produisent du froment, du seigle, du sarrasin, du chanvre, de la navette, ont des pâturages, & sont riches en bétail : on y compte trente-trois villages. *Hagen* est un village près duquel était le chêne *Stal-Ecke* sous lequel on rendait la justice.

Le bailliage de *Stotet* est situé encore sur le Weser & a une lieue & demi de long : son terroir est mêlé de tourbe, de sable & d'argile : le bétail en est la principale richesse ; on y compte cinq villages, & celui de *Stotet* qui a 98 feux.

*Vieland*, (pays marêcageux) est le nom d'un bailliage : son nom annonce ce qu'il est : ses pâturages y rendent le bétail abondant ainsi que le lait, le beurre, & le fromage : il fit partie du comté de *Lesmone* & renferme sept villages : près de celui de *Geestindorf* était l'ancien fort de *Stintebourg*.

*Nordholz*, est un bailliage où l'on a formé des champs en en saignant les eaux, & l'entourant de digues.

Celui de *Bederkesa* a cinq lieues de long sur trois de large : quatre rivieres y coulent, & on y compte neuf lacs : des champs, des pâturages, de la tourbe, des bois de hêtre & de chêne, des abeilles en font la richesse. On y voit le bourg de *Bederkesa*, le grand village de *Ringstædt*, & vingt-quatre autres.

*Neuhaus*, est un bailliage de trois lieues & demi de

long, arrosé par l'Elbe, l'Oste & l'Aue, où l'on voit des marécages, des sables, des champs fertiles en froment, orge, seigle, avoine, & navette; on y exploite de la tourbe, & y fabrique de la poterie & des tuiles. On y voit le bourg de *Neuhaus*, formé de 180 feux: il avait un port sûr, & fréquenté sur l'Oste; il existe encore, mais des bancs de sable en rendent l'entrée dangereuse: ce bailliage renferme neuf paroisses assez peuplées: celle de *Belum* est à l'embouchure de l'Oste dans l'Elbe, & a un bon port.

*Rhedingen*, est un bailliage qui s'étend sur quelques isles de l'Elbe, & sur un canton que des digues ont permis de labourer.

*Himmelpforten*, est un bailliage long de cinq lieues, large de deux, dont la partie humide prospere par l'agriculture & les bêtes à cornes, & la partie sèche par quelques champs, des troupeaux de moutons & de nombreux essains d'abeilles: les habitans commercent aussi en tourbe. Une partie de ce pays était possédé par le couvent de filles bénédictines qui a donné son nom au bailliage: ses revenus annuels étaient de 4000 rixdales.

*L'Alte-Land* (vieux pays) est une jurisdiction royale située le long de l'Elbe dont la longueur est de sept lieues, & la largeur d'une & demi. C'est un pays humide qu'arrosent la Lühe & l'Este toutes les deux navigables. abondant en froment, seigle, orge, avoine, haricots, chanvre, lin & fruits, la navigation y occupe les habitans. On le divise en douze capitaineries dont les chefs veillent sur la justice & perçoivent les impôts. On le divise encore en dix paroisses; la jurisdiction souveraine y est exercée par deux magistrats nommés *Grefen*, & un secretaire choisi par le souverain parmi les hommes estimés du pays, auxquels on joint des assesseurs nobles pour rendre la justice. Les bourguemestres, & les capitaines forment le tribunal provincial qui décide en matieres civiles.

Le pays de *Kehdingen* est séparé de l'*Alte-Land* par la *Schwinge*: l'Oste le traverse, l'Elbe le borde: sa longueur est de sept lieues, mais il est étroit: le sol est le même que celui dont nous venons de parler, & il a les productions & les ressources; les habitans aiment la navigation, & ont eu fait de grands efforts pour être libres; mais les archevêques les soumirent: leurs écluses ne les garantissent pas toujours des inondations: ils ont parmi eux beaucoup de nobles. On y compte sept paroisses: dans le village de *Brunshausen* est un péage sur les bateaux qui y passent: tel est le nombre de ces bateaux que ce droit quoique modique, raporte un produit annuel de 20000 rixdales.

Ce pays est gouverné par les *Grefen* & des capitaines qu'ils choisissent, dont trois président à chaque paroisse & dont un est noble: les *Grefen* sont alternativement nobles & roturiers; le pays les nomme, & la regence provinciale d'Hannovre les confirme. Le bourg de *Fribourg* est le principal endroit de ce pays.

*Osten*, est une jurisdiction située sur l'Oste: son sol est humide; un juge nommé par le roi y administre la justice: elle ne renferme qu'une paroisse.

Le *vieux pays de Wursten* reçoit son nom d'un ancien peuple Frison, qui le reçut peut être des monceaux de terre qu'ils accumulaient avant de savoir faire des digues: c'est un sol très-fertile; mais ce pays ignoble ne renferme point de gentilhomme. Des prévôts y rendent la justice; ils sont nommés par le souverain & on appelle de leurs jugemens au tribunal de la province. Il y a une jurisdiction nommés *Seegericht* qui connait de tout ce qui a trait aux étangs, digues, éclufes, batardeaux & autres conftruction de cette efpèce. Ce pays, outre les impôts ordinaires, paye une amande perpetuelle de 600 florins d'or, pour avoir autrefois affaffiné un député de l'archevêque. On y compte dix paroiffes parmi lefquelles eft le bourg de *Dorum*.

*Lehe*, nom d'une jurifdiction de près de deux lieues de long, arrofée par le Wefer & la Gefte. Ses habitans font Lutheriens & Calviniftes, ils s'occupent de l'agriculture & de leurs beftiaux. Ils font raffemblés dans le bourg de *Lehe* qui a 341 feux. Là, on voit les ruines du fort de *Karlsbourg* conftruit fous Charles XI roi de Suede.

*Gohgericht*, eft une jurifdiction fur le Wefer : fon terroir eft d'un bon rapport ; là, il eft humide, il eft fec ici, ailleurs il eft tourbeux : on y voit vingt deux villages : un juge nommé *Gohgref* y rend la juftice au nom du fouverain, & un intendant en perçoit les revenus.

Le duc de Brême, a le droit de nommer un prevôt dans la ville de ce nom, il y poffede l'églife cathedrale, deux collégiales, le palais, le gymnafe latin, deux cens maifons qui appartenaient au chapitre, la maifon des orphelins, divers revenus ecclefiaftiques, ceux des comtés d'Achim & d'Oldenbourg, & la jurifdiction de *Schwach-Haufen*. Il poffede auffi l'églife cathedrale de Hambourg, où l'archevêque refida d'abord, & nomme les membres du chapitre alternativement avec ce chapitre même.

On compte dans le duché trente jurifdictions nobles : elles s'étendent fur 90 à 100 villages. Nous ne parlerons que des plus confiderables. Telle eft celle de *Beverfladt*, qui doit fon nom à un bourg

Elle est étendue, fertile, riche en moutons & mouches à miel. Celle de *Lessum* est arrosée par la Geest, & produit des blés, du chanvre, du lin, des pommes de terres; mais les pâturages & le bois y sont rares, on y fabrique la porcelaine & des formes à sucre. On y compte seize villages. Le couvent de *Neuenwalde* entretient douze filles nobles.

*Ville & bailliage de Wideshausen.*

Ils appartenaient autrefois à l'archevêché de Brême, la Suede les a possedé ensuite; ils sont aujourd'hui sous la puissance des ducs de Brunswic, mais sans faire partie du duché de Brême. Ils sont entourés par les comtés d'Oldenbourg, de Delmenhorst & de Diepholz : la Hunte les arrose, & le sol en est élevé, sabloneux, d'une fertilité médiocre : il y a beaucoup de bruieres; les terres voisines de la Hunte & de la Lethe produisent du froment, du seigle, de l'avoine, du blé sarasin : on n'y néglige ni les moutons, ni les abeilles : les habitans s'occupent à divers metiers, font des eaux de vie, charrient des marchandises; plusieurs vont au printems & dans l'été en Hollande y preparer la tourbe, faucher les prés & faire differens travaux, on en exporte du seigle, de la laine, des bas tricotés, de la cire & du miel. On compte trente villages dans ce bailliage. La ville est sur la Hunte, un rempart écroulé l'entoure & elle renferme 312 feux. Une partie des habitans sont catholiques, ont un prêtre séculier & une maison où ils s'assemblent; mais pour benir leurs mariages, batiser leurs enfans, ou enterrer leurs morts, ils leur faut un prêtre lutherien : leur prêtre même alors ne peut y assister. Ce bailliage a la jurisdiction du canton de *Desum* dependant de l'évêché de Munster.

## Principauté de Lunebourg ou de Zelle.

Elle touche aux duchés de Brème & de Verden, au comté de Hoya, à la principauté de Calenberg, au duché de Brunfwic à ceux de Meklenbourg & Lauenbourg, & à l'Elbe. Elle a quarante-cinq lieues de long & trente de large.

Le fol eft fertile fur les bords de l'Elbe, de l'Aller & de la Jetze; ailleurs il eft fec & fablonneux. Ici on trouve de la tourbe & des marais; là des landes couvertes de bruieres: le centre en eft le plus infertile, & c'eft-là que font tracés les grands chemins: tels lieux, font abondans en grains, tels autres en bétail. Ce pays produit du froment, du feigle, de l'orge, de l'avoine, du blé farrafin, des pois, du lin, du chanvre, du houblon, du jardinage de toute efpece.

Le chêne, le hêtre, le fapin, le bouleau & l'aulne y font les bois les plus communs. Les moutons repandus fur fes bruieres y donnent de la laine longue mais grofliere : le gibier y eft abondant : il y a beaucoup de pierres à chaux, des falines, & du goudron qu'on recueille dans des foffes, ou dans des fources. Les rivieres y fourniffent des meres-perles & des poiffons. L'Elbe y fertilife les terres qui l'avoifinent, & l'enrichit par les facilités qu'il donne pour le commerce & la navigation : il y reçoit la *Jetz*, l'*Elmenau* où *Ilmenau* qui eft navigable, & fe groffit des eaux de la *Luhe* & de la *Séeve* : l'*Aller* eft auffi navigable, & l'*Ocker*, la *Fuhfe*, l'*Oerze*, la *Bohme* viennent s'y perdre.

Cette principauté renferme trois grandes villes, onze petites, treize bourgs & environ 200 paroiffes. Le collége ou tribunal provincial de la province eft formé de l'abbé de S. Michel de Lunebourg qui en est le directeur, & doit être confirmé par le roi, par huit conseillers, deux autres conseillers du trésor & quatre députés de la noblesse : tous les biens nobles au nombre de 195, sont partagés en quatre corps qui ont chacun à leur tête un député perpetuel, choisi dans l'ancienne noblesse par la noblesse même & le tribunal provincial : l'ancienneté regle le rang entr'eux. Les Etats sont composés des conseillers de la province & du trésor, des députés de la noblesse, de ceux des évêchés de Bardewick & de Ramelsloh, & de ceux des villes de Lunebourg, d'Ulsen, & de Zelle. Leurs dietes s'assemblent deux fois par an à Hœfering & les souverain les convoque : elles reglent les contributions & nomment deux assesseurs au *tribunal de la cour* qui siége à Zelle ainsi que le siége de justice de la chancellerie.

Il y a diverses écoles latines dans cette principauté : les manufactures de toiles, de rubans, de bas, de chapeaux, sont celles qui y prospérent le plus : on y fabrique l'or & l'argent, on y blanchit la cire; on y affine le sucre & fait l'amidon. Le commerce d'exportation y consiste en productions du pays, en blés, légumes, houblon, lin, chevaux, bêtes à cornes, & sur-tout en veaux gras; le seul bailliage de Winsen rapporte de Hambourg pour ce dernier article 6000 écus par an. Les mâts, le bois, les bateaux, la volaille, la laine, la cire, le miel, le sel, le sucre, le fil, les toiles, les bas, les draps, les ouvrages en or & en argent en sont encore un objet considérable; le chemin qui conduit à Hambourg, à Lubeck, y repand aussi de l'aisance.

Ce duché formait autrefois les biens héréditaires du comtes Billung, dont le fils fut créé duc de

Saxe : le dernier de cette famille donna sa fille en mariage à l'un des ancêtres des ducs de Brunswic, & c'est par-là qu'il leur est parvenu. Il leur donna séance aux assemblées du cercle & à la diete; il paye un mois romain de 720 florins, a différentes charges héréditaires, & donne à son souverain un revenu de plus de 1300 mille rixdales, en y comprenant le produit des revenus des bailliages, ceux des péages, des contributions, du *Licent* & du *Schatz*.

*Grandes villes.*

*Lunebourg*, est une ville traversée par l'Ilmenau ou l'Elmenau qui y est navigable : elle a trois quarts de lieues de circuit ; des fossés, des remparts, des murs flanqués de tours l'environnent. Elle peut renfermer 1300 maisons, & 8 à 9000 habitans. Elle est divisée en quatre paroisses, & eut autrefois plusieurs couvens dans son sein : celui des Minimes est partagé aujourd'hui, & fournit un arsenal à la ville, & une bibliotheque aux magistrats ; là aussi est une solide maison de force. Les biens du couvent des Prémontrés de *Heiligenthal* appartiennent, ceux qui sont dans la ville à la ville même, & ceux qui sont au dehors au souverain : son église est un magasin à sel. Le couvent de S. Michel était habité par des bénédictins qui faisaient preuve de noblesse ; il aurait été plus chrétien de faire preuve d'humilité : ils embrasserent le lutheranisme en 1532, & le duc fit du couvent une academie de noblesse ; l'intendant de la province y preside, & comme l'abbé, il est le *premier état* de la principauté. Les nobles sont instruits & entretenus gratis dans cette academie, les étrangers seuls payent : on y apprend la langue française & les exercices du corps. Les bâtimens en sont vastes & magnifiques. L'église de l'ancien couvent était très-riche : on y voit encore cette table qui était couverte de lames du plus fin or, préfent de l'empereur Otton II; elle était parfemée de pierres précieufes : mais on n'y voit plus qu'une petite partie de ces richeffes, un voleur fameux fût l'en dépouiller en 1698. Au milieu de l'églife eft l'ancien caveau des ducs. Les biens de cette abbaye étaient confiderables, l'abbé réfidait à *Grünhagen* bien noble fur l'Elmenau, elle était exempte de la jurifdiction de la ville.

Lunebourg a deux hôpitaux : fur fa place du grand marché font la maifon de ville, & le chateau du fouverain. La bourgeoifie fe divife en quatre claffes : les patriciens qui jouiffent de la qualité de nobles, & ne fe marient qu'avec les plus grandes précautions pour ne point fe mefallier, les braffeurs, les marchands, & les gens de métiers. Les batteliers, journaliers, fauniers n'y font pas compris. Les magiftrats font choifis parmi les nobles & les gens de lettres; ils ont haute & baffe juftice, & leur reffort s'étend à tout. Une partie de la ville, entourée de murs, a fes magiftrats particuliers, & le nom de *Sülze*, elle ne renferme que cinquante-quatre maifons bâties de terre, dont chacune a quatre chaudieres de plomb qu'il faut refondre chaque mois, & qui fervent à faire le fel qui fe forme par évaporation. Il y a quatre fources d'eaux falées, toutes abondantes; des tuyaux les conduifent à Sülze, les diftribuent dans les maifons & de-là dans les chaudieres qui la plûpart appartiennent à des patriciens; la cinquieme partie du produit appartenaient autrefois au couvent, elle eft aujourd'hui une partie des revenus du fouverain : ce commerce n'eft plus fi confidérable qu'il a été, & le débit en diminue chaque année, cependant le fel qu'on en tire est plus blanc, & plus sain que celui qu'on retire des pays voisins.

Cette ville ne bat plus que des monnaies de peu de valeur; des marchandises y arrivent de diverses parties de l'Allemagne, & l'on en exporte du sel, des ratines, des toiles, de la bierre, de la chaux qu'on tire des rochers de Schildstein, & du Kalkberg, mont escarpé situé au couchant de la ville, dont le tour est formé en terrasses & où l'on trouve de profondes cavernes. Il est fortifié par divers ouvrages & du canon parce qu'il domine la ville; des casernes, une église, une maison sont bâties sur la grande terrasse qui fait face à Lunebourg; la ville était inconnue avant l'an 792, son nom n'est connu que depuis 957, elle ne fut un peu considerable qu'au onzieme siecle. Ses premiers habitans furent les vénédes.

*Ulzen*, ville sur l'Elmenau, qui l'enferme dans ses deux bras : le fleuve y forme deux courans d'eaux & de-là sans doute vient son nom : cette riviere y était navigable autrefois, & y amenait des commerçans anglais qui firent present à la ville d'un bateau de cuivre doré qu'on y voit encore dans la grande église. Elle a 329 maisons; les magistrats y exercent la haute & basse justice. On y compte trois hôpitaux, une école latine & trois églises : ses environs sont fertiles en beau lin, & connus par les toiles estimées qu'on y tisse : à ces objets de commerce, les habitans joignent la laine, la cire, la bierre, les eaux de vie, la farine : ce dernier objet est aujourd'hui le plus considerable. Le premier nom de cette ville fut *Lœwenwold*; elle devint ville en 1247, fut mise au nombre des anséatiques en 1451 : quelques malheurs l'ont fait déchoir.

*Zelle*, est une ville bien bâtie, fortifiée, arrosée par

l'Aller qui y est navigable & y reçoit la Fuhse: elle a 1400 maisons, en y comprenant celles de ses fauxbourgs plus étendus qu'elle. Elle est le siége du tribunal des appellations de tous les Etats de la maison électorale, de la chancellerie de justice, du conseil superieur, d'une grand prevôté, d'une châtellenie, du surintendant général des églises. Elle a un arsenal, une maison de ville & un manége; ses magistrats exercent la basse justice, participent à la justice criminelle & veillent sur la police. Ses habitans trouvent leur aisance dans le passage des marchandises, dans le commerce des grains qu'ils font avec le duché de Brême & que l'Aller favorise, dans la foule des plaideurs que les tribunaux y attirent, dans des manufactures d'or & d'argent, dont les productions sont estimées. Près d'elle est un château entouré de remparts & de fossés, où des princes de la maison de Brunswic residaient: cette ville n'exista que sur la fin du treizieme siecle. Dans ses fauxbourgs, on voit une maison de force, quelques églises, les jardins du roi & ses écuries, deux hôpitaux, l'hôtel des invalides & la maison des orphelins.

*Petites villes exemptes de la jurisdiction des bailliages*

Haarbourg, est une ville sur la Seeve qui la partage & se jette dans l'Elbe après avoir reçu les eaux de l'Engelbach. On y compte 472 maisons & quelques habitations de nobles. Ses magistrats veillent sur la police, & participent aux jugemens criminels. Ses richesses sont une grande blanchisserie de cire, une affinerie de sucre, des fabriques d'amidon, de rubans, de chapeaux & de bas, dans son commerce avec la Hollande en bois de construction, en mats & bois flottés qu'un canal aidé d'une écluse facilite en conduisant ces bois du bassin que forme

a Seeve au milieu d'elle, jusque dans l'Elbe; dix-
[s]ept bateaux sont destinés au passage du fleuve
& il en part deux tous les jours. Cett ville a une
[f]orteresse : c'est un pantagone regulier qui renferme
[u]n chateau où residaient les ducs, divers batimens,
[u]n arsenal, des magasins, une église, & des mai-
[s]ons & baraques pour la garnison.

*Dannenberg*, est une ville de 159 maisons, située
[s]ur un côteau au pié duquel coule la Jetze qui y
[e]st navigable. Elle a un chateau, & devant lui une
[g]rosse & antique tour qui renferme quatre voutes
[l']une sur l'autre qui servent de prisons, & l'on
[p]retend qu'elles en servirent à Waldemar II roi de
[D]annemark. La bierre est le principal objet du com-
[m]erce de ses habitans : le roi d'Angleterre y a un
[m]oulin dont la farine est très-fine & recherchée.

*Lucho*, est une petite ville sur la Jetze : son sol
[e]st marécageux, & la plupart de ses maisons sont
[b]âties sur pilotis ; elle a un château & eut autrefois
[d]es comtes qui portaient son nom : ils vendirent
[l]eurs possessions en 1320.

*Abbayes & couvens Lutheriens.*

*Bardewick*, est un bourg, & abbaye sur la Lühe :
[o]n ignore le tems de la fondation de l'abbaye ; mais
[e]lle devint Lutherienne en 1529, & conserva ses
[p]ossessions. Elle est habitée par onze chanoines qui
[o]nt voix aux dietes.

*Rammelslohe*, est une abbaye sur la Lühe, qui ne fut
[d']abord qu'une cellule construite en 842 ; elle de-
[v]int Lutherienne en 1540, & n'a que six chanoines,
[q]ui rassemblés en corps siegent aux dietes.

*Lüne* est un couvent de femmes nobles, voisin
[d]e Lunebourg : fondé en 1172 par un pretre de S.
[M]ichel il fut d'abord habité par des bénédictines :
[i]l l'est aujourd'hui par dix dames Lutheriennes.

Celui d'*Ebstorf* renferme seize demoiselles nobles, & celui de *Medingen* vingt-cinq : ce dernier bâti en 1228, a changé quatre fois de place depuis qu'il fut d'abord habité par des religieuses de Citeaux. Le couvent de *Wienhausen*, fondé à peu près dans le même tems, habité par les religieuses du même ordre, l'est aujourd'hui par un même nombre de demoiselles Lutheriennes.

*Isenhagen*, est un couvent sur l'Ise, habité d'abord par des hommes, puis par des femmes de Citeaux, & qui l'est aujourd'hui par quinze demoiselles dont la moitié sont roturieres.

*Walsrode* fut fondé en 986 par un comte Saxon : il renferme onze demoiselles.

*Bailliages royaux.*

Le bailliage de *Haarbourg* est arrosé par l'Elbe & la Séeve : il a huit lieues de long sur sept de large : son sol est en partie humide & gras, en partie sec & sablonneux ; mais en général fertile, ayant de beaux pâturages, de riantes prairies, des champs fertiles en froment, orge, seigle, avoine, haricots, pois, chanvre & lin : les jardins y sont nombreux & abondans, & les fraises très-grosses : en des lieux on nourrit beaucoup de volailles, & par-tout des bestiaux dont la vente fait circuler l'argent dans le pays. La pêche y est riche, & sur-tout en lamproies qu'on envoye au loin toutes frites : on y élève aussi beaucoup de moutons & d'abeilles : de-là on porte à Hambourg des baies de mirtilles qui croissent dans les forêts, & le produit de leur vente monte à 2000 écus : les habitans s'occupent aussi à differens meubles de bois, à divers ouvrages, & ils tricotent des bas. Ce bailliage renferme cent villages ou hameaux, & une isle formée par l'Elbe, qui forment sept prévôtés.

*Wilhelmsbourg*,

*Wilhelmsbourg*, est un bailliage entouré des eaux de l'Elbe, long & large d'une lieue & demi, où on cultive des blés, mais le jardinage & le lait en sont la principale ressource par le voisinage de Hambourg où on les porte. Il y a un chantier pour construire des bâtimens dont on se sert pour aller à la pêche de la baleine. Les habitans de cette isle sont exempts du logement des gens de guerre & jouissent de divers privileges. On y compte environ 300 feux.

*Moisbourg*, est un bailliage qui a quatre lieues de long, trois & demi de large, qui a un sol en partie sablonneux & en partie chargé de tourbe ; on y cultive le seigle, l'avoine, le sarasin, le chanvre & le lin, & y entretient beaucoup de moutons & d'abeilles : on y compte quelquefois jusqu'à 20000 moutons : en quelques endroits on nourrit des chevaux : on y voit des forêts de chênes, de hêtre & d'aulne, dont la coupe rapporte des richesses dans le pays, les mirtilles qu'on y cueille y en rapportent aussi : l'Este y passe. On y compte trente-huit villages & deux papeteries.

*Winsen*, est un bailliage sur la Luhe : la Wümme le separe de la principauté de Verden, l'Elbe le borne aussi; l'Elmenau le traverse & y reçoit plusieurs petites rivieres : il est long de dix lieues, large de sept, son sol a beaucoup de landes & de bruieres ; est mêlé de prairies riantes couvertes de bestiaux. Les landes nourrissent des moutons, & des abeilles, ses habitans commercent en bois, ils cultivent aussi du chanvre & du lin : ceux qui habitent les bords de l'Elbe engraissent des veaux pendant dix à quinze semaines & les vendent ensuite à Hambourg à raison d'un écu pour chaque semaine qu'ils ont eu : ce commerce leur rapporte 5 à 6000 écus par an. Il fournissent encore à cette ville de la

Tome III.          B b

volaille & du poisson. Dans la forêt de Radsbruch, est un harras qui remplit les écuries du roi de chevaux & de mulets. Ce bailliage renferme dix-huits mille habitans, repartis en cent-quarante-neuf villages, & dans le bourg de *Bardewick* que l'Elmnau arrose, dont l'enceinte est vaste par l'éloignement de ses maisons, car il n'a que cent & six feux : c'est le reste d'une grande ville sur les ruines de laquelle s'est élevée Lunebourg : on y comptait neuf églises. Les habitans du bourg ont des conseillers & point de bourguemestre ; ils sont sujets aux corvées & cultivent leurs jardins dont les productions les entretiennent : il renferme l'abbaye de ce nom, & a près de lui un hôpital. *Winsen*, donne son nom au bailliage : c'est une petite ville entourée de remparts & de fossés, ruines d'ouvrages plus considérables ; la Lutre s'y divise en deux bras, dont l'un coule autour d'elle, l'autre la traverse, & se rejoint au premier près du rempart : elle a un pont de pierres sur chacun de ces bras : ses magistrats exercent la basse justice, l'on s'y embarque sur la Luhe qui conduit à l'Elmenau, & delà on parvient à l'Elbe : à la jonction de ces deux rivieres on a bâti une redoute sur une langue de terre : elle est défendue par une garnison & de l'artillerie. Dans les Prévôtés *d'Amelinghausen* & de *Garlstorf* sont trois grandes forêts.

*Buttlingen*, bailliage que la Netze arrose, où elle forme un lac & où l'on compte trois villages.

*Scharnebeck*, bailliage qui a huit lieues de tour & que la Netze traverse. Le terrein y est divisé en sec & humide, comme dans ceux dont nous avons parlé, & ses productions sont les mêmes : on y exploite la tourbe, les bêtes à cornes sont sa principale richesse : on y voit un château bâti sur les décombres d'un couvent de Citeaux dont les biens ont formé ce diſtrict, qui a quatre villages & quatre cenſes.

*Lüne*, bailliage qui renferme quarante-ſix villages ou hameaux qui appartenaient au couvent de ce nom, qu'on voit encore dans le village de Lüne, près duquel ſont des ſources d'eaux minerales & medicinales. L'Elmenau l'arroſe. *Gartze* eſt ſur les rives de l'Elbe : ſon diſtrict renferme onze villages.

*Blekede*, bailliage qui renferme cinquante-ſix villages ou hameaux : l'Elbe l'arroſe. On y voit une ville & un bourg : la premiére eſt *Blekede* petite ville qui a un péage, un château, & qui eſt ſituée au bord de l'Elbe. Le bourg eſt *Dalenbourg*, la Netze l'arroſe.

*Hitſacker*, bailliage ſur les deux rives de l'Elbe habité par les deſcendans des Vénédes : il a cinq lieues de long ſur quatre de large : des bruieres en couvrent une partie; l'agriculture n'y enrichit pas, mais les moutons & les abeilles y repandent de l'aiſance : on y voit une forêt de ſix lieues de tour. *Hitſacker* eſt une petite ville dans une Isle de la Jetze : ſon péage ſur l'Elbe qui en eſt voiſin donne un produit conſidérable : il s'y tient le jour de la St. Gal un marché où les habitans des terres baſſes échangent leurs productions ſuperflues, contre celles des terres élevées. Le prix du blé y change peu. Près d'elle eſt le mont de la Jetze, où fut autrefois un château, & où l'on cultive la vigne. Outre cette ville, on y compte cinquante-ſept villages.

*Dannenberg*, eſt un bailliage qui a treize lieues de circuit, & qu'arroſent l'Elbe & la Jetze : ſes habitans ſont Venedes d'origine, mais on leur a défendu d'en parler la langue; ſon ſol eſt divers, l'eau y eſt rare, la culture & le bétail y proſpérent peu, on en exporte de la cire, du miel, de la laine, du houblon & des toiles; il contient soixante-six villages & le *Gümser-Sée*. Il formait autrefois un Comté de son nom, & on le divise encore en haut & bas *Drawen*, mot vénéde qui signifie *Forêt*. Il en est une encore nommée *Lucie*, elle est marécageuse, le bois n'en est pas estimé.

*Luche*, est un bailliage habité par des restes des anciens Vénédes, & que la Jetze & la Dumme arrosent. On y compte cent-quarante villages & les deux bourgs de *Clenze* & de *Bergen sur la Dumme*.

*Wustro*, est un bailliage dont le sol est marécageux, mais riche en bois: il a des prairies qui nourrissent beaucoup de bétail: ses habitans cultivent quelques espéces de blés & du lins, ils tissent des toiles: on y compte vingt-quatre villages & la ville de *Wustro*, traversée par la Jetze & la Dumme: elle a des magistrats, mais ils sont subordonnés aux officiers du bailliage.

*Schnackenbourg*, est un bourg au confluent de l'Alland & de l'Elbe: il a un péage sur ce dernier, ses habitans navigent & commercent; son territoire est petit, mais fertile & on y recueille du bon froment. Il forme un petit bailliage.

*Oldenstadt*, est un bailliage formé des biens d'un couvent fondé pour des Bénédictins, & qui fut ensuite habité par des moines de Citeaux. On y compte soixante-dix villages parmi lesquels est *Oldenstadt*, situé sur la Wipperau; il est voisin de la ville d'*Ulzen*.

*Medingen*, est un bailliage sur le bord de l'Elmenau, long de cinq lieues, mais fort étroit, presque tout couvert de bruieres: on y cultive le lin qu'on y prépare avec soin, & y tisse beaucoup de toiles; on y vend de la laine, de la cire & du miel. On y compte cinquante-deux villages qui étoient autrefois sujets du couvent de ce nom.

*Ebstorf*, est un bailliage composé de plus de quarante-huit villages & du bourg d'*Ebstorf*, qui est bien bâti, & dans une situation agréable, sa richesse est le miel, dont dans des années favorables on vend pour plusieurs milliers d'écus. On y voit une plaine semée de petites hauteurs, & on l'appelle *Wittenwater*, (eau blanche).

*Bodentrich* est un des plus grands bailliages de la Principauté : il a plus de trente lieues de circuit, & renferme un bourg & cent-cinquante-six villages : le premier lui donne son nom, & est situé au bord d'un lac qui en rend le sol marécageux : parmi les seconds, on peut remarquer *Hœssering* sur la Hardau, où s'assembloient autrefois les Etats du pays.

*Isenhagen*, est un couvent dont le petit territoire forme un bailliage qui, ne renferme aucun village.

*Knerebeck*, est un village qui donna son nom à une ancienne famille éteinte : les biens qu'elle possédait forment un bailliage qui renferme treize villages & le bourg de *Wittingen* qui existait dans le dixieme siécle. On y remarque un roc nommé *Pickelstein* & la montagne rouge.

*Klœtze*, bailliage qu'entoure la vieille Marche dont il fit partie & qui tient au duché de Magdebourg, par la forêt vaste, épaisse & déserte de *Drœmling*. Sa longueur est de six lieues, sa largeur de trois : son sol est sablonneux & tourbeux ; des champs de seigle, d'avoine, de sarrasin, d'orge, de houblon, & des bruieres le couvrent : on y trouve aussi de vastes pâturages : il renferme six villages & le bourg de *Klœtze*, voisin d'une forêt qui porte son nom.

*Fallersleben*, est un bailliage qu'arrose l'Aller,

qui renferme dix-sept villages & la petite ville de ce nom ornée d'un château.

*Gifhorn*, est un bailliage que traversent l'Ocker & l'Aller qui y reçoit l'Ise; il a six lieues de long, & un peu plus de deux de large, est divisé en deux districts: l'un nommé *Heidmarkt*, a un sol sablonneux que cependant on cultive, où l'on éleve du bétail & des abeilles, & dont on exporte de la laine, du miel, de la cire, du fil & du grain: là sont *Gifhorn* bourg sur l'Aller, qui a un château entouré de remparts, & vingt-huit villages; l'autre appellé *Papenteich*, au midi de l'Aller, est en partie sablonneux; mais la plupart de ses champs produisent des grains de toute espéce: il est riche en bétail, en bois & en fil. On y compte quarante-trois villages.

*Meinersen*, est un bailliage qu'arrosent l'Ocker & la Fuhse qui y reçoit l'Erse. Sa circonference est de dix-sept lieues, son sol est sablonneux, mais quelques endroits en sont fertiles: l'agriculture, le bétail & le filage du lin occupent ses habitans. A *Hœnigsen* & à *Edemissen*, il y a une source de goudron mêlé d'eau, & près d'*Edesse* une bonne carriere de pierres très propres à bâtir: on y compte quarante-six villages; mais aucun n'offre de singularités dignes d'être remarquées.

*Burgdorf*, est un bailliage de cinq lieues de long sur trois & demi de large: ses belles forêts produisent du bois estimé; l'agriculture, le bétail & le miel font sa richesse. On y voit la petite ville de *Burgdorf* située au bord de l'Aller, ayant deux-cent-soixante-cinq feux dans son enceinte qu'entourent un rempart & un fossé: elle a un château, & les ducs de Brunswic y tenaient leurs assemblées de famille : dix-sept villages sont dispersés autour d'elle.

*Ahlden*, est un bailliage situé sur les deux rives de l'Aller qui y reçoit la Leine & la Bœhme : sa longueur est de deux lieues, sa largeur d'une & demi : au midi de l'Aller il a de beaux paturages, ailleurs il est aride : on n'y voit d'arbres que des chênes dont on construit des bateaux ; on y commerce en chevaux, en bêtes à cornes, en laine, miel & cire : il renferme le bourg d'*Ahlden* près de l'Aller, sur la vieille Leine avec un château ; celui de *Hudemuhlen* & six villages.

*Rethem*, est un bailliage traversé par l'Aller : il a six lieues de long, & six de large ; sur les rives de l'Aller il est fertile & riche ; mais les terres qui en sont les plus éloignées ne produisent que des bruieres. Les habitans cultivent leurs champs, veillent sur leur bétail & commercent en laine, miel & cire. On y compte trente-neuf villages & deux villes : l'une est *Rethem*, petite, divisée en cinq parties, la première habitée par les officiers du bailliage, la seconde par les gentils hommes, la troisieme par la bourgeoisie, la quatrieme par les sujets du bailliage, la cinquieme par les fermiers des biens nobles : l'autre est *Walsrode*, formée par deux cent-trente-neuf maisons, arrosée par la Bœhme, & qui ne devint ville qu'en 1450.

*Grand bailliage de Zelle.*

Il est administré par un membre du Conseil Provincial, qui reçoit directement ses ordres du souverain, & les communique aux chefs de douze districts qui dépendent de lui ; il veille sur les revenus du Prince & sur la Police, examine les comptes de ceux qui lui sont subordonnés, juge des affaires civiles, & ne prononce que sur les délits peu importans. Les douze districts ou prevôtés qui forment ce grand bailliage, sont le *Burgvogtey*, ou Chatellenie de Zelle; son territoire a peu de champs fertiles, il est arrosé par l'Aller, la Fuhse & la Lachte & renferme les faux-bourgs de Zelle & vingt villages. L'*Eicklingen* arrosé par l'Aller, l'Ocker & la Fuhse, long de cinq lieues, large de deux, sablonneux dans une partie, marécageux dans l'autre, & dont les habitans suppléent à la stérilité de leurs terres, par le soin du bétail, par le filage, & le transport des marchandises; il a vingt-trois villages dans son enceinte & le principal est *Wienhausen* qui a un château & dont une partie est une Isle formée par l'Aller. L'*Ilten* qui a un peu plus de trois lieues de long & un peu moins de deux de large : ce district porte le nom de *Franchises*; ses habitans ont le nom de *francs*: ils cultivent leurs terres & sont exempts de corvées; ils jouissent du droit de chasse, & de faire de la bierre & des eaux de vie autant qu'ils le veulent. Il renferme quatorze villages. Le *Burgwedel* renferme douze villages, & l'un d'eux, nommé *Isenhagen* a plus d'une lieue d'étendue. Le *Bissendorf* contient vingt quatre villages, & n'a que deux lieues de long, sur une largeur fort resserrée : les habitans y commercent en chevaux, bœufs, porcs gras, gruau de sarrasin, eau de vie, miel, cire, & laine. L'*Essel* est arrosé par l'Aller & la Leine, mais il est semé de tourbes & a peu de champs fertiles; les bords de la Leine sont de bonnes prairies, le reste produit quelques grains, mais il n'y croit point de froment : il renferme onze villages. Le *Winsen sur l'Aller* a trois lieues de long sur deux de large : ses champs sont couverts de bruieres; les abeilles, les moutons, le seigle & le sarrasin en sont les seules richesses : On y compte dix-huit villages : près de celui de *Wietze*, sur la riviere de ce nom, on trouve des veines de goudron dont on n'a qu'à détacher le sable pour le rendre de service. Le *Fallingbostel* est arrosé par la Bœhme ; le sol y est en des endroits montueux & pierreux, en d'autres tourbeux ; il a quelques plaines sablonneuses, & n'est riche qu'en bois, en abeilles & en bestiaux : on y compte vingt-six villages : il y a des sources minérales près de celui de *Düshorn*, & sur une petite montagne, sept petites maisons de pierres dont une seule est entiére qu'on croit être un reste du Paganisme. Le *Soltau* à quatre lieues de long, & trois de large : la Bœhme y prend sa source, des bruieres & des bois le couvrent : divers ouvrages en bois, la cire, la laine, le bétail, les toiles, sont les objets du commerce de ses habitans : on y compte vingt-un villages & la petite ville de *Soltau*, située au confluent de la Bœhme & de la Soltau, elle renferme cent-trente-deux feux, ses habitans font des draps, de la serge & de la toile pour des voiles. *Bergen* a vingt-quatre villages ; dans celui de *Sülze* est une eau salée qu'on fait cuire avec la houille. Le *Hermansbourg* renferme huit communautés ; l'*Oerze* l'arrose, des bois, des bruieres, de la tourbe en couvrent presque tout le sol ; le commerce en bois, les moutons, les mouches à miel sont ses principales ressources : il y croit très peu de blés : telle est encore la nature du terrein & le commerce du district de *Beedenbostel*, long d'environ six lieues, large de cinq : la Lachte l'arrose & on y compte trente-un villages.

La Principauté de Lunebourg s'étend encore sur quatre Jurisdictions nobles : celle de *Garto* renferme une douzaine de villages & le bourg qui lui donne son nom; elle est arrosée par l'Elbe: celle de *Brome* sur les bords de l'*Obra* à neuf villages & le bourg de Brome, qui a été apellé ville: l'Ohra l'arrose.

## Principauté de Grubenhagen.

Elle touche aux Principautés de Calenberg & de Wolfenbuttel, aux comtés de Wernigerode & Hohnstein, & au pays d'Eischfeld : elle renferme quelques champs fertiles; mais sa plus grande partie est montueuse, & couverte de bois : on y éleve de grands troupeaux de bêtes à cornes & de moutons; on y cultive le lin, & on y en fait des toiles : mais sa principale richesse est le commerce du bois. Ses forêts sont remplies de chênes, de hêtres, de sapins, d'aulnes & de bouleaux : on y trouve de l'ardoise, des pierres calcaires, du marbre, du plâtre, de l'albatre, diverses sortes de jaspe, du sel, du soufre, de la calamine, & du zinc : il y a des mines d'or; mais peu abondantes; celles d'argent, de cuivre, de fer & de plomb sont riches; la *Hartz*, ou l'ancienne forêt Hercynie, montagne couverte d'arbres, renferme beaucoup de ces minéraux. Les rivieres qui arrosent ce pays sont la *Leine* qui y reçoit l'*Ilme*: la *Ruhme* qui y reçoit l'*Oder* grossie des eaux de la *Sieber* : la *Sœse* & l'*Ocker*. On y compte deux villes comptées au nombre des Etats & qui ont droit de haute & basse justice, quatre autres villes & trois bourgs. Les villes, la noblesse, le chapitre de St. Alexandre & celui de la collégiale de notre Dame à Einbeck, composent les Etats qui s'assemblent chaque année alternativement dans les deux villes : celles-ci & les chapitres y envoyent des députés, la noblesse y assiste en personne, mais les trois ordres doivent s'y assembler pour que leurs délibérations ayent de la force. La religion est celle de Luther : outre les villes d'Einbeck & d'Osterode on y compte quarante-une paroisses, sur lesquelles veillent quatre surintendans subordonnés à un surintendant général. Les manufactures y sont diverses : on y fait les draps, des flanelles, des frises, de la serge, du crêpon, de la calemandre, de la serge drapée, du ras d'Agleterre, du châlon &c. On y imprime des toiles dans la maison des orphelins; il s'y file beaucoup de lin & s'y tisse beaucoup de toiles : on y fait différens meubles de marbre, & y prépare le vitriol, le soufre, la calamine, le smalt, on y travaille le fer & le cuivre, & y fait des armes blanches : on y engraisse beaucoup de moutons.

Ce pays est une partie du duché de Brunswic : il devint une principauté lorsqu'il échut en partage à Henri le capricieux dont la branche s'éteignit en 1596, & accrut les possessions de la branche de Lunebourg : elle lui donne droit de suffrage aux diètes de l'Empire dans le collége des princes, & aux assemblées du cercle. Elle a droit de présenter un conseiller à la chambre des appellations de Zelle, & en présente un encore alternativement avec les autres Principautés. Ses revenus ne sont pas grands, & une partie en est employée à payer ceux que la Province employe, & à soutenir la maison de force de Zelle.

*Villes qui ressortissent immédiatement de la Chancellerie.*

*Einbeck*, autrefois *Eimbke*, ville arrosée par l'Ilme dont un bras la traverse & l'autre en cotaie les murs. La petite rivière de Krûme-Wasser remplit les fossés, où l'Ilme ne coule pas : ces fossés sont doubles, & joints à des remparts, à divers ouvrages extérieurs, à des murs, des redoutes, des tours, ils défendent la ville où l'on compte huit-cent-trente maisons & huit-cent-quatorze granges & écuries. Ses députés ont dans les Etats, la préséance sur ceux d'Ostérode: elle fournit la cinquiéme partie des grains qui doivent être livrés aux magasins du Prince; ses magistrats exercent la haute & basse justice dans la ville & son territoire, excepté sur le chapitre de St. Alexandre, & la maison des orphelins qui est un établissement royal : la ville a trois paroisses : son école latine est divisée en sept classes, son hôpital & sa maison des pauvres sont vastes; il est encore un autre bâtiment pour les pauvres qui appartient à la communauté des marchands; mais qui est peu étendu. La ville est du neuvieme siècle; elle devint ville dans le treizieme & appartint à des comtes de Catlenberg, puis à la maison de Brunswik en 1203. Elle a le droit de battre monnaie & l'a exercé, mais elle ne l'exerce plus : une partie de son territoire a été renfermé par une ligne de circonvallation garnie de vieilles tours qu'on y voit encore. Elle renferme deux chapitres, tous les deux Etats de la Province; l'un est celui de St. Alexandre formé d'un *Senior*, de neuf chanoines & de cinq vicaires, l'autre est la collégiale de la Ste Vierge dont les bâtimens n'existent plus, mais dont les revenus sont possédés par un *Senior* & neuf chanoines. C'est à Einbeck que sont les principales manufactures du pays.

*Osterode*, est une ville sur la Sœle qui y reçoit l'Apenke ; on la divise en vieille & nouvelle qui toutes deux ont huit-cent maisons. On y voit un château que les ducs de Brunswick habiterent, & un magasin de grains dont la construction couta 30000 rixd. : les mineurs du Hartz s'y pourvoient de seigle qu'ils ont toujours au même prix qui eſt 16 gros par quatre boiſſeaux. On y fabrique de belles étoffes de laines.

*Bailliages Domaniaux.*

*Rotenkirchen*, eſt un bailliage long de quatre lieues, & large d'un peu moins de deux, la Leine le borde, l'Ilme la traverſe : on diviſe les villages qu'il renferme en villages de Leine qui ſont au nombre de ſept, & en ceux de montagne dont on compte dix : les grains, le lin, le bois en font la richeſſe ; on y file le lin & on en fait des toiles : on y éléve peu de beſtiaux : ſur la montagne de *Grubenhagen* ſont encore les veſtiges du château qui donna ſon nom à la Principauté.

*Salz-der-Helden*, eſt un bailliage arroſé par la Leine qui l'inonde quelquefois, & on y recueille des grains & des pommes de terre : on y voit de beaux pâturages : les habitans tiſſent beaucoup de toiles. On y compte ſix villages & le bourg de *Salz-der-Helden*, arroſé par la Leine, orné d'un château enrichi par une ſaline, ainſi que le village de *Sülbeck*.

*Catlenbourg*, eſt un bailliage qui a une lieue & demi en tout ſens, arroſé par la *Ruhme* qui y reçoit le *Catir*, l'*Oder* & la *Sweſe* : la chaine de montagne du *Langfaſt* le traverſe : ſon terrein eſt argilleux mêlé de ſable : ſur les hauteurs ſont des champs fertiles en ſeigle, avoine, pois, orge & lin : on y voit beaucoup de prairies, & on y éleve du bétail & des moutons. Il forma autrefois un comté, qui parvint à la maiſon de Brunſwic par le mariage de Gertrude fille de l'Empereur Lothaire héritiere de ce comté, avec Henri de Brunſwic ſurnommé le magnanime. Il renferme ſix à ſept villages dont le plus grand eſt celui de *Gellersheim* où l'on compte cent-une maiſons.

*Oſterode* eſt un bailliage peu fertile en grains, par ce qu'il touche à la montagne de *Harz* qui l'en dédomage par des pâturages qui lui donnent la facilité de nourrir un grand nombre de moutons eſtimés par leur chair & leur laine. On y voit le mont de *Buttenberg*, abondant en cuivre, vers le mont oppoſé on trouve des pierres qui contiennent beaucoup de fer : on y voit encore des rocs d'excellent plâtre & du bel albâtre, des eaux minerales nommées de *Mitlengerode*, lieu ſitué au pied d'une colline : elles ſont célébres par leur bonté. On y compte huit villages.

*Herzberg*, eſt un bailliage qui touche au Harz: ſon ſol eſt montueux, renferme des forêts, des champs fertiles en grains, & en lin, & des paturages couverts de beſtiaux dont on fait un grand commerce, ainſi que des fils & toiles qu'on y fait. Il renferme neuf villages & le bourg de *Herzberg*, arroſé par la Sieber, & qui eſt grand & riche, le ſouverain y a une manufactures d'armes : le grand baillif *Nanne* par amour pour ſon pays, y a établi une filerie de laines fines. Il y a des fabriques d'outils qu'on exporte au loin. Ce bourg eſt au pied d'une montagne ſur laquelle eſt un château : les terres de ſes environs ſont affaiſſées de côté & d'autres: dans le fond de quelques uns de ces écroulemens il y a de l'eau & du poiſſon : il en ſort un ruiſſeau qui s'évanouit au pied de la montagne & l'on ne ſait point ce qu'il y devient,

*Scharzfels*, eſt un bailliage qui touche au Harz encore : ſon ſol eſt montueux & produit peu de grains, mais on y cultive beaucoup de lin : il y a des mines de cuivre & de fer, & des carrieres de pierre à chaux. Il doit son nom au château délabré de Scharzfels, situé sur un roc très élevé où l'on n'arrive que par des degrés de pierre; il y a une grosse tour & des barraques, de l'artillerie, & un puits très profond: au couchant, & au de-là d'une vallée étroite est la caverne de Scharzfels formée par cinq autres: la premiere est vaste, le jour l'éclaire par le haut qui s'est écroulé; celle là, & la seconde ont vers le fond une forme de monocéros: la troisieme & la quatrieme ont des stalactites suspendues au haut de la voute comme des glaçons. On compte dans ce bailliage trois villages & le bourg de *Lautterberg*; l'Oder y passe & ses habitans sont mineurs ou forgerons: les mines & les forges travaillent le cuivre & le fer.

*Radolfshausen*, est un bailliage coupé de montagnes, assez fertile dans ses vallées & ses petites plaines, en froment, seigle, orge, pois, haricots vesces, & en beau lin, il y a de bons pâturages, des carrieres de pierres, de grés & de beaux bois. Son commerce en toiles est considérable. Il renferme quatre villages.

*Elbingerode*, est un bailliage sur le Harz: il a peu de champs, mais beaucoup de pâturages, de belles forêts dont on fait des planches & qui servent à l'exploitation des mines d'argent & de fer qui sont à *Clausthal*, à *Andreasberg* & *Altenau*. On y trouve des ardoises d'un bleu foncé qui ne se couvrent ni de mousse ni de fange, beaucoup de marbre, du jaspe dont on fait différens ouvrages, & des mines de fer. Il est arrosé par la *Bude chaude* & la *Bude froide*, par la *Sandbach*, par la *Wormke*, par des eaux chaudes qui font mouvoir des forges de fer. On y voit la ville d'*Elbingerode* qui renferme trois-cent-trente feux, & qu'un incendie a rendue plus agréable.

On fabrique dans le village de *Lucashof* des tables & des cheminées de marbre. *Botfeld* est un lieu devasté où les Empereurs Saxons venaient chasser : il est voisin d'une forêt.

*Rüdigershausen* est un village, & une jurisdiction noble dont le possesseur siège aux Etats : elle est située dans le pays d'Eichsfeld.

Le *Harz*.

Cette vaste montagne nait dans le bailliage de *Langelsheim*, s'avance à Gosslar, traverse la Principauté de Grubenhagen, parvient au comté de Wernigerode où elle s'élève plus qu'ailleurs, à la principauté de Blakenbourg, s'étend dans les comtés de Hohnstein & de Stolberg, & se termine à Harzgerode dans la principauté d'Anhalt. Sa longueur est de vingt lieues, & sa largeur de huit; on voit qu'une partie seulement est renfermée dans les possessions de la maison de Brunswic, dans celle-ci l'air est froid & l'hyver y dure six mois. Les brouillards y sont plus fréquens, les pluyes & les neiges plus abondantes que dans la plaine : ses habitans y deviennent vieux s'ils ne s'usent pas dans les mines, le blé n'y pourrait mûrir, & le foin y fait la seule recolte : le tiers de ses épaisses forêts sont de chênes, de hêtres, de frènes, de bouleaux; le reste est en pins : ces forêts rendent utiles les mines que ces monts renferment; il en est qui donnent de la potée, du vitriol, du salpêtre, du soufre, de la calamine & du zinc, du cobalt, du plomb, du borax, du fer, du cuivre, du laiton, de l'argent & un peu d'or. Le Harz superieur est partagé entre les deux branches de la maison de Brunswic, de maniere que l'Electorale en possède quatre septieme, & la Ducale jouit de la chasse & de l'entretien du bétail sur toute cette partie du Harz : le Harz inferieur leur est commun

pour

pour les mines, les falines & les confeils qui les adminiſtrent. Il y a trois tribunaux de mines: celui de *Clauſthal* décide des affaires qui intéreſſent la partie du Harz poſſedée par la maiſon Electorale. Telles ſont celles des mines d'Elbingeroda, & du Solling: celui de *Zellerfeld* étend ſon pouvoir ſur la partie ſupérieure du Harz poſſédée en commun: celui de *Goslar* décide les conteſtations nées dans le diſtrict du Harz; les deux premiers prêtent ſerment à tous les intéreſſés dans les mines & forges dont ils doivent décider les conteſtations: le dernier ne le prête qu'aux deux maiſons de Brunſwik. Il y a deux chambres foreſtales, dont l'une veille ſur les forêts de la maiſon électorale; l'autre ſur celles qui appartiennent à toutes les deux; elles décident les affaires contentieuſes & veillent ſur les limites, & les intérèts communs. La police, la juſtice s'exercent par les conſeils ſupérieurs des villes: un intendant des mines préſide au nom du prince dans tous les tribunaux qui dépendent de l'électeur; dans tous les autres, deux intendans nommés par chaque maiſon préſident tour à tour; mais de maniere que l'intendant en exercice ne peut faire de nouveaux réglemens que l'autre ne les ait approuvé. On appelle de leurs jugemens à la cour du prince.

En 1724, la partie du Harz ſupérieur poſſédée par l'électeur, produiſit pour la ſomme de 706,125 rixdalers en argent, cuivre, fer, plomb & borax, & déduiſant les frais de cette ſomme, il reſta 283567 de produit dont 120567 appartinrent aux particuliers intéreſſés dans les mines. La partie commune aux deux maiſons, donne en mêmes productions après la déduction des frais la ſomme de 72,707 rixdales, dont 19707 appartenaient à des particuliers. Les mines du Harz inférieur donnerent en or, argent, cuivre, plomb, borax, soufre, vitriol blanc & verd, zinc, potasse laiton & sel 50 à 60,00 rixdales, déduction faite de toutes dépenses. Les princes achetent de leurs co-associés leur part des productions de mines à un prix fixé entr'eux & constant, ils fournissent en revanche les cuirs, les suifs & autres marchandises nécessaires aux ouvriers, & on pense bien que les princes gagnent à cet arrangement.

Le Harz est habité par des mineurs, des forgerons, des bucherons, des voituriers, des gens de tous métiers, & des commerçans : ils ne payent point l'impôt nommé *licent*, mais dans les villes ils sont soumis au *Pfargeld* ( argent de paroisse ) dont le produit sert à l'entretien des écoles & des églises; à *Claustal*, il est fixé à un rixdale pour chaque propriétaire de maison & à un demi rixdale pour chaque locataire. A *Andréasbourg* le premier donne un rixdale & 9 gros, & à Altenau un rixdale 20 gros, le second paye la moitié de cette somme. Chaque homme ayant une brasserie, chaque homme de métier, paye de plus une taille différente selon les lieux : à Clausthal, le possesseur d'une brasserie paye 2 rixdales, 6 gros, celui d'une vache, ou d'un cheval 8 gros : on paye de plus un leger droit d'accise employé à l'entretien des mines, & les gens de métiers sont soumis à une taxe pour l'entretien d'une garnison de 40 hommes.

Dans le *Hars supérieur*, les mines sont partagées en Cantons qui renferment un certain nombre de minieres divisées en actions, ou parts : une miniere qui donne des bénéfices est divisée en 130 actions dont quatre au souverain, une à l'église & une à la ville : dans le Hars commun supérieur, chaque miniere a cent vingt-huit actions, dont une & demi appartiennent à l'église, une & demi à la Chambre des finances, &

trois aux seigneurs. On trouve dans la partie qui appartient à la maison électorale. 1°. *Clausthal* ville très-étendue & dont les rues fort larges sont bordées de huit cent maisons qui renferment dix mille ames. On y voit deux Eglises, une maison d'Orphelins, & une école divisée en neuf classes. Elle a une petite garnison, une fabrique de monnaie qui frappe annuellement pour 37400 rixdales en especes courantes; près d'elle est une mine d'argent. Dans son Canton sont les mines de Dorothée & de Caroline; la premiere dans l'espace de cinquante & un an a fourni pour 2,787,893 écus de monnaie, la seconde dans cinquante-sept ans a donné pour 1,337,700 écus. 2°. *Altenau* est une petite ville dans une gorge entourée de rocs & de montagnes, qui a près-d'elle une mine d'argent, est arrosée par le ruisseau de Schnedwasser, qui se perd dans l'Oder: la plupart de ses habitans sont charbonniers, ou faiseurs de cabanes. 3°. *S. Andreasberg*, est une ville de 550 maisons sur l'Oder, & qui a près d'elle aussi une mine d'argent. A une lieue & demi au delà du mont *Rehberg* est le reservoir nommé *Oderteich*: l'Oder & différens ruisseaux s'y jettent, une digue de pierre l'environne, & on l'entretient toujours à la même hauteur; un fossé muré, long de 1600 verges en conduit l'eau dans un canal qui le distribue dans tous les moulins à concasser la mine. Ce reservoir leur fournit de l'eau toute l'année & renferme de beaux poissons & sur-tout des truites. Dans cette partie du Harz sont encore trois villages.

Dans celle qui appartient en commun aux deux maisons, on trouve *Zellerfeld*, ville ouverte qu'une petite riviere sépare de Clausthal. On y frappe annuellement environ vingt mille écus d'empire. Ses maisons sont au nombre 357. Elle a une école latine, & une belle bibliotheque que lui laissa par testament le sur-intendant général *Calvær*. On trouve encore la ville de *Grund*, celle de *Wildeman* située dans une vallée entourée de montagnes désertes, & où l'on compte 300 feux, *Lautenthal*, est une ville qui a une mine d'argent, & dans son enceinte renferme 253 maisons, *Schounberg* qui a aussi une mine d'argent.

Dans le *Harz inférieur* qui forme une haute montagne escarpée & repose sur une vaste base, sont des mines très-dures, que la violence du feu peut seule détacher : la ville de Gosslar en est voisine & ses magistrats possedent 4 de ces mines, qu'ils exploitent à perte pour conserver une forêt qui leur fut concedée : on affine les métaux dans ses environs, & dans ceux d'Astfeld.

## PRINCIPAUTÉ DE CALENBERG.

Une partie du duché de Wolfenbuttel la sépare en deux parties : la septentrionale touche au Lunebourg, à l'évêché de Hildesheim, aux comtés de Pyrmont, de la Lippe, de Schauenbourg & de Hoya, & à la principauté de Minden : la méridionale, touche aussi à la principauté de Grubenhagen, au pays d'Eichsfeld, & à la basse Hesse : la *Leine* y coule au levant; le *Weser* au couchant; la premiere reçoit la *Buhme*, l'*Ilme*, l'*Innerste* : on l'a rendue navigable en nettaiant son lit, en resserrant ses bords & y construisant quelques écluses. Le Weser reçoit la *Fulde*, l'*Emmer* & la *Humme* : il est navigable sans que la main de l'homme s'y soit employée. On y voit quelques hautes montagnes, telles que la *Deister*, la *Suntel*, & la *forêt de Solling* : le terroir y est montueux en divers lieux, il est marécageux

CERCLE DE BASSE-SAXE. 405

t sablonneux en d'autres, tous assez peu fertiles; on y cultive le froment, le seigle, l'orge, l'avoine, les lentilles, les haricots, les vesces, le sarrasin, u beau jardinage, du tabac, le houblon, le lin; on n y recueille de bons fruits. Les forêts y sont composées de chêne, du hêtre, de l'aulne, du tremle &c. elles donnent des bois de construction & de hauffage, des glands pour les porcs, & différentes roductions. On y élève des chevaux, des bêtes à ornes, & de grands troupeaux de moutons: le gi-ier & le poisson y sont abondans; la marne, la ierre calcaire, la tourbe, le charbon de pierre, des ines de fer, des sources salées, des eaux minéra-s s'y trouvent encore. On y compte 19 villes, 17 ourgs, 210 paroisses luthériennes surveillées par 13 ur-intendans, qui dépendent de deux sur-intenans généraux; les réformés y ont 5 églises, les atholiques 6. Parmi les villes, il en est dont les agistrats jugent les affaires civiles & criminelles; 'autres n'ont que le droit de justice civile: quelues-uns dépendent simplement des bailliages. Les ppels de toutes se portent aux tribunaux supéieurs. Les biens nobles qui donnent entrée aux tats, sont exempts de contributions: les autres n'ont ucune prérogative. Ces états sont formés par trois hapitres, 6 couvens, les possesseurs de 164 biens obles, & les villes: ils sont divisés en 3 quarers, & s'assemblent tous les ans à Hanovre, conoqués par le souverain ou la régence. Ils forment n grand ou un petit comité: chaque quartier élit n conseiller provincial & du trésor, & l'abbé de *ochum* l'est de droit. Les petites villes de Munden  Mündor nomment chacune un député à ce triunal.

Il y a de bonnes écoles latines dans ce pays: on

Cc 3

connaît l'Université, l'Académie des sciences & celle pour la langue allemande de Gœttingue ; les manufactures & les fabriques y prosperent : on y file beaucoup de lin, & on en tisse des toiles, les unes façon de damas, les autres imprimées ; on y fait des toiles cirées, ornées de belles couleurs : le coton filé très-fin sert à faire des bas tricotés ou au métier, des bonnets, des gants, & même de la toile. On y prépare le tabac ; on y fait des draps & autres étoffes, dont les couleurs solides & belles, & la teinture sont estimées ; des bas de laine sont fins & durables par le mélange des laines d'Espagne avec les meilleures du pays ; des galons, des dentelles, & différens ouvrages en or & en argent, des étoffes, bas & rubans de soie y sont fabriqués avec succès. On y prépare les cuirs, on y forge le fer & le cuivre : la poudre, le verre, le papier qui s'y font, ne sont pas inférieurs à ceux des autres pays. A *Heinsen*, on fabrique des bateaux pour naviger sur le Weser : le commerce d'exportation y est considérable, sur-tout en fil de lin, en toiles, camelots, bouracans & autres étoffes ; la Leine & le Weser le facilitent ; & c'est principalement vers Brême, Hambourg, & la Hollande qu'il se dirige ; mais il étend ses branches vers Francfort, & jusqu'en Italie.

Cette principauté est formée d'anciens comtés, de seigneuries & des biens de couvens réunis. Gœttingue formait autrefois une principauté particuliere, qui fut soumise au même souverain, aux mêmes tribunaux en 1495. Calenberg donne séance à l'électeur dans le college des princes à la diete & dans les assemblées du cercle. Son mois romain est de 686 florins. Elle a ses offices héréditaires qui se conferent comme des fiefs. Ses tribunaux sont un *tribunal de chancellerie*, & une *cour supérieure de justice*, qui siegent à Hanovre : les états nomment deux membres du dernier ; son président est nommé par le souverain, mais il doit être pris dans les nobles de la province. Les revenus du prince ont différentes sources : le moindre des bailliages domaniaux lui rapporte 1500 rixdales, le meilleur 28000, & on verra quel en est le nombre : l'accise & les droits regaliens donnent un produit considérable. L'impôt nommé *Licent* rapporte 261,700 rixdales. A l'âge de douze ans, l'agriculteur donne deux muids de seigle pour y satisfaire ; à l'âge de quatre ans il, en paye un : des commissaires veillent pour que chacun s'en acquitte, & pour reprimer les fraudes sur leur acquittement. Les gens de condition paient un léger impôt sous un autre titre, & son produit, comme le licent, & comme le papier timbré sert à l'entretien des troupes : l'excédent est employé à des dépenses publiques. Le *Schatz*, impôt mis pour satisfaire à 600000 rixdales que devait le souverain s'est continué après l'acquittement de la dette : chaque communauté le paye à proportion du nombre de moutons, de champs & de pâturages qu'elle renferme : chaque chaudiere employée aux eaux de vie paye 31 rixdales par an. Les quatre grandes villes exemptes de ces impôts, donnent au prince 100000 rixdales par an : elles payent la sixieme partie des impôts extraordinaires qu'on impose à la province : Gœttingue & Hanovre fournissent les deux tiers de cette sixieme partie. Il est encore une sorte d'impôt nommé *Magafinkorn* : il se paye en nature ou en argent, & se preleve sur les grains qu'on recueille.

## I. Quartier de Hanovre.

Il comprend huit villes, trois bourgs, deux chapitres, six couvens, deux cent douze villages, & quatre-vingt-un corps de biens nobles qui siégent aux états & payent 366 rixdales pour leur part des subsides dont les biens nobles sont chargés.

Villes qui ressortissent de la chancellerie.

*Hannovre*, ou *vieux-Hannovre*, est l'ancienne residence de l'électeur, une des quatre grandes villes du Calenberg, & la seconde pour le rang, siége de la régence, de la chambre des comptes, de la chancellerie de la guerre, de la cour souveraine, & du tribunal de la chancellerie ; là s'assemblent les états dans un hôtel somptueux & vaste. La Leine forme une isle d'une partie de la ville, & devient navigable après s'être réunie. Elle est ceinte de fortifications, on y compte onze-cent maisons & dix-sept mille habitans ; la ville neuve nommée *Ægidien Neustadt*, est la plus réguliere. Le palais électoral détruit par un incendie, a été reconstruit avec goût : c'est-là que s'assemblent les tribunaux ; la salle d'opéra & celle de la comédie s'y tiennent. Dans sa chapelle est le caveau sépulchral des électeurs ; on y voit encore un riche trésor de reliques, de pierres précieuses, d'ouvrages en or & en argent rassemblés en 1171 par Henri le Lion, dans son voyage d'orient. Derriere le palais est l'arsenal, sur les bords de la Leine. Hanovre renferme trois églises paroissiales, une maison de charité, trois hôpitaux, un séminaire, une école latine, une autre pour les pauvres. Il y a des livres rares dans la bibliotheque de sa maison de ville. Cette ville a encore un lombard, une chambre d'anatomie sur les remparts : un commissaire y veille sur la police, & les magistrats y décident en matieres civiles, & en matieres criminelles. Ses environs sont rians : ils sont couverts de maisons & de jardins : une belle allée d'arbres y conduit aux deux châteaux de plaisance *Montbrillant* & *Herrhausen* : une belle forêt termine ces jardins & en forme l'enceinte.

Hanovre n'est connue que depuis l'an 1163 : le luthéranisme y fut introduit en 1533 : elle s'est successivement aggrandie & embellie. Il y a deux fabriques de galons, de dentelles, & d'autres ouvrages en or & en argent ; on y fait des étoffes, des bas & des rubans de soie ; la tannerie y est un grand objet de commerce, & on y fait une bierre blanche fort estimée, qui porte le nom de *Broihar* qui l'inventa en 1526.

*La Nouvelle ville de Hanovre* est séparée de Hanovre par la Leine, dont elle couvre la rive gauche : elle ne contient que trois cent soixante & seize maisons : mais elles sont bien bâties, & bien remplies : elle est fortifiée ; les magistrats n'y administrent que la partie économique ; un prévôt y rend la justice. Elle est le siége des consistoires dont l'autorité s'étend sur toutes les possessions de l'électeur ; on y remarque une place ornée d'une grotte dont les jets d'eau ont été négligés ; une belle esplanade, un grand bâtiment qui renferme les archives & une superbe bibliotheque, une école latine, deux églises Calvinistes, dont l'une est française, & une Catholique, une sinagogue, plusieurs hôtels & diverses manufactures. Elle existait dans le treizieme siecle ; mais elle n'est devenue ville qu'en 1714.

*Münder*, est une ville de 176 feux, sur le bord de la Hamel. Dans son faux-bourg sont des salines ; le magistrat n'y exerce que le pouvoir civil.

Elle renferme trois biens nobles qui siégent aux états.

*Wunstorf*, (*Villa amœnitatis*) est une ville de 240 feux, située entre les rivieres de Sud-Aue & Caspaue qui se réunissent & se perdent dans la Leine à quelque distance de-là. Elle eut des comtes qui la vendirent aux évêques de Minden : elle fut cédée aux ducs de Brunswic en 1446, d'abord comme un fief, ensuite en propriété absolue.

*Pattensen*, est une ville de 163 feux, dont les murs & les fossés sont détruits. Elle renferme cinq biens nobles qui siégent aux états.

*Eldagsen*, ou *Eldagshauser*, est une ville de deux cent onze maisons, & de quatre biens nobles siégeant aux Etats. Les magistrats y administrent la justice civile & prétendent à l'exercice de la justice criminelle qu'ils n'ont pas. Plusieurs incendies ont fait disparaitre une partie de son irrégularité & de ses maisons antiques. Elle a eté la principale ville du comté de Hallermund.

*Chapitres & couvens qui siégent aux états.*

*Luckum* fut fondé en 1163 par un comte de Hallermund. Son abbé préside aux états : un prieur, trois chanoines, un régent & quelques moines forment avec lui ce chapitre qui possede trois villages, le bourg de *Wiedenshal* & un hôtel dans Hannovre.

*Wunstorf* est dans la ville de ce nom : ce chapitre fut fondé en 870, est habité par quelques chanoines & cinq dames qui font preuve de seize quartiers, & se distinguent depuis 1760 par une croix émaillée de bleu, ayant un cercle d'or sur les angles.

*Marienrode*, couvent de moines catholiques, d'abord habité par des augustins, que leur libertinage fit chasser : ils furent remplacés par des moines de Citeaux : il est formé d'un abbé, de dix-neuf peres & huit freres, le premier siége aux états, & est installé au nom du souverain. Il posséde la cense du Nuenhof.

*Marienfée*, couvent luthérien situé sur la Leine, habité par un abbesse & douze demoiselles nobles ou roturieres.

*Marienwerder*, est sur la Leine & fut fondé en 1114, il est habité par une abbesse & onze demoiselles, les unes nobles, les autres roturieres.

*Wennigsen*, est luthérien comme le dernier, & est habité par autant de demoiselles, prises dans les mêmes ordres de personnes.

*Barsinghausen*, couvent situé sous la Deister, fondé dans le douzieme siecle, habité par une abbesse & dix demoiselles, ou nobles, ou roturieres.

*Wülfingausen*, fondé en 1235 : une abbesse & onze demoiselles roturieres ou nobles l'habitent.

Balliages domaniaux.

*Calenberg*, bailliage qui a six à sept lieues de long sur cinq de large, & renferme des montagnes couvertes d'arbres, & une partie de la forèt de Deisterwald : des champs fertiles dans une vaste plaine, & la culture du lin, sont ses principales ressources : on y éleve peu de bétail. La Leine, la Haller & la Deister l'arrosent ; on y compte un bourg & soixante villages, gouvernés par trois baillifs : les lieux les plus remarquables qu'il offre sont le château de Calenberg qui a donné son nom au pays, & le bourg de *Gehrden*. Ses baillifs exercent la haute justice dans les petites villes de *Pattensen* & d'*Eldagsen* dont nous avons parlé.

*Wittenbourg*, bailliage formé des biens d'un couvent & qui ne renferme aucun village.

*Coldingen*, bailliage qui a trois lieues & demi de long, sur deux & demi de large : les travaux de ses habitans sont divers, comme la nature de son sol : on y trouve des champs fertiles, & des contrées sablonneuses : des grains, du bétail, & la bierre, sont ses principales ressources : à *Bourgsadel* on exploite & on brule de la tourbe. On y compte vingt-quatre villages dont quelques-uns sont appellés *Francs*, parce qu'ils ont le droit de chasse.

*Langenhagen*, bailliage qui renferme une trentaine de villages : son territoire s'étend sur les jardins qui environnent Hannovre, & sur les châteaux de *Monbrillant* & de *Herrenhausen* : on admire dans ce dernier un jet d'eau qui s'élance à une grande hauteur ; l'orangerie est ornée de bustes de marbre & de bronze représentant des Romains, dans le jardin s'éleve une salle de comédie.

*Ricklingen*, bailliage sur la Leine & qui a deux lieues & demi en tout sens : son territoire est ici bas & humide, là sec & sablonneux : le bétail en est la richesse ; on y compte neuf villages, dont le plus remarquable est celui qui donne son nom au bailliage ; on y voit un château jadis habité par des nobles brigands qu'Albert duc de Saxe vint assiéger : il y eut la jambe fracassée d'une pierre, un monument reparé encore de nos jours l'atteste.

*Neustadt*, bailliage que la Leine traverse, qui a six à sept lieues de long sur trois à quatre de large ; l'Alpe y prend sa source, près de lui est une espece de lac nommé *Steinbuder meer*. Il renferme de belles prairies, des plaines marécageuses, des côteaux sablonneux : on y exploite de la tourbe ; les grains, les bestiaux, le lin sont les objets de son commerce. On y compte 36 villages & la ville de *Neustad tam Rubenberg*, arrosée par la Leine qui s'y partage en deux bras, dont l'un aidé d'une écluse sert à la navigation : l'un & l'autre ont des ponts : près d'elle est une colline sur laquelle est un château : on trouve dans ses environs de belles pétrifications.

*Rehbourg*, bailliage sur le Steinbouder meer : la moindre partie de son terroir a des champs fertiles : on y cultive les grains, le lin & le houblon : le bétail est la richesse de quelques villages ; des forêts de chêne & de hêtres font celle de plusieurs autres : les monts de *Rehbourg* & de *Lockum* y donnent de bons charbons de terre ; mais ils en donnent peu : il y a des sources d'eaux minérales, claires, imprégnées de terres de chaux, de sel commun, de sel de Glauber, & de parties ferrugineuses & vitrioliques, sa longueur est de trois lieues ; on n'y compte que deux villages & la ville de Rehbourg qui renferme 177 feux.

*Wœlpe*, bailliage qui a cinq lieues de long & autant de large : il y a de bonnes forêts & des terres bourbeuses ; on y élève beaucoup de bétail : c'était autrefois un comté qui renferme encore vingt-cinq villages & le bourg d'*Erichsagen*.

*Blumenau*, bailliage sur la Leine qui renferme vingt-deux villages ; au de-là de celui de *Seelze*, est une pyramide quarrée, monument élevé en l'honneur du lieutenant-général *Obertraut* qui y fut tué dans un combat.

On compte encore dans ce quartier quatre jurisdictions nobles qui renferment cinq villages.

## II. QUARTIER DE HAMELN ET DE LAUENAU.

Il comprend trois villes, dix bourgs, un chapitre, 128 villages, & 164 biens nobles.

Villes qui dépendent de la chancellerie.

*Hameln*, appellée autrefois *Quern - Hameln* & *Mühlen-Hameln*, ville fortifiée, la derniere pour le rang des quatre grandes villes, baignée au couchant par le Weser qui y forme une isle, & y a un pont de neuf arches, une belle écluse qui le rend navigable, & qui a couté quatre-vingt mille rixdales la Hameln qui lui donna son nom s'y joint au Weser. Elle a deux églises, une troisieme pour les Français calvinistes, une école latine, un hôtel Dieu, six cent soixante maisons, des baraques pour la garnison, & de belles caves voutées sous la maison de ville. Ses magistrats y sont juges civils & criminels, ils possedent des forêts, & différens droits celui de battre monnaie, l'exercice de la police, sont des fiefs qui leur furent concédés.

La Colonie Française a ses juges particuliers. Cette ville a des manufactures de bas, d'étoffes & de soie on y prépare des cuirs de toute espece, & l'on en exporte beaucoup de fils & de toiles. Elle n'est qu'un assemblage de hameaux que le chapitre qu'elle renferme fit naître : elle existait dans le onzieme siecle. Elle appartint à l'abbaye de Fulde, fut d'abord engagée aux ducs de Lunebourg, qui l'acquirent enfin en 1521. Elle a été plus florissante qu'elle n'est aujourd'hui : cependant elle est dans une situation riante & commode.

*Bodenwerder*, est une ville de 238 feux, située sur le Weser qui en fait une espece d'isle, & qui souvent l'inonde : on l'y traverse sur un bac. Ses magistrats sont juges civils ; mais ils ne font qu'instruire les procès criminels. Son grand commerce en toiles avec Hambourg & Brème est presque tombé.

### Chapitre.

*S. Boniface de Hameln*, est un chapitre qui siége dans les Etats au troisieme rang parmi les prélats il exiſtait ſous Charlemagne, & ſon chef avait de grands privilèges; il veillait ſur la police, & battait monnaie.

Le chapitre a droit de juriſdiction ſur ſes membres & ſes fermiers.

Bailliages domaniaux.

*Springe*, bailliage de cinq lieues de long ſur la moitié de large : montueux en général, il a des plaines fertiles : les prairies qui peuvent être inondées ſont abondantes, & ſes forêts ſont belles ; on y trouve une mine de charbon de terre, on y fait du verre & de la poterie ; on y file & tiſſe le lin, il renferme dix-ſept villages, le fauxbourg de Münder où l'on compte 71 feux, & à qui des ſources ſalées ont fait donner le nom de *Salze*, & la ville de *Springe* autrefois *Hallereſpringe*, parce que la Haller y prend ſa ſource : ſes murs ont été abbattus, & des montagnes l'environnent ; elle renferme 210 feux, & des dehors agréables, s'entretient par le commerce de la bierre, & a des magiſtrats, mais qui ne ſont point juges.

*Lauenſtein*, eſt un bailliage qui a cinq lieues de long & trois de large ; le ſol y eſt bon dans un lieu, médiocre dans un autre, mauvais dans une grande partie. Les forêts y ſont conſidérables, & y facilitent l'entretien des porcs. La Saale l'arroſe : il renferme une belle ſaline, & la forêt d'Orſterwald qui donne du charbon de terre dont on ſe ſert pour fabriquer du verre eſtimé. Il a trois villages & ſix bourgs : ces bourgs ſont *Lauenſtein* ſitué entre des montagnes & des rochers : il n'a que 83 feux, mais les maiſons y ſont bien bâties ; au delà eſt un batardeau, où l'on compte vingt-huit maiſons. *Hemmendorf* eſt ſur la Saale, contient cent-quinze maiſons & a ſes magiſtrats particuliers. *Eyme* a ſoixante & onze maiſons.

*Salzemmendorf* a trois sources d'eaux salées, qu'on fait évaporer dans 12 chaudieres: dans les trois qui appartiennent au prince, on se sert de charbon de terre: les particuliers à qui appartiennent les autres se servent de bois. *Wallensen* a ses magistrats particuliers comme le précédent, & a été une ville ceinte de murs & de fossés; des eaux saumâtres qui s'y rendent dans la Saale font prendre ce nom à cette riviere. *Duingen* ou *Duin* ou *Dudingen*, bourg qui a ses magistrats particuliers, & qui est enrichi par la poterie de grès qu'on y fabrique & qu'on recherche dans toute l'Allemagne: dans le village de *Dœrpe* on fait aussi une poterie de terre jaune, & des chapiteaux noirs pour les fourneaux.

*Ohsen*, est un bailliage qui a deux lieues de long sur une largeur un peu moindre: le Weser y reçoit l'Emmer: son territoire est fertile en bled & en légumes; on y nourrit beaucoup des bestiaux; on y file & tisse le lin & le chanvre. Il sit partie des possessions des comtes d'Eberstein, & doit son nom à un château qui était situé dans une isle du Weser: il renferme cinq villages.

*Grohnde*, bailliage que le Weser traverse, qui est entouré de montagnes & de belles forêts de chêne, qui a des champs fertiles, & des prairies abondantes: les graines, les bestiaux, la toile qui en sortent font une branche de commerce lucratif; il renferme neuf villages & le bourg de *Grohnde*, situé sur le Weser: l'on y paie un péage: près de-là est un monument de pierre, qui rappelle une bataille sanglante donnée en 1421.

*Polle*, est un bailliage arrosé par le Weser, semé de montagnes couvertes de forets qui font sa richesse, on y façonne le bois, on y fait des bateaux, des bas tricotés;

# CERCLE DE BASSE-SAXE. 417

ricotés & au métier, de la chaux &c. il contient cinq villages & le bourg de *Polle*.

*Erzen*, est un bailliage qui a trois lieues & demi de long, sur autant de large, il est couvert de montagnes; les forêts, la culture du lin, la fabrique des toiles font ses ressources. Il renferme vingt-deux villages & le bourg d'*Erzen* situé sur la Humme: on y compte cent vingt-deux maisons. *Schwabber* est un bien noble, célèbre par son jardin. *Reher* est un village qui a une fabrique de laiton & un moulin à poudre.

*Lauenau*, est un bailliage entouré des monts du Deister & de Süntel, pays montueux dont la pluie entraîne souvent les parties élevées. On y compte vingt villages & le bourg de *Lauenau*, qui n'a que cinquante-trois maisons. Avec les deux suivans, il forme le quartier qui porte son nom, héritage que fit la maison de Lunebourg quand la famille des comtes de Schauenbourg s'éteignit.

*Bakeloh*, est un bailliage dont le terrein est bon pour les grains, excellent pour le lin qu'on y file en partie: il contient quatre villages.

*Lachem*, est un bailliage sur le Weser; ses plaines sont fertiles, ses montagnes sont couvertes de chenes & de hêtres: on y éleve beaucoup de bestiaux & y tisse des toiles. Il renferme 12 villages.

Le cercle de Hameln a encore six jurisdictions bornées chacune au village qui en est le siége: celui de *Bantelu* a une manufacture de tapisserie; on connait celui de *Hastenbeck* par une bataille dans la guerre de 1756 à 1762.

## III. QUARTIER DE GŒTTINGUE.

Il est séparé des autres: nous avons dit qu'il for-

*Tome III.*                           D d

ma une principauté particuliere qui eut auſſi le nom d'*Oberwald*, parce qu'elle eſt ſituée au midi des forêts de Solling & du Harz. On y compte huit villes, huit couvens ſécularisés, quatre bourgs, 179 villages, & quarante-huit biens nobles, dont les poſſeſſeurs ſiégent aux états, & qui paient un ſubſide annuel de 263 rixdales, 33 gros, 6 pennings.

*Gœttingue*, une des quatre grandes villes du Calenberg, & la premiere par le rang : elle eſt ſituée dans une longue & ſpacieuſe vallée, dont l'agrément égale la fertilité. Un bras de la Leine la traverſe & ſépare la vieille ville de la neuve & du *March* : elle a 1000 maiſons, & 8000 ames, & c'eſt une des plus belles villes du cercle de Baſſe-Saxe : ſes larges pavés des deux côtés des rues ſont propres & commodes, & des lanternes l'éclairent durant les nuits de l'hiver : on y compte cinq égliſes, un temple & un hôpital pour les Calviniſtes, une maiſon particuliere ſert de l'un & de l'autre aux catholiques. Dans la nouvelle ville eſt une commanderie teutonique & un hôpital dédié au Saint Eſprit : la *Marſch* eſt orné d'une belle allée de tilleuls entre le rempart & le canal de la Leine : un prévôt nommé par le ſouverain, des bourguemeſtres & un ſindic choiſis par la régence, aidés des conſeillers, y adminiſtrent la juſtice. C'eſt ſur-tout, à ſon Univerſité inaugurée en 1737, qu'elle doit ſa proſpérité. Elle occupe un bâtiment vaſte & conſtruit en pierres : les ſalles académiques ſont au rèz de chauſſée, & dans l'une ſe tiennent les Conciles : dans d'autres appartemens eſt une grande & magnifique bibliotheque, l'une des plus belles de l'Europe, & qui le devient tous les jours d'avantage. Le baron de *Bulow* y conſacra la ſienne formée de 10000 volumes : ſon premier adminiſtrateur fut le baron de Munchhauſen, & elle lui

# CERCLE DE BASSE-SAXE. 419

...it une partie de sa gloire. Une académie royale ...s sciences, fondée en 1751, & celle de la langue ...lemande, en font partie : un observatoire, un su-...rbe jardin botanique, un théatre d'anatomie, une ...ole pour les sages femmes, un séminaire philolo-...que, une salle d'armes, un manége, en sont des ...pendances. La faculté théologique est chargée de ...dministration des orphelins : l'école latine y a pris ...place du Gymnase.

La banlieue de cette ville contient 7,223 jour-...aux de terre : on y voit une petite montagne à ...mbouchure de la Grone dans la Leine, sur la-...elle était le premier château où les empereurs ...xons ont fait leur demeure. Autour sont des prai-...s, des pâturages, des forêts & plusieurs villages ...'elle possede en propre, ou comme des fiefs. Sa ...uation est riante, le paysage qui l'environne est ...s-varié ; autour d'elle regne une promenade ...ntée d'arbres : on y boit de l'eau de source, qui ...prégnée de terre calcaire, préserve, dit-on, de ...gravelle & des maux de reins. Elle n'était qu'un ...lage en 950, devint ville sous Otton IV, & eût le ...oit de battre monnaie, elle fut quelque tems anséa-...ues sans cesser d'être soumise aux duc de Lune-...urg. On y a compté jusqu'à 800 fabriquans de ...ap.

*Nordheim*, est une ville de cinq cent maisons, si-...é sur la Ruhme qui s'y partage en deux bras, & ...jette dans la Leine après sa réunion : c'est par son ...ng la troisieme ville de la principauté. Elle ren-...me une église, une école latine, des manufactu-...d'indiennes & d'étoffe de laine : la culture du tabac ...ussit dans ses environs nommés autrefois *Rittega* : il ...ut autrefois des vignes ; mais on ne voit plus que les ...lines où elles furent cultivées : ses magistrats sont

Dd 2

juges civils, mais un prévôt y est seul juge criminel. Il y eut des comtes de son nom : ils étaient seigneurs de *Bomenebourg*, & leurs possessions passerent à la maison de Brunswic par le mariage de Henri le Magnanime avec Gertrude leur derniere héritiere.

*Münden*, autrefois *Gemünden*, est une ville de 607 feux, arrosée par la Fulde, qui près de-là se rend dans la Werra qui prend alors le nom de Weser. Elle a un pont de pierre couvert de bois, deux églises Luthériennes, une école latine, un hôpital : les Calvinistes y exercent le culte divin dans une belle maison particuliere : sa maison de ville a une façade imposante : ses habitans sont co-bourgeois avec ceux de Brunswic & d'Osterode ; ils fabriquent des étoffes de soie, de damas, font du tabac & de la faience exercent encore divers métiers & commerçent en *gros* & en commissions : le Weser, la Fulde, d'autres rivieres en facilitent ce commerce ; tout homme qui n'est pas bourgeois doit y déposer ses marchandises & les y confier à un commissionnaire ; c'est un droit ancien que lui confirma l'empereur Rodolphe en 1597 ; ses bateliers ont seuls le doit de naviger sur la Fulde ; ils le partagent avec ceux de la Hesse pour la navigation de la Werra ; mais les Hessois sont obligés de s'arrêter à Munden & ne peuvent aller au de-là sans y prendre un batelier. Cette ville est la premiere des petites de la principauté seule elle assiste par un député au petit comité & au collége provincial qui regle les impositions : elle dépendit d'abord des comtes de Northeim, elle eut des priviléges dans le treisieme siecle, & a essuié des pertes immenses dont elle se releve aujourd'hui. Environnée de torrens, de belles campagnes, de prairies, de jardins bornés par des forêts & de montagnes, sa situation est agréable, mais elle a à craindre les inondations de la Werra. Près d'elle on trouve de bonnes meules.

*Dransfeld*, ville de deux cent huit feux, qui renferme deux églises ; le baillif de Münden y est juge criminel.

*Moringen*, est une ville de 140 feux, arrosée par le Mohr qui se jette dans la Leine : des monts l'environnent & n'ôtent rien à l'agrément de sa situation ; ses murs ni ses fossés ne sont plus ; elle a deux églises & une grande maison d'orphelins & où l'on en nourrit 63. Ses magistrats sont juges civils, son château fut habité par divers ducs ; ses rues sont alignées & larges, & son aspect est plus agréable qu'il n'était autrefois.

*Uslar*, est une ville de deux cent-quarante-trois maisons, située dans une vallée qu'arrose l'Ale où l'on pêche de bonnes truites : la vieille ville est entourée de murs, la nouvelle est ouverte, ses magistrats y décident des procès civils : un duc ordonna en 1575, qu'elle prit le nom de *Freudental*, mais il parait que son ordonnance est morte avec lui.

*Hardegsen*, est une ville de cent soixante & seize maisons, placées en partie sur un roc dans lequel on a taillé des caves : l'Espolde l'arrose, & y reçoit le Schottelbeck ; on y fait un débit considérable d'une sorte de cuirs qu'on y prépare. Ses magistrats n'exercent que la jurisdiction civile dans la ville & le bailliage.

### Couvens sécularisés.

S. *Blaise de Nordheim*, est un chapitre fondé en 1051 pour des bénédictins & des bénédictines. Il fut supprimé en 1570, & ses biens affermés.

*Wiebrechtshausen* a eu le même sort, il fut fondé en 1030 & habité par des bénédictines.

*Fredelsloh*, fut fondé en 1137, & habité d'abord

par des augustins & des augustines; mais celles-ci en expulserent ceux-là. Le couvent a été sécularisé, & il n'en reste plus que l'Eglise.

*Marienstein*, ou *Steina* est au bord de la Leine qui y reçoit l'Espolde: il fut fondé en 1108 pour des bénédictins, & on y a eu assemblé les états.

*Weende*, fut fondé en 1300; ses revenus sont affermés.

*Mariengarten*, est situé dans une vallée agréable; c'était un couvent des filles.

*Bursfelde* est sur le Weser, & fut un des plus célebres couvens de bénédictins: fondé en 1093, il eut un protecteur, un abbé, & le droit de battre monnaie: sa discipline sévère fit naître une congrégation qui porta son nom & qu'approuva le Concile de Bâle: le nom de son abbé existe encore; mais les biens sont affermés & le couvent désert.

*Hilwardshausen*, fondé avant l'an 973: c'était un couvent de filles que le Weser arrose.

*Bailliages domaniaux.*

*Leineberg*, jurisdiction ou présidial, qui est le seul vestige de l'ancien palais impérial de Grone; elle s'étend sur quatre paroisses, & son siege est dans le village de Grone.

Le bailliage de Münden est important & étendu; des monts chargés de forêts en couvrent la plus grande partie: celui de *Steinberg* a 1232 pieds de hauteur, & contient une mine de charbon ou de bois minéralisé, composé de parties ligneuses imprégnées de soufre & d'alun, dont les couches de sept à huit pieds sont couvertes d'une terre argilleuse & répandues sur un espace d'environ 700 pieds de long sur près de 600 de large: le haut de la couche est brun, le bas est noirâtre. On le divise en supérieur & en inférieur; on y compte vingt-huit villages &

la ville de *Hœdemünden*, composée de 142 feux, située sur la Werra, entourée de montagnes, & où l'on fabrique beaucoup de toiles.

*Brackenberg*, est un bailliage montueux, pierreux, où l'on ne voit que quatre villages : ses forêts font sa richesse : on y éleve cependant du bétail, & y commerce en toiles.

*Friedland*, est un bailliage arrosé par la Leine qui y reçoit divers ruisseaux : de beaux bleds, beaucoup de lin, du bétail & des toiles font ses ressources : on y compte 17 villages.

*Jenhausen*, est un bailliage qui ne renferme que des montagnes dont une partie est couverte d'utiles forêts : on y compte quatre villages.

*Niedeck*, est un bailliage où l'on ne voit que deux villages & quelques maisons.

*Brunstein* en renferme six, & est semé de montagnes : on y commerce en fil & en toiles.

*Wersterhofe*, est un bailliage où l'on voit des champs fertiles en beaux grains, & en lin : il a quelques forêts & neuf villages.

*Moringen*, est un bailliage qui touche à la Leine & à la forêt de Solling : ses champs font fertiles dans les vallées, mais pierreux & arides sur les hauteurs : & sur-tout vers le mont Waper, où l'on trouve de belles carrieres de pierre à aiguiser, à bâtir, & des pierres calcaires ; ses forêts font nombreuses, & on y compte 12 villages.

*Hardegsen*, est un bailliage qui comprend une partie de la forêt de Solling : ses champs font parsemés de rocs, & reposent sur de l'argille : ses monts font couverts de chênes & de hêtres, & offrent des carrieres utiles ; on y cultive des blés, mais plus encore le lin : l'Espolde & la Schwülmsche l'arrosent, il renferme neuf villages.

*Harste*, est un bailliage dont le terroir est médiocre & où l'on compte 14 villages.

*Uslar*, est un bailliage dont les forêts & le lin font les richesses : il est au centre de la forêt de Solling, a des fonderies de fer & 15 villages.

*Lauenfœrde*, est un bailliage qu'arrose le Weser, que couvre de belles forêts ; mais qui manque de champs : on n'y voit que le bourg qui lui donne son nom.

*Nienovre*, est un bailliage qui a des champs fertiles ; mais bien plus de forêts ; il renferme trois villages, & le bourg de *Bodenfelde*, arrosé par le Weser & près duquel est une source d'eau minérale négligée.

*Erichsbourg*, est un bailliage qu'une partie de l'évêché d'Hildesheim divise en trois parties : l'une d'elle est au nord de la forêt de Solling, & ses champs sont pierreux sur la pente des montagnes qui l'environnent ; mais fertile dans la plaine, quoique mêlée d'une argile rouge ou grise ; on y a découvert des mines de fer & de charbon de terre : celle qui touche à la forêt est fertile en grains de toute espèce, & sur-tout en lin ; semée de monts, elle est riche en pierre de taille. Tout le bailliage ne renferme que six villages.

Ce quartier contient encore onze jurisdictions nobles : les plus considérables sont celles de *Hardenberg*, & d'*Adebebsen* ; la premiere s'étend sur huit villages & le bourg de *Nœrten* où l'on voit une maison d'orphelins & d'enfans trouvés. La seconde s'étend sur sept villages & le bourg qui lui donne son nom. Les neuf autres jurisdictions rassemblées renferment vingt-quatre villages.

## DUCHÉ DE SAXE-LAUENBOURG.

Il touche aux duchés de Holstein, de Mecklenbourg

& de Lunebourg, aux territoires de Lubeck & de Hambourg, à l'évêché de ce nom, à la principauté de Ratzbourg. C'est un pays presque par-tout uni ; divisé en champs où prospérent le froment & l'orge, en bruyeres & en plaines fablonneufes. Ce n'est gueres qu'à force de foins qu'il devient fertile ; on y cultive beaucoup de lin : on y trouve de la tourbe, de vaftes forêts de chênes & de hêtres qui y font une de fes principales richeffes : les beftiaux qu'on y nourrit font nombreux, les domaines s'afferment ordinairement à des Hollandais comme dans le Holftein & le Mecklenbourg, & chaque vache raporte annuellement cinq à six rixdales à fon poffeffeur. Diverfes rivieres arrofent cet état qui a près de quarante lieues de long fur cinq à onze de large; une partie eft fituée fur l'Elbe. La *Bille* le fépare du Holftein & fe jette dans l'Elbe. La *Stekenitz* y joint l'Elbe à la Trave, & facilite le commerce par des éclufes. Elle ne porte ce nom que depuis Möllen à Lubeck; de Mollen à Lauenbourg, elle porte celui de *Delvenau* : deux ruiffeaux la forment. La riviere de *Wakenitz* fort du lac de Ratzebourg, navigable comme la derniere, elle fe jette dans la Trave à Lubeck; ces rivieres, les lacs de *Ratzebourg* & de *Sebal* fourniffent d'excellens poiffons. On n'y compte que trois villes, un bourg, & trente-fix mille hommes. Les villes & les poffeffeurs de vingt-trois biens nobles, y forment les états, qui s'affemblent à Büchen pour les dietes folemnelles, à Ratzebourg pour les particulieres. Ces biens nobles appartiennent à treize familles différentes, parmi lefquelles on élit deux confeillers d'état, dont l'un eft toujours le feld-maréchal de la province : les autres gentilshommes ont un findic particulier. Les privilèges des états & de la noblesse ont été rassemblés en 1702, & confirmés par les électeurs George II & George III.

La religion Luthériene est celle du pays, on y compte trente-sept paroisses soumises à un superintendant qu'élit l'électeur : un membre de la régence fait avec lui la visitation générale des églises, mais rarement ; les visites particulieres sont plus communes, elle se font dans chaque paroisse tous les trois ans. Il y a dans les villes des écoles latines pour la jeunesse : mais ni manufactures, ni fabriques n'y prospérent. On en exporte annuellement 1000 charges de seigle, 200 tonneaux de beurre, chacun de 224 livres d'Allemagne, 450 quintaux de fromage, 154000 livres de laine, du bois à bruler & à bâtir pour 20000 rixdales & du poisson pour 4 à 500 rixd.

Ce pays fut une partie de la Slavie au de-là de l'Elbe : on appellait ses habitans *Polabes* de leur situation sur l'Elbe ; ils furent subjugués par Henri le Lion, & ce pays lui resta après avoir été mis au ban de l'empire, parce qu'il n'était pas encore renfermé dans son enceinte ; il en jouit donc encore malgré les prétentions de Bernard qui lui avait succédé dans le duché de Saxe, & entra dans le partage que firent ses fils ; mais ils ne le possédérent pas : les comtes de Holstein en jouirent, & le cédérent au roi de Danemark d'où il passa au duc de Saxe de la maison d'Ascanie : il eut alors le nom de Basse-Saxe; ces ducs convinrent alors avec les descendans de Henri le Lion, que ceux-ci hériteraient de ce duché au cas que la branche de Lauenbourg vint à s'éteindre, & c'est ce qui est arrivé en 1689, George, duc de Zell, s'en mit en possession, & de celui-ci, elle passa à la branche électorale de Hannovre. Depuis 1716, l'électeur siége par elle aux dietes de l'empire & aux assemblées du cercle. Son mois romain est de 216 fl. Sa taxe de 243 rixdales. 43 kr.

Ce duché dépend du conseil secret de Hannovre, mais il a aussi son gouvernement particulier, dont les chefs sont le sénéchal & deux conseillers d'état; sa cour supérieure de justice, est composée d'un juge de cour ou président, de deux conseillers d'état, de deux assesseurs ordinaires, auxquels on joint quelquefois des assesseurs extraordinaires. Le président est choisi par le prince, mais dans les nobles du pays c'est ordinairement le sénéchal qui exerce cet emploi: il nomme encore les deux conseillers d'état & un assesseur, & les états choisissent deux conseillers pour la province & un assesseur : le prince les confirme. De ce tribunal on appelle à la chambre suprême de Zell où l'on juge en dernier ressort. Le sénéchal, un assesseur, un conseiller de cour, le superintendant, un autre pasteur nommé par ses confreres, un assesseur choisi alternativement par les villes, composent le consistoire. Tous les tribunaux se tiennent à Ratzebourg. La noblesse & les villes exercent dans leurs districts la haute & basse jurisdiction : de la premiere, pour les procès civils, on appelle au tribunal de la cour; des secondes au gouvernement.

Les impôts paiés par la noblesse, les quatre bailliages & les états le font dans cette proportion. Lorque le bailliage de Lauenbourg paye 92 rixdalers 18 kr. 5 p. celui de Ratzebourg donne 60 rixdalers 32 kr. celui de Neuhaufs 53 rixdalers 346. fl. Celui de Schwarrzenbeck 53 rixdalers 811. la noblesse 109 rixdalers 19 sch. 7 fl. La ville de Ratzebourg 12 rixdalers. Celle de Lauenbourg 81 rixdalers 42 sch. 8. fl. & celle de Möllen 20 rixdalers. Le bailliage de *Steinborf* n'est pas compris dans cette évaluation, parce qu'il a été acquis nouvellement.

Le prince fournit les contigens dûs à l'Empire, & aux cercles, ainsi qu'à ce qu'exigent les besoins du pays.

## I. *Villes dont les magistrats exercent la haute & basse jurisdiction.*

*Ratzebourg*, ville forte, située dans une isle, au milieu du lac de ce nom, qui est long de dix lieues, sur une de large, & s'étend assez près de Lubeck, où se rendent toutes les semaines deux paquebots chargés, venant de Ratzebourg. Le bombardement qu'elle essuia en 1693, lui a donné plus d'agrément & de régularité : les maisons sont bien bâties & la plupart à la Hollandaise. La garnison est logée dans des casernes. Sa promenade est très-belle, & est voisine du lac. Une partie de la ville appartient au Mecklenbourg, & dans cette partie un pont long & beau la joint au Continent. On y brasse de la bonne bierre. Ses environs furent habités par les Polabes ; ses anciens comtes finirent dans le treizieme siecle.

*Lauenbourg*, petite ville près de l'Elbe & du Stekenitz, au pied d'une montagne : plusieurs maisons sont bâties dans un fond, de maniere que leur premier étage est au niveau de la rue, sur laquelle d'autres s'élévent du côté opposé.

La navigation, un dépôt de marchandises, le commerce des grains, du bois, de la bierre y répandent de l'activité & de l'aisance. Le péage rapporte beaucoup. Sur la hauteur était un château, ancienne résidence des ducs : il en reste une aîle habitée par un baillif.

*Möllen*, petite ville presque environnée de deux lacs, dans l'un desquels les eaux de la Steknitz se mêlent. On y compte deux cent soixante & deux maisons & plusieurs édifices publics: elle prétend posséder les restes de ce sage fou connu sous le nom de *Tylle-Enlenspiegel*. Les champs qui l'environnent formaient le district appellé autrefois *Sadelbandia*.

*II. Balliages qui appartiennent au prince.*

Celui de *Ratzebourg* a huit lieues de long & six de large, il renferme le bourg de *Grunau* & trente-neuf villages.

Celui de *Lauenbourg* a cinq lieues de long & cinq de large; on y compte vingt-neuf villages, dont sept sont environnés de plaines humides & basses. Nous remarquerons celui d'*Artelnbourg* au bord de l'Elbe qu'on y passe sur un bac, dans le lieu où fut située l'ancienne forteresse d'*Ertenebourg*, celui de *Buchaü* où se tiennent les Dietes, celui de *Franzhagen* où fut un château qu'habitaient une branche des ducs de Holstein-Sonderbourg.

Le bailliage de *Neuhauss* renferme trente-deux villages: celui de *Neuhauss* est sur l'Elbe; la maison que le baillif y habite fut celle d'un duc de Saxe.

Le bailliage de *Schwarzenbeck* a quatre lieues de long, trois de large, renferme vingt & un villages, deux martinets de cuivre, une papeterie, & la forêt agréable de *Sachsen*.

Celui de *Steinhorst*, fut cédé aux ducs de Slesvig & de Holstein, & revint à la maison de Hanovre en 1740; il est montueux: on y compte douze villages: celui de *Siebenbaümen* a deux foires de marchandises & de bestiaux.

*III. Biens nobles.*

La maison de Bulow possède celui de *Gudow*; il

est considérable. Celle de *Vissendorf* posséde aussi celui de *Zecher*, qui renferme une grande partie du lac de *Schall*, lac poissonneux, long de trois lieues, & quelques isles qu'il y forme : celui de *Suedorf*, qui a trois lacs, s'étend sur une isle marécageuse, sur deux grands villages, & sur celui de *Throw*, au bord du lac de *Golden*. Les barons de *Bernstorf* possédent les fiefs de *Bernstorf*, de *Stintenbourg*, de *Woterfen* & de *Lanken*, on y compte cinq paroisses.

Les nobles de *Warkerbart* possédent le fief de *Kozel*, composé de deux domaines réunis qui donnent deux voix à la Diete, & celui de *Tufehenbek*. Les autres biens nobles sont moins considérables; ce sont ceux de *Basthorst*, de *Daldorf*, de *Niendorf*, de *Colpin*, de *Schenkenberg*, de *Müssen*, de *Gulzau*, de *Ludersbourg* &c.

### QUATRIEME PAYS DE HADELN.

Ce pays appartient aux ducs de Saxe-Lauenbourg, mais il ne fait pas partie de ce duché ; c'est une province particuliere : il touche à l'Elbe, au duché de Brême, au territoire de Hambourg : il a quatre lieues de long, trois de large, la Medem l'arrose, riviere utile formée de deux ruisseaux que trois éclufes conduisent dans l'Elbe : un grand étang qu'y forme l'Elbe le garantit des inondations. Son sol fablonneux en des endroits, marécageux en d'autres, a des champs féconds en grains & en fruits ; le poisson & le betail y sont abondans.

Il parvint à la maison électorale en 1731. On y compte douze paroisses toutes luthériennes. Il est divisé en trois états, à ses tribunaux particuliers, ses coutumes, ses priviléges, sa maniere de payer les contributions, qui montent annuellement à environ 50000 livres: il n'en paye aucune à l'empire, il eſt exempt de celle qu'on nomme *Licent* & du papier timbré ; mais l'entretien des digues y eſt onéreux.

On y voit *Ottendorf* petite ville fur la Medem qui près delà fe jette dans l'Elbe: on y compte quatre-cent familles, & y remarque un château & un port. Deux bourgmaîtres, fix conſeillers, un fécretaire en font les chefs, & y exerçent la baſſe juſtice.

*Attenbruck*, eſt un bourg étendu, qui eſt bien bâti & a un port. Celui du *Ludingworth* eſt grand encore. Celui de *Nordleda* médiocre, mais plus conſidérable qu'un quatrieme bourg nommé *Neuenkirch*.

## Principauté de Wolfenbuttel.

Elle eſt diviſée en deux parties par la principauté d'Haberſtadt & l'évêché de Hyldesheim : la partie qui eſt au nord touche encore au Lunebourg, à la marche de Brandebourg & au duché de Magdebourg, & celle qui eſt au fud touche aux principautés de Grubenagen & de Calenberg, au comté de la Lippe &c.

Cette derniere comprend au levant une partie du Harz, & nous avons dit comment ils en exploitent en commun les mines ; & au couchant une partie de la forêt de Solling: elle couvre une chaine de montagnes, qui au midi a le nom de *Hils*, & au nord montagne de *Lauenſtein*. Cette partie de la principauté a peu de champs, mais fes forêts y font agir les forges, les verreries, où l'on fait de très-belles glaces, les fabriques de porcelaine, & facilite l'exploitation des mines & des falines. La partie feptentrionale eſt un pays uni, fertile en grains, lin, chanvre, légumes, jardinage, & abondante en beſtiaux : une saline y donne au prince un revenu considérable ; la culture du ver a soie y réussit & y est encouragée : le *Weser*, la *Leine* l'arrosent, l'*Innersle* & l'*Ocker* y passent & naissent dans le Harz ; la dernière porte bateau dans une partie de son cours qui se termine dans l'*Aller* : le canal de *Schunter* y facilite le commerce. Elle renferme dix villes, huit bourgs, trois cent quatre-vingt-six villages, & dix-sept chapitres & couvens. Les doyens & abbés de ces couvens, les gentilshommes possesseurs des biens nobles, les députés des villes les plus anciennes y forment les états, qui sont convoqués quatre fois l'année à Brunswic, & où un conseiller privé du duc préside en sa place & expose ses demandes.

Ils forment un grand & petit comité : celui-ci est composé du doyen de l'abbaye de S. Blaise, premier conseiller d'état & du trésor, de deux ou trois conseillers nobles du trésor, & du premier bourguemaître de Helmstedt : le grand l'est de quatre prélats, de neuf nobles & des villes de Brunswic, de Kœnigslutter, de Seesen, & de Scheningen.

Le Luthéranisme y est la religion dominante, & ses prédicateurs y sont dirigés par vingt-quatre surintendans, surveillés eux-mêmes par six surintendans-généraux. Les Calvinistes & les Catholiques ont une église à Brunswic.

Cette principauté a des fabriques de fil, & de toiles, de porcelaine & de céruse ; des manufactures de laine & de soie ; on y blanchit la cire, apprête le tabac, le cuir & le maroquin ; on y fait avec l'acier & le fer des ouvrages recherchés, de belles glaces, des meubles & outils en bois, des merceries &c. La bierre qu'on y fait est une riche branche de commerce : diverses écoles & gymnases y offrent des ressources pour l'instruction.

Ses

# CERCLE DE BASSE-SAXE.

Ses premiers seigneurs descendaient du fameux Witikind : nous avons vu qu'Henri le Magnanime acquit ce pays par son mariage avec Gertrude petite fille de Gertrude, sœur d'Eckbert II Marggrave de Thuringe & de Misnie, dernier prince de cette maison. Il donne droit de séance & de suffrage aux assemblées du Cercle & aux Dietes de l'empire. Le mois romain de la maison de Brunswic Wolfenbuttel, est de 1734 florins, sa taxe pour la chambre impériale est de 178 rixdales, 36 kr. Elle a quatre offices héréditaires qui sont le maréchal, l'intendant des cuisines, l'échanson & le trésorier : ses tribunaux sont, un *Conseil privé* d'où émanent les ordonnances sur la justice & la police, les concessions, les offices des magistrats des villes, & la décision des affaires d'Etat : le prince y préside, & il est fixé à Brunswic ainsi que la *chambre des comptes* qui administre les revenus domaniaux : ceux des couvens le sont par des conseillers qui résident à Wolfenbuttel ainsi que le tribunal de la chancellerie, le consistoire, & la cour supérieure de Justice. Les revenus du prince proviennent des bailliages domaniaux, des biens des couvens, des droits régaliens, du papier timbré, des subsides, des impositions sur les grains, sur les moutons, sur les villes & les couvens, sur les moulins, la bierre, le vin & les eaux-de-vie &c. Le duc entretient quatre régimens d'infanterie, un des gardes du corps à cheval, un de dragon, un de milice provinciale, un d'invalides & un corps d'ingenieurs & de l'artillerie. On la divise en quatre districts.

## PREMIER DISTRICT DE WOLFENBUTEL.

L'Ocker le traverse.

*Villes.*

*Brunſwic*, eſt la réſidence du prince, l'Oker l'arroſe, & s'y diviſe en pluſieurs bras qui ſe réuniſſent au dehors de ſes murs : ſes remparts ſont plantés de meuriers utiles pour les vers à ſoie ; elle eſt bâtie à l'antique, mais chaque jour elle s'embellit par de beaux édifices & par ſes pavés : elle eſt fort étendue, ſans être peuplée. C'eſt dans le château appellé la *Cour griſe* qu'on voit une riche collection de curioſités naturelles & artificielles ; ſes antiques, ſon jardin, les bâtimens qui y tiennent, méritent d'être vus. Dans la ville eſt un collége pour les arts & les ſciences, qui a une nombreuſe bibliotheque, une maiſon d'opéra, une de comédie, une maiſon de péage ſur les marchandiſes qui rapporte annuellement 200 mille rixdales. Dans le vieux château eſt un lion de métal poſé ſur une haute & large colonne de pierre de taille : un hôtel des monnaies, une maiſon de force, une d'orphelins bâtie ſur les ruines d'un couvent & à laquelle ſont jointes une école latine, une imprimerie & une librairie, dix égliſes, & une autre qui eſt commune aux Calviniſtes Français & Allemans. L'égliſe collégiale de S. Blaiſe, fut fondée par Henri le Lion qui y a ſon tombeau ; il l'avait ornée de reliques & d'ouvrages précieux qui ont été tranſportés à Hannovre : elle contient les archives communes à la maiſon de Brunſwic, & un tombeau des princes de Bevern. Le *temple*, bâtiment antique qui appartint aux templiers, fut donné à l'ordre de S. Jean qui en jouit encore. Elle renferme encore le chapitre de S. Matthieu, compoſé de quatre perſonnes dont deux ſont prêtres, & les autres ordinairement magiſtrats, deux gymnaſes, un théâtre d'anatomie, un collége de médecine, une vaste maison de charité &c. Cette ville compte parmi ses habitans un grand nombre de fabriquans & d'artistes : sa bierre très forte nommée *Mumme* de celui qui la composée, est recherchée de l'étranger, & on en exporte même en Asie : c'est-là qu'en 1530 furent inventés les rouets par un statuaire nommé *George*. On y tient deux foires par an. Ses magistrats y exerçent la haute & basse justice, & son territoire comprend quatre paroisses. Elle était en 775 un grand bourg où l'évêque Swibert vint prêcher & convertir les Payens. Son fondateur paraît être Brunon, duc d'Engern. Elle fut d'abord divisée en cinq parties, séparées par des murs, qu'une même enceinte renferme aujourd'hui. Elle eut de grands priviléges, & voulut s'en donner de plus grands, elle se fit une ville libre & prospéra longtems comme telle : le duc de Brunswic Rodolfe Auguste l'assiégea & la prit en 1671 avec les canons mêmes, qu'elle lui avaient prêté.

Près d'elle est un mont sur lequel est le couvent Luthérien de Sainte Croix, habité par une *Domina* & douze demoiselles. Entre Brunswic & Wolfenbuttel, l'Oker a été rendu navigable ; elle est bordée d'une chaussée couverte de deux rangs d'arbres.

*Wolfenbuttel*, est une ville sur l'Oker, située dans un terrain bas & marécageux, mais agréable : elle a de belle maisons & est fortifiée. C'est dans son château que résiderent longtems les ducs ; sa bibliotheque est une des plus importantes de l'Europe, & on y compte 120000 volumes imprimés ou manuscrits. Sa principale église renferme l'ancien caveau sépulcral des princes. Elle est le siége de divers tribunaux ; son nom vient de celui de son fondateur qui s'appellait *Wolfen* : elle s'appella fort longtems *Wulferbutle*. Elle parvint au duc de Brunswic en 1254. Henri le Capricieux fit reconstruire son château en 1283, le duc Henri le Jeune fit élever entre les bras de l'Oker la petite ville, & on la nomme *Henrichstadt*: le duc Jules fit bâtir le bourg de *Godeslager* pour y loger les marchandises des commerçans étrangers; lui & son successeur y ajoutérent la ville de *Juliusfriedenstatt*; le duc Auguste l'étendit par celle d'*August-Stadt*; mais malgré ces divers accroissemens, elle n'est pas encore une grande ville.

*Scheppenstadt*, autrefois *Scaphinstede*, ville municipale, arrosée par l'Altenau: elle s'aggrandit & s'embellit chaque jour. Elle n'était qu'un bourg en 1474. Son territoire s'étend sur quatre villages.

## Chapitres & Couvens.

*Saint Blaise*, est un chapitre Luthérien établi dans Brunswic, composé d'un prévôt, d'un doyen, d'un senior, de dix chanoines & de plusieurs vicaires; ses biens sont considérables, & il nomme à plusieurs cures.

*Saint Cyriac*, est un chapitre Luthérien, placé autrefois sur le mont de Mœnehberg, situé près de Brunswic: aujourd'hui les cinq chanoines qui le composent habitent la ville & jouissent des revenus sans s'acquitter de leurs anciens offices.

*Steterbourg*, est une abbaye près de Wolfenbuttel fondée l'an 1000, est habitée par des demoiselles Luthériennes.

*Riddagshausen*, est un couvent ou séminaire dirigé par un abbé: il est voisin de Brunswic, & a une belle bibliotheque: fondé en 1145, il fut habité par des moines de Citeaux, jusqu'à la réformation: son territoire s'étend sur neuf villages.

## CERCLE DE BASSE-SAXE.

*Bailliages du Prince.*

*Wolfenbuttel*, est un bailliage étendu, mais moins qu'il ne l'a été, car il a renfermé les trois qui suivent : on y trouve deux maisons ducales : ce sont celles de *Fürstenau*, & *Sopienthal*.

*Rotenhof*, est un bailliage divisé en deux prévôtés, qui renferme aussi deux censes.

*Winnigstet*, est formé de cinq villages & d'un bien noble.

*Salzdalum* en renferme huit : celui de *Salzdalum* a reçu ce nom d'une saline considérable qui existait dans le treizieme siecle. On y tenait autrefois les états, & il est orné aujourd'hui d'un palais somptueux où tout plait & étonne quoiqu'il soit bâti en bois. On y voit deux galeries : l'une, longue de 200 pieds sur 50 de large & 40 de haut, renferme une collection de plus de 1000 tableaux des plus célebres peintres de l'Europe : l'autre longue de cent soixante pieds, large de vingt, est remplie aussi des peintures des plus grands maîtres : à son extrêmité est un cabinet qui renfermait 1000 vases, jattes, bouteilles, salieres &c, peints par Raphael d'Urbin : on les a transporté à Brunswic. Vis-à-vis est un autre cabinet garni de plus de 8000 pots, plats, garnitures de cheminée, &c. de belles porcelaines & rangées avec goût : six cabinets de curiosités naturelles & artificielles ont été transportés à Brunswic : la chapelle de ce château est belle ; il a un magnifique jardin, une belle orangerie, des grottes &c. Près de lui est le couvent de ce nom, habité par une *Domina* & quinze demoiselles qui tous les jours vont deux fois à l'Eglise faire des prieres publiques.

*Eich*, est un bailliage qui renferme onze villages.

*Lichtenberg* est un bailliage, qui prend son nom d'un vieux château fortifié, & qui contient dix villages.

*Gebhardshagen*, est peu étendu: cinq villages sont dans son enceinte.

*Neubrück*, en renferme le même nombre, & l'Oker l'arrose.

*Campen*, est un bailliage qu'arrose la *Schuntor*, & où l'on compte quatorze villages.

Les bailliages de *Salder*, d'*Achen* & de *Barnstorf*, renferment entr'eux neuf villages & n'ont rien de remarquable : les jurisdictions de *Küssenbrück*, de *Wendhausen* & de *Wechelde* étaient autrefois de petits siéges de justice seigneuriale.

Ce district comprend encore dix-sept justices seigneuriales particulieres, qui renferment vingt-cinq villages: les plus considérables sont celles de *Destedt* où l'on compte cinq villages & celle de *Lucklum*, où réside le grand commandeur du bailliage de Saxe de l'ordre teutonique qui est membre des états.

## II. District de Schening.

### Villes.

*Hemelstedt*, est une ville qui a deux fauxbourgs, une école latine, trois églises, & une Université, fondée en 1576 par le duc Jules: ses bâtimens sont vastes; elle a une bibliotheque, un théatre d'anatomie, & un jardin de plantes. La ville a encore une société de gens de lettres pour perfectionner la langue allemande, & un séminaire théologique. On croit que S. Leger la fonda en 789 ainsi que le couvent de ce nom soumis à l'abbaye de *Werde* dans le cercle de Westphalie, qui possédait aussi la seigneurie de la ville; mais elle la vendit au duc. Le

# CERCLE DE BASSE-SAXE. 439

nagistrat y est juge civil & criminel. Dans un pré voisin, entouré de côteaux & de forêts, est une source minérale, où l'on arrive par une belle allée d'arbres.

*Scheningen*, petite ville où est une école latine estimée, munie d'une bibliotheque ; & un vieux château. Près d'elle est une saline.

*Kœnigslutter*, petite ville qu'arrose la Lutter, qui se forme de sept sources réunies au delà lesquelles la forêt d'Elm, sortent d'un lieu pierreux nommé Duckstein; elle a été entiérement dévastée & dépeuplée.

### Couvens.

*Kœnigsluter*, est un couvent voisin de la ville de ce nom, fondé au commencement du onzieme siecle, habité d'abord par des augustines, ensuite par les bénédictins : l'empereur Lothaire y fut inhumé & de-là vient son nom, le même monument couvre sa femme & son gendre Henri le Magnanime ; il est moderne & fait d'albâtre blanc & noir : ce couvent qui préside dans les états sur tous les autres couvens, fit naître la ville de ce nom, nomme à quatre cures, & dispose de dix fiefs.

*Marienthal*, est un couvent dans une agréable vallée, fondé en 1138, peuplé de religieux de Citaux, qui en 1569 devinrent Luthériens; il y a une école où l'on instruit gratis la jeunesse ; mais ses revenus sont devenus une partie de ceux du collége de Brunswick. Son territoire renferme quatre villages, & il est seigneur de quatre autres: un abbé, un prieur & un sous-prieur, sont tous ses membre.

*Marienberg*, est un couvent sur une montagne, fondé en 1180, habité par des augustines; il possède un village, & renferme une *Domina* & des demoiselles.

*Saint Laurent*, est un couvent fondé à Kalwe dans la nouvelle Marche, transporté au lieu où il est aujourd'hui situé en 1120, habité d'abord par des religieuses, ensuite par des augustins qui ont embrassé le Luthéranisme.

### Bailliages du Prince.

*Kœnigslutter*, bailliage où l'on compte huit villages & trois biens nobles.

*Scheningen* renferme treize villages; *Jerxhim* six, *Hessem* trois, dont l'un est remarquable par un château & son jardin; *Voigtdalum* cinq, *Warberg* quatre, *Bardof* six, *Neuhauss* cinq, *Worsfeld* treize & le bourg qui lui donne son nom, arrosé par l'Aller: ce bailliage renferme l'étang poissonneux de *Wipperteich*, long d'une lieue: son sol est une terre mêlée de sable, & on n'y cultive guere que du bled noir; mais il est riche en forêts.

*Calwarde*, est un bailliage environné par la vieille Marche & le duché de Magdebourg; & peut-être, il a fait partie de la premiere. Le bourg qui lui donna son nom est sur l'Ohre, près de la forêt de Dranling: il est environné de prairies, & a près de lui un fort antique: on y compte encore neuf villages.

La jurisdiction de *Langeleben* s'étend sur le village de ce nom: il en est sept autres qui appartiennent à des particuliers & renferment douze villages: celle de *Supplingenbourg* fit partie du comté de ce nom, héritage de l'empereur Lothaire qui donna cette partie aux templiers, elle appartient aujourd'hui à l'Ordre de S. Jean: c'est une commanderie à laquelle nomment tour-à-tour les ducs de Brunswick & le grand maitre de Sonnebourg.

### III. District du Harz.

Il est situé entre la Leine & l'Ecker.

*Villes.*

*Gandersheim*, est une petite ville dans une vallée où coule le ruisseau de Gande : il y a un château, & une école latine; il y en avait une autre qui fut transférée à *Helmstedt*. *Gandersheim* doit son existence à l'abbaye de *Sainte Anastase* ou de *Saint Innocent* qui s'y trouve: elle est Luthérienne, habitée par treize dames que leur habillement ne distingue pas ; mais qui le font par une croix d'or, émaillée de noir, où sont représentés les instrumens de la passion, surmonté d'un bouton de diamans, terminée au bas par une tête de mort émaillée de blanc: 8 chanoines capitulaires sont attachés à cette abbaye & quatre d'entr'eux doivent être toujours présens. L'abbaye confére quatre charges héréditaires, envoye un député aux Dietes de l'empire, a dans sa dépendance les couvens de *Brunshausen* & de *Clus*, & administre la justice dans le village de *Bornumshausen*.

*Seesen*, autrefois *Seehusen*, petite ville qui doit son nom à un lac voisin, dont l'étendue se resserre tous les jours.

*Couvens.*

Nous avons parlé de celui de *Sainte Anastase*: il députe aux états relativement à ses chanoines: à une demi lieue au couchant est celui de *Brunshausen*, habité par quatre demoiselles: celui de *Clus* est voisin, & fut d'abord occupé par des bénédictins.

*Frankensberg*, est un couvent de dames, situé dans la ville de Gosslar, il est seigneur du village de *Bodenstein*.

### Bailliages.

Ceux de *Gandersheim* & de *Seesen*, renferment, le premier vingt & un villages, le second six.

*Stauffenbourg*, est un bailliage qui doit son nom à un vieux château placé sur un roc, il contient quatre villages, & le bourg de *Giltelde*, où l'on fond la mine de fer de Grund, elle en fournit de très-bon.

*Harzbourg*, est un bailliage auquel un très-vieux château dans la montagne donne son nom; il fut démoli en 1651, & son puits admirable comblé: on dépeint dans divers livres une caverne singuliere qui devait y être & qu'on n'y trouve plus: au bas de la montagne est le bourg de *Neustadt* arrosé par la Radau, dont le territoire s'étend dans la vallée de *Schoulenrode*, habité par hommes qui portent des guêtres volumineux: au midi de Neustadt est une saline exploitée avec succès. On compte encore six villages dans ce district: celui d'*Ocker* habité par des forgerons, renferme une forge de fil de laiton & une de cuivre, un attelier où l'on prépare la calamine, un moulin, une papeterie, & une carriere de beau marbre.

*Langelshim*, est un bailliage arrosé par l'Ocker, sur les bords de laquelle on trouve des établissemens pour affiner des métaux & faire de la potasse: il renferme deux villages & le bourg de *Langelsheim*.

*Lutter sur le Barenberg*, est un bailliage qui doit son nom à une colline où fut un château. On y compte six villages.

Ce district renferme aussi douze jurisdictions seigneuriales, dont la plus considérable est celle de *Bodenbourg* qui s'étend sur un village & le bourg de ce nom.

## IV. District du Weser.

Il est borné d'un côté par le Weser, de l'autre par la Leine, est formé de diverses parties des seigneuries de Hombourg, d'Eberstein & de Dassel : la premiere parvint aux ducs en 1409 par achat : celle d'Eberstein y est parvenue par un mariage en 1408.

### Villes.

*Holsmünden*, autrefois *Holtesminne*, petite ville sur le Weser qui y reçoit la Holz ; cette ville est sans murs & s'étend chaque jour : elle a une école latine qui a une bibliotheque & de vastes bâtimens, des manufactures diverses, & des fabriques de fer & d'acier qui ont de la réputation.

*Stadt-Oldendorf*, (Vetus-Villa) est une ville située sur une colline ; elle est ceinte de murs & renferme 200 maisons : elle appartenait aux seigneurs de Hombourg.

### Couvens.

*Amelunxborn*, est situé dans une forêt, fut fondé en 1120, habité par des moines de Citeaux qui devinrent Luthériens, & possède plusieurs fermes & des fiefs : son école a été transférée à Holzmünden.

*Kemnade*, est un couvent situé près de la ville de

Bodenwerder, qui eut autrefois le nom d'Impérial & dépend de l'abbaye de Corvey, les ducs en font seigneurs territoriaux : un village fait partie de son domaine qui est affermé.

## Balliages.

*Wickensen*, est un bailliage très-étendu en *Haut & Bas Bærde* & où l'on compte quarante sept villages & le bourg d'*Escherhausen*, composé de 100 feux, & régi par un prévôt & des magistrats depuis 1751. Près de l'un deux est le mont de *Lauenbourg*, qui doit son nom a un château dont on voit encore les vestiges.

*Greene*, est un bailliage qui renferme vingt villages. On y fond la mine de fer de *Hils* ; ses forêts servent à une fabrique de belles glaces.

*Forst*, est un bailliage arrosé par le Weser, & qui renferme six villages.

*Bevern*, est un bailliage qui ne renferme qu'un bourg qui reçoit son nom du ruisseau de Bevern. Il appartint à une famille noble éteinte & fut vendu à la maison de Brunswic, dont une branche porte son nom.

*Allersheim*, est un bailliage qui contient quatre villages.

*Furstenberg* n'en contient que deux ; son château ceint de murs épais, situé sur un roc élevé d'où l'on jouit d'un coup d'œil étendu, sert aujourd'hui de fabrique de porcelaine qui est très-belle.

*Ottenstein*, est un bailliage qui renferme trois villages, & un château situé sur la montagne, qui a son pied voit le bourg d'*Ottestein*.

On compte encore dans ce district six jurisdictions nobles qui s'étendent sur neuf ou dix villages, parmi lesquelles on remarque celle de *Deensen* où est l'étang de Schorborn; qui près de lui a une verrerie où l'on fabrique de très-beau verre.

La maison de Brunswic-Wolfenbuttel possède encore une partie du bailliage de *Thedinghausen*, dans le Comté de Hoya, dont nous ferons mention dans le cercle de Westphalie, & où l'on compte douze villages, & le bourg de *Thedinghausen*.

## Principauté de Blankenboug.

Elle touche au Harz, au comté de Holberg & de Wernigerode, à la principauté de Wolfenbuttel: elle a cinq lieues de long, deux & demi de large. La partie de son territoire qui s'étend sur le Harz est riche en forêts magnifiques, en marbre très-dur & qu'on travaille avec industrie: celle qui s'étend dans la plaine a des champs très-fertiles en grains; la Bode l'arrose. Elle eut des comtes de son nom, & revint en 1599 à la maison de Lunebourg qui l'avait autrefois possédée: elle appartient aujourd'hui à la maison régnante de Brunswick-Wolfenbuttel, à laquelle elle donne le droit de siéger aux Dietes de l'empire, & pour laquelle il paye un mois Romain de 12 rixdales.

Elle a sa chancellerie de justice & son consistoire particuliers; mais elle dépend du conseil d'état de Brunswick On y compte deux villes & quatre bailliages.

*Blankenbourg* est le siége de ses tribunaux: une montagne la domine &, sur elle est un beau château.

*Stuge*, est un bailliage qui renferme *Hasselfelde* petite ville, le village paroissial qui lui donne son nom, quatre autres paroisses, & *Rübeland*, petit endroit sur la Bode dont les eaux sont chaudes, dans un vallon agréable, voisin de la caverne de *Baumann* où l'on n'arrive qu'en gravissant une haute montagne : elle est fermée par une porte & se divise en six ou sept autres cavernes obscures & profondes, ornées de différentes figures que l'art n'a point tracée, mais que sans doute l'imagination embellit. Ce bailliage renferme encore le couvent Luthérien de *Michaelstein*, composé d'un abbé, d'un doyen, & de trois chanoines. C'est ordinairement un professeur en Théologie de Halmsteidt qui en est abbé.

*Heimbourg*, est un bailliage qui doit son nom à un château détruit, & renferme deux paroisses.

*Borneke*, est un bailliage où l'on compte deux paroisses comme dans le précédent.

## DUCHÉ DE MAGDEBOURG.

Il touche à la Marche de Brandebourg, aux principautés de Lunebourg, de Wolfenbuttel, de Halberstadt, & d'Anhalt, à l'électorat de Saxe, au comté de Mansfeld. C'est en général une vaste plaine fertile en grains, & en pâturages : une partie cependant en est absolument ou marécageuse, ou couverte de bois, dont quelques cantons sont si dépourvus, qu'on n'y brûle que de la paille & du charbon de terre. On y trouve de l'argille, de la terre à foulon, d'autres dont on fait des couleurs, & une de cuivre mêlée d'argent. L'Elbe l'arose, & y reçoit la *Saale*, que sept écluses rendent navigables, la *Havel*, l'*Aller* qui prend sa source dans le duché & l'*Ohra* : l'*Ester* se jette dans la Saale. On y compte vingt-neuf villes, six bourgs, quatre-cent quarante villages, 238,000 habitans, dont 110000 habitent les villes. Les prélats, la noblesse, les villes y forment les Etats que les rois de Prusse n'assemble plus.

Dans le seizieme siecle, l'archevêque, le grand chapitre, tout le pays embrassa le Luthéranisme; cinq couvens demeurerent seuls attachés à l'ancien culte, & c'est à eux seuls qu'on permit de le professer; sous les rois de Prusse, les Calvinistes & les Catholiques y ont eu le libre exercice de leur religion. On y compte trois cent six paroisses soumises à dix-sept inspecteurs surveillés par un sur-intendant général. Les reformés Allemands y ont sept églises, & les Juifs une sinagogue, les Français y forment six communautés. Des fabriques de draps, d'étoffes, de bas, de toiles: de cuir & de parchemin y prosperent: on en exporte beaucoup d'amidon & de farine.

Cet archevêché tire son origine d'un couvent de Bénédictins fondé par Otton I en 937, & qu'il érigea en archevêché trente ans après. Cet archevêque avait le titre de primat de la grande Germanie, portait le *Pallium*, siégeait entre les évêques cardinaux, faisait porter la croix devant lui, & comme le pape même, il avait attaché à son église douze cardinaux prêtres, sept diacres, vingt-sept sou-diacres. Le traité de Westphalie le sécularisa, & on en donna l'expectative à l'électeur de Brandebourg pour en jouir à la mort de son administrateur actuel qui était le duc Auguste de Saxe: elle arriva en 1670. Ce duché donne un suffrage au roi de Prusse à la Diette de l'empire, & le place entre l'électeur de Baviere & l'électeur Palatin. Son mois romain est de 1300 florins; sa taxe de 343 rixdales 40 kr.

Une *régence provinciale* gouverne ce duché; la *chambre de domaine & de la guerre*, la *direction des péages & de l'accise*, le *consistoire*, la chambre des pupilles, le college criminel, & celui des médecins, font fes tribunaux. Le quart des falines de Halle, les fubfides perçus fur le refte, les impôts, les mines, les dixmes, les amandes, les droits fur la navigation, les péages donnent un produit confidérable qui fert aux dépenfes publiques du duché: l'excédent eft verfé dans la caiffe royale & générale du domaine qui reçoit auffi les produits des fubfides & contributions dont le plat pays eft chargé tels font ceux qu'on leve fous la dénomination de fourage & d'entretien de la cavalerie, l'accife établie dans les villes & dans les campagnes & autres levées de ce genre. Les revenus que le roi en retire, vont au-delà de 800,000 rixdales.

On le divife en quatre cercles.

## I. Cercle de Holzkreis.

Il eft fitué entre l'Elbe, la Saale & la Bode, & touche au Brandebourg, aux principautés de Lunebourg, de Wolfenbuttel, de Halberftadt & d'Anhalt.

*Villes.*

*Magdebourg*, *Magathaburg*, *Meideburg*, (bourg de filles) ville fituée fur l'Elbe, l'une des plus commerçantes de l'Allemagne, defendue par divers ouvrages & par une citadelle conftruite dans une ifle de l'Elbe & par le fort de *Sternfchanze*. Elle eft bien bâtie, & la rue large, fur-tout dans cette partie où eft la cathedrale frape le voyageur furpris; bien nivellée, pavée de belles pierres, elle a encore de beaux bâtimens. Elle eft le fiége des tribunaux de la province; la cathédrale eft antique, & n'eft pas fans magnificence; elle eft haute & longue de 208 aunes d'Allemagne & large de 55, bâtie en pierres de tailles et renfermant divers objets dignes de la curiosité; elles sont les statues des sept vierges folles & des sept sages, & les fonds batismaux taillés dans une pierre de porphyre de grand prix. Son école est divisée en six classes. Son chapitre est composé d'un grand prevôt, de seize chanoines & de plusieurs autres nommés *Minores*. Une croix semblable à celle des évêques les distingue; elle est d'or émaillé de blanc & couronnée : d'un côté est l'aigle noir de Prusse; de l'autre l'effigie de S. Maurice : ce chapitre possede encore de vastes domaines : la ville renferme trois autres collegiales; celle de S. Sebastien a un domaine qui contient deux villages; celles de S. Gangolf & de S. Nicolas dont les domaines sont à peu près égaux au premier. On y voit un couvent Lutherien, habité jadis par des prémontrés, & où est une école; un gymnase, pourvu de dix regens, six autres églises, & plusieurs bâtimens pour les pauvres, les malades & les orphelins. Les réformés y composent trois communautés, l'une Allemande, une autre Françaife, & la troisieme vallone. La colonie Françaife & la Palatine ont leurs magistrats particuliers. Magdebourg a le droit de faire entreposer les marchandises des étrangers pour qu'elle puisse s'en pourvoir; on y fabrique des draps, des étoffes de soie, demi soie & cotton, des toiles, des bas de toutes qualités, des chapeaux &c. placée entre la haute & basse Allemagne, sur les bords de l'Elbe, ayant une belle chauffée, tout y appelle un grand commerce. Elle était déja importante sous Charlemagne; la femme d'Otton I l'aggrandit, l'environna de murs & de fossés, y fit fleurir les arts, & la rendit puissante : elle devint une ville anséatique & le siége d'un tribunal d'Echevins qui prononçait dans les causes difficiles : elle fut saccagée par les soldats barbares de Tilli, mais elle se releva bientôt de ses ruines. Les revenus que le roi en a retiré montent annuellement à 27000 rixdales. Ses magistrats sont seigneurs d'un village : son bourgraviat, dont l'origine est peu connue est éteint depuis deux siecles : l'électeur de Saxe en a conservé le titre & les domaines, mais non les droits qu'il exerçait dans l'archevêché, tels que l'investiture du droit de justice criminelle, la convocation du ban, &c.

*Calbe*, est une ville sur la Saale où une écluse facilite la navigation : des incendies la détruisirent, & elle n'en est que plus belle aujourd'hui : les Luthériens y forment une communauté, & les réformés deux. Les revenus que le roi en tire, montent à environ 2000 rixdales.

*Egeln*, est une ville arrosée par la Bode : c'était autrefois une seigneurie ; elle rapporte au roi 7 à 800 rixdales par an.

*Groß-Salze*, est une petite ville qui a deux sources d'eaux salées & 34 sauneries ; presque toutes appartiennent à des nobles qui composent le conseil, il existe une convention par laquelle une partie de ce sel doit entrer dans les magasins de l'électorat de Saxe : cette ville a rapporté à son maître 4124 rixdales l'an 1755.

*Frose* est une petite ville sur l'Elbe dependante du magistrat de Groß-Salze : le domaine en retire 2 à 300 rixdales par an. On dit qu'il y eut autrefois un évêque.

*Wanzleben* est une petite ville qui raporte au domaine 1152 rixdales. On y brasse de la bonne bierre blanche.

*Neu-Haldensleben* est une petite ville sur l'Ohra qui renferme deux communautés, l'une de Luthe-

…iens, l'autre de reformés Français : elle fut une …rtereſſe, & rapporta au domaine en 1755, une …mme de 3347 rixdales. On rapporte ce fait pour …u'on juge de la population & du commerce reſpectif … chaque ville.

### Bailliage.

Celui de *Mœllen* renferme, *la nouvelle ville de* …*agdebourg*, regardée comme un fauxbourg de la …lle de ce nom : elle a ſes magiſtrats particuliers, deux …liſes lutheriennes, & un couvent catholique de re-…gieuſes de Citeaux ; *Sudenbourg*. ville municipale …'on regarde auſſi comme un fauxbourg de Magde-…urg, le bourg de *Sohlen* dont les ſources ſalées … les ſauneries ont été détruites, & quatre vil-…ges.

…*lbe*, eſt un bailliage qui s'étend ſur trois faux-…urgs de la ville de ce nom, ſur neuf villages, … le bourg d'*Elmen* ou *Alt-Salze*, dans lequel eſt …e ſource inépuiſable d'eau ſalée que l'on conduit …r des tuyaux de bois à *Schœnebeck*.

…*Brumby*, eſt un bailliage qui ne renferme qu'un …lage. Celui d'*Engeln* en contient huit. Ceux de …*oſter-Amt Gottes Gnade* & de *Kloſter-Amt-Hillerſle-*…*n* ſont formés des biens de deux couvens : le der-…er a deux villages dans ſon enceinte.

…*Athenſleben*, eſt un bailliage qui renferme deux …lages & deux cenſes.

…*Alt-Stasfurt* renferme la ville de ce nom, arroſée …: la Bode, enrichie par deux ſources ſalées qui …cupent 32 ſauneries ; & le bourg d'*Alt-Stasfurt*.

…*Wanſleben*, eſt un bailliage où l'on compte ſix …lages & le bourg de *Süldorf*, dont les ſalines & …ſauneries ſont detruites.

*Dreyleben* est un bailliage de cinq villages: celui de *Wolmirstædt* renferme la ville de ce nom, arrosée par l'Ohra, ornée d'un château & d'un couvent de filles Lutheriennes qui portent une croix d'ordre sur le côté gauche de leur robe : il s'étend sur onze villages.

*Sommerschenbourg* fut autrefois un comté ; c'est aujourd'hui un bailliage qui renferme le château de ce nom & huit villages. On y voit de belles forêts.

*Alvensleben*, est un bailliage qui s'étend sur la moitié de la seigneurie de ce nom : il renferme la moitié du château qui lui donne son nom & cinq villages. On en compte deux dans celui d'*Ummendorf*.

*Ampfurt*, est un bailliage où l'on compte quatre villages & le bourg de *Séehausen*. Dans le bailliage de *Schœnebeck*, on voit la petite ville de ce nom : dont les revenus montent à 16 ou 1700 rixdales. elle est sur l'Elbe, à un château, un bureau de péage & des sauneries où l'on retire 800 charges de sel par an des eaux salées d'*Elmen*.

*Acken*, (*Acquæ Saxoniæ*, est une petite ville sur l'Elbe : les droits du roi y montent à environ 2100 rixdales : elle a un vieux château, & est le siége d'un bailliage qui renferme encore un village.

*Rosenbourg* est un bailliage qui fut autrefois un fief, où l'on ne voit que deux villages assez considérables.

Ce district renferme deux bailliages qui appartiennent à la maison de Hesse-Hombourg comme des fiefs du roi de Prusse : ce sont ceux d'*Oebsfeld* & de *Hœtensleben* : le premier comprend onze villages & la ville d'*Oebsfeld*, formée par 166 maisons, divisée en vieille & neuve ville, située sur l'Aller, près de la forêt de *Drœmling* dont une partie est dans son territoire. Le second renferme neuf à dix villages.

Les prélats poffédent divers biens dans ce duché. Le grand chapitre & fon prevôt comptent dans la partie de leurs domaines qui y eft renfermée vingt & un villages, & la petite ville de *Hadmersleben* qu'arrofe la Bode: le couvent de *Berge* qui fut le premier fiége de l'archevêché, eft aujourd'hui gouverné par un abbé lutherien, a une école affez eftimée, & eft propriétaire de quatre villages & de divers biens: fes revenus annuels font de 17 à 18000 rixdales: le couvent d'*Ammensleben* eft encore habité par feize bénédictins, & il poffede un village: le couvent d'*Alt-Haldensleben* eft habité par des religieufes de Citeaux, eft voifin de la riviere d'Ohra, a près de lui deux églifes dont l'une fert à ces religieufes catholiques, l'autre à leurs fujets lutheriens: elles poffedent trois villages. *Mayendorf*, eft un couvent qui renferme dix-neuf religieufes de Citeaux & un prevôt lutherien: fon domaine eft peu étendu; celui de *Marienborn* l'eft moins encore & eft habité par des filles lutheriennes: *Marienftahl* eft un couvent de religieufes de Citeaux: on ne voit point de villages dans fon domaine, & on n'en voit qu'un dans celui du couvent de *Riddagshaufen*.

Ce cercle renferme encore 18 biens nobles à différens feigneurs. On y compte environ quarante-cinq villages.

## II. CERCLE DE JERICHO.

Situé au levant de l'Elbe, il eft entouré de la Marche, de la principauté d'Anhalt, & de l'électorat de Saxe.

### Villes.

*Burg*, est une ville sur l'Ihle, qui renferme deux communautés Lutheriennes : le domaine en perçut 321 rixdales l'an 1755. Sa manufacture de bas est estimée. La ville & son bailliage avaient été cedés à la maison de Saxe-Weimar en 1535, un accommodement le reunit au duché en 1687.

*Sandau*, est une ville sur l'Elbe, qui renferme deux communautés, l'une Lutherienne, l'autre réformée; elle fournit au domaine un revenu de 7 à 800 rixdales, & a un péage.

### Bailliages.

*Jericho*, est un bailliage qui renferme quatre villages. Il en est un autre qu'on nomme *le couvent de Jericho* par ce qu'il doit son existence à un couvent de prémontrés : celui-ci renferme huit villages & la ville de *Jericho* située au bord de l'Elbe, & qui a deux communautés dont l'une est réformée, l'autre lutherienne.

Deux villages sont renfermés dans le bailliage de *Sandau* : on en compte cinq dans celui de *Plato*, ainsi que la ville de *Gentin* qui donna au domaine en 1755, 321 rixdales.

*Lobourg*, bailliage où l'on voit la ville de ce nom qui donne au domaine 800 rixdales, & quatre villages. Les biens nobles de *Derben* & de *Ferchland*, devenus vacans, ont formé un bailliage : d'autres ont formé le bailliage de *Nigrip* qui renferme quatre villages. Le grand chapitre & la grande prévôté possede cinq villages dans ce cercle, & le couvent de *Berge*, trois. On y compte un grand nombre de biens nobles, mais nous ne parlerons que de deux; l'un est celui de *Mœckern*, qui doit son nom à une petite ville laquelle renferme une communauté Lutherienne & une Calviniste, & donne au domaine un revenu annuel de 5 à 600 rixdales; l'autre celui de *Gœrzke*, petite ville & arriere-fief du roi de Prusse.

## III. Cercle de la Saale.

La Saale l'arrose, l'Electorat de Saxe, le comté de Mansfeld & la principauté d'Anhalt l'entourent. Sa longueur est de neuf lieues, sa largeur d'une & demi : le sol y est bon & cultivé : on trouve des paillettes d'or dans le sable de la Saale. On y compte 129 villages, 59 paroisses, & 7 villes.

### Villes.

*Halle, dans le pays de Magdebourg en Saxe*, ville arrosée par la Saale, où l'on compte environ 1100 maisons & 14000 ames, sans y comprendre les étudians & la garnison. Son château, nommé *Moritzbourg*, detruit par le tems & les guerres sert encore dans sa partie basse de corps de garde, dans sa partie haute d'hôpital militaire, & sa chapelle d'église aux français Calvinistes. Il y a encore un vaste bâtiment reparé par le dernier administrateur; mais aujourd'hui, inhabité en partie, il sert pour des manufactures, & les catholiques y viennent célébrer le service divin : les lutheriens y ont trois églises dont la principale a une bibliotheque publique; les réformés Allemans y ont une église & les Juifs une synagogue. Il y avait autrefois une academie de gentilhommes qui fut érigée en 1694 en université qui devint bientôt illustre : on compte que dans un demi siécle le nombre des étudians est monté à 29322, dont 12278, pour la théologie, 12626, pour le droit, 1941 pour la médecine : le reste était des comtes ou barons. Elle est placée dans la *Waghaus* (balance publique) & a une bibliotheque de 10000 volumes. La ville a encore un Gymnase, divisé en dix classes, & qui a une église qui sert pour l'université & la garnison. Les réformés y ont aussi un Gymnase divisé en cinq classes & qui a une bibliotheque. On y voit encore une abbaye de demoiselles Calvinistes, quatre hôpitaux, & une maison de correction. Ses magistrats jouissent de grands droits, & possedent de grands biens. Elle a une colonie française & un de palatins qui toutes les deux ont leurs siéges de justice. On y exerce un grand nombre de métiers, des gands de peaux fines blancs & bruns, des bas de laine & de soie, au métier ou tricotés, des draps, des flanelles, des étoffes légères, des toiles peintes, des pipes, de la porcelaine commune, des rubans de soie & d'argent, des maroquins jaunes & rouges, de l'empois & de la poudre. On y cultive le meurier blanc pour nourrir des vers à soie. Elle était le siége d'une échevinage qui a été réuni aux siéges de justice des mines, parce que la ville domine sur la vallée & les salines. La partie la plus basse est appellée le val de Halle ; là sont quatre salines qui ont donné l'existence à la ville & 96 sauneries dont la plupart appartiennent au roi, & le reste aux magistrats ou à des particuliers : le quart de ce que font ceux-ci est le tribut qui appartient au souverain. En général les salines de ce duché peuvent fournir du sel à tous les Etats du roi : chaque chef de famille est obligé d'en prendre quatre minots, pour chaque personne qui la compose, deux par vaches portant veau, deux pour dix brebis, & chaque boisseau s'y vend environ un demi rixdale.

Halle existait au commencement du neuvieme siecle, mais ne fut une ville que sous Otton II : la guerre de 1756 l'avait épuisée.

*Bailliages.*

Le bailliage de *Giebichenstein* est le plus considérable de tous les Etats du roi, qui l'afferme 100 mille rixdales par an. Sa jurisdiction s'étend sur quatre villes & cinquante-huit villages, & il renferme quatre nombreuses bergeries, quatre moulins, trois fortes brasseries; de beaux étangs, une briquerie, &c.

*Neumarckt* est une ville de 293 feux, qui touche à celle de Halle, a ses magistrats particuliers & une école publique; un couvent la fit bâtir : la chambre du domaine en retire 7 à 800 rixdales par an.

*Glauche*, est une ville formée de quatre villages, qui contient 313 feux, a ses juges particuliers, & une école : on y remarque une maison d'orphelins, une de veuves & un préceptorat. La premiere fut fondée par *Auguste Hermann Franke*, professeur aussi célèbre que respectable : on n'y nourrit jamais moins de 200 orphelins, & l'on y reçoit en pension un plus grand nombre de jeunes gens, qui reçoivent la même éducation que les premiers. On y enseigne les langues latine, grecque, hébraïque & la française, la théologie, la physique, les mathématiques, la géographie, l'histoire, la musique même. Il y a aussi deux écoles allemandes, chacune divisée en douze classes : dans deux autres encore, on enseigne à lire, à écrire, à compter; & ensuite, on instruit les jeunes gens dans le Christianisme, les antiquités sacrées, l'histoire ecclésiastique, la géographie &c. les filles y apprennent à coudre & à tricoter : 120 précepteurs président à ces quatre écoles ; & on les forme eux-mêmes à ces instructions dans un séminaire. Cette maison d'orphelins a une excellente pharmacie, & un laboratoire de remedes secrets, une librairie considérable, une imprimerie de quatre presses ; une imprimerie fondée pour le baron de *Canstein* pour imprimer la bible en caracteres particuliers & a peu de frais : on en a déja tiré plus de 1200 mille exemplaires : on y voit encore une grande bibliotheque & plusieurs curiosités de la nature & de l'art. Dans une salle, on peut placer jusqu'à 700 écoliers : on s'y occupe aussi à élever les vers à soie : elle possede divers biens, & de grands privileges & tel est celui de n'être soumise, qu'à sa propre jurisdiction : la fondation pour les femmes & celle pour les veuves, en dépendent & furent fondées par le baron de Canstein. Ses privileges lui sont communs avec le préceptorat royal ; dont les bâtimens touchent aux siens : ces deux établissemens ont le même auteur, sont soumis à la même direction, mais sont indépendans l'un de l'autre : d'habiles professeurs y enseignent les langues & les sciences aux jeunes gens d'une condition distinguée. Au restes *Glauche* touche à la ville de Halle & quelques uns la regardent, comme un de ses fauxbourgs.

*Lœbegun*, est une ville de 252 feux, arrosée par la Fuline, dont les habitans forment deux communtés, une luthérienne, l'autre calviniste, & qui a une école latine, un hôpital, un juge royal & cinq magistrats. Elle a fourni en 1755 au domaine 101 rixdales : on y brasse une bierre legère & saine : près d'elle est une mine de charbon de terre.

*Cœnnern*, est une ville ancienne de 333 maisons en y comprenant celles de ses fauxbourgs : elle est divisée en deux communautés, a une école, un hôpital, six magistrats & produit au domaine 7 à 800 rixdales.

*Giebichenstein*, est un village antique & un château situé sur un roc élevé, où l'on renfermait des prisonniers de distinction : les archevêques y ont résidé, le tems & un incendie n'y ont laissé qu'une tour & un pan de mur. Les autres villages sont divisés en cinq districts.

*Rothenbourg*, est un bailliage qui doit son nom à un château, qui renferme cinq villages & une miniere de cuivre qui a eu rapporté 100000 rixdales; mais elle ne les rapporte plus. On separe 6 à 8 onces d'argent de chaque quintal de cuivre. Cette exploitation est soumise à une justice particuliere.

*Wettin*, est un bailliage qui fit partie du comté de ce nom; l'autre partie est possedée par l'ancienne famille de Winkel, & le droit de haute & basse justice s'y exerce en commun entre le roi & elle. Ce bailliage a une miniere de charbons de terre durs, pesans & chargés de poix terreuse : le produit en fut autrefois considérable; mais l'incendie que le soleil y alluma obligea de combler des puits, de faciliter l'évaporation & d'empêcher que les feux souterrains ne pussent se communiquer : toutes ces précautions sont souvent vaines. La ville de *Wettin* sans ses fauxbourgs, est formée de 116 maisons; elle est divisée en deux communautés, & donne au domaine une somme annuelle de 4 à 500 rixdales. On y fait de la bierre, mais le travail des mines de charbon est celui qui occupe le plus ses habitans. Elle est entourée de montagnes, & assise sur le penchant de celle dont la Saale baigne le pié,

& qui a un château fur fon fommet. On compte une douzaine de villages dans ce bailliage.

*Brachwitz*, *Beenfen fur la Saale*, bailliages dont le dernier renferme fept villages.

*Petersberg*, eft un bailliage formé des biens du couvent de S. Pierre, fondé fur la montagne ifolée de Petersberg : il renferme deux villages & cinq biens nobles. Le grand chapitre poffede encore deux villages dans ce cercle.

*Alfleben*, eft un bailliage poffédé par la maifon d'Anhalt-Deffau ; mais dont le roi eft fouverain : c'eft une partie de l'ancien comté de ce nom. Il renferme la petite ville d'*Alfleben* qui a 108 feux & eft gouvernée par fes magiftrats : elle donne au domaine environ 400 rixdales. Il y a eu un couvent de filles qui était devenu une collégiale, & qui avait remplacé une abbaye régulière ; les revenus qui y étaient attachés font perçus par le baillif. Près d'elle eft le vieux village d'*Alfleben* qui femble en être un fauxbourg. *Belleben* eft un village de cent maifons, & a un château : plufieurs autres font renfermés dans ce bailliage.

## IV. CERCLE DE LUCKENWALDE.

Il eft féparé des autres de quelques lieues, eft fitué entre le Brandebourg & la Saxe, & a peu d'étendue : le traité de Weftphalie en fépara une partie pour joindre à la principauté de Querfurt.

*Luckenwalde* eft une petite ville, la feule du cercle, dans le bailliage de *Zinna* ancien couvent fécularifé où les électeurs de Brandebourg & de Saxe fixerent la valeur numéraire du marc d'argent à 10 rixdales & demi. Ce bailliage renferme encore vingt-huit villages, & cinq biens nobles.

Nous avons vu qu'une partie du comté de Mansfeld était sous la supériorité territoriale du duché de Magdebourg; mais elle n'en fait point partie.

## PRINCIPAUTÉ DE HABERSTADT.

Elle est entourée de celles de Wolfenbuttel, d'Anhalt & de Blankenbourg, des comtés de Mansfeld & de Wernigerode, de l'abbaye de Quedlimbourg & de l'évêché de Hildesheim; elle a quatorze lieues de long & dix de large : c'est une plaine d'où l'on voit s'élever quelques collines, mais point de montagnes. Le sol y est fertile en grains & en lin : on y voit de vastes & abondantes prairies, beaucoup de bétail, & sur-tout de moutons dont la laine est estimée. Les forêts y deviennent rares, & l'on est forcé de s'y servir de paille ou de chaume, de la tourbe & du charbon de pierre : il y a une saline qu'on a abandonnée & une mine de cuivre qu'on cherche à mettre en valeur; on y trouve peu de gibier & peu de poisson; ses rivieres ne sont que de grands ruisseaux; telle est la *Bode*, la *Selkc*, l'*Ilse* & la *Holzemme* : l'Aller en parcourt un bailliage séparé; la *Wipper* en effleure une petite partie & y reçoit l'*Eine*. On y compte trois villes qui se disent capitales, dix autres villes, cens-trois bourgs ou villages & environ 100000 ames. Le grand chapitre, quatre églises collégiales, trois couvens catholiques, la noblesse qui possede des terres nobles, les magistrats des trois villes, forment les Etats qui s'assemblent tous les trois mois. Ses habitans sont presque tous Luthériens; ils forment 89 paroisses, soumises à douze inspecteurs, surveillées par un surintendant. Les réformés & les catholiques y sont tolerés; leur nombre est à peu près égal; mais il est défendu aux derniers d'y faire des profelytes. Il ne peut s'y établir qu'un nombre fixé de Juifs, diverfes manufactures s'y foutienent avec fuccès; on en exporte furtout des blés & de la bierre de *Brühan*.

Charlemagne avait médité la fondation de cet évêché, Louis le débonnaire l'exécuta. Sécularifé par la paix de Weftphalie, il paffa à la maifon de Brandebourg, comme une principauté qu'elle reçut delabrée, appauvrie, prefque deferte, & en partie aliénée; bientôt elle l'a retablie & étendue. Elle fiége par elle dans le college des princes aux dietes & aux affemblées du cercle, paie un mois romain de 432 florins & une taxe de 162 rixdales 24 kreutzers Cette principauté a un maréchal & un échanfon héréditaires; fes tribunaux font la *regence*, la *chambre féodale*, un *confiftoire*, une *députation* du bureau de la guerre & du domaine de Magdebourg, un *college des juges criminels*, celui *des tutelles & des curatelles*; celui *des médecins*. Le roi retire de cet évêché & des feigneuries qu'il y a joint environ 500000 rixdales par an.

Il eft divifé en cinq cercles.

## I. Cercle de Halberstadt, ou de Westerhaus.

*Halberftadt*, eft une ville fur la Holzemme, bâtie à l'antique, & très-irréguliere, où l'on compte 1300 maifons & 16 églifes : les tribunaux s'affemblent au *Petershof*, ancien domicile de l'évêque, & là font depofées les archives & le produit des fubfides : un autre palais de l'évêque fert aujourd'hui de douane & de bureau d'accife : l'églife cathédrale eft antique & majeftueufe : le chapitre eft compofé de vingt grands chanoines dont quatre font catholiques; tous portent au cou une croix d'or, émaillée de blanc, terminée en huit pointes, ayant d'un côté l'aigle noir de Prusse, & de l'autre l'effigie de S. Etienne patron de l'église ; à leur habit est une autre croix encore : un juge rend la justice en leur nom. La place qui est devant l'église, est bordée de belles & grandes maisons, occupées la plupart par les membres du chapitre : vis-à-vis est l'église collégiale de notre dame qui a un siége de justice particulier, qui s'exerce sur la franchise qui l'environne ainsi que sur quatre autres. Les Luthériens, les réformés allemans & les réformés français y ont chacun une église. Elle a cinq couvens catholiques dont deux sont de filles, & une synagogue pour les juifs qu'on y tolère. On y compte trois écoles latines, une maison d'orphelins & une de correction qui est vaste. Les magistrats y sont juges civils ; des échevins & un juge y decident des procès criminels. Les français y forment une colonie & y ont un juge particulier. Cette ville fut ceinte de murs & de fossés en 1203, & s'est beaucoup aggrandie depuis. Elle est le siége du bailliage du *Majorat*, qui s'étend sur le territoire de la ville, & renferme quatre villages, & beaucoup de jardins.

### *Bailliages.*

*Grüningen*, est un bailliage formé de six villages & de cinq petites villes : celle de *Grüningen* est arrosée par la Böde, a un beau château, est municipale : cette ville renferme deux biens nobles, une église peinte avec art, de belles orgues, & un vaste tonneau. *Kroppenstedt* petite ville municipale, où les magistrats & la regence nomment ving-huit cavaliers qui doivent garder la ville, & paraître montés & équipés dans les solemnités : chacun d'eux possede trente arpens de terre. *Rochstedt*, petite ville qui a le droit de municipalité, & faisait partie du comté d'Ascanie. *Wegeleben*, ville qu'arrose le Goldbeck; elle est petite, municipale & fit partie du comté d'Ascanie. *Schwanebeck*, ville municipale qui a un château & un fauxbourg : près d'elle est une chapelle catholique où l'on fait des pélerinages nombreux après la fête-dieu. *Adersleben*, couvent de filles de Citeaux. *Wester-Grünigen*, village de cinquante maisons, dépendant d'un ancien couvent d'hommes dont les biens forment un petit bailliage.

*Schlanstedt*, est un bailliage formé de sept villages : celui de *Dingelstadt* est le plus grand : on y trouve le couvent de *Huysbourg*, situé au centre de la forêt de Huyberg : il est membre des Etats.

*Regenstein* ou *Reinstein*, comté qui occupe un côté du Harz & le pays qui le touche : il fut long tems possedé par une famille ancienne qui le tenait comme un fief de Lunebourg : l'électeur de Brandebourg s'en est saisi comme d'un fief de l'évêché de Halberstadt, & le possede de nos jours malgré les réclamations de la maison de Lunebourg qui n'a pu encore faire décider la question par la chambre imperiale. On y voyait un antique château fort qui a été demoli; & qui donna son nom au comté : il est aujourd'hui divisé en deux bailliages, où l'on remarque quatre à cinq villages & le bourg de *Westerhausen* dont les environs sont riches en tourbe.

## II. CERCLE D'ASCHERSLEBEN, ET D'ERMSLEBEN.

C'est dans son enceinte que sont renfermés les prés & les champs qu'occupait un lac qui portait le nom d'Achersleben, long de près de quatre lieues, large d'une

CERCLE DE BASSE-SAXE. 465

l'une : on le desséchа de 1703 en 1709, & son sol fut partagé.

*Aseberschen*, est une ville qui occupe le second rang de celles de la principauté. Elle est sur l'Eine, & a trois églises, dont une est commune aux luthériens & aux calvinistes, elle fut la capitale du comté d'Ascanie, eut des salines négligées, remises en valeur, abandonnées encore par la dépense qu'elles exigeaient. Cette ville a de bonnes manufactures ; ses environs ont des carrieres d'excellentes pierres de taille, & on y voit quelques faibles vestiges de l'ancien chateau d'Ascanie.

*Gaterstleben*, est un Bailliage arrosé par la Selke, qui renferme un couvent de filles de Citeaux & six villages.

Les bailliages de *Neindorf* & de *Conradsbourg* sont peu considérables. Celui d'*Ermsteben* s'étend sur trois villages & sur la ville d'*Ermsteben*, située sur la Saale, & ornée d'un chateau, les comtes de Falkenstein, le possedaient comme un fief des comtes d'Ascanie.

*Schneidlingen* est un bailliage formé de trois villages, & qui appartient au grand chapitre. *Winningen* est aussi un bailliage formé de deux villages, & qui est possedé par la maison de Hesse-Hombourg.

*Victorseck*, cense qui renferme 4155 apens de terre possédés par la maison d'Anhalt Bernbourg, avec droit de haute & basse justice, & exemption d'impôts.

*Falkenstein*, est un bailliage seigneurial qui doit son nom à un ancien chateau, situé sur une haute montagne ; il eut autrefois des comtes dont la race est éteinte. On y compte cinq villages parmi lesquels on remarque *Meisdorf* dont les environs fournissent des charbons de pierres qu'on néglige.

Ce cercle renferme encore trois jurisdictions no-

*Tome III.* G g

bles : celle de *Hartwig* a son siége dans le village de *Thaal* près duquel est une mine de cuivre & de fer.

### III. Cercles d'Oschersleben et de Weferlingen.

*Oschersleben*, est un bailliage situé le long d'un marécage qui s'étend dans les principautés de Wolfenbuttel & d'Anhalt : coupé par des fossés, traversé par trois digues, ses eaux se sont écoulées dans la Bode, & les plus belles prairies lui ont succédé : c'est aujourd'hui le magasin à foin de cette principauté. Ce district renferme la ville d'*Oschersleben*, ornée d'un château, & le couvent de *Hamersleben*, habité par des augustins.

Ce cercle renferme encore les bailliages de *Krotorf* & d'*Emmeringen*, diverses jurisdictions parmi lesquelles on remarque celle de l'abbaye de *Walbeck*, fondée en 997, qui renferme un bourg & est aujourd'hui habitée par des protestans ; & le bailliage de *Weferlingen* situé dans le Holzland, entouré par la principauté de Wolfenbuttel : ses champs & ses forêts sont médiocres ; il est arrosé par l'Aller sur les bords duquel est le bourg de *Weferlingen*. Le Marggrave de Culmbach, Frederic-Christian, y fit des dons pendant sa vie pour 134904 rixdales, & y a fait des fonds, pour que dans un jour fixé chaque année, on donne 10 rixdales à chacun des plus pauvres habitans du lieu ; il y fit encore diverses pensions alimentaires. Le bailliage renferme onze villages.

## IV. Cercles d'Osterwieck et de Hornbourg.

*Osterwieck*, est une petite ville entourée de remparts & d'un fossé plein d'eau : l'Ilse l'arrose & c'est la troisieme ville du comté : il y a quelques manufactures de laine : on a dit que l'évêché y fut d'abord fondé.

*Hornbourg*, est un bailliage qui renferme quinze villages & la petite ville de ce nom, située sur l'Ilse, autour de laquelle on cultive le houblon qui y est un objet de commerce : elle a un vieux château.

Les bailliages de *Wülperode* & de *Stæterlingen* renferment huit villages.

*Zilly*, est un bailliage qui appartient au grand chapitre : il est formé de huit villages, & renferme un couvent de filles de l'ordre de S. Augustin; parmi les villages est celui de *Stræpke* dont les habitans excellent au jeu d'échecs.

*Dardessein*, est un bailliage qui renferme trois villages & la petite ville de *Dardessen* ou *Dardesheim*, située sur le penchant de la montagne d'*Ortsberg* qui renferme de bonnes carrieres dans les pierres desquelles on trouve des petrifications.

*Westerbourg*, est un bailliage qui confine à la ville dont nous venons de parler, & au marais d'Orcherfleben : il renferme le château de *Westerbourg* & le village de *Rohrsheim* qui fournit de bons chevaux.

Ce cercle s'étend encore sur le petit bailliage de *Langenstein* & sur trois jurisdictions nobles.

## V. Seigneurie de Derenbourg.

Elle appartenait à l'Abbaye de *Gandersheim*, qui

l'avait reçue de l'empereur Henri II, & la vend[it]
ensuite partie à l'évêché de Halberstadt, partie à [la]
maison de Brandebourg, qu'elle reconnait encor[e]
pour seigneur féodal. Elle est estimée être une partie d[e]
la vieille Marche plutôt que de la principauté d'Ha[l]berstadt, dont les tribunaux ne l'administrent qu[e]
par commission : on y compte deux censes, un vil[lage & la petite ville de *Derenbourg*, située sur l[a]
Holzemme, & ornée d'un château.

Les seigneuries de *Lohra* & de *Klettenberg* fon[t]
partie de cette principauté, mais sont dans le cer[cle de Haute-Saxe, où nous en avons parlé.

## Duchés de Mecklenbourg-Schwerin et Mecklenbourg-Gustro.

Ils confinent au nord à la mer Baltique, au levant à la Poméranie, au midi à la marche de Brandebourg, au couchant aux principautés de Lunebourg, de Lauenbourg, de Ratzebourg, & à l'évêché de Lubeck : leur étendue n'est pas encor[e]
déterminée avec exactitude : elle peut être d'environ quarante-quatre lieues de long sur vingt-cinq lieues de large, leur sol est semé de lacs & d'étangs, de forêts, de contrées sablonneuses ; mais ils ont de belles & vastes prairies, des champs fertiles, des côteaux agréables, & beaucoup d'arbres fruitiers : le bétail, sur-tout les moutons y prosperent : les rivieres y sont poissonneuses, abondantes en anguilles & en écrevisses. Mais quoique ce pays ne soit pas encore ce qu'il pourroit être sous une administration sage & suivie, les biens de plusieurs nobles sont ameliorés, & valent aujourd'hui plus de trois fois ce qu'ils étaient estimés au commencement de ce siècle. Tous ensemble furent

évalués en 1632 à 10, 323, 317 florins, on les value aujourd'hui à 21 millions de rixdales.

Ce pays a des sources d'eaux salées, de l'alun, des mines de fer & de cuivre. L'*Elbe*, l'*Elde* qui sort du lac de *Plauer*, la *Lockenitz*; la *Prignitz*, la *Stœr*, la *Reckenitz*, la *Peene*, la *Tollense*, la *Warno*, *Radegast*, la *Havel* l'arrosent; plusieurs d'entr'elles sortent d'un lac, ou en forment; plusieurs se rendent dans l'Elbe. On a parlé de faire un canal de Wismar au lac de Schwerin qui aurait par-là joint la mer Baltique à l'Elbe & eut dispensé de passer pour le détroit du Sund; mais ce projet n'a point eu d'effet: Rostock est le seul port de ce pays; il seroit cependant aussi avantageux que facile d'en faire deux autres, l'un à *Neu-Bucko*, l'autre près de *Ricenitz*. On y compte quarante-six villes dont la plupart suivent le droit de Lubeck, trois couvens & 594 corps de biens nobles. Les paysans y sont serfs, & c'est ce qui le rend mal peuplé & moins cultivé qu'il peut l'être: ils possedent des censes, dont 1001 appartiennent au prince, 727 à la noblesse, 768 à des couvens.

Le pays est divisé en trois cercles, dont les capitales convoquent les députés des autres villes de chaque cercle, président à leur assemblée, & dirigent les affaires au nom de toutes. La noblesse y est un état libre; & la moitié de ses terres est exempte d'impôts: réunie aux députés des villes, elle forme les Etats que le prince convoque chaque année pour regler les subsides, & deliberer sur les ordonnances générales, & les griefs du public: ils s'assemblent alternativement à Malchim & à Sternberg. Le prince fait ses demandes par écrit; les Etats y repondent trois jours après. Les deux ducs sont unis par un acte de famille, les provinces & la noblesse le sont aussi : elles ont les mêmes loix, les mêmes privilèges, ont la même cour de justice, le même consistoire ; elles s'assistent de conseils & de leurs forces. Aucun des deux Etats ne peut contrevenir au bien commun sans le consentement de l'autre, chacun fournit quatre conseillers provinciaux, élus parmi les nobles domiciliés, choisis par le prince sur trois que lui présentent la noblesse & le pays. De ces huit conseillers, quatre sont assesseurs des tribunaux souverains de la justice & de la cour. Les avis & les remontrances qu'ils donnent sont signées de chacun en particulier, & ils ne peuvent jamais former qu'un seul tribunal : l'ancienneté regle leur rang avec les conseillers intimes du duc. Un de chaque duché joint à un deputé de la noblesse de chacun des cercles, & à quatre deputés des quatre principales villes forment le petit comité ; il représente le collége provincial de la noblesse & du pays. Dans tout réglement à faire, la noblesse donne son avis la premiere ; rien de contraire à leurs privilèges ne peut être statué ; elle s'assemble quand il lui plaît, les Etats ne peuvent l'être sans que le prince en ait été prevenu.

Le culte Lutherien est celui du pays & les paroisses sont soumises à six surintendans généraux. Il y a quelques communautés Calvinistes ; les catholiques n'y peuvent avoir d'église. Il y a une université à Rostock, & des écoles latines dans les autres villes.

On exporte de ce pays des grains, du lin, du chanvre, du houblon, de la cire, du miel, du bétail, du beurre, du fromage, de la laine, des bois de toutes espèces : il y a des manufactures de laine, des fabriques de tabac, de verre &c. mais leur nombre est inférieur à ce qu'il pourrait être.

Les Vandales ayant quitté ce pays, les Venedes leur succederent : Henri le Lion, duc de Saxe & de Bavière les soumit, y établit des comtes & des juges, & partagea le pays en quatre parties. Il ne se réserva que le comté de Schwerin, & rendit le reste à *Prebislas* prince des Vénédes qui lui jura fidélité, devint chrétien & retablit la ville de Mecklenbourg qui donna son nom au pays. C'est de ce Prebislas que descendent les ducs de Mecklenbourg. Ils furent divisés en deux branches : celle de Gustro s'éteignit en 1695 : celle de Schwerin se partagea en Mecklenbourg-Schwerin, & Mecklenbourg-Strelitz. La premiere possede les principautés de Schwerin & de Gustro, la seconde possède la principauté de Ratzebourg, la seigneurie de Stargard, les anciennes conmmanderies de Miro & de Nemero, & une pension annuelle de 9000 écus : le droit de primogeniture y est établi depuis 1701 par une convention conclue à Wittstock en 1442 la maison de Brandebourg doit succéder au dernier mourant de ces ducs ; & déja elle en prend le titre & a reçu le serment de fidélité des Etats.

Le duc de Mecklenbourg Schwerin jouit de deux suffrages aux dietes, parce qu'il possede les deux duchés de Schwerin & de Gustro : son mois romain est d'environ 700 florins, sa taxe de 243 rixdales. Ses tribunaux suprêmes sont le *collége du conseil privé*, & celui de la *Régence* : une chambre du domaine & une de finance administrent ses revenus. *Mecklenbourg - Strelitz* a aussi ses tribunaux particuliers. L'appel des jugemens rendus par les justices de chancellerie & par le consistoire de Rostock est porté à la cour supérieure de la province qui tient ses séances quatre fois par an à Gustro ; elle est commune aux deux princes, à la noblesse & à la province : les ducs en nomment le préfident, le vice préfident & quatre affeffeurs, la nobleffe y depute cinq affeffeurs, trois autres le font par la principauté de Schwerin, l'univerfité & la ville de Roftock : on appelle de fes jugemens quand il y a lieu, au tribunal de l'Empire. La nobleffe a fes droits de jurifdicton attachés aux fiefs qu'elle poffede : les magiftrats des villes y décident des procès en premiere inftance.

Les revenus de Mecklenbourg-Schwerin montent annuellement à 300 mille rixdales. La moitié des terres mefurées avec exactitude, paye annuellement trois rixdales pour chaque dix arpens : cet impôt ne peut être augmenté, & le prince, pour foulager fes fujets y a foumis fes domaines. Le produit eft employé aux dépenfes publiques, & les Etats en font la repartition : le prince ne peut ordonner d'autre impôt que celui-là, excepté ceux qui forment les fubfides de l'Empire, ceux du cercle & les penfions des princeffes. Le duc pour les deux premiers prefente à l'affemblée générale une copie authentique de la réfolution prife dans les dietes, ou dans les affemblées du cercle, & ne peut demander que ce qu'elle exige. Si l'empereur demande au deffous de 200 mois romains par année, c'eft au fouverain feul à les payer : lorfqu'il en exige au de-là de 200, la nobleffe y contribue du tiers; mais les villes ne fourniffent leur contingent que lorfqu'il en demande au de-là de 300. La penfion des princeffes eft fixée à 20000 rixdales; les bailliages domaniaux, les biens nobles & les villes en fourniffent chacun le tiers, mais cette penfion n'eft payée que lorfque l'empire ni le cercle n'exigent rien.

Les dons gratuits font accordés dans des affemblées particulieres ou générales de la nobleffe & de la province : la ville de Roſtock en fournit ſeule la douzieme partie. Les frais communs & extraordinaires qui concernent les deux Etats ſont payés par tous les deux : les ducs y contribuent pour 12000 rixdales, la ville de Roſtock pour 2000 : la levée en eſt ordonné par le prince, la nobleſſe & la province.

Les revenus de la branche de Strelitz montent à environ 126 mille rixdales.

Les troupes du princes ſont à la charge du prince : la nobleſſe & ſes vaſſaux ſont exempts de logemens des gens de guerre, les villes municipales ne le ſont que de ceux de la cavalerie : elles logent l'infanterie, & lui fourniſſent le ſel, le bois & la lumiere : les gentils-hommes & leurs ſujets ſont exempts de toutes livraiſons, de tous travaux, de voitures; &c. à moins que les beſoins preſſans de l'Empire & du cercle ne les exigent.

Ces deux duchés ſont diviſés en trois Cercles.

## I. Cercle de Mecklenbourr.

Il comprend l'ancien duché de Mecklenbourg, ou le Mecklenbourg propre, le comté de Schwerin, la partie occidentale de la principauté de Vénéde ou de Wenden, & une petite partie de la ſeigneurie de Roſtock.

### *Villes.*

*Parchim, Metropolis*, ville capitale de ce cercle : elle eſt dans la principauté de Wenden; l'Elbe s'y diviſe en deux bras qui en parcourent les différens quartiers vers le levant & le couchant, & ſéparent la vieille ville de la nouvelle : chacune a une égliſe : on y battit autrefois monnaie; on y exerce différens metiers, & on y compte environ 3000 ames; ses environs sont fertiles.

*Schwerin*, *Suerinum*, ville où resident les ducs. Sa situation est agréable, elle est presqu'evironnée d'un lac peuplé de poissons desquels on compte 26 sortes, & est d'une forme quarrée. On la divise en trois parties, la vieille, la neuve & la Moor, la ville de Schelfe tient à elle & fait cependant une ville particuliere. Le château, habité par le prince est bâti dans un isle; des murs, des remparts, des fossés l'environnent. Ses vues sont très-agréables, la collection de tableaux qu'on y voit est de bon goût, son jardin est très-beau. La ville eut un évêque, & son église est dit-on fort belle. Schwerin devint ville en 1177, son territoire est peu étendu. Elle fut la capitale d'un comté particulier, & est le siége d'un bailliage qui renferme quarante villages & vingt-trois biens nobles.

*Gadebusch*, est une petite ville sur le Radegast: on croit que son nom signifie *Lucus* ou *Saltus deastri*, parce qu'en effet, les Vénédes y veneraient le Dieu Radegast dans un bois de haute futaie, & le peuple croit qu'une pierre métallique appliquée à une fenêtre est un morceau de sa statue. Cette ville a un château, elle est le siége d'un Bailliage formé par quinze villages, où l'on compte dix-huit biens nobles & 843 serfs en comptant les jeunes comme les vieux, les femmes comme les hommes.

*Rhena* est arrosée par le Radegast; c'est une petite ville qui eut autrefois un couvent de femmes, & qui est le siége d'un bailliage qui renferme ving-un villages, & 1204 serfs.

*Grewesmühlen*, ou *Grewismæhlen*, ville dont les murs tombent en ruines: elle est délabrée, mais ne l'a pas toujours été. Son bailliage est formé de 55 biens nobles parmi lesquels on remarque celui de *Johanstorf* par la magnificence de son jardin, & de trente-trois villages, desquels on remarque celui de *Profecken* où Charlemagne força les Vénédes de se batiser; mais il n'en fit pas des chétiens: on y compte 2113 serfs.

*Bukow*, est une petite ville à laquelle on donne le nom de neuve, pour la distinguer de l'ancien *Bukow* qui n'est qu'un village. Son bailliage contient seize villages & cinquante-six biens nobles.

*Kræpelien*, est une petite ville, souvent désolée par des incendies.

*Bruel*, petite ville qui le devint en 1340.

*Kriewitz*, est une petite ville du comté de Schwerin dont le bailliage s'étend sur quinze villages & vingt-sept biens nobles.

*Sternberg* petite ville sur le bord d'un lac; elle est agréable & son château est détruit. Elle est célèbre par l'histoire d'une hostie vendue à des juifs qui en tirerent du sang, histoire dont on ne doutait point autrefois. Son bailliage n'a que deux villages & onze biens nobles.

*Banzkow*, ville ou bourg voisin de la Stœr dans le comté de Schwerin.

*Wittenbourg*, est une petite ville ornée d'un château, & chef-lieu d'un bailliage qui renferme douze villages, quarante biens nobles, & 1360 serfs.

*Boitzenbourg*, petite ville, où la Boitze vient se précipiter dans l'Elbe: elle était un bourg ouvert dans le douzieme siecle qui fut entouré de murs dans le quatorzieme. Son péage sur l'Elbe a été considérable: mais le produit en diminue tous les jours; son bailliage s'étend sur dix-sept villages & onze biens noobles: on y compte 1400 serfs.

*Hargenow*, est une petite ville dont le bailliage est formé de trente villages.

*Dœmitz*, est une petite ville située à l'embouchure de l'Elde dans l'Elbe : elle a un péage, & près d'elle est un château : on peut en inonder les environs. Son bailliage est formé par neuf villages.

*Grabow*, est une ville que l'Elbe arrose, & qui cessa d'être un village en 1255. Elle a un château qui est le douaire des veuves des ducs. Parmi les vingt-sept villages qui composent son bailliage, on remarque celui de *Kleinow* près duquel est un beau château du duc, au milieu d'une forêt percée en allées. On y compte dix biens nobles.

*Lübz* ou *Lübitz*, est une petite ville sur l'Elde, siége d'un bailliage qui renferme vingt-cinq villages & vingt-huit biens nobles.

*Walsmühlen*, est un bailliage du comté de Schwerin : il renferme six villages : près de-là est un port qui porte son nom.

*Toddin* est un bailliage de quatre villages : celui de *Redenthien* en renferme dix-sept. On remarque dans celui de *Dempzien* une saline & dix-sept villages. *Zarrenthien* est un bourg dont le bailliage renferme cinq villages, & 800 serfs.

*Bakendorf* ou *Gamelien*, est un bailliage qui compte dans son enceinte quatre villages & 680 serfs.

*Mecklenbourg*, bailliage qui doit son nom au village voisin de Wismar, qui fut autrefois une grande ville désignée par le nom de Megapolis, & qui fut la capitale des Obotrites. Elle eut trois couvens & un évêché : le voisinage de Wismar la fait déchoir, & la rendue un village : son bailliage renferme douze villages, trente-quatre biens nobles, & environ 700 serfs.

*Doberan*, est un bailliage situé dans la seigneurie

de Rostock : là fut autrefois un monastere fameux dont l'église vaste & riche renferme les tombeaux de plusieurs ducs, de deux rois & d'autres personnes illustres : ceux qui aiment les saintes babioles trouvaient à s'y satisfaire, car on y conservait du lin pris à la quenouille de la Ste. Vierge, & le bonnet de nuit de l'enfant Jesus; du foin enlevé aux chevaux des rois mages, la serviette de l'époux des nôces de cana, une piéce du manteau laissé par Joseph à la femme de Putiphar, une branche de l'arbre où Absalon fut suspendu par ses cheveux, & jusqu'au rasoir de Dalila, jusqu'à des poïls de la barbe de S. Jerôme. A quelque distance est l'*Heiligen-Damm*, (digue sainte :) c'est un rempart élevé qui arrête les flots de la mer : il est construit de belles pierres différemment colorées, & qui présentent des figures singulieres : le peuple dit qu'elle s'éleva d'elle même dans une nuit.

*Eldena* est un bailliage formé des biens d'un couvent de bénédictines fondé en 1230. On y voit douze villages, celui d'*Eldena* qu'arrose l'Elde, & une montagne qui en est voisine où l'on trouve de l'alun.

## II. Cercle de Vénéde.

Il renferme la partie orientale de la principauté de ce nom, la seigneurie de Rostock, & la plus grande partie du duché de Gustrow, ou Gustro.

*Gustrow*, ville capitale, arrosée par la Nebel : elle est grande, agréable, assez riche, est le siége du tribunal supérieur de justice, a un château antique dans l'église duquel on ensevelit les ducs. Elle reçut en 1220 les mêmes priviléges que Schwerin. On y brasse une bierre estimée, principal objet de son commerce. Son bailliage renferme trente-quatre villages & soixante biens nobles.

*Krakow*, est une petite ville au bord d'un lac qui en porte le nom : elle est ancienne : ici une hostie pleura étant percée par des juifs, & ce n'est pas un moindre tour de force que d'en tirer du sang.

*Goldberg*, est une petite ville sur un lac : les incendies l'ont fait déchoir. Son bailliage renferme six villages & neuf biens nobles.

*Plau* est une petite ville sur un lac agréable qui porte son nom, & d'où sort l'Elde : elle a un château, est le siége d'un bailliage qui s'étend sur sept villages & cinq biens nobles.

*Malchow*, est une petite ville entre les lacs de Plau & de Calpin, qui l'environnent de leurs eaux & lui servent de murs. Nous parlerons plus bas de son couvent.

*Wahren*, est une ville sur le lac de Calpin : des incendies l'ont presque ruinée.

*Rœbel*, est au bord du lac Müritz : elle est ancienne, petite & cependant partagée en vieille & nouvelle.

*Penzlin*, est une petite ville dont les bourgeois ont divers priviléges.

*Stavenhagen*, est une petite ville voisine de frontières de la Poméranie, dont le bailliage renferme treize villages & soixante-cinq biens nobles.

*Malchin*, est une petite ville sur le lac *Cummero* qui y reçoit la Peene : nous avons vu que les Etats s'y assemblent de deux années l'une, ainsi qu'à Sternberg.

*Teterow*, petite ville, voisine d'un lac qu'un incendie en 1722 devora toute entiere : elle s'est rebâtie.

*Neukalden*, autrefois *Nien-Kaland*, est une petite

ville fondée en 1281. Son bailliage renferme quatre villages & dix-sept biens nobles

*Gnoien*, ville dans la seigneurie de Rostock : elle est chetive. Son bailliage s'étend sur deux villages & quarante biens nobles.

*Sülte*, ou *Sülze*, est aussi dans la seigneurie de Rostock ; près d'elle sont des salines, qui presque seules échaperent d'un incendie en 1770.

*Marlow* est sur le Reckenitz qui forme un lac sur les bords duquel est assise la ville de *Ribnitz*, bâtie en 1271, siege d'un bailliage qui renferme une saline, vingt-deux villages & vingt-neuf biens nobles : *Ribnitz* a un couvent dont nous parlerons.

*Tessin* est aussi sur la Reckenitz : elle est petite & pauvre. *Laage* est peut être moins considérable encore.

*Schwan*, autrefois *Bygnœa* petite ville sur la Warno ; elle a un château ; ses environs donnent une terre propre à faire des briques ; la disette du bois fait qu'on la transporte à Rostock par la riviere : son bailliage renferme vingt-deux villages & quatre biens nobles.

*Marnitz*, est un bailliage formé de six villages dont les revenus ainsi que ceux de quelques autres sont perçus par le roi de prusse.

*Wredenhagen*, est un bailliage de huit villages qui appartint aux Templiers, & que borde la Rœbel.

*Dargun*, est un bailliage voisin du lac de Cummero, formé des biens d'un couvent de bénédictins dont on a fait un château : il renferme quinze villages & le bourg de *Dargun* ou *Neue-Baute*.

### Ville de Rostock.

On l'appellait autrefois *Rotztoch*; elle est la plus

grande ville des deux duchés dont elle n'est point partie; la Warno l'arrose & lui forme un port sur un lac joint à la mer Baltique. On la divise en vieille & nouvelle ville : dans la premiere sur une hauteur est l'hôtel où s'assemble le sénat; ses maisons détruites par un incendie, sont devenues plus belles & plus commodes. De ses deux églises, l'une possede les entrailles de Grotius qui y mourut, l'autre a une bibliotheque. Dans la seconde on remarque quatre églises, un hôpital, un couvent de filles nobles & bourgeoises, les colléges de l'université fondée par la ville & les ducs, décorée de priviléges par le pape Martin V, & confirmée par l'empereur Ferdinand I. Le Lutheranisme l'en chassa, le patriotisme d'un particulier l'y rappella. Il y a encore une école latine, & un consistoire, les ducs y résident souvent; ils en sont les princes; mais leur pouvoir y est limité. La ville a le droit de battre monnaie, & l'exerce; elle depute aux Etats, nomme un membre du conseil suprême, est gouvernée par trois bourguemaîtres, un sindic, dix-sept conseillers & un secretaire, qui jugent les procès civils & criminels; on n'en peut appeller dans certains cas qu'au conseil suprême des Etats, ou à celui de Lubeck. Son commerce est très-étendu; mais il n'est plus ce qu'il a été. Elle fut érigée en ville l'an 1030, s'aggrandit & s'enrichit rapidement, voulut être libre; & fut desolée au dehors, tantôt par les rois de Dannemark, tantôt par les ducs de Mecklenbourg; & au dedans par des dissentions civiles souvent renaissantes. Elle fut une ville anséatique. Elle a un territoire assez considérable; le port & le village de Warnemünde lui appartiennent; la Suède y perçoit un droit de péage de deux rixdales & demi par charge, & ce droit qui rapportait autrefois 80000 rixdales,

n'en

rapporte plus que 6, on peut juger par-là de l'affaiblissement du commerce. Les ducs ont pris ce péage en engagement de la Suède.

### Couvens.

Ces couvens font ceux de *Dobbertin*, de *Ribnitz*, & de *Malchow*. Le premier fondé en 1222 pour des bénédictins auxquels fuccederent des bénédictines, eft fitué fur la rive d'un petit lac près de Goldberg & poffede vingt-huit villages; le fecond, fondé en 1323, fut habité par des religieufes de Ste. Claire, & poffede treize villages, le troifieme occupé d'abord par des dominicains que remplacerent des religieufes de Rœbel, poffede quatorze villages & de mêmes que le fecond, nomme à quelques cures. Ces couvens appartiennent aux États, qui en nomment ou deftituent les officiers dont le choix doit être confirmé par le prince; mais s'il tarde un an & un jour, ils font cenfés l'être de droit. Ils ne peuvent faire de nouvelles acquifitions dans le pays, & n'envoyent aucun député aux diettes, l'intérèt de la nobleffe & des villes eft le leur, & ils en font défendus & protégés : ce font des filles Lutheriennes qui les habitent, & qui portent depuis 1764 des croix d'ordre émaillées de divers couleurs : la largeur plus ou moins grande y fait diftinguer les filles nobles des bourgeoifes.

### III. Cercle de Stargard.

Il eft formé de l'ancienne feigneurie de ce nom, & les électeurs de Brandebourg y avaient autrefois des prétentions, qu'ils abandonnerent. C'eft la plus grande partie du duché de Mecklenbourg Strelitz,

*Tome III.*                      H h

possédée par le duc dans une indépendance égale à celle de Mecklenbourg-Schwerin : celui-ci convoque les Etats; mais on annonce la convocation un mois d'avance au premier, qui doit à son tour annoncer les demandes qu'il veut faire huit jours avant de les faire : quand les reglemens à faire n'intéressent que le cercle de Stargard, ils sont publiés au nom du duc de Mecklenbourg Strelitz seuls : le consistoire de Rostock y decide des affaires qui tiennent à la religion. Le duc peut cependant en ériger un autre, comme il peut créer un conseil provincial, mais dans les affaires seulement qui ne concernent que le cercle.

### Villes.

*Nouveau-Brandebourg*, est la ville capitale du cercle; elle a le droit d'envoyer un député au petit comité des Etats, & fut construite en 1248 par un Marggrave de Brandebourg. Elle est située sur un ruisseau qui se rend dans la Tollensée; sa forme est circulaire & ses rues larges & tirées au cordeau : on y trouve deux églises & une école latine : ses environs sont fertiles en houblons.

*Friedland*, est une petite ville entourée de marais, & sur le bord d'un petit lac : elle a deux églises dont l'une est seigneur d'un village : ses magistrats en possedent un aussi : elle fut fondée en 1244 par les Marggraves de Brandebourg.

*Woldegge* ou *Woldeck*, est une petite ville que les incendies ont fait déchoir.

*Strelitz* ou *vieux Strelitz*, est une ville située dans des marécages, & fondée en 1349 : son château ayant été détruit par un incendie, le duc en fit bâtir un nouveau à quelque distance, & fit élever auprès en 1733 une ville nommée *Nouveau-Strelitz*, espérant qu'en s'aggrandissant, elle se joindrait bientôt à l'autre : l'une & l'autre ont encore leurs magistrats & leurs siéges de justice particuliers : c'est dans la derniere que resident les tribunaux du duc dans son territoire au midi du lac de Tollensée, on trouva des antiquités de metal qui portaient le nom de *Rhetra* ville detruite qui fut autrefois près de-là.

*Furkenberg*, est une petite ville que la Havel entouré de ses deux bras, chef-lieu d'un comté qui renferme la ville d'*Asrenberg*, deux châteaux & dix villages : le duc le possede : son bailliage renferme encore cinq biens nobles.

*Wesenberg*, est une petite ville qui renferme deux églises, & dont le territoire s'étend sur la fertile contrée de Pomel.

Ce cercle est divisé en onze bailliages, dont trois méritent d'être nommés : ce sont ceux de *Nemerow*, de *Mirow*, & de *Stargard* : les deux premiers sont formés des deux commanderies, dépendantes de la maîtrise de Sonnebourg : *Mirow* est un bourg & un château : le dernier renferme cinquante-six biens biens nobles : tous les onze bailliages renferment au-delà de cinquante-six villages.

## PRINCIPAUTÉ DE SCHWERIN.

Le duché de ce nom l'entoure presqu'entierement : elle a huit lieues de long, deux de large, & fut un des évêchés qu'Henri le Lion a fondés : celui-ci le fut en 1170, Schwerin fut son premier siége & de-là vient son nom : la paix de Westphalie le convertit en une principauté, qui siége dans les dietes & les assemblées du cercle : son mois romain est de 96 florins, fa taxe de 11 rixdales 14 kr. Les ducs de Mecklenbourg Schwerin le poſſedent.

*Butzow*, eſt une petite ville où les refugiés français ont établi diverſes manufactures. Le duc y établit une univerſité en 1760 : ſon vieux château fut la reſidence des Evêques. On dit que cette ville fut fondée trois ſiecles avant l'Ere chrétienne & ſes habitans ſeuls le croient.

*Wahrien* eſt une petite ville qu'il ne faut pas confondre avec *Wahren*, dans le duché de Mecklenbourg-Guſtrow.

*Schelfe* ou *Neuſtadt*, eſt une petite ville ſi voiſine de Schwerin, qu'elle parait ne faire qu'une même ville avec elle. Elle a cependant ſes propres magiſtrats : de nouveaux colons y ont amené quelque induſtrie, & lui ont fait donner des priviléges.

Cet état renferme encore trois bailliages : celui de *Butzow* s'étend ſur quinze villages : celui de *Wahrien* n'en renferme que quatre, & celui de *Rhün*, ou *Rühnen* en renferme neuf : ce dernier prend ſon nom du couvent noble des religieuſes proteſtantes de ce nom.

## Principauté de Ratzebourg.

Elle eſt ſituée entre la principauté de Mecklenbourg-Schwerin & celle de Saxe-Lauenbourg : ſa longueur eſt de quatre à cinq lieues, ſa largeur de trois à quatre : ſon ſol eſt fertile; il produit beaucoup de froment, & nourrit un grand nombre de beſtiaux : ces deux objets ſont ceux de ſon commerce. Ce fut un évêché fondé à Ratzenbourg & converti en principauté par la paix de Weſtphalie. Elle eſt poſſédée par les ducs de Mecklenbourg-Schwerin, & depuis 1701 par la branche de Strelitz. Elle ſiége aux dietes de l'empire & aux assemblées du cercle de Basse-Saxe, paye un mois romain de 24 florins & une taxe de 67 rixdales, 54 kr. Les ducs en retirent 230000 liv. par an.

*Ratzebourg*, est un bailliage qui doit son nom à une ville qui n'en fait plus partie, & qui appartient à l'électeur de Hanovre. Ce bailliage renferme l'ancienne église cathédrale : près d'elle sont les maisons où résident les officiers du duc & ses tribunaux : celle du prince est sur le *Palmberg*, grande place quarrée ornée de trois rangs de tilleuls.

*Schagsterff*, est un bailliage ou Mairie qui prend son nom d'un village paroissial. Il renferme encore quinze villages, quatre petits & plusieurs metairies. La *Baeck* près de Ratzebourg n'est presque formé que de maisons où l'on travaille le cuivre.

*Rupenstorf*, est un bailliage ou Mairie renferme aussi quinze villages deux biens nobles & quelques metairies : près du village de *Lauen* est un petit lac : la metairie de *Lockwisch* a aussi un petit lac.

*Schönberg*, est un bailliage qui renferme le bourg de ce nom, où l'on remarque encore le château où résidaient les évèques de Ratzebourg : ce bailliage compte encore trente villages dans son enceinte & un lac.

*Stove*, est un bailliage qui renferme dix villages, deux métairies, & le vieux château où réside le Baillif & lui donne son nom.

## DUCHÉ DE HOLLSTEIN.

Joint à la seigneurie de Pinneberg, il est au nord & au levant borné par la mer Baltique; au nord encore l'Eder le sepáre du Sleswick; au sud il touche à l'Elbe, au duché de Lauenbourg & aux territoires de Lubeck & de Hambourg; au couchant il touche encore à l'Elbe, ainsi qu'à la mer du nord. Sa plus grande étendue du levant au couchant est d'environ trente-deux lieues; sa largeur est d'environ vingt-deux; mais il renferme dans son enceinte l'évêché de Lubeck & le comté de Rantzau qui n'en font point partie & dont nous parlerons plus bas. Sa situation entre deux mers l'expose à des vents impetueux & frequens qui y purifient l'air, mais aussi qui y rendent nécessaires des digues élevées fortes & dispendieuses, pour arrêter la fureur des vagues tumultueuses que ces vents balancent avec force, & qui devasteraient ses champs si l'on ne leur opposait une barriere. Ses terres se divisent en pays humides abondans en blés, en haricots, en pois, surtout en raves & en excellens paturages, qui nourrissent de nombreux bestiaux grands & vigoureux, & en pays sec ou élevé, couvert de bruieres & de sable dans le centre du pays, mais fertile en grains, & en jardinage excellent en d'autres endroits. Dans le pays humide, les vaches y rendent en été de dix à vingt pintes de lait par jour : dans le pays élevé, elles n'en donnent que la moitié; aussi est-il moins riche en beurre & en fromage; on y engraisse moins de bestiaux. Dans tous les deux, les forêts de chêne & de hêtre s'éclaircissent, & l'on est forcé de recourir à la tourbe. Tels gentilhommes ont 500 vaches & 100 à 150 autres pièces de bétail dans leur domaine, & ce qu'ils retirent des Hollandais auxquels ils les afferment, fait la moitié de leurs revenus. Ils leur fournissent le paturage d'été, le foin & la paille nécessaire pour l'été, & reçoivent du fermier depuis 6 jusqu'à 10 écus d'empire pour chaque vache. Le bœuf, le veau, & le mouton y sont très-gras & d'un bon goût : les chevaux y font beaux & s'y vendent jufqu'à 300 écus ; mais ils y deviennent rares : la volaille & le gibier y font très-abondants : les rivieres, les lacs & les étangs y donnent d'excellens poiffons. Parmi ces étangs, il en eft qu'on peuple pendant deux ou trois ans de différens poiffons, enfuite, on vend les animaux qui y vivent, on les deffeche, on les sème d'avoine on les convertit en pâturages : quelques années s'écoulent & ils redeviennent étangs; leur produit devient ainfi confiderable. Il y a quelques monts dans le Holftein ; mais ce ne font que des collines ; fes rivieres font l'*Eyder*, le *Stör*, la *Trave* qui reçoit la *Schwaftau* & la *Pinau* : les trois premieres font navigables à quelque diftance de la mer.

Ce duché renferme quatorze villes & dix-huit bourgs, en y comprenant la feigneurie de Pinneberg & la ville d'Altona. On compte environ 240000 ames dans la partie qui appartient au Dannemark, & 30000 dans la feigneurie de Pinneberg. Les payfans qui dépendent du domaine & des couvens font libres; ceux qui dépendent des fiefs poffedés par les gentilshommes font foumis aux corvées journalieres, & attachés aux fermes qu'ils cultivent. Ils font libres dans le *Marfchland* ou pays humide : très-peu le font dans le *Geesfland* ou pays élevé. La nobleffe du Hollftein a les mêmes droits, les mêmes privilèges que celle du Slefwig & fait corps avec elle : mais la premiere a quelques prérogatives qui lui font particulieres. Les poffeffeurs des fiefs nobles y ont droit de haute & baffe jurifdiction, font exemts de droit de timbre, de péages & de l'impôt nommé *Licent* pour toutes les productions de leurs domaines, pour tout ce qui eft à leur ufage : ils ont feuls le droit de chaffe. Toute la nobleffe, qui poffede les couvens nobles de *Iſfhoa*, de *Preex* & de *Ueterſen*, les ſeigneurs de fiefs, les chefs des couvens nobles, les villes formaient autrefois les dietes : aujourd'hui elles paraiſſent abolies; la derniere fut aſſemblée en 1712 & les villes n'y furent point admiſes. La nobleſſe a cependant encore ſes aſſemblées; elles ſe tiennent à Kiel, ſont convoquées par les prelats ou chefs des couvens nobles, & protegées par un *ſyndic perpétuel du pays* : la religion Lutherienne eſt celle du pays : mais il y a à *Glukſtudt* & *Altona* des égliſes pour les catholiques & pour les réformés. Dans la derniere ville, il y a deux égliſes de Memnonites & on y tolère toutes les ſectes. A *Kiel*, il y a une chapelle pour les Ruſſes. Les Juifs ſont ſoufferts dans diverſes villes, & ont des privileges dans les domaines de *Wandsbeck* & de *Moiſling*. Les villes ont des écoles latines; à Altona eſt un collège academique; à *Kiel* une univerſité. *Glukſtadt*, *Altona*, *Kiel* ſont les villes les plus commerçantes; on y trouve diverſes manufactures & des fabriques; mais bien moins que n'en devrait avoir un pays qui par ſa ſituation & ſes rivieres navigables ſemble appeller le commerce. C'eſt de Hambourg & de Lubeck que les habitans reçoivent ce qu'ils ne trouvent pas dans leur pays. On tranſporte au dehors des blés, du malt, du gruau, de l'amidon, du blé noir, des fèves & graines de navet, des bêtes à cornes, des moutons, des porcs, des chevaux, de la volaille, du beurre, du fromage, du gibier, & du poiſſon.

On le diviſe en quatre provinces, Hollſtein propre, Stormarie, Wagrie, Dittmarſen. Les trois premieres formaient l'ancienne *Nordalbingua*, ou Saxe au-delà de l'Elbe. Charlemagne qui en ſubjugua les habitans, en diſperſa 10000 familles dans le Brabant, la Flandres & la Hollande. Il fit enſuite avec le roi de Dannemarck un traité qui reglait que l'Eyder ferait la borne commune des deux empires. Le pays au midi de ce fleuve fut appellé la *Marche* & un Marggrave y fut établi pour la défendre. Le duc de Saxe, Lothaire qui devint enfuite empereur érigea le Hollftein propre & la Stormarie en comté & en donna l'inveftiture au comte de Schauenbourg en 1106, dont le fils Adolphe II incorpora la Wagrie au Hollftein, & peupla fes états d'étrangers qu'il appella de la Hollande, de la Weftphalie & des pays voifins. Les fils d'Adolphe IV qui avaient chaffé les Danois de fes terres, les partagèrent. Jean eut la Wagrie & Kiel, Gerhard le Hollftein, la Stormarie, & enfuite le comté de Schauenbourg. Ces provinces fe reunirent, & fe diviferent de nouveau. L'une des branches des princes qui y regnaient, obtint du roi de Dannemark l'invefticure du Slefwig, elle s'éteignit & les peuples élurent Chriftian I roi de Dannemark qui devint duc de Slefwig & comte de Hollftein, & fit ériger ce dernier pays en duché. Sa poftérité y regna comme fur le Dannemark, mais ceux que le fort appella à gouverner ces deux états furent prefque toujours ennemis, parce qu'on n'avait pas prévu qu'ils pouvaient le devenir. La branche de Hollftein Gottorpf, fondée par le fecond fils du roi Frederic I, fouvent inquiétée par celle qui regnait en Dannemark, en fut prefque dépouillée en 1720. Le duc Charles Ulric appellé à regner fur la Ruffie en 1743, regna & mourut en 1762: fon époufe regne avec gloire & fon fils doit lui fucéder.

Les ducs de Hollftein ont été vaffaux des ducs de Saxe, mais ils avaient ceffé de l'ètre dans le commencement du quinzieme fiecle. Un évêque de Lubeck obtint d'un empereur la commiffion perpetuelle de donner l'inveſtiture aux comtes au nom de l'Empire, mais ils n'en devinrent point vaſſaux de cet évêché, ni n'en perdirent pas leur indépendance de l'Empire, & ils gagnerent celle dont ils jouiſſent envers les ducs de Saxe. Cette prerogative paſſa au commencement du feizieme fiecle au roi de Dannemark ; elle appartient à l'empereur.

Le roi de Dannemark, comme duc de *Hollſtein Gluckſtadt* a féance & voix à la diete dans le collège du prince : l'empereur Ruſſe, comme duc de *Hollſtein Gottorf* jouit de la même prerogative, & ils nomment joints au Mecklenbourg, un aſſeſſeur à la chambre imperiale pour le cercle de Baſſe Saxe. Le mois romain de tout le duché eſt de 800 florins. *Hollſtein Gluckſtadt* donne pour l'entretien de la chambre imperiale 189 rixdales 31 kreutz. *Hollſtein Gottorf* en donne autant.

La partie du Hollſtein qui appartient au Dannemark eſt regie par un gouverneur qui préſide fur la *chancellerie royale* dont le fiége eſt à Gluckſtadt ; deux autres tribunaux y rendent la juſtice, le conſiſtoire fuprème y veille fur ce qui intéreſſe la religion & les égliſes. Un *conſeil ſecret* regit le Hollſtein qui dépend des chefs de l'empire Ruſſe ; il fiége à Kiel ainſi qu'une juſtice de chancellerie & un conſiſtoire fuprème. Chaque feigneur de fief à fa juſtice ; chaque ville a fes magiſtrats qui jugent en premiere inſtance dans les bailliages, les anciens de la paroiſſe cherchent à accommoder les parties avant que le procès foit porté au baillif qui juge auſſi en premier reſſort, ceux qui fe croyent léfés par fa fentence en appellent à un tribunal fingulier, dont les membres font des payſans, & dont le preſident fiége l'épée nue dans la main. Les baillifs veillent fur ce tribunal, mais n'y ont pas de voix.

Un tribunal commun aux deux ducs, a inspection sur les couvens & la noblesse : les jugemens s'y rendent au nom des deux princes; mais le roi de Dannemark est toujours nommé le premier. L'administration de la régie alterne entr'eux. Les couvens, les nobles ont des justices inferieures dont on appelle à une chambre de justice formée de huit nobles, & huit hommes lettrés, dont chacun des deux princes élit la moitié : c'est à cette chambre que les prelats, les pasteurs, les nobles plaident de vive voix en premiere instance : quand on en appelle, on ne peut plus plaider que par écrit. Les deux princes ont encore une cour de justice criminelle & un consistoire général qui leur sont communs.

Les revenus de ce duché se tirent des biens domaniaux, des regales, de diverses contributions en argent ou en nature, du *licent*, du papier timbré &c. Chaque couvent, chaque possesseur des fiefs nobles, paye trois écus par charue tous les mois, & la charue comprend de 24 à 30 arpens chacun de 1920 pieds de long sur 60 de large. On compte 2625 charues contribuables dans le duché.

Il y a toujours quelques regimens d'infanterie & deux de cavalerie de troupes Danoises dans le Hollstein : on y lève des milices dont les marches de *Krempen* & de *Wilster*, la seigneurie de *Pinneberg* & le comté de *Rantzau* sont exemptes. On prend un homme de 16 à 36 ans pour trois charues & $\frac{3}{4}$, & ces hommes doivent servir six ans. La ville de *Heiligenhafen*, fournit en cas de besoin un certain nombre de matelots & de pilotes pour la flotte royale.

Il y a dans le Hollstein l'ordre de Ste. Anne, instituée en 1735 par le duc Charles Frederic, dont la marque diſtinctive eſt une croix rouge émaillée, qui eſt d'un côté le chiffre de Ste. Anne, & de l'autre les lettres initiales de ces mots *amantibus juſtitiam, pietatem, Fidem*, qui eſt attachée à un ruban rouge bordé de jaune.

La partie du Hollſtein qui appartient au Dannemark eſt la plus étendue. C'eſt par elle que nous commençons.

### I. *Ancienne portion royale.*

*Gluckſtadt*, *Tychopolis*, ville & fortereſſe dans la Stormarie ſur l'Elbe, au lieu où il reçoit les eaux du Rhin : elle eſt jolie, aſſez bien bâtie, & de ſa place publique on voit tous les grands chemins qui conduiſent à ſes portes : ſes environs ſont bas & marécageux ; & de Krempe, où ces marais commencent, on a élevé une chauſſée de pierres longue d'une lieue, pour les paſſer ſans danger. Cette ville peut être miſe ſous l'eau ; on n'y a point de ſources d'eau pure, mais on y recueille & conſerve celles des pluies dans de vaſtes citernes : ceux qui n'ont pas cette reſſource boivent l'eau mal ſaine du port, & d'un foſſé qui l'avoiſine. Expoſée fréquemment aux orages, & à l'impétuoſité des vagues, ſes habitans ſavent s'en garantir. Nous avons dit ailleurs qu'elle était le ſiége des principaux tribunaux du pays, & celui d'une juſtice ordinaire dont la juriſdiction s'étend ſur toute la partie du duché qui appartient au roi. Il y a une école latine, une maiſon de diſcipline & de travail, une égliſe réformée, une luthérienne, une chapelle pour les catholiques, une ſinagogue pour les juifs. Cette ville était peu commerçante quoiqu'elle eut une chambre de commerce ; pour lui donner plus d'activité, Chriſtian VII en

1708 fit de son port un port libre : il est joint à un grand bassin où les vaisseaux sont en sureté Cette ville fut fondée en 1620 par Christian VI, dans un lieu neutre & desert, & lui donna les droits & prérogatives dont jouissait la ville de Wilster, & de se gouverner selon le droit de Lubeck & de Hambourg.

*Krempe*, est une petite ville sur le ruisseau de ce nom, dans la marche à laquelle elle donne son nom, compris dans la Stormarie : ses fortifications ont été rasées, & l'espace qu'elles occupaient est partagé en prairies & champs plus utiles à la ville que ses remparts : elle se sert du droit de Lubeck depuis le treizieme siecle.

*Wilster*, est une petite ville du Hollstein, sur la riviere de son nom : elle n'était qu'un village avant le treizieme siecle, & reçut avec le nom de ville le droit de Lubeck.

*Itzohoe*, est une ville dans le Hollstein, divisée en vieille & nouvelle : cette derniere est une isle qu'environnent la riviere navigable de Stör & un canal qu'elle remplit de ses eaux ; elle est plus ancienne que l'autre, fut bâtie sous Charlemagne pour l'opposer aux invasions des Danois, mais détruite en 1206, le bourg voisin subsista & devint l'ancienne : les murs de l'autre ne furent rebâtis que quelques années après. Elle eut d'abord le nom d'*Esscho*, obtint divers privileges, celui de se servir du droit de Lubec, celui d'étape par lequel les bateaux qui remontent la Stör doivent y exposer en vente leurs marchandises & ne peuvent remonter plus haut le fleuve sans la permission des magistrats : ils y payent un droit lorsqu'ils descendent : une jettée leur donne la facilité de s'y amarer. Cette ville a une chambre de commerce. Dans la vieille on remarque un hôpital, une église magnifique où sont inhumés plusieurs comtes & Hollstein & un couvent de filles nobles protestantes dont nous parlerons plus bas : dans la nouvelle, la maison de ville, une école latine, & une chapelle.

A demi lieue de-là, près du hameau de *Nordo*, sur une colline, le comte Henri de Rantzau, fit élever en 1578 une pyramide de pierre, sans doute pour conserver sa mémoire.

*Rendsbourg*, est une ville & forteresse dans le Holstein, sur l'Eyder qui fait la frontiere de l'Allemagne. Elle est divisée en trois parties. La vieille ville est dans une isle formée par l'Eyder qui la traverse encore : le Slefwig la reclamait ; mais elle fut déclarée partie du Hollstein en 1250 : sur la vieille porte qui regarde le Hollstein, on voit cette inscription latine : *eydora romani terminus imperii* : elle fut augmentée en 1690, ses fortifications furent tracées au-delà de l'espace qu'elles occupaient, & le fauxbourg de *Vindizier* y fut renfermé : quelques uns des habitans de ce fauxbourg éleverent des maisons dans un lieu entouré de digues près de la place où fut autrefois le château, & formerent la seconde partie de la ville nommée Schleuskühle, d'une écluse qui force l'Eyder à s'y séparer en deux bras. La troisieme partie est neuve, très-réguliere, très-bien bâtie, sur le territoire de Hollstein : on l'appelle *Neuwerk* : ses fortifications forment un croissant qui embrasse la vieille ville. Toutes ces parties ensemble ne renferment que 600 feux. Rendsbourg a une forte garnison, un arsenal royal, une douane, un magasin de vivres, deux églises & dans l'une placée dans Neuwerk on prie encore pour l'empereur romain, une école latine, un consistoire, une chambre de commerce. Elle suit le droit de Lubeck ; la for-

# CERCLE DE BASSE-SAXE. 495

resse de *Reinholdsbourg* fut son origine : quelques comtes de Hollstein y residerent. Elle est un passage pour se rendre en Dannemark, & cette situation, la bierre qu'on y brasse, le bois qu'on y exporte font ses principales ressources.

*Ségeberg*, est une petite ville dans la Wagrie, formée d'environ 100 maisons, mais dans ce nombre ne sont pas comprises celles du fauxbourg de *Gieschenhagen*, qui n'appartient qu'en partie au bailliage de Ségeberg : du milieu d'elle s'éleve une montagne qu'on appellait autrefois Alberg, formée de rochers calcaires : chaque jour elle diminue par la chaux qu'on en fait & dont on transporte une grande partie à Hambourg & à Lubeck. Cette montagne diminue tous les jours; mais elle est encore haute & rapide : de son sommet on jouit d'une perspective étendue : là fut autrefois un château fort, bâti par l'empereur Lothaire en 1137, qui a resisté aux assauts des guerriers & à cédé au tems : il n'en reste que quelques ruines : il donna son nom à la ville, qui jouit du droit de Lubeck. Près d'elle le comte Henri de Rantzau, fit encore élever une pyramide & un obelisque avec des inscriptions; c'était en 1588, & 1590 : plus bas que la premiere est une chapelle, où l'on prêche & fait l'aumône le jour de la Pentecôte.

*Odesloe*, est une ancienne petite ville sur la Trave, dans la Wagrie : le feu & la guerre l'on fait déchoir. Elle jouit du droit de Lubeck : près d'elle étaient des sources salées, bouchées depuis longtems; mais qu'on entreprend d'y remettre en valeur.

*Lütjenbourg*, est une ville ancienne & chétive qui jouit du droit de Lubeck depuis 1275.

*Heiligenhafen*, est une petite ville dans la Wagrie

comme la précédente, près de la mer Baltique, vis-à-vis l'isle Fermern qui laisse entr'elle & le continent un détroit d'une lieue & demi de large. Son port est à quelque distance vers le levant, & c'est de lui qu'elle a pris son nom : on la croit fondée dans le douzieme siecle, érigée en ville dans le treizieme.

## II. Bailliages.

On a établi dans chacun d'eux une chambre œconomique.

*Steinbourg*, est un bailliage, le plus étendu de tous, qui s'étend dans le Hollstein & la Stormarie, & comprend les petites provinces de Krempe & de Wilster. Du baillif, on en appelle aux *Lodding*, tribunal formé d'un president & de seize chefs de famille. Il en est un pour la marche de Wilster, & celui-là siége en plein air, dans la place publique & près de l'église. Un autre siége à Krempe dans la maison du president : le baillif ne préside ni à l'un ni à l'autre, & on en appelle au tribunal nommé *Göding* formé de douze membres, dont six sont choisis dans la marche de Wilster, six dans celle de Krempe : il siége à Krempe ou à Itzehoe : on appelle de ses jugemens à la justice supérieure du bailliage. Le bailliage est compris dans la jurisdiction du consistoire de *Munsterdon*, & le baillif en est le president : il reside à Itzohoe.

La marche de Wilster renferme six paroisses & l'on y compte soixante-deux villages ou hameaux. Le village de *Wewelsfleth* est situé près de l'embouchure de la Stör dans l'Elbe : on y perçoit le péage, le droit de *licent*, & un autre droit encore sur les vins étrangers.

La marche de Krempe renferme aussi huit paroisses,

ses, dans lesquelles on compte quarante-un villages ou hameaux, on n'y remarque que le fort de *Steinbourg*, élevé sur ses frontieres, & gardé par une faible garnison : il a donné son nom au bailliage, parce qu'autrefois le baillif y résidait.

*Segeberg*, est un bailliage qui s'étend dans la Wagrie & la Stomarie. Le baillif préside au tribunal de justice qui y est érigé, & il y décide quand les voix sont égales : il a le même droit dans le consistoire qui s'assemble trois fois chaque année à Ségeberg. Ce bailliage renferme un bourg & cinquante-deux villages. Ce bourg est celui de *Bramstedt*, qui doit son nom à la Bram, riviere navigable qui l'arrose : on y compte cent-vingt maisons & une église : il est le siege du baillif : on y voit dans une place une de ces colonnes que l'on distingue en Allemagne sous le nom de *Róland*, & qui annoncent la liberté & une jurisdiction. En 1681, on découvrit près de ce bourg une source d'eau minerale dont les malades se servent avec succès : elles sont sur-tout connues depuis 1761.

*Rendsbourg*, est un bailliage qui s'étend dans le Hollstein : son siege est dans la ville de ce nom : il renferme cent-trois villages & le bourg de *Kellinghusan*; la Stör l'arrose & on l'y passe sur un pont : son église est médiocre : il n'est un bourg que depuis 1740.

*Hanrau*, est un petit bailliage, ou bien noble, possédé par un particulier; mais qui est soumis à la jurisdiction du roi qui y leve des contributions : on n'y compte qu'une paroisse, quelques villages, & le bourg qui lui donne son nom.

### III. *Le Ditmarse méridional.*

Le Ditmarse en général est situé entre l'Eyder & l'Elbe : il a douze lieues de long, quarante-six de large : on y compte 1425 charrues, dont chacune renferme environ 23 arpens & un sixieme : le tiers est composé de plaines basses & marécageuses, fertiles en prairies. On en exporte du froment, de l'orge, du seigle, de l'avoine, du blé noir, des pois, des fèves, des bœufs gras, des moutons, des oies, du fromage & du beurre : il abonde encore en excellens poissons. Les peuples qui l'habitent furent long-tems libres ; ils se défendirent avec vigueur contre les rois de Dannemark & les ducs de Hollstein, qui ne les subjuguerent enfin qu'en 1559 & se partagerent la province. Le roi en possede la moitié, c'est la partie méridionale. Il y établit un gouverneur & un baillif : le premier est ordinairement le même que celui du Sleswig : le second est juge civil & criminel : il préside au consistoire qui siege à Melldorf. Cette partie du Ditmarse renferme douze paroisses.

*Melldorf*, donne son nom à deux paroisses, l'une septentrionale, l'autre méridionale. C'est un bourg qui a les droits d'une ville, que la Miele arrose, qui fut fortifié, & a un bourguemaitre & un conseil. C'est le siege de la justice civile & ecclésiastique.

*Wöhrden* est un bourg, une paroisse : il n'est pas considérable. Dans la paroisse de *Marne* était autrefois un couvent nommé *Marienhoe* qui lui a donné son nom : celle de *Brunsbuttel* doit son nom à un bourg situé sur l'Elbe, qu'on y passe sur un bac : celle de *Nordhadstedt* renferme la vaste forêt de *Riesenwold*, commune entre le roi & le duc.

## IV. Partie du duché qui appartint autrefois à la branche de Plon.

Le dernier duc qui posséda ce pays, convint que s'il mourait sans enfants, son héritage passerait au roi, & c'est ce qui arriva en 1761. On le divise en bailliages, il a onze lieues de long & sept de large, & celui de *Plön* & *Ahrensböck* doit son nom à la ville de *Plön*, dont deux lacs font une presqu'isle: elle est divisée en vieille & nouvelle ville : dans la premiere est l'église paroissiale & une école latine: la seconde appartient seule au bailliage : devant la porte de Lubeck est un fauxbourg. Le château bâti par les derniers ducs avec magnificence & régularité, est sur une hauteur ; & l'on y jouit d'une très-belle vue; à son couchant, sont les écuries, le jardin, un parc & une machine hydraulique qui pousse l'eau dans le château : près de là encore est un jardin plus vaste, & plus loin, dans le lac, est une isle charmante, où est une jolie maison, des bosquets, &c. La ville jouit du droit de Lubeck.

*Ahrensböck*, est un bourg orné d'un château seigneurial, d'un parc & il y eut un couvent. *Fegetach* est un lieu où l'on perçoit un péage. On compte encore dans ce bailliage quatre paroisses, & trois biens nobles.

Le bailliage de *Rheinfeld* & *Rehtwisch*, renferme le bourg de *Rheinfeld*, situé dans une forêt agréable, orné d'un vieux château : le fief noble de *Rehtwisch*, où est un beau château près de la Trave, & deux paroisses.

Le bailliage de *Travendahl* doit son nom à un château de plaisance voisin de Ségeberg, il renferme seize villages. Ses revenus rapportent 20 à 25 mille livres.

Le bien noble de *Stokſée* depend du bailliage d'*Ahrensböck*.

## II. PARTIE DU HOLLSTEIN QUI APPARTIENT AU GRAND DUC DE RUSSIE

*Kiel*, *Kilia*, ou *Chilenium*, ville située au fond d'un golphe de la mer baltique qui lui donne un port commode : elle eſt bien bâtie & eſt ornée d'un château. Les tribunaux du pays & le conſiſtoire y ſiegent ; on y compte 800 maiſons, trois égliſes, une chapelle, une univerſité fondée en 1665, un college académique établi en 1768. A la fête des trois rois, les riches qui ont de l'argent à placer ou à faire circuler s'y rendent, & il s'y fait alors durant huit jours, un agiotage de pluſieurs millions de livres : une foire de quinze jours le ſuit : ceux qui ſont inſolvables, quel que ſoit leur rang y ſont mis en priſon. De-là, naît la proſpérité de la ville, & il eſt peu de nobles qui n'y aient une maiſon propre & meublée. Son port eſt gêné, ou peut l'être par un fort élevé par les Danois. Elle jouit du droit de Lubeck depuis le commencement du treizieme ſiecle, & fut comptée parmi les villes anſéatiques.

*Oldenbourg*, ou *Altenburg*, eſt une petite ville qui fut autrefois grande & floriſſante, ſiege de quelques rois Slaves qui ſuccéderent aux Vandales. Othon I y fonda un évêché dont l'archevêque de Hambourg : Albert fit trois évêchés, en 1058 l'un fut celui de Meklenbourg, l'autre celui de Ratzeburg, le dernier enfin reſta dans Oldenbourg juſqu'en 1458 qu'il fut transféré à Lubeck. Elle eſt dans la Wagrie, & jouit du droit de Lubeck.

*Neuſtadt*, eſt une petite ville voiſine d'un golphe de la mer Baltique : elle a un port profond & commode. Son château ſert de priſon d'état.

## II. Bailliages

Celui de Kiel est situé en partie dans le Hollstein, & en partie dans la Wagrie. Son sol est fertile, renferme le bourg de *Braunsweig* qui sert de faux-bourg à Kiel; il comprend la paroisse de *Schönkirchen*, huit villages, differentes maisons, les biens nobles de *Gronshagen* & de Waleberg dont le premier rapporte quelquefois jusqu'à 50000 livres, & dans l'enceinte duquel on trouve huit villages & plus de 200 familles qui ont été affranchies.

*Bordisholm*, est un bailliage dans le Hollstein; son sol est fertile, ses campagnes agréables; il a de belle forêts, renferme vingt-trois villages, repartis en trois paroisses. Le baillif réside dans un château qui fut un couvent: il est situé sur une hauteur d'où la vue est très-belle: ce bailliage rapporte annuellement 90 mille livres. Dans l'église paroissiale de *Bordisholm* on voit diverses choses dignes de remarque.

*Neumunster*, est un bailliage dans le Hollstein couvert de sable & de bruieres propres à nourrir les moutons. Il comprend le bourg de *Neumunster*, traversé par la Schwale; ses deux parties portaient autrefois deux noms différens: dans l'une était un couvent de moines & de religieuses augustines: dans l'autre est l'église. A la place du couvent est aujourd'hui une maison de force: ce bourg a aussi une manufacture de draps. Vingt villages forment avec lui ce bailliage.

*Oldenbourg*, est un bailliage dans la Wagrie: il renferme neuf villages dont les habitans sont serf.

*Cismar*, est un bailliage abondant en bétail, dans la même province que le précedent, & dont les sujets ont le même sort. Le baillif siege dans un ancien couvent de bénédictins. On n'y remarque que le bourg de *Grubs*, autrefois *Grobenist*.

*Tremsbüttel* est un bailliage dans la Stormarie : il a été un bien noble, & s'étend sur seize villages.

*Trittau*, est un bailliage qui fait partie de la Stormarie, composé de cinq paroisses, où l'on compte vingt-cinq villages,

*Reinbeck*, est encore un bailliage qui s'étend dans la Stormarie. Il renferme vingt-quatre villages & plusieurs fermes : il doit son nom au château dans lequel réside le baillif, & qui fut autrefois un couvent.

### III. *Le Ditmarse Septentrional.*

Il est administré par un trésorier, par les juges ordinaires de paroisses & par des députés dont chacune d'elles choisit à son gré deux ou trois. Les affaires minimes sont terminées par la décision du juge qui préside sur chaque paroisse. Quand elles ont quelque importance, on s'adresse au baillif, qui tous les dimanches vers le soir écoute les parties, cherche à concilier leurs différens, & juge : si l'on n'est pas content, on appelle à la justice ordinaire, formée de tous les juges ordinaires de paroisse, d'un sécretaire & du baillif : de celle-ci on appelle à la chancellerie de Kiel. Il y a deux cours de justice ordinaire; l'une siege à Lunden, l'autre à Heyde : telles paroisses doivent recourir à celle-ci : les autres à celles-là. Un consistoire chaque année s'assemble aussi dans l'un ou l'autre de ces deux bourgs ou villes.

Le pays se divise donc en jurisdictions paroissiales; nous allons jetter un coup d'œil sur chacune.

La jurisdiction paroissiale de *Lunden* n'offre de remarquable que le bourg de ce nom, situé sur l'Eyder, siége du tribunal pour la moitié de la province; & qui a eu les droits de ville qu'il n'a plus. Celle de *Neukirchen* n'a que des villes; mais celle de *Weslingbuhren* offre le bourg de ce nom, bien situé, bien bâti & dont l'église consacrée en 1738, est la plus belle du pays : dans sa jurisdiction est encore le village de *Schülperfiel* ou *Schülpe*, qui a un bon port très-fréquenté des Hollandois dans la belle saison.

La jurisdiction de *Busum* fut une isle, qui est devenue insensiblement terre ferme.

Celle de *Heyde*, renferme le bourg de ce nom : il est joli, est orné d'une belle place, a deux foires par année, est le siege d'un tribunal de justice. Dans la jurisdiction de *Weddingstedt* fut autrefois la forteresse de *Stellerbourg* : dans celle de *Tillingstedt*, la forteresse de *Tielenbourg*. Les jurisdictions de *Delve*, de *Heustedt*, de *Worden* n'ont que des villages : la premiere a perdu beaucoup de prairies par des inondations.

### III. *Couvens nobles.*

Le couvens de femmes sont réservés pour la noblesse du Hollstein : celles qui n'en sont pas n'y peuvent être reçues que par une faveur particuliere. Celui d'*Itzohoe* est gouverné par une abbesse : & deux autres par des prieures; des prevôts aident celles-ci dans la gestion des affaires & la défense de leurs droits; un procureur fait la même fonction pour l'abbesse : ces emplois se donnent au choix des religieuses; mais il faut que ceux à qui on les donne soient confirmés par les seigneurs du pays : les emplois inférieurs se donnent par un choix libre de toutes les sœurs, & n'ont pas besoin de confirmation.

Le couvent d'*Itzoboe* fut occupé par des religieuses de Cîteaux : il est dans la ville de ce nom, renferme une abbesse & dix-neuf conventuelles. Le procureur de ce couvent est le premier entre les quatre prélats du Hollstein & du Slefwig : les conventuelles sont dispersées dans la ville dans les maisons qu'il leur plaît : le couvent même décide de leurs procès lorsque l'objet n'en excede pas la valeur de 200 marcs de Lubeck : au-delà, on peut en appeller à la justice du pays. Le couvent juge ses sujets pour les causes civiles ; ils en peuvent appeller sur le champ au tribunal de la *chose* & du *droit* : s'ils tardent, ils ne le peuvent plus. Dans les causes criminelles, c'est le procureur du couvent qui les instruit devant le tribunal nommé ci-dessus. Ce couvent nomme à quelques cures ; il possede neuf villages entiers & une partie des trente-un autres. Il paye des contributions comme possédant 169 charrues.

Le couvent de *Plectz*, est situé dans le Hollstein, au bord de la riviere de Bornbeck, & fut fondé en 1216. Il est composé de quarante demoiselles, qui habitent des maisons éparses qui leur appartiennent, ou qu'elles louent : elles sont présidées par une prieure & un prevôt. Le couvent a sa propre église & son prédicateur : la prieure décide d'abord des procès entre ses sujets, & la justice ordinaire du couvent est composée d'elle, du prevôt, d'un jurisconsulte & d'un secretaire ; on y appelle des décisions de la prieure, & de ce tribunal à la justice ordinaire du pays. Son domaine renferme 268 charrues, & environ quarante villages repartis en cinq ou six paroisses. Parmi ses possessions est encore le bourg de *Pretz* : la riviere le sépare du couvent.

Le couvent d'*Ueterfen* est situé dans la seigneurie de Pinneberg, fut fondé en 1235, est composé de quinze demoiselles & d'une prieure : il a son prevôt : le couvent & ses membres sont soumis à la justice ordinaire du pays; leurs domaines & l'église le sont à la jurisdiction des possesseurs de la seigneurie. De la justice du couvent on appelle à celle du pays. Le couvent possede onze villages dans la paroisse de *Horst*, & y a un tribunal particulier. Il contribue pour 28 ⅔ charrues & demi.

### IV. *Biens nobles.*

Dans le district de *Itzehoe* est la seigneurie de *Breitenbourg* qui appartient à un comte de Rantzau : le château est sur la Stör : le vieux dont on voit encore les ruines a été fortifié : elle renferme six à sept villages : ce même district renferme dix-neuf autres biens nobles. Nous ne remarquerons que celle de *Drage* de *Haselau* & de *Wandsbek* : le premier renferme un château, orné d'une chapelle, d'un jardin, d'un parc, le second renferme une isle formée par l'Elbe, où est un fort & une petite garnison, & le dernier a un château & un bourg sur les frontieres de Hambourg : ce bourg a une belle église, divers privileges, beaucoup d'artisans en tout genre, & une imprimerie, d'où sort depuis l'an 1771 une gazette politique. A quelque distance est un bois coupé par des allées qui forment une promenade très-agréable.

Dans le district de *Kiel* on compte dix-neuf biens nobles : un des plus considérables est celui de *Lammenhagen*, qui renferme la paroisse de ce nom au bord du lac de *Scelenter*.

Dans le district de *Preetz*, on en compte vingt-un. Les plus remarquables sont ceux de *Bothkamp*, de *Schonweide* & de *Rantzau* : le premier est formé de sept villages, & rapporte annuellement à son possesseur près de 80000 livres. Le second renferme un petit lac, près duquel était située à ce qu'on prétend la maison & le patrimoine originaire de la maison de Rantzau. Le troisieme est célebre par son nom, par le château qu'y bâtit Henri de Rantzau en 1590 : & sur lequel il avait composé un livre. On compte encore vingt-un biens nobles dans le district d'*Oldenbourg*. Nous ne parlerons que de celui de *Putlos*, remarquable parce que dans cette contrée on adora le dieu *Prono* ou *Proven*.

### V. De la seigneurie de Pinneberg.

Après qu'elle fut séparée du duché de Hollstein, elle fut souvent appellée le *comté de Hollstein*. Le comte Othon VI de la ligne de Schauenbourg étant mort sans enfans en 1640, le roi de Dannemark eut les trois cinquiemes de la seigneurie, & le duc eut les deux cinquiemes restans. Un péage, une ferme, les prébendes, les vicariats du chapitre demeurerent en commun. Son administration est indépendante de celle du Hollstein. Un *Landrost* la gouverne. Une justice ordinaire y décide sur les affaires civiles : elle se tient deux fois par an ; on appelle de ses jugemens au Göding, tribunal composé de vingt-six membres & d'un président, qui s'assemble aussi deux fois par an. De celui-ci encore, on peut appeller à la chambre suprême de Pinneberg, dont le siege est à Glukstadt. De cette cour on peut recourir à l'empereur & au tribunal de l'empire; mais les cas où on le peut, sont très-rares. Cette seigneurie a un consistoire inférieur; mais le consistoire suprême est confondu avec la cour suprême qui siege à Glackstadt. Depuis sa séparation avec le Hollstein, elle ne paie des contributions ni à l'empire, ni au cercle. Elle est divisée en quatre bailliages & la seigneurie de *Herzhorn*. On remarque dans les premiers le bourg de Pinneberg qu'arrose la Pinau; celui de *Wedel* au bord de l'Elbe, riche par son marché de bestiaux : celui d'*Unterscen*, voisin de l'abbaye de ce nom. La seigneurie de *Herzhorn* est fort étendue & a ses tribunaux dont on appelle à la chambre suprème de Pinneberg : elle est divisée en deux bailliages; le Rhin la sépare du bailliage de Steinbourg : on n'y voit que des villages souvent dispersés au milieu de terres arides & désertes.

*Altona*, est une ville considérable, au bord de l'Elbe, dans la seigneurie de Pinneberg, près de Hambourg, & dans une situation très-agréable. On y compte environ 17000 habitants; deux églises Luthériennes, une église réformée pour les allemans & les hollandais, une pour les français, une église catholique, deux églises pour les mennonites, une magnifique synagogue pour les juifs qui payent 2000 ducats par an pour la tolérance dont ils jouissent. Toutes les sectes y sont libres de penser comme il leur plaît. Elle a un consistoire inférieur pour les Luthériens, un pour les réformés, un gymnase académique, un college anatomique, un hôpital, une maison d'orphelins, une maison de force. Le commerce y prospere; elle a plusieurs manufactures & fabriques florissantes, des promenades agréables, & un petit territoire. Elle rapporte annuellement au roi près de 190 mille livres en contributions; un gouverneur, un bourguemaître & un conseil la gouvernent; on appelle de leurs jugemens au tribunal d'appellation de Glukstadt. Elle n'est devenue ville qu'en 1640.

## COMTÉ DE RANTZAU.

Entre le duché de Hollſtein & la ſeigneurie de Pinneberg, eſt ſitué le comté de Rantzau. Sa longueur eſt de quatre bonnes lieues, ſa largeur de trois. L'Auc le traverſe avant de ſe jetter dans l'Elbe, & dans ſon lit profond elle devient navigable près d'Enshorn. Ce comté renferme deux bourgs, & vingt-ſix villages: on y compte environ 7 à 8000 ames diviſées en trois paroiſſes, dont le ſol, comme celui des pays voiſins renferme des prairies baſſes & marécageuſes & des champs élevés : il fit partie de la ſeigneurie de Pinneberg ſous le nom de bailliage de Barmſtadt, & entra dans le partage du duc de Hollſtein, qui le vendit en 1649 avec ſa juriſdiction & ſes droits anciens, à Chriſtian Rantzau, pour environ 305000 livres, & ſes deux domaines de *Rantzau* & de *Koxbüll* eſtimés environ 500000 liv. L'empereur Frederic III confirma cette vente, & érigea ſon poſſeſſeur à la dignité de comte, & le bailliage en comté immédiat de l'empire. Cette famille s'eſt éteinte, & le roi de Dannemark poſſede le comté en vertu d'une ancienne convention que la reconnaiſſance dicta au ſecond de ſes poſſeſſeurs. Il ſiege parmi les états du Cercle de Baſſe-Saxe, & paye 24 rixdales, 76 kr. pour l'entretien de la chambre impériale.

Le roi y nomme un gouverneur. Un tribunal de vingt-quatre chefs de famille choiſis dans les trois paroiſſes y decide les procès civils : on en appelle à un tribunal d'appellation où le gouverneur préſide : là ſe jugent auſſi les procès criminels. Il a auſſi ſon conſiſtoire.

Ce comté rapporte au roi plus de 100000 francs par an : on y remarque la *cour de Rantzau* ſituée près d'un bois fur trois petites iſles que forme l'Aue. *Barmſtedt*, eſt un bourg qu'arroſe l'Aue, formé de cent-vingt maiſons, dont quelques-unes ſont belles *Elmshorn* eſt auſſi au bord de l'Aue : un incendie la rendu plus agréable & regulier : on y compte cent-cinquante maiſons, un hôpital où l'on entretient vingt-quatre pauvres, une égliſe & une chapelle. Ses habitans navigent ſur l'Aue & l'Elbe : ils commercent en tourbes & en charbons de terre.

## ÉVECHÉ DE LUBECK.

Il eſt ſitué dans la partie du Hollſtein qu'on nommait la Wagrie. Son premier ſiege fut dans la ville d'Oldenbourg : Otton I l'érigea pour faciliter la converſion des Vandales qui habitaient dans les environs : Henri le Lion tranſporta l'égliſe épiſcopale d'Oldenbourg à Lubeck : elle fut conſacrée en 1164 : l'évêque devint luthérien en 1535 : la plupart d'entr'eux furent choiſis dans la maiſon de Hollſtein-Gottorf, & aujourd'hui ils le ſont dans la maiſon des rois de Dannemark ; mais par une élection libre du chapitre. Ces évêques ſont princes de l'empire : ils ſiegent à la diete avec l'évêque d'Oſnabruk, ſur un banc particulier, nommé *Querbank*. Votte dans le Cercle de Baſſe-Saxe, paye un mois romain de 36 florins & une taxe pour la chambre imperiale de 40 rixdales 52 kr.

L'évêque n'a aucun pouvoir dans la ville de Lubeck où eſt ſon égliſe cathédrale. Son chapitre eſt compoſé de trente chanoines : quatre d'entr'eux ſont catholiques, & tous les autres Luthériens. Ce chapitre élit ſeul le doyen : il élit alternativement le prevôt, avec la ville. L'évêquée réſide à Eutin : là auſſi eſt le ſiege de ſes tribunaux : ſes revenus, ceux des domaines qu'il tient des ducs de Hollstein lui rapportent annuellement environ 160000 livres : le prevôt du chapitre jouit d'une rente de 25000 livres.

*Eutin*, autrefois *Eutine*, *Utin*, est une petite ville sur la rive d'un lac poissonneux, dans une contrée très-agréable. Le palais épiscopal est beau & il est orné d'un magnifique jardin. Près de l'église en est une autre qui est collégiale & luthérienne. Elle jouit du droit de Lubeck depuis le treisieme siecle. A une lieue d'elle est la seigneurie de *Beuf* qui appartient à l'évêque.

### *Bailliages Episcopaux*

Celui d'*Eutin* renferme 21 lacs, 22 étangs, trente-un villages divisés en quatre districts. Celui de *Schwartau* renferme le bourg de ce nom, arrosé par la riviere de ce nom, qui près de-là se perd dans la Trave, six villages & plusieurs fermes. Les évêques de la maison de Hollstein possedent encore trois biens allodiaux.

### *Domaines du Chapitre.*

Ils s'étendent sur presque tout le district appellé *Holstenort* & *Travemünderwinkel*; mais c'est une espece de fief dont le chapitre conserve ce qu'on nomme la *directe*, & une rente annuelle. Il jouit encore d'autres droits & revenus, possede quarante-six villages &c.

## ÉVÊCHÉ DE HILDESHEIM.

Il est borné par les principautés de Calenberg,

de Grubenhagen, de Halberstadt, & de Lunebourg: son enceinte est irréguliere & morcelée; sa plus grande étendue est de vingt lieues, sa largeur est de treize: ses champs sont abondans en fromens, épautres & orges; on y cultive le houblon & le chanvre; il y croit d'excellens jardinages: les chevaux & les bœufs qu'il nourrit lui suffisent à peine; mais il a de nombreux troupeaux de moutons & de porcs. Sa partie méridionale est montagneuse, couverte de vastes forêts de chênes, de hêtres, de frênes & de bouleaux: quelques-unes de ses montagnes sont nues, & fournissent de bonnes carrieres, des mines de fer en pierre qu'on y travaille, & des mines de sel. La *Leine*, l'*Innerste*, la *Fusse*, l'*Ocker*, l'*Ecker* l'arrosent: cependant le poisson y est rare.

On compte dans cet évêché huit villes, quatre bourgs, 234 villages, soixante-quinze biens nobles. Ses états sont formés par le chapitre, par les sept prélats ou abbés de Ste Croix, de S. Maurice, de S. Michel, de S. Godehard, de S. Barthelemi de Sulze, de S. André, & de S. Jean; de la noblesse, des villes de Peina, d'Elze, d'Alfeld, & de Bokenem. Le prince convoque la diete, le chapitre prétend qu'il doit être consulté & y consentir: c'est dans la salle de la noblesse à Hildesheim qu'elles se tiennent, ordinairement vers le mois de Janvier; c'est le chancelier de l'évêque qui en fait l'ouverture: un sécretaire y lit les propositions de l'évêque, les états déliberent, & donnent leur décision. Une partie de ces habitans sont catholiques, les autres sont Luthériens; ils ont des églises, ils peuvent sans contrainte exercer leur culte; mais ils ne peuvent l'exercer dans les lieux où la religion romaine était seule exercée en 1624. L'évêque, presque tous ses officiers, le chapitre, les couvens, une partie de la noblesse, des bourgeois, des paysans sont romains, les Luthériens ont établi cinq superintendans sur les paroisses qu'ils composent. Ils ont un Gymnase à Hildesheim.

Charlemagne fonda cet évêché; les premiers évêques l'accrurent successivement; la maison de Brunswic s'en est appropriée une partie. L'évêque siege à la diete entre ceux d'Augsbourg & de Padernborn : il a sa voix dans les assemblées du cercle, nomme à ses charges héréditaires, paye un mois romain de 236 florins dont les princes de Brunswig fournissent 57 pour la partie qu'ils possedent, & une taxe de 72 rixdales, 38 kr. pour l'entretien de la chambre imperiale. Le chapitre est formé de quarante-deux membres; il élit l'évêque & gouverne le pays dans le tems qui s'écoule entre la mort de son chef & l'élection de son successeur. Il est le premier état de la province & jouit de grands revenus. Les tribunaux de l'évêque sont un conseil d'état, une chancelerie de justice & de cour, dont on peut appeller aux tribunaux suprèmes de l'empire : on appelle à ces deux chambres des sentences rendues dans les villes, dans les bailliages épiscopaux, ceux du chapitre dans les tribunaux de la noblesse &c. L'officialité exerce la jurisdiction ecclésiastique sur les habitans de la religion de l'évêque : un consistoire qui s'assemble huit fois par an l'exerce sur les Luthériens; il est composé de deux pasteurs, de deux conseillers laïques & d'un sécretaire, tous de cette religion, mais le chancelier de l'évêque ou un conseiller d'état y assiste au nom du prince, y occupe la premiere place sans y présider, & lorsqu'il s'agit de religion, il n'y a point de suffrage.

Une chambre des comptes administre les revenus de l'évêque consistant en domaines en droits régaliens,

…iens, & dans ce que les dietes lui accordent chaque année : le produit de divers impôts, tels que la taxe des villages, celle des moutons, &c. est mis dans la caisse de l'état. Le prince n'entretient qu'une compagnie d'infanterie qui sert de garnison à Peina, & quelques cavaliers.

L'industrie est peu active dans ce pays : des draps grossiers, des toiles de lin, des bas de laine, une porcelaine peu estimée, quelques ouvrages de fer, le blanchissage de la cire ; en sont les seules productions, mais le pays est riche par lui-même, & le gouverneur y est doux. On en exporte des grains, du bois, du houblon, de la laine, des porcs, des moutons, du fil, des toiles & du sel.

*On le divise en petit & grand évêché.*

*Hildesheim*, *Hildesia*, *Bennopolis*, autrefois *Hillenesheim*, est située au bord de l'Innerste, sur un sol inégal & en pente ; elle est assez grande, mais très-irrégulière & bâtie à l'antique, divisée en vieille & nouvelle ville qui furent réunies en 1583, & dans une espèce de fauxbourg, sous la juridiction du chapitre. Ses magistrats & le plus grand nombre de ses habitans sont protestans : l'église cathédrale sert aux catholiques, elle est ornée de tableaux estimés, & d'antiquités parmi lesquelles on admire la colonne d'*Irmensaüle*, sur laquelle était un guerrier tenant de la main droite un étendart, & de la main gauche une balance : sur sa poitrine était la figure d'un ours, sur son bouclier celle d'un lion. Une image de la vierge y a pris aujourd'hui assez ridiculement la place d'un héros. Au dessus du cloître est la superbe salle de la noblesse, peinte en fresque ; là, on voit aussi celle où s'assemble le chapitre, & celles où l'on voit la bibliotheque & où se dépose le trésor. Près de l'église cathédrale est le bâtiment où siége la chancellerie; il était autrefois la résidence de l'évêque & l'est aujourd'hui du gouverneur. La cour qui est devant l'église est ornée de belles allées d'arbres : près de-là se voyent une chapelle & le collège où enseignerent les jésuites : il a une vaste salle & neuf classes. Le couvent de Ste. Croix est remarquable par lui-même & par sa belle église : ceux de S. Michel & de Godehard sont de l'ordre de S. Benoît. Hildesheim renferme encore un couvent de chartreux, un de capucins, & deux de religieuses, huit églises paroissiales Lutheriennes : près de celle de S. André est le beau & vaste bâtiment que fit élever *Pierre Timpe* pour un Gymnase : on y voit une belle bibliotheque : l'école latine est peu de chose ; la maison de ville n'a rien de grand, la maison des orphelins est vaste, & a une imprimerie ; les juifs y ont une synagogue. Chacune des deux villes ont encore leur conseil particulier, élu au commencement de l'année par les bourgeois : mais un conseil commun pris dans les deux conseils, traite des affaires communes à l'une & à l'autre, fait les loix, les ordonnances, &c. Ils exercent la jurisdiction civile & criminelle. La ville a son propre consistoire auquel préside le syndic commun aux deux villes. Les ducs de Brunswic sont les protecteurs d'Hildesheim, & ils y entretiennent une compagnie d'infanterie : la ville en entretient trois pour sa garde. Elle respecte l'évêque comme son seigneur, mais sans lui prêter hommage : la nouvelle ville le prête au prévôt du chapitre. Les contributions sont ordonnées par le conseil sur les bourgeois & les sujets; il les perçoit, les employe pour le bien commun; cette ville donne à l'évêque la neuvieme par-

# CERCLE DE BASSE-SAXE.

tie des revenus qu'il retire de son évêché : elle fut comptée autrefois dans le nombre des villes anséatiques. Près d'elle, vers le levant, est le couvent de chanoines réguliers de S. Barthélemi de *Sulze*, nommé ainsi d'une source salée qui y fut autrefois, & au couchant, sur une montagne, le riche monastere de S. Maurice.

## II. *Petit Evêché.*

*Peina*, est une ville sur la Fusse, environnée de marécages, & autrefois comptée parmi les villes fortes : le plus grand nombre de ses habitans sont Luthériens, & l'évêque en nomme les ministres : il y réside dans un château assez vaste, élevé près d'un couvent de capucins, & du fauxbourg de *Damm*, habité par des marchands en détail & des juifs. La ville exerce la haute & basse jurisdiction, & siége aux dietes du pays. Son bailliage appartient à l'évêque, & renferme une grande plaine très-fertile en grains, & un vaste pacage. On y compte trois paroisses : le village de *Rosenthal, Rosarum vallis*, chef-lieu de l'une d'elles, fut autrefois fortifié.

*Steuerwald*, est un bailliage épiscopal qu'arrose l'Innerste, & qui doit son nom à un ancien château. On y remarque le village de *Himmels-thür*, au bord de la Krela, dans une contrée agréable qui eut un château de plaisance pour les évêques, & le couvent d'*Escherde* habité par les bénédictins.

La *prévôté du chapitre* renferme neuf villages : le prévôt y exerce seul la jurisdiction seigneuriale.

*Marienbourg*, est un bailliage qui appartient au chapitre : il renferme dix villages, & l'Innerste l'arrose : il doit son nom à un fort.

*Domaines & Jurisdictions nobles qui ont droit d'assister aux Dietes.*

Ils sont au nombre de douze, appartiennent à différentes familles, & n'offrent rien d'intéressant.

### III. Grand Evêché.

*Alfeld*, est une ville sur le bord de la Leine qui s'y joint à la Warne : ses magistrats ont droit de haute & basse justice : les ducs de Brunswic y ont le droit de patronnage.

*Elze*, jadis *Aulica*, ville sur la Saale, qui près de là se jette dans la Leine : elle exerce la haute & la basse jurisdiction dans l'enceinte de ses murs. Charlemagne y avait une cour royale, & y tint une assemblée en plein champ en 796.

*Bokenem*, est une ville qui jouit des mêmes droits que les deux premieres : les ducs de Brunswic en nomment le premier pasteur qui a le titre de superintendant-général.

*Ruhte*, est un bailliage épiscopal où se joignent l'Innerste & la Leine, qui renferme le château de ce nom, & la petite ville de *Sarstedt* au bord de l'Innerste.

*Poppenburg*, est un bailliage épiscopal qu'arrose la Leine, qui renferme trois paroisses : celle de *Heyersen* renferme une mine de sel : une montagne voisine y fournit du charbon de pierre.

*Gronau*, est un bailliage épiscopal qui doit son nom à une petite ville au bord de la Leine. Cette ville à cinq biens nobles & la paroisse de *Rautenberg* sont dans son enceinte.

*Vintzenbourg*, est un bailliage étendu qu'on croit avoir été un comté : son sol est hérissé de montagnes ; il est riche en bois, fertile en houblons, & renferme le bourg de *Lamspringe*, à la source de la Leine qui sort du jardin d'une abbaye de bénédictins, qui a le droit de haute & basse justice sur le bourg. Près de là est *Sable*, village paroissial.

*Biderlah*, est un bailliage qui doit son nom à une maison où réside le baillif : dans un de ses villages, (à Groffen-Ruhden) est une mine de sel.

*Woldenberg*, est un bailliage que l'Innerste arrose ; un vieux château sur une montagne lui donna son nom, & on y remarque *Derenbourg*, couvent d'hommes de l'ordre de Cîteaux.

*Liebenbourg*, est un bailliage qui prend son nom d'un château bâti dans un lieu agréable où fut autrefois une forteresse. Il est arrosé par l'Innerste, & renferme les couvens de *Ringelheim*, de *Grauhof*, de *Reichemberg*, de *Heinigen*, & de *Dorstedt* : les deux derniers sont habités par des religieuses, le premier par des bénédictins, les autres par des chanoines augustins : il renferme encore le bourg de *Salzliebenhall*, ou *Salzgitter*, près duquel sont des mines de sel qui appartiennent aux ducs de Brunswic.

*Schladen*, est un bailliage qui renferme le lieu qu'occupait près de *Burgstorf* la ville de *Werla* où divers empereurs ont tenu des dietes, où des ducs de Saxe ont résidé, où les états de Saxe se sont assemblés pour élire un roi. L'Oker arrose ce bailliage à qui le village de *Schladen* donne son nom.

*Vienenbourg*, est un bailliage qui n'a que deux villages & que l'Oker traverse.

*Hundesrück*, est un bailliage renfermé dans les principautés de Calenberg & de Grubenhagen, situé entre la Leine & le Weser. *Hundesrück* est une maison assise sur un roc, & où le baillif réside. *Dassel* petite ville fur la Spuling, dans une vallée profonde: elle donna fon nom à un comté. *Mark-Oldendorf*, eft un bourg que l'Ilme fépare d'un village qui porte le même nom.

Les bailliages dont nous venons de parler appartiennent à l'évêque; ceux de *Steinbruck* & de *Wiedelate* appartiennent au chapitre. Le premier renferme les grands villages de *Hohen-Eggelfen* & de *Groff-Himftedt* : le fecond arrofé par l'Ocker & l'Ecker, renferme le couvent de *Völtingerode*, habité par des religieufes de Cîteaux.

*Domaines & Jurifdictions nobles qui fiégent aux Etats du Pays.*

On y en compte trente-cinq : nous ne parlerons que de quelques-uns. *Brüggen*, eft un bien noble qui renferme le village de ce nom, au bord de la Leine, & orné d'un beau château. *Salzs-Delfurt* a un bourg de fon nom. *Wrisbergholtenfen* renferme un beau château, un grand village & une fabrique de porcelaine. *Kniefiedt* grand village fitué au pié d'une montagne qui renferme du beau talc tranfparent. *Flachf-Stokheim*, village dont les environs donnent du très-beau lin. *Weddingen* eft une riche commanderie de l'ordre teutonique.

*Lubeck*, eft une ville fituée dans le Hollftein, au bord de la Trave qui y reçoit la Stekenitz, petite riviere par laquelle la premiere eft jointe à l'Elbe, & plus bas la Wakenitz qui fort du lac de Ratzebourg : plus bas encore elle reçoit la Schwartau, & fe jette dans la mer Baltique : ainfi de Lubeck on peut aller dans cette mer, ou dans celle du nord où fe jette l'Elbe, fituation avantageufe pour le commerce. Elle eft fituée fur une colline dont la Trave arrose un côté, & la Wakenitz l'autre. D'épais murs l'environnent; ils ont des tours de distance en distance, sont défendus par des remparts ornés d'arbres qui forment une promenade riante, & par des fossés profonds : son enceinte est ovale, longue d'environ 2150 pas, large de 1300, & ouverte par quatre portes, mais elle en a un grand nombre sur les rivieres : elle a trois ponts sur la Trave : ses rues sont inclinées, larges, droites & propres, & la plupart ornées de tilleuls : ses maisons bâties en pierres & à l'antique, ont de vastes appartemens, des caves spacieuses, des portes larges & élevées : plusieurs ont sur les derrieres des jardins & des orangeries. Les habitans sont Luthériens depuis 1530 ; on y compte cinq églises paroissiales, l'ancienne cathédrale est fort élevée ; sa structure est belle, & les colonnes qui la soutiennent sont d'une seule pierre : elle renferme les tombeaux de divers évêques, une statue de la vierge tenant son fils dans ses bras, remarquable par sa sculpture, des orgues d'une grandeur prodigieuse, & dans la chapelle on a peint une danse des morts : les habits des personnages que la mort conduit sont antiques. Elle a eu quatre couvens : celui de S. Jean renferme encore une abbesse, une prieure & vingt-deux religieuses : toutes sont Luthériennes, ont leur prédicateur & leur église particuliere : celui de Marie-Madeleine est devenu un hôpital ; celui de Ste. Anne une maison de correction, & celui de Ste. Catherine un beau collège divisé en sept classes : on y voit une belle bibliotheque. On remarque encore à Lubeck le vaste hôpital du S. Esprit, qui possede quatre villages dans l'isle de Zöl près de Wismar, le *Gast-Haus*, la maison pour ceux à qui on inocule la petite vérole, plusieurs autres hôpitaux, ou pour les malades, ou pour les pauvres, ou pour les infenfés. Les catholiques y ont une chapelle, & les réformés une églife. L'hôtel de ville eft fuperbe & décoré de plufieurs tours; au bas eft une falle où s'affemble le fénat trois fois par femaine : au deffus eft une falle plus vafte encore dans laquelle s'affemblaient autrefois les députés des villes anféatiques dont Lubeck était comme le chef. La bourfe eft encore un beau bâtiment. L'arfenal eft grand & bien fourni. La tour d'eau eft quarrée, & fert pour diftribuer dans la ville les eaux de la Wackenits. On garde, dit-on, dans une cave très-vafte du vin de plus de deux fiecles.

Son fénat eft formé de quatre bourguemaîtres & feize fénateurs, choifis parmi les favans nobles ou roturiers, & parmi les négocians. La bourgeoifie qui les élit, eft divifée en douze communautés dont chacune a fon fuffrage dans les délibérations : la principale eft formée par les nobles. Chaque année, le bourguemaître régnant, lit quatre fois dans l'hôtel de ville les loix de l'état.

Lubeck eft fort commerçante; elle & les deux villes de Hambourg & de Brême font alliées, & demeurent debout encore pour attefter l'exiftence & le pouvoir de la ligue anféatique. On prétend que la vieille Lubeck fituée fur la Schwartau, fut fondée par les Cimbres; mais la ville même le fut par Adolphe II. comte de Hollftein en 1144. Elle s'aggrandit & profpera par la ruine de *Julin*, furtout de *Bardewick* dont les négocians vinrent s'y établir fur les ruines de *Bucco*. Henri le Lion à qui le comte de Hollftein la céda, la rebâtit, y ouvrit à tous les peuples du nord un commerce libre, & lui accorda les droits reclamés enfuite par toutes les villes voifines, mais qui ne les ont pas fait profperer comme elle. Elle a été foumife à différens princes, & a éprouvé des revers; mais enfin elle est demeurée une ville libre & impériale, moins puissante qu'elle ne l'a été autrefois; riche cependant encore, parce qu'elle est industrieuse. Elle occupe la troisieme place dans les dietes, & la premiere dans les assemblées du cercle : son mois romain est de 480 florins; sa taxe pour la chambre impériale est de 557 rixdales 88 kr. Elle possede un territoire assez étendu : nous allons y jetter un coup d'œil.

*Travemunde*, est une petite ville à trois lieues de Lubeck, qui l'acheta en 1320 : elle est sur la Trave qui s'y jette dans la mer Baltique : le fort ou tour élevée de vingt-deux toises, défend son embouchure; un capitaine & quelques invalides le gardent. Du haut, on découvre au loin dans la mer. Vis-à-vis est la presqu'isle de *Prideval* ou *Prival* qui fut autrefois une isle; mais le tems & les sables l'ont liée au continent; Lubeck & le duc de Mecklenbourg la possedent : elle est importante pour la premiere, parce qu'elle commande l'embouchure de la Trave, & renferme des pâturages abondans. *Schlukup*, est un village sur la Trave dans une situation commode pour la pêche.

*Ritzerau* & *Behlendorf*, sont deux bailliages, dont le premier n'a de remarquable que le village paroissial de Nusse; le second renferme cinq villages.

*Bergedorf*, est un bailliage qui, avec les *Vier-Lande*, est possedé en commun par les villes de Lubeck & de Hambourg, qui les conquirent en commun sur le duché de Saxe-Lauenbourg. Le premier renferme la petite ville de ce nom. Les *Vier-Lande* sont un pays uni, entre les bras du fleuve coupé par des bras & des fossés, inondé dans une partie de l'année, extrêmement fertile, très-agréable pendant l'été. On y trouve des fraises d'une grosseur prodigieuse.

Les habitans sont aisés, honnêtes & polis. Il a trois lieues quarrées d'étendue, il renferme cinq paroisses, & un péage sur l'Elbe qu'on y traverse dans un bac. Le baillif est nommé alternativement par les deux villes; il siege six ans, & reside à Bergedorf.

*Gosslar*, est une ville située au bord de la Gose qui lui donne son nom, & qui près de-là se jette dans l'Ocker. Devant elle est le *Hartz*; au dessus d'elle est le mont Rammel. L'évêché de Hidelsheim l'environne d'un côté, la principauté de Wolfenbuttel de l'autre : bâtie à l'antique, on n'y trouve de maisons modernes que celles qu'un incendie affreux dévora en 1728. La bierre qu'on y brasse, le commerce des denrées, & sur-tout les mines de fer & de plomb qu'on exploite sur le Rammel, la rendirent florissante. Henri l'Oiseleur la fonda en 922; il y resida & y tint plusieurs dietes, ainsi que quelques-uns de ses successeurs. On y compte quatre églises paroissiales, deux chapitres & deux couvens Luthériens : les deux chapitres dépendent immédiatement de l'empire; ils sont appellés dans les anciens titres, l'un la chapelle de l'empereur, l'autre la chapelle de l'impératrice : ils exercent une jurisdiction seigneuriale sur les terres qu'ils possedent : les chanoines sont Luthériens : les deux couvens sont habités par des demoiselles ; l'un dépend de Brunswic & n'a qu'une abbesse & trois religieuses; l'autre dépend du sénat de Gosslar, a sa propre église, fut de l'ordre de Cîteaux & possedant beaucoup de terres & de revenus, administrés par un sénateur, sous le nom d'*inspecteur*. Gosslar occupe la septieme place à la diete sur le banc du Rhin, & la seconde aux assemblées du cercle. Son mois romain est de 60 florins; sa taxe pour la chambre impériale est 184 rixdales

& 79 kr. Outre ces impositions, elle paye aussi la protection que lui accordent les ducs de Brunswic.

*Mulhausen* ou *Mühlhausen*, est une ville sur l'Unstrutt dans la Thuringe, divisée en haute & basse, ou en vieille & nouvelle : le fauxbourg George fut bâti avant elles, mais on n'en sait rien de certain jusqu'au onzieme siecle ; elle acheta en 1332 le droit d'élire le préfet que l'empire y tient pour elle & son territoire. Elle est assez grande & peuplée, & renferme deux églises paroissiales luthériennes, & un couvent de religieuses catholiques de l'ordre de S. Augustin. Elle est entourée de murs défendus par des tours & des fossés. Ses environs sont fertiles en blés, son territoire entouré de fossés & d'eaux vives renferme vingt villages ; les moulins qui sont dans son voisinage lui donnerent son nom. Elle est gouvernée par un sénat de quarante-huit personnes, occupe la neuvieme place à la diete sur le banc du Rhin, & la troisieme dans les assemblées du cercle. Son mois romain est de 160 florins, sa taxe de 135 écus 23 kr.

*Nordhausen*, est une ville située entre le comté de Hohnstein & la seigneurie de Klettenberg, au bord de la Zorge : elle est d'une grandeur médiocre, est divisée en ville vieille & ville neuve, renferme sept églises & une maison d'orphelins. Son origine est incertaine, parce qu'elle est ancienne ; elle était une ville impériale dans le onzieme siecle ; un bailli impérial y jugeait des causes criminelles ; ce fut les landgraves de Thuringe qui exercerent cette charge, auxquels succederent les électeurs de Saxe, qui la céderent à la maison de Brandebourg, & cette derniere l'a vendue à la ville avec ses droits : c'est aujourd'hui les magistrats qui l'élisent. Les habitans sont Luthériens, mais on y voit encore le couvent catholique de Ste. Croix. Elle commerce en denrées, en eaux de vie, en ouvrages de marbre & d'albâtre. Elle occupe la dixieme place à la diete sur le banc du Rhin, la quatrieme aux assemblées du cercle, paye un mois romain de 80 florins, & une taxe de 94 rixdales 62 kr.

*Hambourg*, *Hammonia*, est une ville qui touche aux frontieres de la Stomarie, sur les rivieres d'Elbe, d'Alster & de Bille. Elle fut probablement une ville des *Nordalbingers*, & ne fut connue qu'en 808, que Charlemagne y éleva un fort nommé *Hohenbüchen*. Son nom vient d'un vieux mot allemand qui signifie *forêt*, & près d'elle il en était une qui a fait place à de beaux jardins. L'Elbe y appelle le commerce, la Bille a été navigable & cesse de l'être ; l'Alster forme un beau bassin, & borde des promenades agréables, & sert encore à transporter du bois. L'Elbe y est large d'une lieue & demi, est semée de petites isles, y forme deux ports, & parcourt la plus grande partie de la ville par des canaux sur lesquels on embarque les marchandises. On l'embellit, en y creusant le *Herrangraben*, vaste & beau canal sur les rives duquel seront élevées des maisons élégantes : le flux & le reflux de la mer se fait sentir dans ces canaux, ce qui y facilite encore la navigation ; mais y cause souvent de grandes pertes, parce que les flots grossis par le vent du nord pénetrent jusques dans les magasins. On compte 84 ponts sur ces différens canaux, mais il en est beaucoup qu'on ne voit pas, parce qu'ils sont pavés, de niveau avec les rues & bordés de maisons. Les rues y sont en général d'une largeur médiocre, les maisons commodes, ornées en dedans, entourées de jardins, bien placées pour le commerce ; mais sans élégance au dehors & fort peuplées. On fait avec facilité le tour de ses remparts dans deux heures, & on estime le nombre de ses habitans à 100,000, sans y comprendre les Juifs. Une ville de commerce renferme toujours beaucoup de pauvres; il y en a beaucoup à Hambourg; mais ils y sont secourus avec sagesse & générosité: il y a plusieurs hôtels Dieu, des écoles publiques pour l'instruction gratuite des pauvres, des couvens où des filles peuvent acheter le droit d'y être entretenues pendant leur vie, des fonds destinés à racheter les matelots faits esclaves par les pirates Africains: une sagesse vigilante y prévient, y arrête les incendies: il est des hommes payés & toujours prêts à voler où le feu les appelle, à y conduire les seringues & de l'eau; d'autres veillent la nuit pour en découvrir les premiers indices. Les citoyens se gardent eux-mêmes; & les rues y sont éclairées par des lanternes.

Hambourg est fortifiée à la Hollandaise: elle a des fossés larges & profonds, & des remparts où les voitures & les gens de pié se promenent à l'ombre des arbres: on y compte vingt-un bastions & plusieurs ouvrages extérieurs; le fort ou bastion de l'étoile, le *Neuwerke*, fauxbourg rempli d'auberges, de jolies maisons, de jardins, & fortifié avec soin en 1679. Le *Hamburgerberg* est aussi couvert de maisons, mais nulles fortifications ne le défendent, & il s'étend jusqu'à Altona dont un fossé étroit le sépare. La ville a quatre portes à l'Orient, au nord, au couchant; c'est sur l'eau que sont les passages les plus fréquentés. Tous les matins, lorsqu'on ouvre le Niederbaum, on voit accourir une multitude de bateaux chargés de fruits, de lait & d'autres vivres qui viennent pour nourrir les habitans, & rapporter chez eux les richesses qui contribuent à leur aisance, ainsi qu'à celle des Hambourgeois. C'est fur le baffin formé par l'Alfter, qu'on fe promene en été & durant la nuit, dans des petits bateaux où l'on trouve de petites chambres préparées pour les repas : fur fes bords, eft une longue allée d'arbres remplis en été d'un nombre prodigieux de perfonnes qui viennent y prendre le frais:l'Alfter fert encore à faire mouvoir des moulins, & fes eaux par des machines hydrauliques fe répandent dans les maifons.

Les églifes font remarquables par la hauteur de leurs tours; celle de S. Michel détruite par le tonnerre a été rebâtie avec magnificence, mais fans cet ornement gothique. La tour de l'églife cathédrale eft très-haute, & penche fi fort qu'on la croit prête à s'écrouler; fa ftructure admirable la fait conferver encore, malgré le danger qu'il peut y avoir à le faire; elle appartient à l'électeur de Hanovre, comme duc de Brême, où l'évêché de Hambourg transféré : devant l'autel eft le tombeau du Pape Benoît V, & il parait être élevé en poterie vernie. La tour de Ste. Catherine eft remarquable par fa beauté, fa ftructure & la couronne dont elle eft furmontée. Celle de S. Nicolas eft percée à jour, fon fommet eft foutenu par huit globes dorés : fa fonnerie, fes orgues font admirables. Toutes ces églifes renferment des maufolées, de riches autels, des orgues, des peintures. Les autres bâtimens publics font très-fimples. L'hôtel de ville en fait défirer un plus digne de cette ville floriffante. Sa bourfe eft vafte, & on y voit tous les jours un grand nombre de commerçans. Ses trois arfenaux de marine font pourvus abondamment. C'eft depuis le *Baumhaus* jufqu'à l'Elbe qu'on jouit de la plus belle perfpective que Hambourg puiffe préfenter : la beauté du payfage y eft relevée encore par le cours majeftueux du fleuve sur lequel vogue une multitude de vaisseaux.

La forme de son gouvernement y a été affermie en 1708, par une commission impériale que les troubles civils y avaient amenée. Tout ce qui intéresse immédiatement le bien public, se traite en commun entre les magistrats & les citoyens, & ne se décide que par le consentement de tous les deux. C'est le sénat qui propose les matieres : il est composé de trente-sept membres, qui sont quatre bourguemaîtres dont un seul doit être négociant, de quatre syndics, de vingt-quatre sénateurs, dont onze doivent être hommes de lettres & treize négotians, de quatre secrétaires & d'un autre officier. Les bourguemaîtres sont choisis parmi les sénateurs, les sénateurs parmi les bourgeois, & sont élus par le sort. Les syndics & les secrétaires le sont à la pluralité des voix, parmi les bourgeois qui ont fait leurs études. Le sénateur ne peut résigner ses emplois qu'en quittant la ville. Chaque bourgeois est attaché à une des cinq paroisses de la ville qui forment divers colleges. Celui des *anciens* est formé par trois membres de chaque paroisse : le second est le conseil des soixante formé du premier & de neuf diacres pour chaque paroisse : ils veillent sur les églises & ceux qui sont attachés à leur service. Lorsqu'à ceux-là se joignent vingt-quatre ou trente sous-diacres pour chaque paroisse, ils forment le conseil des 180, &c. Tout bourgeois peut assister à ce conseil, pourvu qu'il possede une maison en ville qui vaille au moins 1600 écus, ou un domaine de 2000 écus dans la jurisdiction de la ville.

Dix bourgeois, dont deux sont pris dans chaque paroisse, administrent les fonds publics, & forment la *louable chambre* : ils s'élisent en partie par choix, & en partie par le fort; ils font en charge pendant six ans.

La religion Luthérienne est la seule qu'on y exerce publiquement : tous les autres cultes n'ont d'églises que dans les maisons des ministres des puissances étrangeres. Les Juifs y sont tolerés, mais sans synagogue. Les Anglais y forment une communauté particuliere, & s'assemblent dans une maison. On compte cinquante-deux ministres dans la ville ou dans la campagne; & le plus ancien est le chef ou doyen du clergé : la justice civile y fait les fonctions d'un consistoire. Le chapitre de Hambourg dépend, comme la cathédrale, de l'électeur de Hanovre; il est composé de nobles ou de savans dont un prévôt est le chef; un doyen y préside; onze chanoines, un syndic, un sécretaire le composent. Il y a des tribunaux extrajudiciaires & judiciaires : ceux-ci ne traitent rien qui ne leur ait été renvoyé par les premiers : c'est le sénat qui est le principal de ces premiers tribunaux. Parmi les seconds, on remarque l'*amirauté*, qui juge des affaires de marine, & veille pour la conservation des vaisseaux marchands, soit en leur indiquant une route sûre au travers les bancs de sable qui se forment, se détruisent & changent de place, soit contre les pirates. La *justice baillivale* qui s'occupe des intérêts des citoyens, les *justices de province*, la *justice inférieure*, la *justice supérieure* qu'exerce aussi le sénat. Du tribunal supérieur, on peut appeller au tribunal suprême de l'empire.

Les revenus de la ville proviennent des péages, des accises modérées sur le vin, sur la bierre, le bran-de-vin, la viande, la farine, des contributions constantes & annuelles; il faut le consentement de la bourgeoisie pour lever la plupart d'entr'eux, tels que la capitation, le quart pour cent, &c. La bierre

& les draps faisaient autrefois leur plus grand objet de commerce : aujourd'hui c'est l'affinage du sucre, supérieur à celui qu'on fait ailleurs par la qualité des eaux qu'on y employe & la manutention. On y fabrique encore des toiles imprimées, des bas, des filigrames d'or, des velours estimés dans l'étranger. Les toiles de lin, les draps, les soieries, le vin, le sucre, le caffé, les épiceries, les métaux, le bois, le cuir, le tabac, les blés, les poissons frais & salés, l'huile de baleine, les pelleteries, les étoffes peintes, sont encore des objets considérables de commerce : la situation de la ville favorise les diverses entreprises qu'on y fait en ce genre. Le cours du change, le prix actuel de chaque objet est annoncé de tems en tems dans un écrit public. On voit avec étonnement la multitude des marchands; la chambre de commerce s'assemble à la bourse où est déposée une bibliotheque composée de livres utiles à cette science. Une banque dont le crédit est étendu & sûr, ordonnée & régie avec sagesse, est une colonne du commerce de Hambourg ; elle a inspection sur les grains, fait vendre le pain aux pauvres à un prix modique, & regle les monnaies. La ville a le droit de regale sur les monnaies qu'elle fait frapper : on connaît ses ducats & ses *banco-portugaises*; elles ont le même titre que celles de Lubeck.

Les sciences & les arts y sont cultivés avec succès : elle a eu des savans célebres, & offre des facilités à qui veut le devenir. On y trouve un grand nombre de bibliotheques ; chaque église a la sienne ; celle du Gymnase, augmentée par la générosité du célebre Wolf, est la plus considérable, & un grand nombre de particuliers en ont de bien choisies. Le Gymnase a six professeurs. L'école de S. Jean a huit classes : ces deux colleges avec la bibliothéque sont soumises à un sénat académique composé de quatre anciens sénateurs, de cinq pasteurs & le college des anciens. Il y a encore plusieurs autres écoles publiques. La musique y est cultivée avec soin, la peinture a beaucoup d'amateurs : on y encourage l'étude de l'architecture & des méchaniques.

La bourgeoisie y est divisée en cinq regimens, comme en cinq paroisses dont chacune a son drapeau & son uniforme : les colonels sont pris dans le sénat, les lieutenans colonels & les 57 capitaines sont pris parmi les bourgeois. Le plus ancien bourguemaître, les cinq colonels, trois anciens, deux membres de la chambre des finances, & huit bourgeois appellés *commissaires de guerre*, composent le conseil de guerre. Une compagnie de dragons, & douze compagnies d'infanterie composent sa milice, commandée ordinairement par un citoyen qui a servi en qualité de général chez les nations voisines. Un corps d'artillerie y est sous la direction de deux sénateurs & de deux bourgeois : deux sénateurs, six anciens, &c. dirigent les mouvemens de la garde de nuit conduite par des officiers de différens grades.

Les rois de Dannemark & les ducs de Hollstein ont long-tems disputé à Hambourg sa qualité de ville impériale, qui lui a été reconnue enfin en 1768, & l'empereur la prit sous sa protection, comme les villes de Lubeck & de Brême : elle siége après celle-ci sur le banc du Rhin. Son mois romain est de 720 florins, sa taxe de 439 rixdales & 50 kr.

Son territoire renferme des terreins humides & fertiles; d'autres qui sont élevés & secs : sur les deux rives de l'Alster, elle possede deux anciens domaines; le bailliage de *Ham* a deux lieues de long; le chemin qui le traverse, beau par lui-même, l'est encore par les jardins magnifiques qui le bordent : il renferme deux villages paroissiaux : les isles formées par l'Elbe dont l'une est assez grande & se nomme *Ochsenwerder*; une autre formée par la Bille qui lui donne son nom, renferme un grand nombre d'habitations & trois églises. Le couvent de S. Jean possede quatre villages, celui de S. George deux, & les couvens appartiennent à la ville. Le bailliage de *Wohltorf* s'étend sur sept villages : nous avons parlé de celui de Bergedorf & les *Vier-Lande* qu'elle partage avec Lubeck; diverses possessions dans le Hollstein qui ont fait partie du bailliage de *Rheinbec*; le bailliage de *Ritzebuttel*, situé à l'embouchure de l'Elbe, entre le pays de Hadeln & le duché de Brême : un sénateur y est baillif pendant six ans. Hambourg le possede par droit de conquête, & y dépense des sommes immenses pour rendre la navigation du fleuve; il a quatre lieues de long, deux de large, & renferme deux paroisses, neuf villages, le bourg de *Ritzenbuttel*, le port de *Cuxhaven*, & l'isle de Neu-Werk, sur laquelle est une tour forte.

*Bremen*, est une ville située sur le Weser qui la partage en vieille & nouvelle ville, réunies par un grand pont, & par un petit. Ses fortifications sont médiocres. On a compté en 1744 dans son enceinte, sans y comprendre les fauxbourgs 4778 maisons habitées, 565 bâtimens servant de brasseries, d'écuries & de magasins, 387 caves, 4099 ménages dont 1589 étaient réformés, 1772 étaient luthériens, 629 mixtes, 81 catholiques & 28 mixtes, 218 veufs, 1239 veuves, 233 garçons domiciliés, 359 filles domiciliées. L'ancienne ville est la plus grande & la plus peuplée : elle est divisée en quatre paroisses: de ses quatre églises, l'église cathédrale appartient à l'électeur de Hanovre, comme successeur de l'archevêque : les Luthériens y exercent leur culte, & l'on voit sous le chœur de cette église, un caveau où les cadavres se conservent sans se corrompre. Parmi les établissemens publics, on doit remarquer le couvent de S. Jean avec son église, le Gymnase académique pour les réformés, enrichi d'une très-belle bibliotheque publique, la maison de ville, la bourse, l'hôpital des vieillards, un hôpital où est élevé un théatre pour les opérations anatomiques, une maison de discipline & de travail, & l'arsenal : près du grand pont du Weser sont des machines hydrauliques qui portent l'eau dans les maisons. Dans la ville nouvelle, est l'église de S. Paul : deux autres sont dans les fauxbourgs. Le sénat est composé de quatre bourguemaîtres, & de vingt-quatre sénateurs, tous réformés : tout le pouvoir réside dans ses mains, il exerce la haute & basse jurisdiction, & ses membres sont choisis parmi les savans & les négotians. Quand il s'agit d'affaires fort importantes & d'impôts extraordinaires, on assemble la *chambre de sagesse*, composée des doyens, des négotians, & des bourgeois qui peuvent payer ces impôts. La maison de Brunswic y établit un maire; c'était le droit qu'y exerçait autrefois l'archevêque. Une garnison de six-cens hommes veille sur ses murs. Elle renferme diverses manufactures florissantes; sa bierre est recherchée, son commerce est étendu & riche, mais les grands vaisseaux ne peuvent arriver jusqu'à elle; on les décharge à quatre ou cinq lieues de-là.

Cette ville fut le siége d'un archevêché, & cet honneur, si c'en est un, lui a causé des troubles, des querelles & des siéges qui le lui firent acheter assez cher. Ses archevêques voulurent dominer sur elle; ils lui disputerent toujours le rang de ville impériale. Les Suedois succederent à ces archevêques,

## CERCLE DE BASSE-SAXE.

ils lui accorderent les franchises, les privileges dont elle jouissait alors; on convint de s'arranger sur les prétentions réciproques que l'on conservait, & l'on ne s'arrangea point : deux fois les Suédois l'assiégerent : la paix qui suivit ces siéges, laissa les difficultés indécises; ce n'a été qu'en 1741 qu'elles ont été terminées. Brême a cédé à la maison de Brunswic qui avait succédé aux droits de la Suede, le bailliage de *Blumenthal*, la jurisdiction de *Neukirchen* & quelques metairies; elle a été dès lors indépendante, impériale, & a siégé à la diete sur le banc du Rhin à la huitieme place. Son mois romain est de 320 florins. Sa taxe pour l'entretien de la chambre impériale est de 148 rixdales 67 kr. La religion y a causé aussi de violentes dissentions. Le Lutheranisme y était adopté depuis 1522; en 1562 le Calvinisme y fit un grand nombre de sectateurs; un bourguemaître les soutint, une partie du sénat qui ne vouloit ni être réformé, ni que les autres le fussent, s'exila, & même après la paix de 1568, il ne voulut pas rentrer dans la ville. C'est dès lors que tout le sénat a été de la religion réformée.

Nous avons dit que cette ville était une des trois qui sont encore anséatiques. Tout son territoire est divisé en quatre petits cantons; le plus étendu est le *Vieland*, pays humide & propre au paturage; les autres sont le *Werder-Land*, situé entre le Weser & la Lesum; le *Blockland* arrosé par la Wumme, le *Holler-Land*, entre la Wumme & le Weser. On compte dans ces cantons réunis neuf paroisses assez étendues. Le duc de Brême conserve la haute jurisdiction sur huit villages du Wider-Land. Brême possede encore le port de Wegesack où les vaisseaux destinés pour la ville, déposent leurs marchandises, & 2 ou 3 villages situés, ou sur le Weser, ou dans son voisinage. (\*)

SEIGNEURIES OU PAYS DE L'EMPIRE QUI N'APPARTIENNENT A AUCUN DES CERCLES.

*Comté de Montbelliard*, *V. T. II, Partie II, P.* 224.

Nous avons dit à l'article du comté de Montbelliard, que par un accord fait à Vienne en 1758, le frere du duc de Wirtemberg avait renoncé à cette principauté pour 14000 florins de rentes annuelles : c'est une erreur; nous en avions cru des rapports de gens mal instruits. Cet accord s'est fait avec les *Barons de l'Espérance*, descendans de *Léopold-Eberhard*, qui avaient des droits ou des prétentions sur ce petit état. Par cet accord, ces barons ont renoncé par serment aux armes, au titre, & au comté de Montbelliard, & le duc s'est engagé à leur payer une rente annuelle de 14000 florins d'empire.

*Seigneurie d'Asch.*

Elle touche à la principauté de Culmbach, au territoire d'Egra, au cercle du Voigtland. L'Elster y prend sa source : les barons de Zetwitz la possedent. Ils prétendent qu'elle est un fief immédiat de l'empire, possédé par la Bohême qui le lui avait remis. Mais la Bohême soutient que cette seigneurie ou jurisdiction fait partie du territoire d'Egra; qu'elle avait cessé de dépendre de l'empire, lorsque l'empereur Louis de Baviere la lui hypothequa. La question est demeurée indécise. *Asch* est un bourg dont les habitans sont Luthériens, comme leur seigneur

---

(\*) Ce qui suit devroit être placé après le cercle de Westphalie, mais comme ce volume n'est pas grand, & que le suivant le sera, nous le plaçons ici pour les rendre moins inégaux.

qui y a un petit château : les catholiques y ont élevé une petite chapelle. *Schönbach* & *Sorg* font deux villages qui ont chacun un château : *Neidberg* & *Krugsreuth* font deux biens nobles.

### Seigneurie de Wasserburg.

Elle est dans la Souabe, sur le Bodensée, & a fait partie de la seigneurie d'*Argen*. Une branche des comtes Fugger qui la possedait, l'a cédée à la maison d'Autriche dans ce siecle : elle paie contribution à l'empire, & renferme un bourg avec un château.

### Couvent de Schönthal.

Il est de l'ordre de Citeaux, est situé dans la Franconie, sur le Jaxt, dépend immédiatement de l'empire, est protégé par l'électeur de Mayence.

### Seigneurie ou bourgraviat de Freudenberg.

Elle est située sur la Saar, dépend immédiatement de l'empire, appartient à l'abbaye de bénédictins de S. Maximin, dans l'archevêché de Trèves, qui y exerce par un prévôt, la haute & basse jurisdiction.

### Seigneurie de Hörstgen.

Elle est libre & impériale, touche à la principauté de Meurs qui en donne l'investiture, & forme une paroisse réformée. Elle a son propre consistoire.

### Prévôté de Cappenberg.

Elle est noble & de l'ordre des prémontrés, située dans l'évêché de Munster dont elle est indépendante, fondée en 1120 : il faut prouver plusieurs quartiers pour y être admis. Sept couvens dans l'archevêché de Cologne dépendent d'elle : sa situation sur une hauteur, est très-agréable : on l'appellait autrefois *Mons Sion*, ou *Mons speculationis*

### Abbaye d'Elten.

*Elten* ou *Altinæ*, est près du bord du Rhin sur l'Eltenberg, entre les duchés de Gueldres & de Clèves, & sous la protection du dernier. Fondée en 968, une abbesse & des demoiselles catholiques l'habitent. Le haut & bas *Elten* sont des villages qui en dépendent.

### Seigneurie de Rheda.

Elle touche à l'évêché de Munster, à celui d'Osnabrük, au comté de Ravensberg : c'est un fief du premier état. On y voit *Rheda*, petite ville sur l'Embs, ornée d'un château, une paroisse, le village de *Lette* & deux couvens : les comtes de Teklimbourg-Limbourg la possedent.

### Abbaye de Burscheid.

Elle est libre & immédiate, est de l'ordre de Citeaux, & fut appellée *Monasterium Porcetens*. Elle est près d'Aachen : son abbesse siége à la diete parmi celles du banc du Rhin : elle est du diocèse de Cologne. Le bourg de *Burscheid* est grand, situé sur le penchant d'une montagne, a près de lui des sources d'eaux chaudes, & renferme un assez grand nombre de protestans qui n'y ont pu obtenir l'exercice public de leur culte. On y fabrique des draps & des aiguilles.

### Seigneurie de Jever.

Elle touche à l'Oostfrise, au comté d'Oldenbourg, à la seigneurie de Kniphausen, & à la mer du nord, a cinq lieues de long, autant de large, est très-fertile, nourrit un grand nombre de chevaux & de bêtes à cornes; son beurre est fort gras, & son fromage aussi estimé que celui de Hollande. On y trouve peu d'arbres fruitiers & de jardinage : la tourbe y sert de bois qui y est rare : la mer l'endommage & le ronge ; de fortes digues l'en défendent aujourd'hui. Ses habitans élisaient autrefois leurs juges & leurs capitaines : ils se soumirent à *Edo Wimmeke Papinga* guerrier redoutable qui bâtit Jever. Pour se défendre des comtes d'Ostfrise, ses descendans se soumirent à un duc de Bourgogne dont ils reconnurent leur Etat comme un fief perpétuel. Cette seigneurie est parvenue au duc d'Anhalt-Zerbst, & à son extinction, elle doit être l'héritage des comtes d'Oldenbourg : elle n'est incorporée à aucun cercle, & n'y a ni séance ni suffrage. Elle rapporte annuellement environ 300,000 livres, & se divise en trois districts qui renferment dix-neuf paroisses. Ces districts sont le *Wangerland*, l'*Ostringen*, & le *Rüstringen* : la premiere touche à la mer, est divisée en six mairies ou bailliages. On y remarque l'isle de *Wangeroeg*, ou l'œil de Wangerland, éloignée de la terre d'une lieue, elle n'en a pas une de long & moins encore de large; les vagues en ont déja emporté la moitié; des digues défendent le reste. Elle est fertile surtout en pâturages : un fanal où brule du charbon de terre, y guide les vaisseaux pendant la nuit : le bétail, la pêche, la navigation sont les richesses de ses habitans. L'*Ostringen* est divisée en deux mairies ou bailliages. On y voit la ville de *Jever*, elle a de jolies maisons, mais plusieurs sont basses & bâties en brique; elle était plus grande autrefois : elle a des privileges considérables, & est entourée de remparts & de fossés, les tribunaux de la seigneurie y résident, & on appelle à Zerbst de leurs jugemens. Son château est remarquable par une tour fort haute & fort épaisse. Le *Rustringen* renferme quatre paroisses.

### Seigneurie de Kniphausen.

Elle touche à celle de Jever dont elle a fait partie : par sa situation, elle devrait être membre du cercle de Westphalie ; mais c'est un fief de Bourgogne : son sol humide & marécageux est très-fertile ; on en exporte beaucoup de blés pour la Hollande, Hambourg & Brême ; & on y peut nourrir 4000 pieces de bétail : il en sort annuellement 400 jeunes chevaux. Les comtes de Bentink la possedent aujourd'hui. On y compte 2540 habitans, repartis en trois paroisses qui renferment un bourg & vingt-six villages : le bourg est nommé *Sengwarden*. C'est dans le château isolé de Kniphausen que siégent les tribunaux de justice : il est entouré de fossés.

### Seigneurie de Dyk.

Elle est située dans la partie inférieure de l'archevêché de Cologne, avec qui elle a une espece d'alliance, siége à la diete, non dans les assemblées d'aucun cercle, & comprend un château magnifique, un village, diverses maisons dispersées, & un péage.

### Seigneurie de Mechernich.

Elle est dans le duché de Juliers, paie 2 rixdales 4 kr. pour la chambre impériale, & ne renferme qu'un village.

### Seigneurie de Schönau.

Elle est comptée parmi les fiefs immédiats de l'empire, ne renferme qu'une maison voisine d'Aachen, & 200 arpens de terre : elle n'a point de sujets : son seigneur a fait battre une petite monnaie de cuivre; il s'est soumis aux ducs de Juliers.

### Seigneurie de Wylre.

Elle est située dans l'enceinte du duché de Limbourg, elle est indépendante, & renferme un village & quelques fermes.

### Seigneurie de Richold.

Elle est dans le Limbourg, près de la Meuse, & n'a qu'un petit village.

### Seigneurie de Stein.

Elle dépend de l'évêque de Liége, comme comte de Looff, & est chétive.

### Seigneurie de Dreyss.

Elle est située dans l'archevêché de Treves, entre la Salm & le Liser; elle appartient comme fief de l'empire à l'abbaye d'Echternach dans le Luxembourg. Elle renferme le village de ce nom, dont la commune a son propre échevin.

### Seigneurie de Landskron.

Elle est située entre le comté de la Mark & l'évêché

de Munſter, elle eſt immédiate, & ſes poſſeſſeurs ont depuis 1710 le titre de comtes de l'empire : ils poſſedent auſſi la ſeigneurie de *Rhade*, comme elle eſt immédiate & ſituée dans ſon voiſinage.

### Comté de Hombourg.

Il eſt entre le duché de Berg & le comté de la Mark. La chambre impériale l'a déclaré comme faiſant partie du comté de Sayn. Il renferme un château, le bourg de *Hombourg* & pluſieurs villages.

### Seigneurie de Saffenberg.

Un château lui donne ſon nom; il eſt près de l'Ahr, entre les villes d'Ahrweiler & d'Aldenahr : ſon poſſeſſeur ſiége à la diete.

### Seigneurie de Schaumburg.

La Lähn l'arroſe; elle touche au comté de Hoczapfel, eſt poſſedée par les princes d'Anhalt-Bernbourg-Hoyra : ſon mois romain eſt de 2 florins 40 kr; ſa taxe de 74 kr. Elle ne ſiége point à la diete, ni dans les aſſemblées d'aucun cercle, renferme le château de ce nom ſur une montagne & 3 villages.

### Seigneurie d'Oberſtein.

Elle eſt ſituée dans le Hunſtrük, près de la Nahe: l'archevêque de Treves en poſſede la plus grande partie, & entr'autres le bourg de ce nom, arroſé par la Nake : on y polit beaucoup d'agathes. Son mois romain eſt de 7 florins, ſa taxe de 10 rixdales & 73 kr.

### Holzhausen.

C'est un village entre le bailliage d'Amenebourg à l'électeur de Mayence, & celui de Marbourg aux Landgraves de Hesse : Son mois romain est d'un fl. 30 kr.

### Seigneurie de Schauen.

Elle est située entre la principauté de Halberstadt & le comté de Wernigerode. Elle appartient au couvent de Walkenried, & eut ensuite différens possesseurs ; la maison de *Grote* la possede aujourd'hui.

## LES TROIS CERCLES DE LA NOBLESSE IMMÉDIATE DE L'EMPIRE DANS LA SOUABE, LA FRANCONIE, ET DU RHIN.

Ils forment une espece de corps & de société qui rassemble beaucoup de comtes, de barons & de familles nobles qui dépendent immédiatement de l'empire : ils se formerent & se reglerent par le consentement & l'ordre de l'empereur Sigismond en 1422, mais leur constitution durable, telle qu'elle est de nos jours, s'est formée insensiblement, & dans le seizieme siecle. Ces trois cercles ont un directoire commun qu'ils forment alternativement tous les trois ans ; mais chaque cercle a son directeur particulier, & chaque canton son chef, & des députés dans le conseil du cercle. Les assemblées sont composées ou par le directoire commun & les députés, ou par toute la noblesse des cercles mêmes, ou par le cercle seul qui a le directoire, ou encore, par les députés de tous les cantons d'un cercle, ou par ceux d'un seul canton. La réception des nouveaux membres dépend uniquement du bon plaisir des autres. Elle a obtenu de grands privileges des empereurs en différens tems. Elle n'a aucune voix dans les dietes, ni dans les assemblées des cercles, & cependant est un membre de l'empire. Dans des cas de nécessité, & dans les guerres communes à tout l'empire, elle doit le servir de sa personne, mais n'est pas obligée de lui fournir des contributions & des secours d'hommes : cependant de nos jours, elle a accordé à l'empereur sans préjudice à ses droits, une somme d'argent sous le nom de *subside de charité* qui se leve sur ses sujets, & dont l'empereur peut disposer à son gré. Elle ne donne rien pour l'entretien de la chambre impériale. Ceux qui desirent de mieux connaître sa constitution & ses privileges, peuvent consulter les élémens du droit public germanique de Pütter.

## Cercle de Souabe.

Il est divisé en cinq cantons; son assemblée est à Halle en Souabe, ou à Heilbrunn.

### *Du canton de Donau.*

Sa chancellerie est à Ehingen : il renferme des seigneuries, des bourgs, des villages, des hameaux. On pense bien que nous ne parlerons ici que des principaux.

*Achstetten*, est un bourg où l'on voit un château : il est situé sur la rive du Westerlich. *Bradenburg* est un fort qui appartient aux comtes Fugger, ainsi que le bourg de *Dietenheim* & cinq villages. *Burtenbach*, château & bourg au bord de la Mindel. *Delmensingen* est un bourg près de Donau. *Eisenburg*, une seigneurie voisine de Memmingen, où l'on compte trois châteaux. *Gamertingen*, une petite ville sur l'Alb, au bord de la Lauchert. *Grünenbach* est un bourg orné d'un château. *Hettingen*, une petite ville dans laquelle est un château : elle est sur l'Alb au bord de la Lauchert : *Jebenhausen* est un bourg à marché. *Jettingen* est aussi un bourg sur la Mindel : il a un château *Ilereibheim*, seigneurie qu'arrose l'Iler, & où l'on voit un château & un bourg. *Ilerdissen*, bourg & double château près de l'Iler. *Laupheim*, bourg qui a deux châteaux voisins de la Rortam, *Nuifra* est aussi un bourg sur l'Alb. Celui d'*Orsenhausen* est sur la Westerlich. *Rissliessen*, château & bourg sur la Riss. *haut & bas Ronau*; le premier est un château, le second un bourg, tous les deux sur le Kamlach. *Schwendi* château & bourg sur la Westerlich. *Unter-Stotzingen*, ville & château qui forment une paroisse luthérienne. *Markt-Tischingen*, bourg à marché, château. *Walden* fort & bourg.

*Du canton de Hegau, d'Algau, & Bodensée.*

Sa chancellerie réside à Rodolphzelli. On y remarque les seigneuries de *Blumeneck* qui appartient à l'abbaye de S. Basile dans la forêt-noire & renferme deux hameaux, d'*Enzberg* aux barons de ce nom, & qui renferme une ville & deux villages, de *Freyberg*, qui donne son nom à des barons, entre le Lech, & l'abbaye de Kempten, de *Schomburg* qui appartient aux comtes de Montfort, de *Sirgenstein* qui a le titre de baronnie, de *Waldsperg* qui dépend de la maison de Furstenberg & de *Nassenriedt* baronnie. On y compte encore les bourgs d'*Amtszell*, de *Bodman* près du Bodensée, & plusieurs villages.

*Du canton sur le Neckre, de la Forêt-Noire &
d'Ortenau.*

Les deux premieres parties de ce canton ont leur chancellerie à Tubingen : celle de l'Ortenau siége dans le village de Khel. On y remarque la ville & le château de *Berneck* à quatre lieues de Tubingue, les bourgs de *Boltringen*, d'*Oberdorf*, de *Dieſſen*, de *Harthauſen*, de *Hürlingen*, de *Tiefenbrunn*, d'*Unter-Boyhingen*, d'*Unter-Kiexingen*, & un grand nombre de villages & de hameaux.

*Du canton sur le Kocher.*

Sa chancellerie est dans la ville impériale d'Eſſlingen. Il renferme les seigneuries de *Biſſengen*, de *Donzdorf*, qui appartient à tout le canton, de *Gruppenbach*, de *Hochaltingen*, de *Pappenheim*, qu'arrose l'Altmühl, qui est habitée par des Luthériens, & renferme la ville de ce nom sur une montagne, près de l'Altmühl, décorée d'un château, ayant une chancellerie, un consistoire, une école latine : près d'elle est le bourg de *Dettenheim*, voisin des restes d'un canal creusé par Charlemagne en 793, pour joindre l'Altmühl à la Retzat noire ou Rednitz. *Rechberg* est encore une seigneurie considérable : son sol est montagneux & couvert de forêts, les habitans sont catholiques; elle renferme la petite ville de *Weſſenſtein* située dans une vallée étroite qu'arrose la Lauter : là est un château sur la colline, une église paroissiale, une chancellerie, un beau jardin & un bailliage. *Tunzdorf* & *Traffelhauſen*, bourgs étendus & quelques villages sont renfermés dans l'enceinte de cette seigneurie. *Scharpfenberg*, *Witzgoltingen* sont encore deux seigneuries dont la derniere appartient à
tout

tout le canton, dans lequel on peut remarquer les bourgs d'Adelmansfelden, *d'Amerdingen*, de *Sanct-Bartholomäi*, de *Hohenstadt*, de *Schächingen*, & le village d'*Atfdorf* qui est grand, bien bâti, a deux châteaux, & est le siége d'un bailliage.

### Du canton dans le Creichgau.

Sa chancellerie est dans la ville impériale de Heilbronn. Nous y remarquerons les villes de *Bichofsheim*, habitée par des Luthériens & qui a un château, de *Fürfeld*, de *Hirschorn*, d'*Ochsenberg*, de *Schweigern*, & les bourgs d'*Eschenau* où est un château, un bailliage, une paroisse Luthérienne, de *Gondelsheim* & de *Königsbach* : on y compte encore quelques paroisses considérables & plusieurs villages.

## CERCLE DE FRANCONIE.

Il est divisé en six quartiers dont chacun a son chef, & qui élisent leur conseil, composé de quatre nobles, de deux jurisconsultes & de quelques autres officiers. Le directoire alterne tous les deux ans entre les quatre nobles, il s'assemble tous les ans trois fois, dans la ville impériale de *Schweinfurt* où sont déposées les sommes destinées à son entretien : on compte dans ce cercle plus de 1500 familles nobles.

### Du canton d'Ottenwald ou Odenwald.

Il s'étend de Francfort sur le Mein, jusqu'à Rotenbourg sur la Tauber. Sa chancellerie est à *Kochendor*. La seigneurie de *Collenberg*, celle de *Neckar-Steinach* qui prend son nom d'une petite ville; celle de *Rosenberg*, qui prend son nom d'un bourg, celle de *Zwingenberg* qui renferme plusieurs villages, sont les seules qu'on y remarque : on y compte quatre autres villes : ce sont *Adelsheim*, siège d'un bailliage & d'une paroisse Luthérienne, *Mayenfels*, *Niederstellen*, sur le Vorbach, qui jointe à quelques villages & un château situé sur une hauteur, forme une seigneurie libre, & de Widdern située sur le Jaxt, habitée par les Luthériens. Les bourgs de *Braunspach* sur le Kocher qui dépend du chapitre de Wurzbourg, quoique Luthérien, de *Dörzbach* qui est grand, situé sur le Jaxt, & le siège d'un bailliage, de *Heussenstamm* à quelque distance de Francfort, de *Jagsthausen* sur le Jaxt, de *Kochendorf*, qui est très-bien bâti, sur le Kocher, & renferme deux-cents maisons, une paroisse Luthérienne, deux châteaux & un bailliage, de *Küntzelsau* aussi sur le Kocher, de *Merchingen*, composé d'une paroisse, d'un château, & de cent-quarante maisons, de *Séegnitz* qui est sur le Mein, & environné de murs, de *Waldmannshafen*, plusieurs grandes paroisses, un grand nombre de villages forment ce canton.

### *Canton de Steigerwald.*

Son nom vient d'un boccage qui se trouve entre les évêchés de Bamberg & de Wurzbourg. On y remarque les bourgs de *Burg-Hasslach*, de *Markt-Sugenheim*, qui est considérable, de *Schnotzenbach*, qui forme une paroisse Luthérienne & a un château, de *Taschendorf* : il renferme encore diverses paroisses étendues & plusieurs villlages.

### *Du canton de Gebürg.*

Deux forêts lui donnent son nom. On n'y remarque que la seigneurie de *Buchau* & la baronnie d'*Altenblos*, la ville de *Kirchlautern*, la seigneurie de *Thurnau* formée d'une petite ville & de plusieurs villages, le bourg de *Herolsberg*, celle de *Küps*, de *Neuhof*, de *Preseck*, quelques paroisses & plusieurs villages.

### Du canton d'*Altmühl*.

La riviere de ce nom qui se jette dans le Danube près de Kehleim le distingue. La seigneurie de *Wilhorsmdorf* arrosée par le Zenn, qui a un bourg & un château, les paroisses de *Brunn*, de *Meibenberg* sont ce qu'il renferme de plus considérable. Tout le reste n'est que villages ou hameaux.

### Du canton de *Baunach*.

Il doit son nom à une riviere qui coule dans le Mein, & ne renferme aucun lieu remarquable.

### Du canton de *Röhn & Werra*.

Elle doit son premier nom à une montagne qui s'étend des rives de l'Ulster jusques à Bischofsheim & le second à un fleuve assez connu. La seigneurie de *Boinebourg* qui renferme treize villages, celle de Schlitz qu'arrose la Fulde, qui renferme la petite ville de *Schlitz* sur l'Altfeld qui s'y joint à la Fulde, &, où l'on compte 500 bourgeois, des bourgs & diverses jurisdictions, celle de *Thann* sur l'Ulster, formée d'une petite ville, & de vingt-deux villages, la ville de *Lengfeld*, les bourgs de *Gersfeld* sur la Fulde, de *Schwena* & de *Zeitlofs* sur la riviere de Sinn, les biens de la maison noble de Riedesel &

d'Eisenbach, où l'on compte trois bourgs, divers châteaux & jurisdictions sont tout ce qu'il renferme de digne d'être placés ici.

## Cercle du Rhin.

Il est divisé en trois cantons, qui sont ceux d'*Ober-Rheinstrom* ou de Wasgau, de *Mittel-Rheinstrom* divisé en quatre quartiers, qui a sa chancellerie dans le château de Friedberg, & de *Nieder-Rheinstrom* qui renferme encore le *Hundsrück* & d'*Eberwald*; ce dernier a sa chancellerie. Nous ne pouvons donner ici qu'une partie des lieux qu'ils renferment.

La seigneurie d'*Adendorf* est à trois lieues de Bonn : celle d'*Ahrenfels* en forme un chateau, un bourg & deux villages ; celle de *Bliescastell* où est un bourg & plusieurs villages : celles de *Bongard*, de *Brauweiler*, de *Burweiler* qui sont peu étendues: le bourg de *Bechtolshain* est sur la Salz, la ville d'*Ebernburg* sur la Nake ; le bourg de *Gemunden* dans le Hunsruck : la seigneurie de *Landstuhl* est dans le Wasgau, & renferme une ville de son nom, deux chateaux sur des montagnes & quatre villages. Celle de *Martinstein* est sur les frontieres du comté de Sponheim ; celle de *Medesheim* est peu considérable. Le bourg de *Melbach* est dans le Wetterau : la seigneurie de *Munchweiler* est dans le *Hunsruck*, arrosée par le Glan, & renferme sept à huit villages: celle de *Nievern* est sur la Lahn ; le bourg de *Norheim* est près de Simmern ; celui de *Partenheim* est à cinq lieues de Mayence : *Scharffeneck* est un bailliage : *Wildenberg*, une seigneurie dans le canton de *Mittel-Rhein*.

Il est encore dans l'enceinte des cercles quelques villes, chateaux & biens qui appartiennent en commun à diverses familles : tels sont les chateaux ou forts de *Friedberg* & de *Gelnhausen*, &c.

Les villages immédiats de l'empire sont probablement un reste des anciens biens de l'empire, & de quelques familles éteintes, dont les fiefs n'ont pas été de nouveaux distribués. Voyez les *Elémens du droic public germanique de Putter*, troisieme édition, pour les détails que nous ne pouvons placer ici.

*Les hommes libres de la plaine ou des bruyeres de Leutkirch en Souabe.*

Ils dépendent de tous tems immédiatement de l'empire, & l'empereur leur donnait un titre qui correspond à peu près à celui-ci : *amés & féaux de l'empire & de nous* : ils ont perdu insensiblement les droits dont ils jouissaient, & à peine en ont-ils quelques vestiges. Ils sont soumis à la jurisdiction du grand baillif d'Altorf. Ces bruyeres ou landes de Leutkirch renferment 90 journaux de terre, dont cinquante-deux appartiennent aux bourgeois de Leutkirch, les autres aux hommes libres dont nous parlons, qui habitent dans trente-neuf villages ou hameaux, répandus sur un espace de cinq lieues, sur une & demi de large.

*Villages impériaux & libres d'Alschhausen, & d'Althausen.*

Le premier est dans la haute Souabe, près d'une commanderie teutonique qui en prend son nom. Le second dans la Franconie près de Mergenthein. L'ordre teutonique y exerce les droits de protection & de justice. Brandebourg-Onolzbach y exerce la jurifdiction fur ce qui regarde l'églife : la commune jouit du refte.

*Villages impériaux & libres de Gochsheim & Sennfeld.*

Ils font fitués près de la ville impériale de Schweinfurt, & ont maintenus leurs privileges. L'évêque de Wurzbourg y exerce la jurifdiction ecclésiastique ; les habitans élifent leur avoyer, & nomment leurs juges.

*Villages impériaux & libres de Sulzbach & de Soden.*

Ils font fitués près de Francfort, entre la feigneurie d'Eppftein & le haut-bailliage de Konigftein, ils font protégés par l'électeur de Mayence & la ville de Francfort. Le dernier a une faunerie & un bain chaud.

# FIN DU TOME III.

# NOTES ET TABLE

POUR

## LE TOME III.

LEs premieres cartes du cercle de Baviere dignes d'être consultées, sont celles de *Sanson* & de *Jaillot*: la meilleure est celle de *Homann*, contrefaite par *Boudet* en 1751. Les premieres cartes du cercle de Franconie sont de *Sanson* & de *Witt*; la meilleure est celle de *Homann* que *Mortier* & *Boudet* ont contrefaite.

Le cercle de Haute-Saxe est trop étendu, trop morcelé pour être peint avec netteté dans une seule carte : on le divise en partie méridionale & partie septentrionale, & chacune d'elles a ses cartes particulieres. *Jansson*, *Jaillot*, de *Witt*, &c. en ont faite une de la partie méridionale ; mais elles sont fautives : on doit préférer à toutes celle que les héritiers *Homann* ont publiée en 1734. Pour la partie septentrionale, on peut consulter les cartes de *Witt*, de *Valk*, de *Danckert*; celle de *Homann* est la meilleure, sans être exacte.

On a quelques cartes exactes de diverses parties du cercle de Basse-Saxe ; mais il n'en est point de correctes pour le cercle entier ; les plus anciennes sont celles de *Blacu* & de *Jansson* : les moins mauvaises sont celles de *Homann le jeune* & de *Leizoy*.

Le titre de l'Electeur de Baviere est : *Par la grace de Dieu, Duc de la Haute & Basse-Baviere, & du Haut-Palatinat, Comte Palatin du Rhin, Archi-Sé-*

néchal & Electeur du St. Empire Romain, Landgrave de Leuchtenberg.

Ses armes font un écu écartelé au 1 & au 4, fuſelé en bandes d'argent & d'azur, pour le duché de Baviere; au 2 & au 3, de ſable au lion d'or, couronné, lampaſſé, armé de gueules; pour le Palatinat du Rhin, ſur le tout de gueules au globe impérial d'or pour la dignité d'Archi-Sénéchal de l'Empire. Comme vicaire de l'Empire dans le tems d'un interregne, il ſe ſert des armes impériales: alors il porte d'or à (*) aigle d'or, éployée de ſable, chargée ſur la poitrine des armes de Baviere.

Au reſte, nous n'avons pas beſoin d'avertir ici que Maximilien-Joſeph, dernier Electeur de la branche cadette de Wittelsbach, étant mort, la plus grande partie de ſes Etats ont paſſé à l'Electeur Palatin, iſſu de la branche aînée; & que l'Empereur s'eſt ſaiſi du reſte en vertu d'une loi de l'Empire, par laquelle à défaut d'héritiers mâles directs des poſſeſſeurs, un certain nombre de fiefs retournent à l'Empire; & l'Empire, quand il a un chef puiſſant, le laiſſe jouir de ce qui retombe dans ſes mains. On pourrait, & on devrait peut-être dire quels ſont les fiefs dont l'Empereur a fait ſon partage, & quels ſont ceux qui demeurent à l'Electeur; mais de ce partage s'eſt élevé une conteſtation qui n'eſt point encore décidée, & ne le ſera peut-être que par les armes: c'eſt alors ſeulement qu'on ſaura quelles poſſeſſions ſeront demeurées aux poſſeſſeurs actuels.

Le titre de l'Electeur de Saxe eſt: *Duc de Saxe, de Juliers, de Cleves & de Berg, d'Engern & le*

---

(*) Dans le ſecond volume, on trouve aigle au maſculin dans la deſcription des armes des princes; c'eſt une erreur: dans le ſtyle du blaſon, aigle eſt féminin.

# NOTES. 553

*Weſtphalie, grand Maréchal & Electeur du St. Empire Romain, Landgrave de Thuringe, Margrave de Miſnie & de la Haute & Baſſe Luſace, Bourgrave de Magdebourg, Comte & Prince de Henneberg, de la Marche, de Ravensberg, de Barby & de Hanau, Seigneur de Ravenſtein*. Ses armes sont: une couronne de rhue poſée en biais de la droite à la gauche, à huit ou à dix faſces de ſable & d'or, placées alternativement les unes ſur les autres pour le *Duché de Saxe*: d'azur au lion béant & langué, couronné d'or, partagé par huit bandes alternatives d'argent & de gueules, poſées tranſverſalement pour la *Thuringe*: d'or au lion de ſable langué & double queues dreſſées pour la *Miſnie*: à champ d'argent au bœuf courant de gueules avec ventre blanchâtre pour la *Baſſe-Luſace*; d'azur au pan de mur jaune, maçonné de ſable en breteche pour la *Haute*. Comme Archi-Maréchal de l'Empire, il porte un petit écuſſon coupé de ſable en chef & d'argent en pointe, dans lequel les deux glaives électoraux ſont couchés en ſautoir. Chacun de ſes autres titres lui donne d'autres armes que nous nous permettons d'omettre ici.

Les titres du Roi de Pruſſe ſont: *Roi de Pruſſe, Margrave de Brandebourg, Archi-Chambellan & Electeur du St. Empire Romain, Duc Souverain de Siléſie, Prince d'Orange, de Neufchatel & Valengin, Comte de Glatz, de Gueldres, de Magdebourg, Cleves, Juliers, Bergue, Stettin, Poméranie, des Caſſubes & des Venedes, Duc de Mecklenbourg & de Croſſen, Bourgrave de Nuremberg, Prince de Halberſtadt, Minden, Camin, Wenden, Schwerin, Ratzebourg, de la Friſe orientale & de Meurs, Comte de Hohenzollern, de Rupin, de la Marche, de Ravensberg, de Hohenſtein, de Tecklenbourg, de Schwerin, de Lingen, de Buren & de Leerdam, Seigneur de Ravenſtein, des pays de Roſtock*, *de Stargard*, *de Lauenbourg*, *de Butow*, *d'Arley & de Breda*, &c. Ses armes pour la *Pruſſe* ſont d'argent, l'aigle de ſable couronné, ayant des tiges de treffles d'or ſur les ailes, avec les lettres F. R. ſur la poitrine; pour la *Marche de Brandebourg*, d'argent à l'aigle de gueules, armé d'or, ayant des tiges de treffle d'or ſur les ailes; pour l'office de *Grand Chambellan*, d'azur au ſceptre d'or, poſé en forme de pal, &c. Chaque titre lui donne auſſi des armes.

Le titre de l'Electeur de Hanovre eſt : *Duc de Brunſwic & de Lunebourg, Archi-Tréſorier du St. Empire Romain & Electeur*. Ses armes ſont diviſées en trois quartiers : le premier en champ de gueules aux deux léopards d'or allans, langues & pattes d'azur : le ſecond d'or parſemé de cœurs de gueules au lion d'azur, & le troiſieme champ de gueule au cheval ſaillant d'argent. Au milieu eſt un autre écuſſon de gueules à la couronne de l'Empire pour la charge d'archi-tréſorier.

Parmi les cartes générales de la Siléſie, on diſtingue celle de Wieland, corrigées par Mr. de *Schubarth*, gravée par *Homann*, celles de *Meyer* & de *Schleuen* : la plus ancienne eſt celle de *Martin Helwig* en 1561; *Meyer*, *Muller* & *Julien* ont dreſſé des cartes complettes du Comté de Glatz.

La plus ancienne carte générale de la Luſace eſt celle de *Jean Chriſtian Weigel* : les meilleures ſont celles de *Homann* ſurtout, & de *Pierre Schenk*, en huit feuilles, imitées par *Mortier*.

( 555 )

# TABLE.

## A

| | | | |
|---|---|---|---|
| A Bach. | Pag. 23 | Alt-manſter. | 14 |
| Abenberg. | 46 | Alt-muhlmünſter. | 14 |
| Abensperg. | 14 | Alt. œtting. | 18 |
| Achersleben. | 465 | Altona. | 507 |
| Acken. | 452 | Altorf. | 95 |
| Adorf. | 291 | Alt-Ruppin. | 128 |
| Aeolholzen. | 18 | Alt-Stasfurt. | 451 |
| Aerding. | 20 | Alt-Waſſer. | 183 |
| Ahlden. | 391 | Alt-Wilmsdorf. | 215 |
| Ahrberg. | 46 | Alvensleben. | 452 |
| Ahrensböck. | 499 | Amberg. | 25 |
| Aibling. | 17 | Amelunxborn. | 443 |
| Aicha. | 15 | Ammensleben. | 453 |
| Aign. | 6 | Ampfurt. | 452 |
| Aiſchgrand (Pays d') | 55 | Amtitz. | 310 |
| Aiſchtet. | 44 | Anclam. | 232 |
| Albendorf. | 217 | Anhalt. | 335. 341. |
| Alfeld. | 516 | Ankum. | 343 |
| Allendorf. | 79 | Annabourg. | 261 |
| Allersheim. | 444 | Annenwalde. | 128 |
| Allſtett. | 322 | Anſpach. voy. Onolzbach. | |
| Alsleben. | 460 | Apenbourg. | 114 |
| Alſtadt. | 274 | Appolleda. | 318 |
| Alteinſtein. | 79 | Avendſée. | 113 |
| Alte-Land- | 373 | Arnebourg. | 115 |
| Altenau. | 403 | Arnsbourg. | 391 |
| Altenberg. | 285 | Arns-haug. | 292 |
| Altenbourg. | 332 | Arnſtadt. | 346 |
| Altenkirchen. | 286 | Arnſtein. | 74 |
| Alt-Geyſing. | 286 | Arnswalde. | 159 |
| Alt-Haldensleben. | 453 | Arſtein. | 252 |
| Alt-Heyde. | 215 | Artern. | 252 |
| Alt-Kloſter. | 369 | Arzberg. | 52 |
| Alt-Landsberg. | 140 | Aſch. | 534 |
| | | Aſchach. | 73 |
| | | Aſebersleben. | 465 |

| | | | |
|---|---|---|---|
| Afrenberg. | 483 | Bayreuth. | 49 |
| Aftheim. | 74 | Bechlingen. | 265 |
| Athenfleben. | 451 | Bederkefa. | 372 |
| Attenbruck. | 431 | Beedenboftel. | 393 |
| Aub. | 75 | Beenfen am faale. | 460 |
| Aue. | 289 | Beerwalde. | 147 |
| Auerbach. | 292 | Beeskow. | 153 |
| Auguftenbourg. | 347 | Behlendorf. | 521 |
| Auguftubourg | 284 | Behringen. | 79 |
| Auma. | 292 | Beilngries. | 45 |
| Aura. | 72 | Belgard. | 226 |
| Auras. | 176 | Belgern. | 276 |
| Aurbach. | 27 | Belitz. | 146 |
| Aurbourg. | 17 | Belleben. | 460 |
| Aurolzmunfter. | 20 | Belum. | 373 |
| | | Belwedere. | 317 |
| B. | | Belzig. | 360 |
| | | Beneekenfteim. | 247 |
| Bailliages de l'Ordre Teutonique. | 86 | Bennftœdtz. | 250 |
| | | Berching. | 45 |
| Ballenftœdt. | 340 | Berchtefgaden. | 7-8 |
| Bamberg. | 80-81 | Berenrode. | 315 |
| Banteln. | 417 | Berga. | 293 |
| Banz. | 83 | Bergedorf. | 521 |
| Banzkow. | 475 | Bergen. | 235 393 |
| Barby. | 312 | Berggiefshübel. | 273 |
| Barchfeld. | 80 | Berka. | 317-320 |
| Bardewick. | 383-386 | Berlin. | 131 |
| Barmftedt. | 509 | Berlinchen. | 157 |
| Barfinghaufen | 411 | Bernau. | 26 139 |
| Bartenftein. | 85 | Bernbourg. | 339 |
| Barth. | 238 | Bernried. | 16 |
| Barüth. | 261 | Bernftadt. | 198 303 |
| Baruth. | 303 | Bernftein. | 24 159 |
| Bas Bernim. | 131 | Berolheim. | 60 |
| Bauerwitz. | 210 | Berun. | 211 |
| Baumann (cav. de). | 446 | Betzendorf. | 112 |
| Baunach. | 83 | Beuf. | 510 |
| Bautzen, voy. Budiffen. | | Beuthen. | 203. 412 |
| Baviere. | 8 | Beutingen. | 85 |
| Bayerfdorf. | 55 | Bevern. | 444 |

| | | | |
|---|---|---|---|
| Beverſtadt. | pag. 375 | Bottenſtein. | pag. 82 |
| Biderlah. | 517 | Bourg. | 353 |
| Biegen. | 145 | Bourg-Ebrach. | 83 |
| Biefenthal. | 131 | Bourg-Sadel. | 412 |
| Binnenwaſſer. | 238 | Bourg-Tonna. | 326 |
| Biſchoffſverda. | 274 | Bourgthann. | 59 |
| Biſchofgrün. | 53 | Boytzenbourg. | 150 |
| Biſchofsée. | 161 | Bœhmiſch-Neuendorf. | 125 |
| Biſchofshein. | 73 | Bœrenſteen. | 273 |
| Biſmark. | 114 | Bœrwalde. | 157. 227 |
| Biſſendorf. | 392 | Brackenberg. | 423 |
| Bitterfeld. | 262 | Bralin. | 203 |
| Blankenberg. | 349 | Bramſtedt. | 497 |
| Blankenbourg. | 445 | Brand. | 284 |
| Blankenhayn. | 335 | Brandebourg. | 120 |
| Blaſii Zella. | 325 | Brandis. | 279 |
| Blaſſembourg. | 51 | Braunau. | 19 |
| Bleicherode. | 247 | Braunſweig. | 501 |
| Blekede. | 387 | Brehna. | 262 |
| Bleſtain, voy. Pleſtain. | | Breitenbach. | 347 |
| Blockſberg. | 242 | Breitenbourg. | 505 |
| Blumenau. | 413 | Breiteneck. | 29 |
| Blumenthal. | 371 | Breitenfels. | 294 |
| Bodenbourg. | 443 | Bréme, ( Duc. de ). | 365 |
| Bodenfelde. | 424 | Brémen. | 531 |
| Bodentzich. | 389 | Bremerwerde. | 370 |
| Bodenwerden. | 414 | Breslau. | 173-174 |
| Bodungen. | 247 | Breuberg. | 66 |
| Boelzow. | 127 | Brieg. | 178 |
| Boitzenbourg. | 475 | Brieskow. | 145 |
| Bokeloh. | 417 | Brietzen. | 129-130 |
| Bokenem. | 516 | Brixenſtadt. | 61 |
| Boklet. | 73 | Brome. | 394 |
| Bolkenhayn. | 184 | Broterod. | 80 |
| Borau. | 176 | Bruck, ou Pruck. | 13. 26. 55 |
| Bordisholm. | 501 | Bruckberg. | 57 |
| Borgſtall. | 111 | Bruel. | 475 |
| Borna. | 281 | Bruck. | 260 |
| Bornecke. | 446 | Brumby. | 451 |
| Bornſtœdt. | 252 | Brunsbuttel. | 498 |
| Boſau. | 296 | Brunſtein. | 423 |

| | | | |
|---|---|---|---|
| Brunswic ou Braunweig. | p. 434 | Camenz. | pag. 201 |
| Brussow. | 151 | Cammin. | 226 |
| Buch. | 114 | Campin. | 438 |
| Buchholz. | 287 | Canth. | 177 |
| Buckow. | 145 | Cappenberg. | 535 |
| Budissen ou Bautzen. | 301 | Carolath. | 202 |
| Buhlitz. | 228 | Carlsmarkt. | 179 |
| Bukow. | 475 | Carzig. | 157 |
| Bunzlau. | 188 | Castell. | 90 |
| Buren. | 16 | Catlenbourg. | 397 |
| Burg. | 454 | Cercles de la Noblesse immediate. | 54. & seq. |
| Burgdorf. | 390 | | |
| Bürgel. | 318 | Cham. | 23 |
| Burgkrain. | 34 | Charlottenbourg. | 141 |
| Burgkunstadt. | 82 | Chemnitz. | 284 |
| Burg-Lengenfeld. | 31 | Choren. | 281 |
| Burgstadt. | 358 | Christianstadt. | 310 |
| Burgwedel. | 392 | Cismar. | 501 |
| Burkhausen. | 18 | Clausthal. | 403 |
| Burkheim. | 31 | Clempenow. | 232 |
| Burscheid. | 536 | Cling. | 19 |
| Bursfelde. | 422 | Cobourg. | 328 |
| Busum. | 503 | Colbatz. | 224 |
| Butow. | 230 | Colbert. | 228 |
| Buttelsttett. | 318 | Colingen. | 411 |
| Buttenberg. | 398 | Colmberg. | 61 |
| Butthard. | 75 | Cologne. | 134 |
| Buttlingen. | 386 | Combourg. | 76 |
| Buttsteds. | 317 | Constadt. | 199 |
| Butzow. | 484 | Constein. | 31 |
| Buxtehude. | 369 | Cosel. | 207 |
| | | Coswick. | 343 |
| **C.** | | Cotbus. | 164 |
| | | Cotta. | 273 |
| Cadolzbourg. | 58 | Cœlleda. | 266 |
| Calbe. | 450 | Cœnnern. | 459 |
| Calenberg. | 457. 404. 411. | Cœrlin. | 228 |
| Calies. | 160 | Cœslin. | 227-282 |
| Calwerde. | 440 | Cœthen. | 342 |
| Cambourg. | 333 | Craibourg. | 19 |
| Camentz. | 302 | Crantzberg. | 13 |

T A B L E.

| | | | |
|---|---|---|---|
| Crawinkel. | pag. 325 | Diesdorf. | pag. 112 |
| Creglingen. | 61 | Diefenftein. | 24 |
| Creilsheim. | 60 | Dietfurt. | 23 |
| Cremmen. | 127 | Dingelfing. | 21 |
| Creutzburg. | 180 | Dippoldifwalda. | 272 |
| Creufen. | 53 | Ditfurt. | 248 |
| Crimmitzfchau. | 290 | Dobbertin. | 481 |
| Cromfdorf. | 317 | Dobenau. | 291 |
| Cronach. | 83 | Doberau. | 476 |
| Croffen. | 163 | Dohna. | 273 |
| Culmbach. | 48-50 | Dolmar. | 77 |
| Cuftrin. | 156 | Dommitzfch. | 276 |
| Czarnowans. | 206 | Donauftauf. | 37 |
| | | Donauwerth. | 15 |
| **D.** | | Dorfen. | 21 |
| | | Dornbourg. | 318-343 |
| Daber. | 225 | Dorotheen-Thal. | 347 |
| Daberan. | 476 | Dorotheeftadt. | 136 |
| Dachau. | 13 | Dœbeln. | 280 |
| Dahlen. | 276 | Dœlau. | 353 |
| Dambeck. | 113 | Dœmitz. | 476 |
| Damgard. | 239 | Dœrpe. | 416 |
| Damm. | 231 | Drahem. | 227 |
| Dannenberg. | 383-387 | Drage. | 505 |
| Dardeffen. | 467 | Drambourg. | 159 |
| Dargun. | 479 | Dransfeld. | 421 |
| Darz. | 238 | Dremling. | 113 |
| Daffel. | 517-518 | Drepkow. | 311 |
| Deckendorf. | 24 | Drefde. | 269 |
| Deenfen. | 445 | Dreyleben. | 452 |
| Delitzfch. | 278 | Dreys. | 539 |
| Delve. | 503 | Driefen. | 158 |
| Demmin. | 233 | Droffen. | 160 |
| Dempzien. | 476 | Dræbel. | 340 |
| Derenbourg. | 467 | Drubeck. | 244 |
| Deffau. | 337 | Düben. | 379 |
| Deftedt. | 438 | Duingen. | 416 |
| Dettelbach. | 74 | Durnberg. | 3 |
| Dhame. | 313 | Dyhrenfurt. | 1. 76 |
| Diepen. | 16 | Dyk. | 538 |

### E.

| | | | |
|---|---|---|---|
| Ebeleben. | pag. 348 | Elsterwerda. | pag. 275 |
| Ebenhausen. | 72 | Elstra. | 305 |
| Eberach. | 75 | Elten. | 536 |
| Ebermanstadt. | 82 | Eltmann. | 73 |
| Ebern. | 73 | Elze. | 516 |
| Ebersbourg. | 315 | Etterlein. | 288 |
| Ebersdorf. | 284. 355 | Emsenberg, M. | 324 |
| Ebstorf. | 384. 389 | Emskirchen. | 55 |
| Eckartsberga. | 265 | Engelthal. | 96 |
| Eckmüll. | 22 | Erbach. | 67-68 |
| Egeln. | 450 | Erichsbourg. | 424 |
| Eggenfelden. | 21 | Erlach. | 64 |
| Ehrenfels. | 32 | Erlang. | 54 |
| Ehrenfriedersdorf. | 287 | Erlendach. | 66 |
| Ehrenstein. | 350 | Ermsleben. | 465 |
| Eich. | 437 | Ernsdorf. | 185 |
| Eicklingen. | 392 | Ernspach. | 86 |
| Einbeck. | 395 | Erzen. | 417 |
| Eischenbach. | 88 | Erzgeburg. | 182 |
| Eichstett, voy. Aischtett. | | Eschenau. | 54 |
| Eisenach. | 319 | Eschenbach. | 27 |
| Eisenberg. | 333 | Escherhausen. | 444 |
| Eisleben. | 251 | Esperstadt *haut & bas*. | 250 |
| Eissfeld. | 330 | Essel. | 392 |
| Elbingeroda. | 399 | Essing. | 14 |
| Eldagsen. | 410 | Eubelstadt. | 75 |
| Eldena. | 477 | Eusenheim. | 75 |
| Eldenbourg. | 116 | Eutenbourg. | 279 |
| Eldenow. | 240 | Eutin. | 510 |
| Electorat de Saxe. | 253 | Eybenstock. | 288 |
| Ellefort. | 292 | | |

### F.

| | | | |
|---|---|---|---|
| Ellingen. | 88 | Fahrland. | 126 |
| Elmen. | 451 | Falkenberg. | 208 |
| Elmshausen. | 69 | Falkenbourg. | 260 |
| Elmshorn. | 509 | Falkenstein. | 292. 465 |
| Elpersheim. | 86 | Fallersleben. | 389 |
| Elrich. | 247 | Fallingbostel. | 393 |
| Elsterberg. | 291 | Farnroda. | 321 |
| | | | Fegesac |

| | | | | |
|---|---|---|---|---|
| Fegesack. | 72 | Freienstein. | | 68 |
| Tehrbellin. | 126 | Freyberg. | | 283 |
| Festenberg. | 204 | Freybourg. | 182. | 264 |
| Feucht. | 95 | Freyenstein. | | 117 |
| Feuchtwang. | 66 | Freyenwalde. | | 130 |
| Fichtelberg. | 48 | Freyham. | | 205 |
| Finsterwalde. | 275 | Freyhung. | | 32 |
| Flachslandem. | 57 | Freynstadt. | | 29 |
| Flach-Stokhelm. | 518 | Freysing. | | 34 |
| Fladungen. | 73 | Freystadt. | | 195 |
| Flemischdorf. | 177 | Freywalde. | | 200 |
| Flemming. | 225 | Freudenberg. | 26. | 535. |
| Floss. | 32 | Fribourg. | 20. | 374. |
| Flugelsdorf. | 46 | Friderichsfeld. | | 198 |
| Forchheim | 82 | Friderichsthal. | | 278 |
| Forchtenberg. | 85 | Friedberg. | | 15 |
| Forst. | 444 | Fridberg am Queiss. | | 188 |
| Forsla. | 310 | Friedeberg. | | 158 |
| Francfort sur l'Oder. | 143 | Friedland. | 183. 208. | 482. |
| Franckenhausen. | 350 | Friedeland. | 311. | 423. |
| Frankenau. | 85 | Frisack. | | 127 |
| Frankenberg | 284 | Frohbourg. | | 281 |
| Frankensberg. | 442 | Frose. | 341, | 450. |
| Frankenstein. | 201 | Frudenberg. | | 66 |
| Franzbourg. | 239 | Furstenau. | | 68 |
| Frauenaurach. | 54 | Fürstenau. | | 177 |
| Frauenbreitungen. | 79 | Furstenberg. | 309. 444. | 483. |
| Frauendorf. | 161 | Fursteneck. | | 36 |
| Frauenstein. | 285 | Furstenfelde. | | 157 |
| Freckleben. | 339 | Furstentein. | | 183 |
| Fredelsloh. | 421 | Furstenwalde. | | 145 |
| Fredenwalde. | 151 | Furs. | | 23 |
| Frederichswerth. | 324 | Fürth. | | 58 |
| Fredericrode. | 325 | | | |
| Fredericsau. | 145 | G. | | |
| Fredericfelde. | 142 | | | |
| Fredericshule. | 164 | Gadebucusch. | | 474 |
| Fredericstadt. | 137 | Gaimersheim. | | 14 |
| Fredericsthal. | 140 | Gammelsbach. | | 68 |
| Fredericswalde. | 225 | Gamdersheim. | | 441 |
| Fredericswerder. | 135 | Gangolphe. | | 82 |

*Tome III.*          N n

| | | | |
|---|---|---|---|
| Gardelegen. | pag. 112 | Gnazheim. | pag. 64 |
| Garto. | 393 | Gohgerich. | 375 |
| Garz. | 231-235 | Goldbach. | 324 |
| Gastein. | 7 | Goldberg. | 190-478 |
| Gatersleben. | 465 | Goldcronach. | 53 |
| Gebesée. | 266 | Goldentraum. | 304 |
| Gebhardshagen. | 438 | Golitzchtal. | 344 |
| Gebstett. | 318 | Golling. | 6 |
| Gefrées. | 53 | Golnow. | 231 |
| Gehren. | 347 | Golobeck. | 118 |
| Geiselwind. | 64 | Golze. | 152 |
| Geisenfeld. | 13 | Golzen. | 309 |
| Geisenhausen. | 21 | Golzow. | 145 |
| Gellenau. | 216 | Gommern. | 260 |
| Gemünden. | 72 | Gorgart. | 145 |
| Gentin. | 454 | Goschutz. | 204 |
| Georgenberg. | 212 | Gosserstorf. | 23 |
| Georgenthal. | 325 | Goslar. | 522 |
| Gera. | 354 | Gotha. | 323 |
| Gerbstadt. | 250 | Gottleube. | 273 |
| Gerhardsbrun. | 61 | Gottesberg. | 183 |
| Geringswalda. | 280 | Gœildorf. | 62 |
| Gernrode. | 341-344 | Gœnkofen. | 21 |
| Geroldsgrün. | 53 | Gœritz. | 161 |
| Gerolshofen. | 74 | Gœrlitz. | 304 |
| Gerstrungen. | 320 | Gœrzke. | 455 |
| Geyer. | 287 | Gœstadt. | 287 |
| Geyern. | 59 | Gœsweinstein. | 82 |
| Giebichenstein. | 457-459 | Gœttingue. | 418 |
| Gifhorn. | 390 | Grabow. | 476 |
| Gingst. | 236 | Gramschütz. | 194 |
| Glashütte. | 286 | Gramzow. | 150 |
| Glatz. | 213-214 | Gransée. | 128 |
| Glauchau. | 357 | Gravenau. | 24 |
| Glauche. | 457 | Gravenwerth. | 27 |
| Gleichen. | 326 | Greding. | 45 |
| Gleiwitz. | 267 | Green. | 444 |
| Glin. | 127 | Grettenhagen. | 223 |
| Glogau. | 193 | Greussen. | 349 |
| Gluckstadt. | 492 | Grewesmühlen. | 474 |
| Gnoien. | 479 | Greiffenberg. | 152, 187-226 |

| | | | |
|---|---|---|---|
| Greifenstein. | pag. 188 | Grunningen. | 463 |
| Greiffwalde. | 259 | Grünschwart. | 240 |
| Greitz. | 353 | Grünffeld. | 75 |
| Greibben. | 237 | Grünthal. | 190, 284-286 |
| Griesbach. | 22 | Grützberg. | 190 |
| Grillenbourg. | 285 | Guben. | 309 |
| Grim. | 239 | Gülzow. | 225 |
| Grimma. | 279 | Gundelfingen. | 31 |
| Grimnitz. | 151 | Guntersberg. | 341 |
| Griffau. | 184 | Gunzenhaufen. | 59 |
| Grohnde. | 416 | Gurau. | 194 |
| Groïtzsch. | 281 | Güften. | 342 |
| Gronau. | 516 | Guftrow. | 477 |
| Gros-Bandis. | 189 | Guttentag. | 206 |
| Gros-Brembach. | 317 | Gutzkow. | 239 |
| Gros-Janowitz. | 190 | | |
| Gros-Strelitz. | 206 | H. | |
| Grofs-Alfleben. | 339 | | |
| Grofs-Ehrich. | 349 | Haag. | 28 |
| Groffenhayn. | 274 | Haarbourg. | 382-384 |
| Groffen-Gottern. | 266 | Habelfchwerdt. | 216 |
| Groffen-Rudeftett. | 320 | Haberftadt. | 461-462 |
| Grofs-Glogau. | 193 | Hadeln (pays de). | 430 |
| Grofs-Salze. | 450 | Hadmerfleben. | 453 |
| Grofs-Schœnebech. | 140 | Hafnerzell. | 36 |
| Grofs-Tfchirne. | 194 | Hagen. | 372 |
| Groffwig. | 260 | Hagenow. | 476 |
| Gros-Tinz. | 180 | Haidan. | 24 |
| Gros-Hennerfdorf. | 307 | Hainbourg. | 25 |
| Gros-Oerner. | 250 | Halbau. | 307 |
| Gros-Schœnau. | 305 | Halle. | 455 |
| Grotkau. | 197 | Hallein. | 6 |
| Grœfing. | 17 | Hallenberg. | 80 |
| Grœfenberg. | 96 | Hallftadt. | 82 |
| Grœfenhaynichen. | 260 | Hals. | 22 |
| Grœfenthal. | 334 | Ham. | 530 |
| Grœpzigk. | 338 | Hambourg. | 524 |
| Grubenhagen, Pr. | 394 | Hameln. | 413 |
| Grünberg. | 195 | Hanovre. | 408 |
| Gründ. | 404 | Hanrau. | 497 |
| Grünhayn. | 288 | Hardegfen. | 421-423 |

| | | | |
|---|---|---|---|
| Hardisleben. | pag. 317 | Henneberg. | pag. 76 |
| Hargenow. | 476 | Henrichau. | 201 |
| Harsefeld. | 369 | Henrich. | 77 |
| Harste. | 424 | Hermansbourg. | 393 |
| Hartenstein. | 27-356 | Hermanffeld. | 78 |
| Hartha. | 480 | Herkberg. | 398 |
| Hartheim. | 75 | Herpf. | 78 |
| Hartzgerode. | 340 | Herrenbreitungen. | 80 |
| Harz (le). | 400 | Herrenhuth. | 307 |
| Harzbourg. | 442 | Herrenstadt. | 192 |
| Haselau. | 505 | Herrieden. | 46 |
| Hasserode. | 245 | Herrn-Chiemsée. | 19 |
| Hassfurt. | 173 | Herrnsdorf. | 187 |
| Hassleben. | 348 | Herrsbruck. | 96 |
| Hastenbeck. | 417 | Herzberg. | 261 |
| Hatzfeld. | 334 | Herzhorn. | 507 |
| Hausen. | 62 | Herzogenaurach. | 83 |
| Haut-Barnim. | 129 | Hettstœdt. | 252 |
| Haut-Palatinat. | 25 | Heuschein M. | 217 |
| Haut-Waldeck. | 29 | Heufsdorf. | 318 |
| Hautschwangau. | 16 | Heustedz. | 505 |
| Havelberg. | 117 | Heyde. | ibid. |
| Hayn. | 314 | Heydeek. | 31 |
| Haynau. | 190 | Heydingsfeld. | 72 |
| Haynichen. | 284 | Heyersen. | 516 |
| Haynsbourg. | 296 | Hiddensöe | 237 |
| Heeklingen. | 340 | Hildbourghausen. | 330 |
| Heeringen. | 351 | Hildesheim. | 510-513 |
| Heindenfeld. | 75 | Hildschin. | 210 |
| Heiligenhafen. | 495 | Hilpoltstein. | 96 |
| Heilsbrun. | 60 | Hilters. | 173 |
| Heimbourg. | 446 | Hirschau. | 26 |
| Heldbourg. | 330 | Hirschberg. | 45, 186-355 |
| Heldrungen. | 313 | Himmelkron. | 51 |
| Heligen-Grab. | 116 | Himmelpforten. | 373 |
| Helmbrecht. | 51 | Himmelstedt. | 158 |
| Helmershausen. | 78 | Himmelwitz. | 207 |
| Helmestedt. | 438 | Hipolstein. | 31 |
| Hemmau. | 31 | Hitsacken. | 387 |
| Hemmendorf. | 415 | Hochstall. | 83 |
| Hengersberg. | 24 | Hof. | 51 |

# TABLE.

| | | | |
|---|---|---|---|
| Hohenaschau. | pag. 19 | | |
| Hohenberg. | 52 | **J.** | |
| Hohenbourg. | 38 | | |
| Hohenfriedberg. | 184 | Jacobshagen. | pag. 224 |
| Hohenloe. | 83 | Jarmen. | 233 |
| Hohen-Nauen. | 127 | Jasenitz. | 232 |
| Hoheneck. | 55 | Jasmund. | 236 |
| Hohe-Ofen. | 129 | Jauer. | 185-186 |
| Hohenstein. | 273 | Jchtershausen. | 325 |
| Hohentrüdengen. | 59 | Jechabourg. | 348 |
| Hohenwart. | 13 | Jena. | 321 |
| Hohnstein. | 245 | Jericho. | 454 |
| Hollenbach. | 86 | Jersheim. | 440 |
| Hollfeld. | 82 | Jesnitz. | 338 |
| Hollstein, Prin. | 485 | Jever. | 536 |
| Hollzkirchen. | 66 | Jlfeld. | 246 |
| Holestein. | 188 | Jlm. | 350 |
| Holstenort. | 510 | Jmeua. | 77 |
| Holzhausen. | 541 | Ilsenbourg. | 244 |
| Holzmünden. | 443 | Jlten. | 392 |
| Holz Thalieben. | 347 | Jngelfingen. | 86 |
| Holzzelle. | 250 | Jngolstadt. | 14 |
| Homberg. | 72 | Joachimsthal. | 152 |
| Homborg. | 75-540 | Johann-Georgenstadt. | 289 |
| Hornberg. | 27 | Jphofen. | 74 |
| Hornbourg. | 467 | Jpsheim. | 55 |
| Hörstgen. | 535 | Jsen. | 34 |
| Hoyerswerda. | 302 | Jsenhagen. | 384-389 |
| Hoym. | 341 | Jsmaning. | 34 |
| Hœchst. | 67 | Jtzehoc. | 493 |
| Hœchstœtt. | 30 | Itzohoc. | 503 |
| Hœdemünden. | 423 | Julbach. | 20 |
| Hœhnow. | 140 | Juliusbourg. | 198 |
| Hœtensleben. | 452 | Jüterbock. | 313 |
| Hubertsbourg. | 280 | | |
| Hundosrück. | 517 | **K.** | |
| Hundspass. | 194 | | |
| Hussinetz. | 180 | Kagel. | 131 |
| Huttenheim. | 64 | Kahla. | 333 |
| Huysbourg. | 464 | Kalau. | 311 |

| | | | |
|---|---|---|---|
| Kalbe. | pag. 113 | Knefebeck. | pag. 389 |
| Kalmünz. | 31 | Kniestedt. | 518 |
| Kalten-Nordheim. | 78 | Kniphausen. | 538 |
| Kalten-Sundheim. | 78 | Kodova. | 216 |
| Kappellendorf. | 317 | Kohbourg. | 14 |
| Karlbourg. | 72 | Kolbich. | 342 |
| Karlstadt. | 72 | Kontop. | 195 |
| Katscher. | 210 | Kornbourg. | 58 |
| Kefernbourg. | 346 | Kostenblut. | 177 |
| Kedingen. | 374 | Kœben. | 194 |
| Kehmlitz. | 261 | Kœlbra. | 351 |
| Keinhausen. | 423 | Kœnig. | 69 |
| Kelheim. | 23 | Kœnigheim. | 66 |
| Kemberg. | 260 | Kœnighofen in der Grabfeld. | |
| Kemnade. | 449 | | 73 |
| Kemnat. | 27 | Kœnig-Holland. | 232 |
| Kenz. | 238 | Kœnigeberg. | 157-331 |
| Ketzin. | 127 | Kœnigsbruck. | 303 |
| Keula. | 347 | Kœnigshorst. | 126. |
| Kiehnn-Werder. | 130 | Kœnigslutter. | 439-441 |
| Kiel. | 500 | Kœnigstein. | 272 |
| Kienitz. | 145 | Kœnigswalde. | 161 |
| Kieslingswalda. | 307 | Kœnitz. | 350 |
| Kindelbrück. | 266 | Kœpenick. | 142 |
| Kirchberg. | 22, 86-289 | Kœsching. | 14 |
| Kirchen. | 176 | Kœstritz. | 354 |
| Kirchhayn. | 309 | Kœtchenbroda. | 271 |
| Kirchlamitz. | 52 | Kœtzting. | 23 |
| Kissenberg. | 72 | Krakow. | 478 |
| Kitzengen. | 74 | Kranichfeld. | 326 |
| Klein-Heubach. | 67 | Kranowitz. | 210 |
| Klein-Kotzenau. | 190 | Krappitz. | 206 |
| Klein-Lankeim. | 61 | Krempe. | 493 |
| Klein-Oels. | 179 | Kreutzbourg. | 320 |
| Klein-Schœnau. | 305 | Kreydel. | 192 |
| Klein-Strelitz. | 208 | Kriewitz. | 475 |
| Kéettenberg. | 247 | Kroppenstedt. | 463 |
| Klingen. | 348 | Krœpelien. | 475 |
| Klingenberg. | 74 | Künaett. | 187 |
| Klingenthal. | 291 | Kündorf. | 77 |
| Klœtze. | 389 | Künzelsau. | 86 |

## TABLE. 567

| | | | |
|---|---|---|---|
| Küpach. | pag. 15 | Lauingen. | pag. 31 |
| Kupfenberg. | 45 | Lauringen. | 73 |
| Kupfenberg. | 83. 187 | Laussig. | 281 |
| Kyritz. | 117. | Lautenbach. | 66 |
| | | Lautenthal. | 404 |
| **L.** | | Lautterberg. | 399 |
| | | Lautterstein. | 286 |
| Laage. | 479 | Leba. | 230 |
| Labes. | 225 | Lebus. | 143-144 |
| Lachem. | 417 | Leuenfœrde. | 424 |
| Lammenhagen. | 505 | Lehe. | 375 |
| Lamspringe. | 517 | Lehnin. | 146 |
| Landau. | 21 | Lehstein. | 334 |
| Landeck. | 215 | Leimbach. | 250 |
| Landeshut. | 184 | Leineberg. | 422 |
| Landsberg. | 16, 158-206-278 | Leinugen. | 252 |
| Landshut. | 20 | Leipsic. | 276 |
| Landskron. | 539 | Leissnig. | 280 |
| Landskrone. | 305 | Leitzkau. | 147 |
| Langefeld. | 292 | Lengefeld. | 287 |
| Langeleben. | 440 | Lendsiedel. | 86 |
| Langelsheim. | 442 | Lenzen. | 118 |
| Langenberg. | 354 | Leobschutz. | 209-210 |
| Lengenbourg. | 86 | Leonsperg. | 24 |
| Langendorf. | 264 | Leoprechting. | 36 |
| Langensalza. | 266 | Lesnitz. | 207 |
| Langenzenn. | 55-58 | Lessum. | 376 |
| Langewiesen. | 347 | Leubus. | 192 |
| Langheim. | 83 | Leuchtenberg. | 24-333 |
| Lanken. | 235 | Leupusch. | 179 |
| Lankow. | 140 | Leutenberg. | 350 |
| Lassan. | 240 | Leuterhausen. | 65 |
| Lauban ou Luban. | 305 | Leuten. | 177 |
| Laucha. | 264 | Lewin. | 179-216 |
| Lauchstœdt. | 294 | Lichtenberg. | 52, 78-438 |
| Laüda. | 75 | Lichtenau. | 96 |
| Lauenau. | 417 | Lichtenfels. | 83 |
| Lauenbourg. | 236-428 | Lichtenstein. | 356 |
| Lauenstein. | 53, 273-415 | Liebau. | 184 |
| Lauf. | 96 | Liebenau. | 196 |
| Lauffen. | 6 | Liebenbourg. | 517 |

| | | | |
|---|---|---|---|
| Liebenthal. | pag. 188 | Lublinitz. | pag. 206 |
| Liebenwalde. | 140 | Lubz. | 476 |
| Liebenwerda. | 261 | Lucashof. | 400 |
| Lieberofe. | 311 | Lucca. | 332 |
| Lieberwolkwitz. | 278 | Lucho. | 383-388 |
| Liebstadt. | 273 | Luckenwalde. | 469 |
| Liechen. | 149 | Luckhum. | 410 |
| Litzen. | 145 | Ludingworth. | 431 |
| Lignitz. | 188-189 | Ludwigstat. | 53 |
| Lilienthal. | 371 | Lunden. | 502 |
| Limbourg. | 62 | Lüne. | 383-387 |
| Lindau. | 128-343 | Lunebourg. | 377-379 |
| Linden. | 24 | Luezenau. | 358 |
| Lindenau. | 330 | Lusace Marg. | 296 |
| Lindenberg. | 233 | Lütjenbourg. | 495 |
| Lippehne. | 157 | Lutter am Barengerg. | 443 |
| Lissa. | 176 | Lützen. | 142-294 |
| Lobeda. | 321 | | |
| Lobstein. | 355 | M. | |
| Lobourg. | 454 | | |
| Lohr. | 69 | Magdebourg. | 446-448 |
| Loïtz. | 239 | Madela. | 317 |
| Loitzenort. | 233 | Mainbourg. | 14 |
| Lommarzsch. | 269 | Maitrise de S. Jean de Sonne- | |
| Longenhagen. | 412 | bourg. | 161-162 |
| Lora. | 246 | Malchin. | 478 |
| Loslau. | 212 | Malchow. | 478-479 |
| Lossa. | 179 | Mansfeld. | 248-250 |
| Lœbak ou Liebe. | 302 | Marche de Brandebourg. | 190 |
| Lœbegun. | 458 | Marche de Pregnitz. | 115 |
| Lœcknitz. | 151 | Marche Uckerane. | 147 |
| Lœhn. | 188 | Marienberg. | 286-440 |
| Lœhne. | 140 | Marienbourg. | 515 |
| Lœssnitz. | 356 | Marienflies. | 225 |
| Lœwenberg. | 187 | Mariengarten. | 422 |
| Lœvertein-Wertheim. | 64 | Marienrode. | 410 |
| Lübben. | 310 | Marienthal. | 306-439 |
| Lubbenau. | 311 | Mariensée. | 411 |
| Lubeck. | 518 | Marienstein. | 422 |
| Lubeck-Evéché. | 599 | Marienthal. | 453 |
| Luben. | 190 | Marienstern. | 303 |

Marienwalde

| | | | |
|---|---:|---|---:|
| Marienwalde. | pag. 159 | Merkendorf. | pag. 60 |
| Marienwerder. | 411 | Merfebourg. | 294 |
| MarksBibart. | 74 | Merzberg. | 216 |
| Mark-Bourhernhein. | 56 | Meufelwitz. | 332 |
| Mark-Brait. | 64 | Meyenbourg. | 117 |
| Mark-Bürgel. | 55 | Michelau. | 179 |
| Mark-Lenkersheim. | 55 | Michelbach. | 64 |
| Mark-Leuthen. | 52 | Michelftadt. | 68 |
| Markliffa. | 304 | Michœlftein. | 446 |
| Mark-Oldendorf. | 518 | Militfch. | 204 |
| Mark-Ranftadt. | 294 | Mirow. | 483 |
| Mark-Schainfeld. | 63 | Miflomitz. | 211 |
| Mark Steinach. | 74 | Mifnie, Marg. | 267 |
| Markfuhla. | 320 | Mifpach. | 29 |
| Marlow. | 479 | Miterfels. | 23 |
| Marnitz. | ibid. | Mitlengerode. | 398 |
| Marquart-Stein. | 17 | Mittelhaufen. | 320 |
| Maffet. | 199 | Mittelwalde. | 216 |
| Maffeld. | 78 | Mittenfil. | 7 |
| Maffow. | 225 | Mittenwalde. | 142 |
| Mattigkofen. | 20 | Mitweyda. | 281 |
| Mattfée. | 6 | Mohria. | 157 |
| Maurkirchen. | 20 | Moisbourg. | 385 |
| Mautern. | 37 | Mollen. | 428 |
| Maxen. | 273 | Molwitz. | 179 |
| Maynberg. | 73 | Monnheim. | 30 |
| Maynbernheim. | 61 | Moringen. | 421-423 |
| Mayendorf. | 453 | Moritzbourg. | 274 |
| Mechernich. | 538 | Mosbourg. | 22 |
| Mecklenbourg. | 468-476 | Mofel. | 290 |
| Medingen. | 384-388 | Moyenne Marche. | 119 |
| Medzibor. | 198 | Mœckern. | 455 |
| Meinerfen. | 390 | Mœllen. | 451 |
| Meinungen. | 78 | Mœlfen. | 264 |
| Meiffen. | 268 | Mœnkgutk. | 237 |
| Melldorf. | 498 | Mœrmofen. | 19 |
| Mellingen. | 317 | Mücheln. | 264 |
| Melrichftadt. | 73 | Mügeln. | 282 |
| Memleben. | 263 | Mühlberg. | 275 |
| Merana. | 357 | Mühlbock. | 196 |
| Mergentheim. | 87 | Mühlenbesh. | 140 |

*Tome III.*

| | | | |
|---|---|---|---|
| Mühlendorf. | pag. 139 | Neu-Brandebourg. | pag. 482 |
| Müldorf. | 6 | Neubrück. | 438 |
| Mülfingen. | 75 | Neuendamm. | 157 |
| Mulhausen. | 523 | Neuendorf. | 114-161 |
| Mülingen. | 343 | Neuensteim. | 85 |
| Müllrose. | 144 | Neuenwalde. | 376 |
| Mumling-Grumbach. | 67 | Neufels. | 85 |
| Münchberg. | 53 | Neu-Geyssing. | 273 |
| Münchenberg. | 144 | Neu-Haldenstein. | 450 |
| Münden. | 420-422 | Neuhauss. | 329, 372-429 |
| Münder. | 409 | Neuhof. | 56 |
| Munich. | 11 | Neukalden. | 478 |
| Munnerstadt. | 72 | Neukirchen. | 23, 291, 372, 503 |
| Münsterberg. | 200-201 | Neukirk. | 210 |
| Münsterdon. | 496 | Neukloster. | 369 |
| Murach. | 26 | Neumarkt. | 21, 25, 177, 318, 457 |
| Muska. | 306 | | |
| Mutschen. | 279 | Neuminster. | 501 |
| Mylau. | 291 | Neunkirchen. | 82 |
| | | Neu-Oetting. | 18 |
| **N.** | | Neurode. | 217 |
| | | Neu-Ruppin. | 128 |
| Nabbourg. | 26 | Neuschloss. | 204 |
| Nackel. | 206 | Neustadt. | 14, 33, 72, 208, 246, 442, 500 |
| Namslau. | 177 | | |
| Napenfels. | 46 | Neustadt am Aisch. | 55 |
| Naschenrode. | 244 | Neustadt am Culmen. | 54 |
| Naternberg. | 22 | Neustadt am Dosse. | 129 |
| Naumbourg. | 296 | Neustadt Eberswalde. | 130 |
| Naumbourg am Bober. | 200 | Neustadt an der Heyde. | 339 |
| Naumbourg am Quiess. | 188 | Neustadt près Hohenstein. | 273 |
| Nauen. | 125 | Neustadt - Ober - Wiesenthal. | 289 |
| Naugardten. | 225 | | |
| Naunhof. | 279 | Neustadt am Orla. | 292 |
| Nebra. | 264 | Neustadt in der Rosenau. | 67 |
| Neckarsulm. | 88 | Neustadt am Rubenberg. | 412 |
| Nercha. | 279 | Neustadt am Saale. | 73 |
| Nerzschkau. | 291 | Neustadt près Schneeberg. | 288 |
| Neusalz. | 195 | Neu-Stettin. | 227 |
| Neu-Angermünde. | 151 | Neustift. | 13 |
| Neubourg. | 26-30 | Neustœdtel. | 136 |

| | | | |
|---|---|---|---|
| Neu-Zell. | pag. 303 | Ober-Mufter, Abb. | pag. 39 |
| Neuwedel. | 159 | Obernberg. | 37 |
| Newiftritz. | 216 | Oberchlemma. | 288-289 |
| Neyleau. | 51 | Ober-Schwartzach. | 74 |
| Neyffe. | 196 | Ober-Sontheim. | 62 |
| Nickelftadt. | 189 | Oberftein. | 540 |
| Nicolai. | 211 | Ober-Thalheim. | 215 |
| Niedeck. | 423 | Ober-Weimar. | 317 |
| Nieden-Finow. | 151 | Obifch. | 194 |
| Nieder-Langenau. | 216 | Ocherfleben. | 466 |
| Nieder-Munfter, Ab. | 39 | Ochfenfurt. | 75 |
| Niedernhall. | 85 | Ochfenwerden. | 531 |
| Nieder-Rofsla. | 318 | Ocker. | 442 |
| Niedertreba. | 263 | Oder, fl. | 173 |
| Niemeck. | 260 | Oderberg. | 130-213 |
| Nienbourg. | 342 | Odefloe. | 495 |
| Nienoven. | 424 | Oebffeld. | 452 |
| Niesky. | 307 | Oederan. | 284 |
| Nimmitfch. | 279 | Oels. | 197-198 |
| Nimptfch. | 180 | Oelfe. | 184 |
| Nordhaufen. | 523 | Ohlau. | 179 |
| Nordheim. | 419 | Ohrdruf. | 326 |
| Nordholz. | 372 | Ohringen. | 84 |
| Noffen. | 285 | Ohrnbau. | 46 |
| Nouvelle-Marche. | 154 | Ohfen. | 416 |
| Nœgelftadt. | 266 | Oldenbourg. | 500 |
| Nœrenberg. | 156 | Oldenftadt. | 388 |
| Nœrten. | 424 | Oldifleben. | 318 |
| Nœtnitz. | 271 | Onolzbach. | 56-57 |
| Nuremberg. | 91 | Oppeln. | 205-206 |
| Nympfenbourg. | 13 | Oppourg. | 292 |
| | | Oranienbaum. | 338 |
| O. | | Oranienbourg. | 139 |
| | | Orlamünda. | 333 |
| Ober-Aifchftett. | 45 | Ortenbourg. | 33 |
| Ober-Eyfisheim. | 91 | Ortrand. | 275 |
| Ober-Glogau. | 208 | Ofchatz. | 276 |
| Obergreitz. | 353 | Ofcherfleben. | 466 |
| Ober-Kotzau. | 52 | Often. | 226-374 |
| Ober-Lindow. | 145 | Ofterbourg. | 111 |
| Ober-Meffing. | 46 | Ofterfeld. | 295 |

| | | | |
|---|---|---|---|
| Osterhofen. | pag. 22 | Pfaffenhofen. | pag. 13-25 |
| Osterholz. | 370 | Pfarskirchen. | 21 |
| Osterode. | 396-397 | Pfedelbach. | 85 |
| Osterwieck. | 467 | Pfeter. | 24 |
| Osternohe. | 54 | Pforta. | 263 |
| Ostheim vor der Rhœne. | 78 | Pfœring. | 14 |
| Ostringen. | 537 | Pfœrten. | 310 |
| Ostritz. | 306 | Pfreimbdt. | 28 |
| Offen. | 198 | Pfünz. | 45 |
| Ottenstein. | 444 | Pilchowitz. | 207 |
| Ottersberg. | 370 | Pilnitz. | 271 |
| Otterndorf. | 431 | Pinneberg. | 506-507 |
| Ottmachau. | 197 | Pinnow. | 232 |
| Oywin. | 305 | Pirna. | 272 |
| | | Pitschen. | 180 |
| **P.** | | Plate. | 226 |
| | | Plattenberg. | 118 |
| Parchim. | 473 | Plau. | 478 |
| Parchwitz. | 191 | Plaue. | 127 |
| Parkstein. | 32 | Plauen. | 291-346 |
| Parsewalk. | 231 | Plectz. | 504 |
| Passau. | 35 | Pleinfeld. | 46 |
| Patschkau. | 197 | Plesse. | 211 |
| Pattensen. | 410 | Plestain. | 31 |
| Pattmes. | 15 | Plomnitz. | 216 |
| Paulinzelle. | 349-360 | Plön. | 499 |
| Pausa. | 292 | Plœtskau. | 340 |
| Peene fl. | 218 | Poel (Isle). | 241 |
| Peenemunde-Schanze. | 233 | Polkwitz. | 193 |
| Pegau. | 281 | Polle. | 416 |
| Peina. | 515 | Pomeranie, Pr. | 217 |
| Peiskretscham. | 207 | Poppenbourg. | 516 |
| Peitz. | 165 | Potzdam. | 121 |
| Penigk. | 357 | Potzlow. | 150 |
| Penkum. | 232 | Powitzko. | 202 |
| Penzlen. | 478 | Pœchlarn. | 38 |
| Perleberg. | 116 | Pœlitz. | 231 |
| Perwer. | 112 | Pœsneck. | 334 |
| Petersberg. | 460 | Prausnitz. | 202 |
| Peterwaldau. | 185 | Pretz. | 505 |
| Petzenstein. | 96 | Pregnitz. | 43 |

| | | | |
|---|---|---|---|
| Preichau. | pag. 192 | Rahnis. | pag. 292 |
| Prenzlow. | 149 | Rain. | 15 |
| Preſſat. | 27 | Raitenbourg. | 46 |
| Pretſch. | 261 | Rommelſlohe. | 383 |
| Prettin. | ibid. | Randeck. | 285 |
| Priborn. | 180 | Randerſacker. | 15 |
| Pridemoit. | 194 | Rantzau. | 508 |
| Prideval. | 521 | Raſen. | 263 |
| Priebus. | 200 | Raſpenbourg. | 317 |
| Prinkenau. | 294 | Rathen. | 176 |
| Pritzerbe. | 127 | Rathenow. | 126 |
| Pritzwalk. | 116 | Ratibor. | 208-209 |
| Probſtzelle. | 334 | Ratisbonne. | 39 |
| Proſecken. | 475 | Ratisbonne Evê. | 37 |
| Proſelzheim. | 74 | Ratzebourg. | 428-485 |
| Proskau. | 206 | Rauden. | 209 |
| Pudgla. | 234 | Raudten. | 193 |
| Pulſnitz. | 304 | Reckenitz. fl. | 469 |
| Putbus. | 235 | Reetz. | 159 |
| Putlitz. | 117 | Regen. | 24 |
| Putlos. | 506 | Regenſain. | 464 |
| Pyrbaum. | 28 | Regenſtœuf. | 31 |
| Pyritz. | 224 | Regenwald. | 225 |
| | | Rehau. | 51 |
| **Q.** | | Rehbourg. | 413 |
| | | Reher. | 417 |
| Quedlinbourg. | 247-248 | Reichenbach. | 185, 291-307 |
| Querfurt. | 313 | Reichenberg. | 69 |
| Queſtenberg. | 315 | Reichenfels. | 355 |
| Quittelsdorf. | 349 | Reichenhall. | 18 |
| | | Reicheſtein. | 181 |
| **R.** | | Reichthal. | 177 |
| Rabenau. | 272 | Reigelsberg. | 75 |
| Radeberg. | 274 | Reigelſperg. | 91 |
| Radebourg. | 275 | Reinbeck. | 502 |
| Radmeritz. | 307 | Reinerz. | 216 |
| Radolfshauſen. | 399 | Reinhards. | 260 |
| Radſtatt. | 7 | Reinhardsbrunn. | 324 |
| Ragun. | 338 | Reisbach. | 12 |
| Rahmsdorf. | 141 | Remda. | 321 |

| | | | |
|---|---|---|---|
| Remissau. | pag. 357 | Rosenheim. | pag. 17 |
| Remlingen. | 66 | Rossbach. | 264 |
| Rendsbourg. | 494-497 | Rossla. | 314 |
| Rengensdorf. | 304 | Rosslau. | 343 |
| Reppin. | 160 | Rossleben. | 266 |
| Rethem. | 391 | Rostin. | 158 |
| Retz. | 26 | Rosswein. | 285 |
| Reuss. (Comtes de). | 352 | Rostock. | 479 |
| Rheda. | 536 | Rotenhof. | 437 |
| Rhedingen. | 373 | Rotenkirchen. | 397 |
| Rheinfeld. | 439 | Roth. | 59 |
| Rhena. | 474 | Rothenberg. | 27 |
| Rhinow. | 327 | Rothenbourg. | 164, 307-459 |
| Rhinsberg. | 129 | Rothenbourg au dessus de la Tauber. | 97 |
| Rhiim. | 484 | | |
| Ribnik. | 209 | Rothenfels. | 72 |
| Ribnitz. | 481 | Rothentech. | 73 |
| Richold. | 539 | Rott. | 17 |
| Richtenberg. | 239 | Rottenbourg. | 22 |
| Ricklingen. | 412 | Rottenbuch. | 16 |
| Riddaghausen. | 436-453 | Rotthensieben. | 176 |
| Ried. | 20 | Rottstock. | 147 |
| Rieden. | 25 | Robel. | 478 |
| Riedenbourg. | 14-37 | Rœmhilo. | 79 |
| Rieneck. | 69 | Rœtha. | 278 |
| Riessa. | 269 | Rœttingen. | 75 |
| Ringstœdt. | 372 | Rudelstadt. | 183 |
| Rinling. | 15 | Ruden. | 237 |
| Ripperg. | 75 | Rüdenhausen. | 91 |
| Ritzebuttel. | 531 | Rüderdor. | 131 |
| Ritzenau. | 521 | Rudostadt. | 349 |
| Rochlitz. | 280 | Rugen (Isle). | 234 |
| Rochsbourg. | 358 | Rugenwalde. | 229 |
| Rochstedt. | 464 | Ruhland. | 304 |
| Roda. | 333 | Ruhta. | 320 |
| Rodach. | 329 | Ruhte. | 516 |
| Rohr. | 77 | Rummelsbourg. | 229 |
| Ronnebourg. | 332 | Rupenstorf. | 485 |
| Ror. | 14 | Ruppin. | 128 |
| Rosenberg. | 206 | Rustringen. | 537 |
| Rosenbourg. | 452 | Rützen. | 193 |

# TABLE. 575

## S.

| | | | |
|---|---|---|---|
| Saalbourg. | 354 | Scharnebeck. | 386 |
| Saalfeld. | 333 | Scharzfeld. | 398 |
| Saarmund. | 146 | Schafferode. | 236 |
| Sabor am Hammer. | 169 | Schauen. | 541 |
| Sachſa. | 247 | Schauenſtein. | 51 |
| Sachſendorf. | 330 | Schaumbourg. | 540 |
| Saffenberg. | 540 | Scheibenberg. | 289 |
| Sagan. | 199 | Schekendorf. | 310 |
| Sagar. | 237 | Schelfe. | 484 |
| Salder. | 438 | Schellenberg. | 8. 284 |
| Salzbourg. | 5 | Scheneidlingen. | 465 |
| Salzbrunn. | 183 | Schenigen. | 439 |
| Salzdalum. | 437 | Scheppenſtadt. | 436 |
| Salz-der. Helden. | 397 | Scherding. | 20 |
| Salzemmendorf. | 416 | Scherenberg. | 347 |
| Salzliebenhall. | 517 | Scheſslitz. | 82 |
| Salzungen. | 79 | Schidlo. | 310 |
| Salzwedel. | 111 | Schilda. | 276 |
| Sand. | 79 | Schievelbein. | 160 |
| Sandau. | 54 | Schheuditz. | 294 |
| Sänderſleben. | 339 | Schladen. | 517 |
| Sandſee. | 46 | Schlanſtedt. | 464 |
| Sangerhauſen. | 265 | Schlawa. | 194 |
| Sans-Souci. | 123 | Schlawe. | 229 |
| Sarſtœdt. | 516 | Schlaventitz. | 207 |
| Satzig. | 224 | Schlegel. | 217 |
| Saumbrunn. | 216 | Schleisheim. | 13 |
| Saxe-Lauenbourg. | 424 | Schleitz. | 355 |
| Saxembourg. | 265 | Schlettau. | 288 |
| Sayda. | 284 | Schleuſingen. | 77 |
| Schaafſtadt. | 294 | Schlieben. | 261 |
| Schagſterffo. | 485 | Schliers. | 29 |
| Schalkau. | 329 | Schloosberg. | 321 |
| Schall-Lac. | 430 | Schbotheim. | 351 |
| Schamſee. | 33 | Schluſſelau. | 83 |
| Schandau. | 274 | Schlüſſelfeld. | 74 |
| Scharffenberg. | 269 | Schmakalden. | 83 |
| Scharmbeck. | 307 | Schmidmühl. | 31 |
| | | Schimiedberg. | 260 |
| | | Schmoger. | 177 |
| | | Schmolſin. | 239 |

| | | | |
|---|---|---|---|
| Schmœtten. | 332 | Schwarzenberg. | 63. 288 |
| Schnackenbourg. | 388 | Schwartzwald. | 325 |
| Schnéeberg. | 288 | Schwedt. | 152 |
| Schnée-Koppe. M. | 185 | Schweidnitz. | 181-182 |
| Schneidlingen. | 465 | Schweinfurt. | 98 |
| Schönau. | 539 | Schweinitz. | 261 |
| Schönberg. | 485 | Schweira. | 79 |
| Schongau. | 16 | Schwerin. | 474. 483 |
| Schönthal. | 535 | Schwerzen. | 282 |
| Schœnau. | 187 | Schwiebus. | 195 |
| Schœnberg. 69, 184, 291, | 307 | Seebergen. | 350 |
| | | Seebnitz. | 273 |
| Schœnbourg (Comtes de). | 355 | Seebourg. | 25 |
| Scœnebeck. | 452 | Seehausen. | 113 |
| Schœneck. | 291 | Seekirchen. | 6 |
| Schœnewalde. | 261 | Seelow. | 145 |
| Schœnfliess. | 157 | Seesen. | 441 |
| Schœnhausen. | 140 | Segeberg. | 495-497 |
| Schœnheyde. | 289 | Segnitz. | 61 |
| Schœrein. | 72 | Seinsheim. | 64 |
| Schounberg. | 404 | Selb. | 52 |
| Schraplau. | 250 | Seligpforten. | 25 |
| Schreibershau. | 187 | Senftenberg. | 275 |
| Schrobenhausen. | 15 | Sesslach. | 73 |
| Schrotzberg. | 86 | Seyda. | 261 |
| Schülperfiek. | 503 | Seydenberg. | 306 |
| Schurgast. | 206 | Siebenlehn. | 285 |
| Schwabach. | 58 | Siegenbourg. | 14 |
| Schwaben. | 17 | Silberberg. | 181 |
| Schwan. | 479 | Silesie, Prov. | 165 |
| Scwanberg. | 66 | Silstœdt. | 244 |
| Schwandord. | 31 | Sinderingen. | 85 |
| Schwandt. | 58 | Sittichenbach. | 267 |
| Schwanebeck. | 464 | Skehlein. | 264 |
| Schwaningen. | 60 | Skodny. | 206 |
| Schwansée. | 320 | Smiedeberg. | 186 |
| Schwartau. | 510 | Sohlen. | 451 |
| Schwarzach. | 24, 74 | Solden. | 156 |
| Schwarzbourg. | 344, 349 | Solenhofen. | 60 |
| Scwarzenbach. | 52 | Soltau. | 393 |
| Schwarzenbeck. | 429 | Sommerfeld. | 164 |
| | | Sommerhausen. | |

# TABLE.

| | | | |
|---|---|---|---|
| Sommerhaufen. | 62 | Stephansberg. | 61 |
| Sommerschenbourg. | 452 | Sternberg. | 160-475 |
| Sondershaufen. | 348 | Sterstein. | 33 |
| Sonnefeld. | 329 | Steterbourg. | 436 |
| Sonnenttein. | 272 | Stettin. | 230 |
| Sonnewalde. | 261 | Steuerwald. | 515 |
| Sorau. | 209-310 | Stolberg. | 287-314 |
| Sofa. | 289 | Stolp. | 232 |
| Soulz. | 60 | Stolpe. | 151, 152, 229 |
| Soulzbach. | 32 | Stolpemünde. | 229 |
| Soulzbürg. | 28 | Stolpen. | 274 |
| Spalt. | 45 | Storkow. | 153 |
| Spandow. | 125 | Stotel. | 372 |
| Spantikow. | 232 | Stove. | 485 |
| Speckfeld. | 62 | Stœdtel. | 178 |
| Sperenberg. | 143 | Stralfund. | 238 |
| Spitzberg. | 190 | Strammehl. | 225 |
| Spremberg. | 311 | Strasbourg. | 150 |
| Springe. | 415 | Straupitz. | 311 |
| Sprottau. | 194 | Strausberg. | 130-351 |
| Stade. | 368-369 | Strausfurt. | 266 |
| Stadt am Hof. | 24 | Strehla. | 276 |
| Stadt-Oldendorf. | 443 | Strehlen. | 179 |
| Stadt-Steinach. | 83 | Streitberg. | 50 |
| Staffelstein. | 83 | Strelitz. | 482 |
| Stapelbourg. | 244 | Streufdorf. | 330 |
| Stargard. | 224-482 | Striegau. | 183 |
| Starenberg. | 16 | Stroppen. | 198 |
| Stauff. | 59 | Strœpke. | 467 |
| Stauffenbourg. | 442 | Strœubing. | 22 |
| Stavenhagen. | 478 | Stœdtel. | 178 |
| Stefft. | 61 | Stœffen. | 264 |
| Stein. | 356-539 | Stuge. | 445 |
| Steinau. | 192 | Sudenbourg. | 451 |
| Steinbach. | 68 | Suhla. | 77 |
| Steinberg, M. | 482 | Sulau. | 205 |
| Steinbourg. | 496-497 | Suldorf. | 451 |
| Steinheid. | 329 | Sulte. | 479 |
| Steinhorst. | 429 | Sulza. | 318-333 |
| Stendal. | 110 | Sulzfeld. | 73-75 |
| Stepenitz. | 225 | Sulzheim. | 74 |

*Tome III.*  P p

| | | | |
|---|---|---|---|
| Suplitz. | 276 | Teuchern. | 264 |
| Supplingenburg. | 440 | Teuditz. | 294 |
| Swinemünde. | 233 | Teupitz. | 143 |
| St. Anaftafe. | 441 | Teufchnitz. | 83 |
| St. Andreasberg. | 403 | Thaal. | 466 |
| St. Annaberg. | 287 | Thalmeffingen. | 59 |
| St. Blaife de Braunfweig. | 436 | Thamsbrück. | 266 |
| St. Blaife de Nordheim. | 421 | Tharand. | 285 |
| S. Boniface de Hameln. | 414 | Themar. | 79 |
| St. Cyriac. | 436 | Thiersheim. | 52 |
| St. Edwige de Brieg. | 179 | Thierftein. | ibid. |
| St. Emeran. | 38 | Thum. | 287 |
| St. George. | 50 | Thuringe (la). | 262 |
| St. Georgenklofter. | 295 | Tietmanning. | 6 |
| St. Laurent. | 440 | Tillingftedt. | 503 |
| St. Michel en Lungau. | 7 | Tirfchenreit. | 27 |
| St. Willibadsbourg. | 45 | Titting. | 46 |
| | | Tonna. | 325-355 |
| **T.** | | Torgau. | 275 |
| | | Torgelow. | 232 |
| Tangermünde. | 114 | Tolk. | 207 |
| Tannhaufen. | 183 | Tœlz. | 17 |
| Tannroda. | 317 | Trachenberg. | 203 |
| Tarnowitz. | 212 | Traunftein. | 17 |
| Taucha. | 278 | Travendahl. | 499 |
| Tautenbourg. | 263 | Travemunde. | 521 |
| Teffereg, Vall. | 7 | Travemünder winkel. | 510 |
| Tegernfée. | 17 | Trebben. | 142 |
| Teiché. | 180 | Trebnitz. | 198 |
| Teichet. | 349 | Trebfen. | 279 |
| Teisbach. | 21 | Treffurt. | 263 |
| Teltow. | 141-142 | Tremsbüttel. | 502 |
| Tempelbourg. | 227 | Treptow. | 233 |
| Templin. | 149 | Treptow am Rega. | 226 |
| Tewerberg. | 26 | Treuen. | 292 |
| Tenneberg. | 324 | Treuchtlingen. | 60 |
| Tennftœdt. | 263 | Treuenbrietzen. | 146 |
| Teppelwode. | 201 | Triebel. | 319 |
| Tepplin. | 146 | Tribbfées. | 239 |
| Teffin. | 479 | Triefenort. | 320 |
| Teterow. | 478 | Triefdorf. | 57 |

| | | | |
|---|---|---|---|
| Trimberg. | 72 | Vieland. | 372 |
| Triptis. | 292 | Vierl-Land. | 521 |
| Trittau. | 502 | Vierraden. | 152 |
| Tropplowitz. | 210 | Viest. | 207 |
| Troſbourg. | 19 | Vils-Bibourg. | 21 |
| Tſchopau. | 284 | Vilshofen. | 22 |
| Tumbach. | 27 | Virsberg. | 51 |
| Türndorf. | ibid. | Vockſtedt. | 253 |
| | | Vohenſtraus. | 32 |
| **U.** | | Voigtland. | 290 |
| | | Voigtsberg. | 291 |
| Ubigau. | 262 | Volkach. | 74 |
| Uckermünde. | 232 | Volkerode. | 325 |
| Uffenheim. | 61 | Votſchnik. | 206 |
| Ulſen. | 381 | | |
| Ummanz. | 237 | **W.** | |
| Ummerſtadt. | 330 | | |
| Unter-Erpach. | 85 | Waacklauſen. | 371 |
| Untergreitz. | 353 | Wachſenberg. | 325 |
| Unterſeen. | 507 | Waging. | 6 |
| Uſedom. | 233 | Wahlſtadt. | 190 |
| Uſlar. | 421-424 | Wahrberg. | 46 |
| Uttendorf. | 19 | Wahren. | 478 |
| | | Wahrenbrück. | 262 |
| **V.** | | Wahrien. | 484 |
| | | Walbeck. | 252-466 |
| Valdkirchen. | 36 | Waldau. | 189 |
| Valentins-Werder. | 126 | Waldeck. | 27 |
| Vegſchaid. | 36 | Waldenbourg. | 85, 183, 356 |
| Veilſdorf. | 330 | Waldenfels. | 83 |
| Veitz-Hœchheim. | 72 | Waldheim. | 281 |
| Velbourg. | 31 | Waldmünchen. | 26 |
| Velden. | 96 | Waldſaſſen. | 27 |
| Verchen. | 233 | Walhauſen. | 265 |
| Veſra. | 77 | Walkenried. | 344 |
| Veterſen. | 504 | Wallenſen. | 416 |
| Vetzchau. | 311 | Walſmühlen. | 476 |
| Victorſeck. | 465 | Walſrode. | 384-391 |
| Viechtach. | 23 | Walterhauſen. | 324 |
| Viechtenſtein. | 36 | Walter-Nienbourg. | 343 |
| Vieille-Marche (la). | 110 | Wanderſleben. | 335 |

| | | | |
|---|---|---|---|
| Wandsbeck. | 505 | Werben. | 14-224 |
| Wangerin. | 225 | Werdau. | 290 |
| Wangerland. | 537 | Werdenfels. | 24 |
| Wanfen. | 197 | Werder. | 146 |
| Wanzleben. | 450-451 | Werfein. | 6 |
| Warkerbart. | 430 | Wernberg. | 28 |
| Warmbrunn. | 184-187 | Werneck. | 74 |
| Warmsdorf. | 242 | Werneuchen. | 131 |
| Warnemunde. | 341 | Wernfels. | 46 |
| Wartbourg. | 320 | Wernigerode. | 242-243 |
| Wartenberg. | 21, 195-203 | Werfingave. | 198 |
| Wartha. | 201 | Werfterhofe. | 423 |
| Wafferbourg. | 17, 535 | Wertheim. | 65-66 |
| Wafferlebe. | 244 | Wefenberg. | 483 |
| Waffertrüdengen. | 60 | Weflingburen. | 503 |
| Wafungen. | 78 | Wefterbourg. | 467 |
| Wechmar. | 326 | Wefterleben. | 464 |
| Wechfelbourg. | 358 | Weterfeld. | 26 |
| Weddingftedt. | 503 | Wettin. | 459 |
| Wedel. | 507 | Wewelffleth. | 496 |
| Weferlingen. | 466 | Weyda. | 293 |
| Wegeleben. | 464 | Weyden. | 32 |
| Wehlen. | 274 | Wickenfen. | 444 |
| Weickersheim. | 85 | Wideshaufen. | 376 |
| Weidenberg. | 50 | Wiederftedt. | 252 |
| Weilheim. | 16 | Wiegenfthal. | 304 |
| Weimar. | 316 | Wiehe. | 265 |
| Weifchenfels. | 82 | Wienenbourg. | 517 |
| Weiffenberg. | 304 | Wienhaufen. | 348 |
| Weiffenbourg. | 98 | Wiefenbourg. | 289 |
| Weiffenfels. | 263 | Wiefentheid. | 91 |
| Weiffenfee. | 141-266 | Wildeman. | 404 |
| Weiffenftadt. | 52 | Wildenfels. | 290 |
| Weiffenftein. | 24 | Wildenftein. | 69 |
| Weiffmain. | 82 | Wildfchütz. | 198 |
| Weiftritz. | 183 | Wildshut. | 19 |
| Weltewitz. | 292 | Wilhemsbourg. | 317, 385 |
| Welzheim. | 63 | Wilhemsbrunn. | 77 |
| Wembdingen. | 15 | Wilhemsdorf. | 341 |
| Wendelftein. | 58, 266 | Wilhemfthal. | 215 |
| Wennigfen. | 411 | Willermsdorf. | 86 |

| | | | |
|---|---|---|---|
| Wilsdorf. | 271 | Wœlsis. | 325 |
| Wilsnack. | 118 | Wœrlitz. | 338 |
| Wilster. | 493 | Wœsserndorf. | 64 |
| Wilzbourg. | 59 | Wœtnitz. | 321 |
| Windsbach. | 60 | Wredenhagen. | 479 |
| Windsheim. | 97 | Wulfinghausen. | 411 |
| Winnigstet. | 437 | Wunschelbourg. | 216 |
| Winsen. | 385 | Wunsiedel. | 52 |
| Winsen am Aller. | 392 | Wunstorf. | 410 |
| Wintzenbourg. | 516 | Wursten. | 374 |
| Wintzig. | 192 | Würzbach. | 355 |
| Wippra | 252 | Wurzbourg. | 70-71 |
| Wismar. | 241 | Wurzen. | 282 |
| Wittenberg. | 259 | Wnsterhausen am Dosse. | 128 |
| Wittenberge. | 116 | Wustro. | 388 |
| Wittenbourg. | 411. 475 | Wylre. | 539 |
| Wittengen. | 389 | | |
| Wittgenau. | 303 | Z. | |
| Wittow. | 236 | | |
| Wittgenaw. | 303 | Zachan. | 225 |
| Wittstock. | 118 | Zahna. | 260 |
| Wohlau. | 191 | Zanow. | 229 |
| Wohltorf. | 531 | Zantoch. | 158 |
| Wohrden. | 498 | Zarrenthien. | 476 |
| Woldegge. | 482 | Zauch. | 146 |
| Woldenberg. | 159. 517 | Zauditz. | 210 |
| Wolfenbuttel. | 431, 435-437 | Zechlin. | 118 |
| Wolferzhausen. | 17 | Zehdenick. | 150 |
| Wolfstein. | 36 | Zeil. | 83 |
| Wolgast. | 240 | Zeithayn. | 275 |
| Wolkemstein. | 286 | Zeitz. | 296 |
| Wollin. | 234 | Zell ( Bailliages de ) | 391 |
| Wollup. | 145 | Zelle. | 7. 381 |
| Wolmirstœdt. | 452 | Zellerfeld. | 403 |
| Wolsberg. | 315 | Zerbst. | 342 |
| Worden. | 503 | Zeulenrodo. | 353 |
| Worieze, voy. Hoyerswerda. | | Zeven. | 370 |
| Worsfeld. | 440 | Ziegenhats. | 197 |
| Worth. | 38 | Ziegenrück. | 293 |
| Wœhrau. | 307 | Ziesar. | 147 |
| Wœlpe. | 413 | Zilly. | 467 |

| | | | |
|---|---|---|---|
| Zinna. | 460 | Zullichau. | 164 |
| Zirkow. | 235 | Zulzendorf. | 180 |
| Zikwitz. | 198 | Zülz. | 208 |
| Zittau. | 305 | Zwenka. | 294 |
| Zobten. | 182 | Zwickau. | 290 |
| Zorge. | 344 | Zwifel. | 24 |
| Zoſſen. | 142 | Zvœnitz. | 288 |
| Zottenberg. M. | 181 | | |
| Zœblitz. | 286 | **Y.** | |
| Zœrbig. | 278 | | |
| Zſcharlau. | 289 | Yaxtberg. | 75 |
| Zſcheiplitz. | 264 | | |

*Fin de la Table.*

# ERRATA DU TOME III.

pag. lign.
- 44. 35. quarante marcs d'or, *lisez* quarante marcs: il est d'or.
- 9. une chêne, *lis.* un chêne.
- 62. 28. ont plusieurs, *lis.* y ont encore plusieurs.
- 68. 9. de électeur, *lis.* de l'Electeur.
- 70. 1. ce qui, *lis.* & c'est ce qui.
- 81. 8. Ses revenus sont de 1800 liv . . . . . il faut effacer ces mots.
- 181. 14. Prombagine, *lis.* Plombagine.
- 187. 16. Pinastre, sa ruine, *lis.* Pinastre, & sa ruine.
- 189. 27. Gros Braude, *lis.* Gros Bandis.
- 190. 1. unique Wahlstadt, *lis.* unique. Watslstadt.
- 207. 19. Vlchowitz, *lis.* Pilchowitz.
- 211. 10. Il a une, *lis.* Il y a une.
- 28. & prétend, *lis.* & il prétend.
- 212. 13. la Prerice, *lis.* la Brenice.
- 215. 22. ouvertures limpides, *lis.* ouvertures, limpides.
- 247. 4. 800 000 Rixd. *lis.* 80 000 Rixd.
- 300. 8. pitre a, *lis.* chapitre a.
- 302. 1. on en compte, *lis.* on y en compte.
- 314. 2-3. considerée; son, *lis.* considerée dont.
- 331. 1. Frederichatt, *lis.* Frederichall.
- 25. que couvre, *lis.* que couvrent.
- 374. 9. ses productions, ses ressources: *lis.* les mêmes productions, les mêmes ressources.
- 404. 15. concedée, *lis.* concédée pour cet usage.
- 430. 17. Quatrieme Pays de Hadeln. *lis.* IV. Pays de Hadeln.
- 442. 27. guêtres, *lis.* gouêtres.
- 482. 31. *on a omis cet article*, *lis.* Stargard petite ville qui donna son nom au Cercle : près d'elle, sur un mont, est un vieux château qu'habitaient les Princes.
- 500. 26. dont l'Archevêque Albert fit 3 Evêchés, *lis.* que l'Archevêque Albert partagea en trois.
- 503. 3. des villes, *lis.* des villages.
- 509. 23. votte dans le Cercle de basse Saxe, paye, *lis.* votent dans le Cercle de Basse Saxe, payent.

| pag. | lig. | |
|---|---|---|
| 512. | 23. | ceux du Chapitre dont les Tribunaux, *lif.* dans ceux du Chapitre & des tribunaux. |
| 513. | 12. | gouverneur, *lif.* gouvernement. |
| 518. | 13. | *on a omis ces deux mots*, *lif.* VILLES IMPERIALES. |
| 523. | 29. | & poſſedant, *lif.* & poſſede. |
| 526. | 19. | transféré, *lif.* fut transféré. |
| 529. | 15. | des Marchands, *lif.* de ſes Marchands. |
| 540. | 3. | comme elle, *lif.* qui comme elle. |
| | 17. | Hoyra, *lif.* Hoym. |
| 541. | 7. | appartient, *lif.* appartint. |

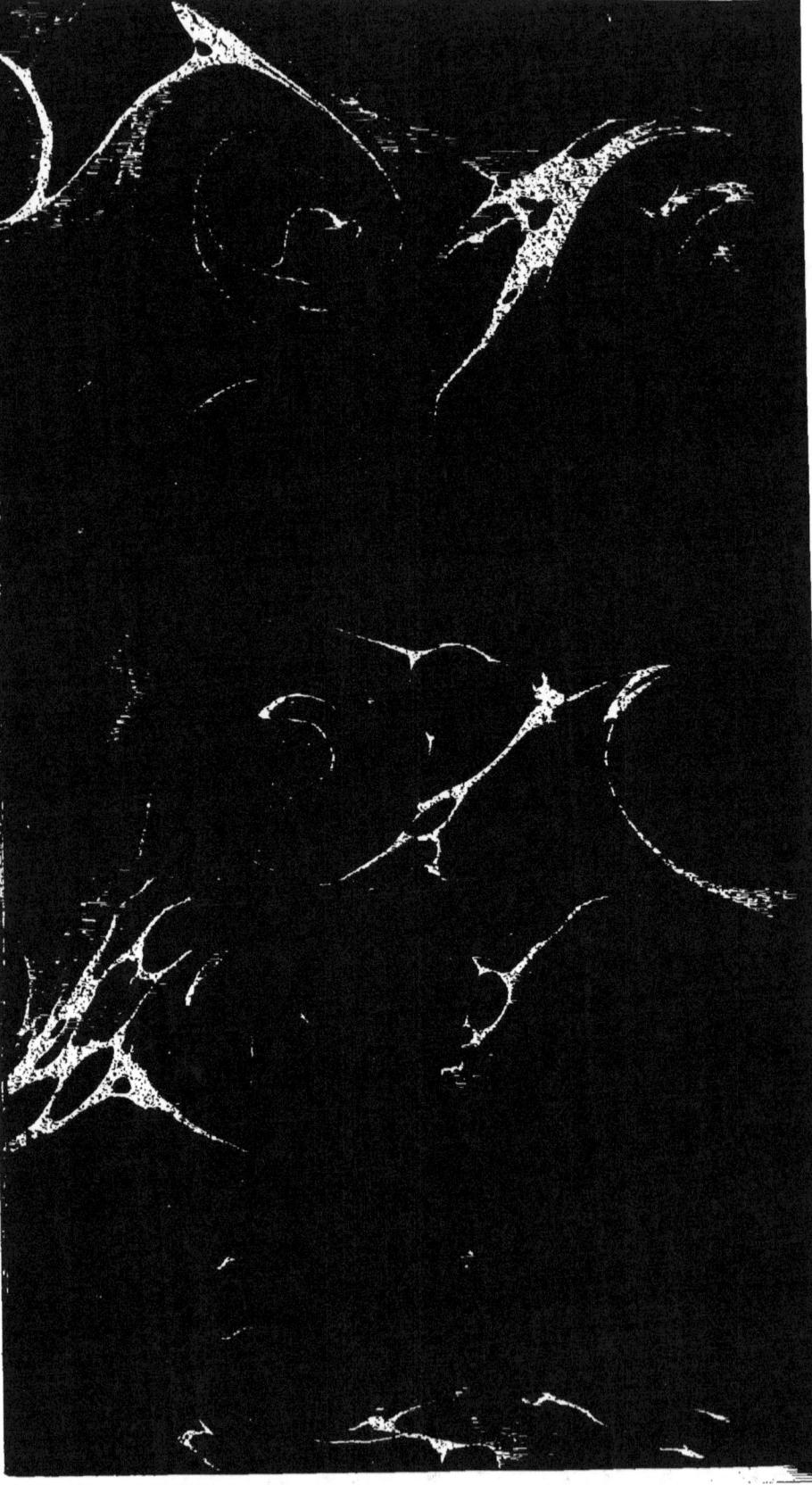

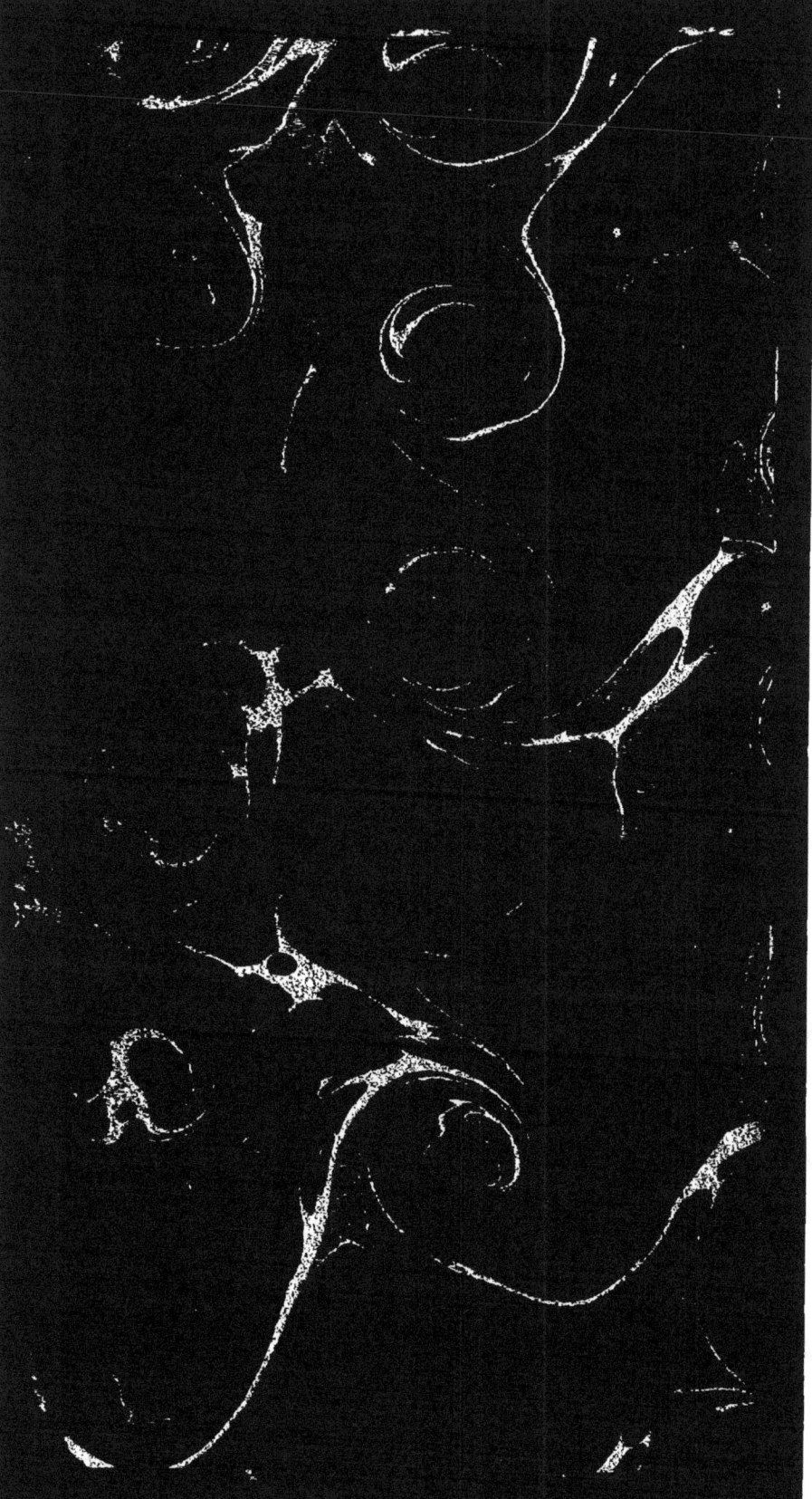